La transition monétaire russe

Avatars de la monnaie, crises de la finance

(1990 – 2000)

***Collection* « Pays de l'Est »**
dirigée par Bernard Chavance

Dernières parutions

Guy BENSIMON, *Essai sur l'économie communiste*, 1996.
Guillaume LACQUEMENT, *La décollectivisation dans les nouveaux Länder allemands*, 1996.
Robert DELORME (ed.), *A l'Est du nouveau. Changement institutionnel et transformations économiques*, 1996.
François BAFOIL, *Règles et conflits sociaux en Allemagne et en Pologne post-communistes*, 1997.
Jacques SAPIR (ed.), *Retour sur l'URSS. Economie, société, histoire*, 1997.
François BAFOIL (ed.), *Les stratégies allemandes en Europe centrale et orientale : une géopolitique des investissements directs*, 1997.
Gilles LEPESANT, *Géopolitique des frontières orientales de l'Allemagne*, 1998.
Cuong LE VAN, Jacques MAZIER (eds.), *L'économie vietnamienne en transition : les facteurs de la réussite*, 1998.
Catherine LOCATELLI, *Energie et transition en Russie : les nouveaux acteurs industriels*, 1998.
Marie LAVIGNE, *Économie du Vietnam : réforme, ouverture et développement*, 1999.
Thomas SZENDE (ed.), *La Hongrie au XXe siècle : regards sur une civilisation*, 2000.
Jean-Paul DEPRETTO, *Pour une histoire sociale du régime soviétique (1918-1936)*, 2001.
Julien VERCUEIL, *Transition et ouverture de l'économie russe (1992-2002)*, 2002.

Sous la direction de

Sophie Brana, Mathilde Mesnard et Yves Zlotowski

La transition monétaire russe

Avatars de la monnaie, crises de la finance

(1990 – 2000)

L'Harmattan
5-7, rue de l'École-Polytechnique
75005 Paris
France

L'Harmattan Hongrie
Hargita u. 3
1026 Budapest
HONGRIE

L'Harmattan Italia
Via Bava, 37
10214 Torino
ITALIE

ISBN : 2-7475-2593-7

LES AUTEURS

- BENAROYA François, ancien conseiller économique pour la CEI au poste d'expansion économique de l'ambassade de France à Moscou et actuellement conseiller économique du Directeur, Direction des Relations Economiques Extérieures (DREE), Ministère de l'Economie, des Finances et de l'Industrie.
  francois.benaroya@dree.org

- BRANA Sophie, Maître de conférences à l'Université Montesquieu - Bordeaux IV, chercheur au LARE-EFI.
  brana@montesquieu.u-bordeaux.fr

- DE BOISSIEU Christian, Professeur à l'Université de Paris I (Panthéon-Sorbonne).
  Vsine@ccip.fr

- LITVIAKOV Michel, Docteur ès sciences économiques, chercheur au MINI-FORUM (Université Paris X-Nanterre), CEMI (EHESS).
  oslml@club-internet.fr.

- MESNARD Mathilde, OCDE, Corporate Affairs Division.
  mathilde.mesnard@oecd.org

- MESTRE Guilhem, chercheur au GASI, Université de Marne-la-Vallée.
  guilhem.mestre@free.fr

- MEUNIER Nicolas, Economiste de banque, spécialiste des pays de l'Est, équipe de recherche « Risque pays - marchés émergents ».
  n.meunier@cdcixis.com

- ORLOVA Natalya, Senior Economist, Alfa-bank (Moscou).
  mila@wdcb.ru

- SAPIR Jacques, Directeur d'Études à l'Ecole des Hautes Études en Sciences Sociales, Directeur du CEMI-EHESS.
  sapir@msh-paris.fr

- SCIALOM Laurence, Professeur à l'Université de Lille II, FORUM, Université Paris X Nanterre.
  Laurence.Scialom@u-paris10.fr

- VAHABI Mehrdad, Maître de conférences, EPEH-LED, Université Paris 8-Vincennes, Saint-Denis.
  Mvahabi@compuserve.com

- WALTER Gilles, économiste à la Mission Economique et Financière de l'Ambassade de France à Moscou.
  gilles.walter@tresor-dree.org

- WOODRUFF David, Professeur associé de Sciences Politiques, Massachusetts Institute of Technology (MIT).
  Woodruff@MIT.EDU

- ZLOTOWSKI Yves, actuellement Expert Risque Pays à la COFACE.
  Yves_Zlotowski@coface.com

SOMMAIRE

La transition monétaire russe

Avatars de la monnaie, crises de la finance

Introduction

Sophie Brana

Mathilde Mesnard et

Yves Zlotowski

Un ouvrage portant sur la question monétaire russe pourrait apparaître peu pertinent dans le contexte de la Russie de V. Poutine. Les maux monétaires qui sont décrits dans la première partie, consacrée à la démonétisation de l'économie, semblent être en phase de nette réduction, alors que la situation macroéconomique a opéré un spectaculaire redressement en 1999 et 2000. L'ouvrage permet pourtant d'éclairer singulièrement le présent, en évitant de considérer la crise d'août 1998 comme une rupture à partir de laquelle l'ensemble des évolutions économiques russes peut s'analyser. De nombreux compartiments de la finance russe, comme le montrent plusieurs des articles présentés, ont certes subi un choc en août 1998, qui a opéré comme une mise à nu de maux jusqu'alors plus ou moins cachés, mais ils n'ont pas été transformés en profondeur par le choc financier. Les questions concernant le secteur bancaire, le marché des actions, le système de paiements ou la réglementation financière, demeurent des chantiers ouverts et incertains en 2001.

En outre, le choix de se déconnecter du présent immédiat permet de considérer l'ensemble de la période qui commence en 1991-1992. Cet exercice a obligé chaque auteur à reconsidérer la temporalité de la transition monétaire russe selon sa thématique, ce qui permet de dégager des lignes de force inattendues ou de rappeler des épisodes fondateurs qui ont été oubliés. Cette approche permet de battre en brèche certaines idées reçues. Par exemple, la Russie n'est pas, depuis 1992, une jungle financière dont les évolutions monétaires s'apparenteraient à un désastre ininterrompu. Dans cet ouvrage, certaines caractéristiques monétaires et financières, comme le troc, que les grilles de lecture des institutions internationales n'ont intégrées que très tardivement après leur apparition ou qu'elles considèrent la plupart du temps comme de pures et simples pathologies, sont replacées dans la continuité de l'histoire de la transition russe. Remises dans la dynamique de la transition, ces caractéristiques monétaires et financières peuvent s'analyser comme les réponses que les acteurs économiques choisissent de donner face à des déficits institutionnels purs et simples ou à la place particulière et mouvante des institutions et des règles en Russie.

Cette place n'est pas nulle mais elle n'est pas non plus celle qu'on leur connaît dans les économies de marché. G. Mestre, D. Woodruff ou N. Meunier mettent au premier plan de leurs analyses les différentes stratégies des acteurs impliqués dans leurs thématiques (le troc pour G. Mestre et D. Woodruff, la dette extérieure pour N. Meunier) qui constituent les principaux moteurs des évolutions. L'analyse des stratégies des firmes comme Gazprom ou des entreprises textiles, du gouvernement fédéral russe ou des agences de ratings, permet de comprendre ce qu'une simple analyse macroéconomique qui expliquerait le troc ou le défaut souverain d'août 1998 ne pourrait saisir que partiellement. Une économie politique du troc ou de la dette extérieure complète l'analyse macroéconomique. La prise en compte d'un seul évènement ou de la conjoncture ne permettent pas cet élargissement qui donne la mesure de la complexité des phénomènes mais aussi de la logique à l'œuvre pour chacun des acteurs économiques impliqués dans les thèmes abordés.

Une thématique ressort nettement de l'ensemble des articles. Les institutions et les règles s'affirment en effet comme une variable clé, leurs déficiences participant à des illusions dangereuses et des constructions non viables. Les règles qui apparaissent comme essentielles dans les analyses touchent le cadre des actions microéconomiques, comme le montrent par exemple les articles de N. Orlova ou de S. Brana. La faiblesse persistante de l'épargne bancarisée ou le sous-développement du marché des actions semblent voués à perdurer si on n'assiste pas rapidement à un traitement en profondeur du cadre institutionnel de la finance. Il ne s'agit pas ici de la seule réforme bancaire. C'est l'effectivité du droit des créanciers et la stabilité des droits de propriété qui émergent comme les questions à traiter en priorité.

En outre, comme le montrent L. Scialom dans le cas des banques, M. Litviakov pour le système de paiements ou G. Walter pour la réglementation financière, la Russie ne s'apparente pas à un vide institutionnel. Des banques existent, une réglementation prudentielle et des institutions de surveillance ont joué un rôle spécifique. Dès lors, une réforme éventuelle de la finance ne construira pas une nouvelle architecture financière *ex nihilo*, à partir de l'hypothèse d'une absence pure et simple d'organisations, d'institutions ou de règles. Ces dix années de transition monétaire ont été pour le moins houleuses, mais elles laissent un héritage bien réel. Des acteurs ont acquis des positions et des accès aux rentes, des institutions ont été parties prenantes et se sont imposées, un cadre législatif a été voté, des routines et des normes informelles ont pris place… Cette difficulté incite plusieurs des auteurs à un optimisme prudent quant à l'avenir radieux de la Russie en matière monétaire et financière. C'est l'enseignement principal de l'exercice des bilans : la finance russe émergente continue, à sa manière, à exister.

La première partie de l'ouvrage est consacrée à une réflexion sur le développement des échanges non-monétaires durant la transition russe. Ce phénomène est en effet inédit par son ampleur, les échanges non-monétaires ayant atteint jusqu'à 60% des échanges interindustriels à la veille de la crise financière de 1998.

L'article de M. Vahabi introduit cette interrogation sur le développement du troc dans la transition russe en faisant le point sur le statut de la monnaie dans le système soviétique. Il s'agit en effet d'être clair sur ce qu'était la monnaie, sur son rôle dans le système soviétique, avant de s'interroger sur ses transformations. L'article expose dans quelle mesure la monnaie jouait un rôle actif dans les économies de type soviétique. Il se fonde, pour se faire, sur les travaux de l'économiste hongrois Janos Kornai et plus particulièrement sur son analyse de la contrainte budgétaire. Les économies de type soviétique étaient semi-monétisées, dans la mesure où la monnaie y jouait un rôle passif, tout du moins dans le circuit monétaire réservé aux transactions entre les entreprises, alors que la monnaie jouait un rôle actif dans le circuit monétaire concernant les ménages. Kornai interprète ensuite le rôle passif de la monnaie dans la sphère des entreprises en termes de « contraintes budgétaires lâches ». Il établit ainsi un lien entre le comportement des entreprises et le cadre institutionnel déterminant ce comportement. L'existence d'une contrainte budgétaire lâche permet d'expliquer à leur tour les déséquilibres macroéconomiques spécifiques du système socialiste, c'est-à-dire la pénurie. Cette contrainte budgétaire lâche est en effet à la source d'inefficacités tant réelles que nominales.

Sur la base de cette analyse du système soviétique caractérisé par une semi-monétisation équivalente à une contrainte budgétaire lâche, l'auteur remet en cause les analyses monétaristes soviétiques et la « courbe socialiste de Phillips » ou thèse de l'inflation réprimée. Il montre que dans une économie de ce type, la libéralisation des prix ne peut aboutir directement à une activation de la monnaie. Les problèmes rencontrés lors de la transition russe vont en effet largement illustrer ce point. L'impasse faite sur la nature même de la monnaie dans la transition a entraîné l'échec du passage d'une économie semi-monétisée à une économie monétisée. Ceci s'est traduit par le développement du troc et la persistance du syndrome de la contrainte budgétaire lâche.

L'étude du rôle de la monnaie dans le système soviétique conduit ainsi à centrer l'analyse sur cette émergence problématique d'une économie monétisée au sens propre du terme. Les quatre articles suivants visent donc à éclairer, expliquer et mettre en perspective, les conséquences du développement inattendu des transactions non-monétaires.

L'article de J. Sapir vise à rendre compte de l'expansion, puis de la rétraction, du troc dans la Russie en transition, à travers une lecture permettant d'analyser simultanément la monnaie et le troc. Il critique les explications avancées par la théorie standard qui, selon lui, ne résistent pas à une analyse minutieuse des faits, et en particulier celle de Gaddy et Ickes (1998) en termes de valeur virtuelle. Il montre ensuite en quoi l'explication alternative se référant à une crise de confiance et présentant le troc comme « un processus de reconstruction local et partiel des institutions dans un contexte de crise du système général », doit être complétée par la prise en compte du problème de liquidité entraîné par la mise en œuvre des politiques macroéconomiques standards. Enfin, on peut également comprendre l'inefficacité du contrat monétaire et le basculement dans le troc en combinant une analyse en termes de coûts de transactions, de prise en compte de l'incertitude, ainsi que du degré élevé de spécificité des actifs industriels concernés.

Cette analyse du troc dans la transition permet ensuite à l'auteur de revenir sur les analyses de la monnaie dans la théorie économique. Il remet en cause plus spécifiquement les conceptions faisant de la monnaie un symbole de modernité et de rationalité. Selon l'auteur, l'analyse du troc montre plus fondamentalement le nécessaire enchâssement de l'économie dans le social et l'impossibilité du postulat de rationalité des approches standards. La monnaie comme institution ne peut fonctionner que si sont présentes, au préalable, un certain nombre d'institutions, faute de quoi elle est inutilisable ou destructrice. L'émergence du troc dans la transition russe montre que la présence de la monnaie est à la fois contingente à des institutions et nécessairement partielle. C'est l'imbrication et l'articulation entre des échanges monétaires et des échanges non-monétaires qui nous révèle le degré de viabilité et de cohérence d'un système institutionnel.

L'article de D. Woodruff approfondit quant à lui la critique des explications standards de l'émergence du troc. Il démonte plus spécifiquement l'explication avancée par Gaddy et Ickes (1998) en termes de valeur virtuelle, explication qui a véritablement lancé le débat sur le troc. Ces auteurs présentent le troc comme le moyen par lequel le secteur manufacturier, destructeur de valeur, « s'approprierait » la valeur produite par le secteur des matières premières. D. Woodruff montre en quoi l'hypothèse de destruction de valeur est superfétatoire. On peut tout autant expliquer les effets du troc comme désorganisation du système de prix en termes d'arriérés fiscaux et de salaires sans avoir recours à une telle hypothèse. Pour ce faire, D. Woodruff assimile le troc à l'utilisation d'une monnaie dévaluée par rapport au rouble, monnaie qu'il appelle « *bartle* ». L'utilisation de tels *bartles* s'explique par l'environnement institutionnel dans lequel s'effectuent les transactions, et notamment celles concernant un acteur au centre du développement du troc, Gazprom. La thèse de l'économie virtuelle soutient que l'ensemble de l'édifice reposerait sur un marchandage politique : Gazprom soutiendrait l'« économie virtuelle » en acceptant d'y injecter de la valeur, en échange de quoi il obtiendrait l'autorisation d'effectuer des exportations extrêmement profitables. Woodruff montre *a contrario* que l'acceptation des *bartles* par Gazprom relève d'une logique commerciale visant à une maximisation du profit.

En étudiant au plus près les comportements des acteurs russes, il est ainsi possible de rendre compte d'une façon complètement logique – et par conséquent non contradictoire avec la rationalité économique – du développement d'un phénomène qui semble paradoxal au niveau macroéconomique. Mais cette étude des comportements microéconomiques ne peut s'effectuer que dans le cadre des institutions dans lesquelles ils s'inscrivent. La critique faite par Woodruff à la thèse de l'économie virtuelle prend la forme d'un démenti institutionnel d'une position qui évite toute interrogation sur les institutions. C'est une connaissance profonde du contexte institutionnel dans lequel les acteurs économiques prennent leurs décisions qui permet à l'auteur d'expliquer le développement du troc. Cet article illustre ainsi la même thèse que celle défendue par l'article de J. Sapir, à savoir que la présence de la monnaie est contingente à celle de certaines institutions.

L'article de G. Mestre s'attache à rendre compte du développement du troc par l'étude du comportement d'acteurs particuliers, les industries de la filière textile-habillement. Le recours au troc constitue une stratégie de survie et parfois même de développement pour des entreprises soumises à des contraintes de compétitivité conjuguées à des contraintes macroéconomiques. L'auteur montre comment le troc peut permettre la survie de l'entreprise quand celle-ci peut avoir recours au réseau interindustriel développé durant la période soviétique. Les échanges en troc s'appuient en effet sur la conservation de ces réseaux, sur un fond d'éthique corporatiste et de solidarité entre dirigeants d'une même filière et hommes politiques locaux. Ceci ne signifie pas pour autant que le troc ne constitue qu'une perpétuation de comportements hérités du passé. L'analyse fait alors ici également écho à celle de Sapir dans la mesure où les héritages ne sont pas considérés comme des inerties, mais bien plutôt comme des ressources, des structures de connaissances et de savoirs permettant de faire face aux défaillances institutionnelles de la transition. En effet, pour pouvoir mobiliser les ex-réseaux soviétiques, les entreprises doivent également pouvoir avoir recours au soutien des autorités locales ou régionales. Elles doivent de plus innover en mettant en place des formes complexes et multilatérales de troc, tout en combinant échanges monétaires et non-monétaires. A défaut d'une telle innovation, le troc ne fait que retarder la mise en faillite, comme le montrent les deux cas développés par l'auteur, celui du combinat de lin de Smolensk et celui de la filature du « 8 mars » d'Ivanovo.

Comme le détaille G. Mestre, les entreprises les plus performantes n'utilisent en effet le troc qu'à la marge, pour accroître leurs profits. Elles s'appuient en général sur un réseau de distribution efficace qui leur permet de monnayer les biens reçus en troc. Pour ces firmes, le troc est un élément stratégique d'appoint permettant d'obtenir des intrants à moindre coût, de se protéger des impayés, d'évincer la concurrence ou de conserver leurs parts de marché.

Le cas de la filière textile-habillement permet également d'illustrer la résorption partielle du troc à la suite de la crise de 1998, mettant de la sorte en évidence l'importance de la surévaluation du rouble et de la contrainte macro-monétaire dans son développement préalable. Il illustre néanmoins le fait que, bien qu'à un niveau moindre, le troc reste important et résistera probablement encore longtemps, comme forme d'échange, combiné aux échanges monétaires.

Enfin, l'article de M. Mesnard clôt cette première partie de l'ouvrage en mettant en évidence les enjeux de la démonétisation pour la trajectoire de la transition russe. Pour ce faire, elle fait une analogie entre l'économie partiellement et imparfaitement monétisée de la Russie en transition avec un ordre monétaire fractionné tel qu'il est défini dans *La Violence de la Monnaie* par M. Aglietta et A. Orléan (1982). Cet ordre monétaire fractionné est intrinsèquement instable et résulte d'une double pression en faveur de la destruction de l'ordre monétaire centralisé. Cette pression provient, d'une part, des bénéficiaires de la transition, ceux qui ont accès aux rentes et, d'autre part, des perdants, soit la grande masse des employés recevant leur salaire en retard et/ou en nature. Cette analyse du troc comme ordre monétaire fractionné permet en particulier de comprendre les alliances paradoxales qui ont pu se former pour soutenir le *statu quo* destructeur de la démonétisation. Elle met enfin particulièrement bien en relief aussi bien la violence sociale que l'exaspération du conflit entre le centre et les régions qui accompagnent cette démonétisation.

Cette analyse en termes d'ordre monétaire fractionné permet ensuite à l'auteur d'éclairer les incidences profondes de la démonétisation sur la trajectoire de la transition russe. En effet, l'ordre monétaire fractionné entraîne une transformation des relations économiques en rapports de force et fait de l'accès à la rente la source du pouvoir économique. Enfin, tandis que l'économie russe se transforme en économie de rentes, le pouvoir des actionnaires semble impossible à instaurer. En s'appuyant sur les travaux de G. Simmel dans sa *Philosophie de l'argent* (1987), M. Mesnard montre en quoi il est cohérent que la relation « distanciée » de l'actionnaire à l'entreprise qu'il possède ne puisse être effective en dehors d'une relation monétaire.

Cette mise en perspective du troc remet en définitive en question la trajectoire même de la transition russe. L'article s'achève en reprenant la perspective ouverte par M. Vahabi sur le rôle de la monnaie dans le système soviétique. La Russie n'a pas réussi sa monétarisation à proprement parler, la monnaie n'est pas devenue pleinement active dans les échanges interentreprises en remplaçant la coordination bureaucratique. Ceci met en doute le caractère capitaliste de l'économie russe actuelle.

La deuxième partie de l'ouvrage regroupe une série d'articles consacrés à la finance russe. Si la crise d'août 1998 semble bien être une rupture de l'articulation néfaste désinflation - démonétisation, la refonte de la finance russe tarde, elle, à venir. Les dérives étonnantes de la monnaie telles qu'elles sont illustrées et analysées dans la première partie ont entretenu une finance qui ne semble pas guérir de ses « pathologies ».

Cette partie s'ouvre sur le thème des banques, domaine relativement couvert par la littérature consacrée à la transition russe. Toutefois, L. Scialom choisit une approche originale : elle replace les évolutions bancaires russes dans une grille de lecture théorique qui cerne le rôle de l'intermédiation financière dans les économies de marché. Ce cadre théorique semble inciter à préférer, pour le cas de la Russie, une intermédiation financière fondée sur la banque plutôt que sur le marché. Mais L. Scialom indique que la théorie de l'intermédiation financière est pertinente à partir du moment où des « institutions minimales de marché » sont véritablement opérantes. En premier lieu, l'existence d'un moyen ultime de règlement, soit une hiérarchie monétaire dominée par la monnaie centrale, est indispensable. L'existence d'un droit des créanciers constitué est également essentielle au bon fonctionnement de la finance indirecte. La monnaie et le droit sont ainsi des « médiations primaires » à partir desquelles les institutions financières peuvent s'épanouir et sans lesquelles les banques deviennent des organisations opportunistes et parasitaires. Or, si la crise d'août 1998 a bien laminé le système bancaire, il n'y a pas eu de sanction véritable du système. Le fait que les banques aient pu transférer leurs actifs liquides dans de nouvelles structures et laisser des coquilles vides à leurs créanciers (déposants et banques étrangères) montre que le renouvellement du système ne viendra pas spontanément des décombres d'une crise financière, aussi violente fut-elle. La question du droit – et de l'impulsion que l'Etat doit lui donner – reste ouverte, comme le conclut L. Scialom.

M. Litviakov analyse quant à lui le système de paiement dont la transition difficile est au cœur des difficultés monétaires russes. Dès 1992, on assiste à une crise des paiements, manifestée par un encombrement du système et des délais croissants de règlements. Cette crise, selon M. Litviakov, provient de la « désinstitutionnalisation » du système de paiement – la Banque Centrale n'ayant pu faire face à l'explosion de la quantité de règlements – et du retard technologique dans le processus de traitement et de règlement des transactions. Les effets ont été multiples : développement anarchique de systèmes de règlements privés, fractionnement du système de paiement russe, notamment sur une base régionale, déstabilisation de la demande de monnaie, développement des impayés et des paiements non-monétaires, etc. Ajoutons que le montant du *float* a retiré de la monnaie du circuit, participant de ce fait à la pénurie généralisée de liquidités et contribuant à l'inefficacité de la politique monétaire.

Les faiblesses récurrentes du système de paiement, liées à l'incapacité de la Banque Centrale à le réorganiser à partir de 1992 – et ce, malgré la modernisation des technologies de paiement – fait que celui-ci joue le rôle de « caisse de résonance » des diverses crises de la finance russe. A l'origine, un changement conjoncturel (durcissement de la politique monétaire en 1995, dépréciation du rouble et crise de la dette en 1998) révèle les fragilités des banques qui se retrouvent à court de liquidités. Les retards de paiement, puis les impayés, se généralisent, les banques ferment leurs comptes de correspondance, le circuit privé de règlements interbancaires disparaît. Aussi, en bout de course, le système de paiement se retrouve à nouveau dominé par la Banque Centrale (61 % des règlements début 2000).

Depuis 1997, néanmoins, la mise en place d'un système de règlements bruts en temps réel, avec des paiements électroniques, irrévocables et définitifs, semble témoigner de la prise de conscience par la Banque de Russie de l'enjeu d'un système de paiement efficace et peut laisser espérer une sortie de la crise récurrente du système de paiements russe. L'héritage est cependant lourd : les circuits privés de règlements sont moribonds et leur réveil dépend principalement du sort du système bancaire. Sans une réforme d'envergure de ce dernier, une rebancarisation des règlements sera très difficile. Une autre leçon apparaît clairement : en matière de système de paiement, une démarche ordonnée, dans laquelle la Banque Centrale joue un rôle de leader de la réforme, est incontournable.

La faiblesse des institutions financières – Banque Centrale, système bancaire et système de paiement – est également la toile de fond de l'article de S. Brana, qui s'intéresse à l'évolution du comportement financier des ménages. Ces derniers apparaissent comme les grands perdants des crises financières russes : pertes réelles sur l'épargne dues à l'inflation, spoliations liées aux faillites bancaires, pertes de revenus liées aux arriérés de salaires, aux paiements en nature et à l'augmentation du chômage. Dans tous les cas, les comportements financiers des ménages apparaissent tributaires des évolutions du système financier sur toute la période.

Il s'agit ici d'expliquer, du point de vue des épargnants, les deux traits marquants de l'économie russe : la forte dollarisation et la l'importante détention de liquidités, dans une économie pourtant démonétisée. L'étude empirique effectuée par S. Brana révèle que les ménages, conformément à la théorie standard, apparaissent bien sensibles, dans leurs comportements d'épargne et d'arbitrage, à une logique financière, fondée sur le rendement et le risque attachés aux différents actifs disponibles. Cependant, une telle analyse serait incomplète : les ménages ont également du tenir compte de facteurs plus spécifiques à la transition russe. Ils ont en effet du s'adapter, souvent avec retard, d'où des pertes financières importantes, aux chocs de la transition : inflation extrême en 1992, effondrement des pyramides financières en 1994, crises bancaires en 1995 et 1998, évolution de la fiscalité, accumulation d'impayés de salaires, croissance des revenus en nature, augmentation de la pauvreté et du chômage, etc.

Comme le montre S. Brana, ces différents facteurs influencent le double arbitrage qu'effectuent les ménages : entre monnaie manuelle et dépôts d'une part, entre roubles et devises d'autre part. Ainsi, par exemple, dans une économie marquée par des hausses d'arriérés de salaires, les ménages jouent sur la liquidité de leurs placements et sur l'arbitrage consommation/ épargne. Si la démonétisation de l'économie russe explique en partie la forte détention de liquidités par les ménages, celle-ci relève cependant principalement des déficiences bancaires. Les faiblesses dans la gestion du système bancaire et du système de paiement ne permettent pas aux banques d'offrir un réel service de liquidité, tandis que la rémunération offerte sur les dépôts est faible et que les risques, de liquidité ou de défaut, sont élevés. Les nombreuses crises bancaires ont aggravé une crise de confiance générale dans les institutions. Quant à la forte détention de devises par la population, celle-ci s'explique en grande partie par la faiblesse de l'offre de produits d'épargne et la faible rémunération associée aux placements en roubles. Là encore, le rôle explicatif d'un système bancaire défaillant est central.

On voit bien alors que si la dé-dollarisation pourrait être amorcée par un relèvement des taux d'intérêt et par l'offre de produits de placement plus attractifs, la question de la ré-intermédiation de l'épargne place au centre du débat l'enjeu des réformes financières et le problème plus profond de la confiance des agents dans le système. C'est donc un processus de long terme.

Le marché des actions, qui est l'objet d'étude de l'article de N. Orlova, apparaît également dépendant des évolutions institutionnelles. En Russie, ce dernier ne s'apparente pas au lieu de rencontre des capacités de financement et des besoins de financement des entreprises. L'émergence des actifs russes en 1996-1997 est liée à des considérations macroéconomiques et stimulée par les visées spéculatives d'investisseurs non-résidents qui font leur entrée à cette époque sur le marché russe des « *corporates* ». L'analyse financière des entreprises a été mise au second plan et une succession d'effets de découverte, selon l'ordre d'entrée des secteurs sur le marché des actions, a été déterminante pour expliquer la montée des cours jusqu'en 1997. La bulle a explosé suite aux crises asiatiques mais la caractéristique du marché russe est bien soulignée par N. Orlova. Celui-ci ne s'est jamais véritablement relevé des crises émergentes car sa faiblesse fondamentale (non-transparence des situations microéconomiques des firmes cotées) reste d'actualité. Ainsi, l'embellie macroéconomique de 1999 et 2000 n'a pas pu jouer le rôle de locomotive pour le marché des actions car la « *corporate governance* » russe reste l'obstacle essentiel à un redressement durable du cours des actions. Un assainissement du marché est dépendant de la fin de la période d'accumulation - redistribution qui caractérise les droits de propriétés russes depuis les privatisations de 1992.

L'article de G. Walter s'attaque à la question qui est au cœur de l'ensemble des articles de cette partie consacrée à la finance, celle de la réglementation en matière financière. Or, G. Walter insiste sur le fait que si la réglementation et les institutions financières existent bien en Russie et font l'objet de réformes importantes sur toute la période décrite, leur effectivité reste problématique. L'article décrit la montée en puissance des institutions, en soulignant le fait que l'on souffre moins d'un manque d'institutions que d'un trop plein qui conduit à une concurrence fâcheuse et à des incohérences.

Notamment, l'émergence de la Banque Centrale comme régulateur du système bancaire se heurte à un des paradoxes fondamentaux de la transition : dans le cadre de la création d'un système bancaire à deux niveaux, qui doit promouvoir un secteur bancaire privé, la Banque Centrale doit à la fois se retirer du marché du crédit, tout en affirmant son autorité sur l'ensemble des banques. C'est ce double mouvement de retrait et d'affirmation que la Banque Centrale de Russie a échoué à articuler. Elle a été dépassée par l'anarchie du boom des banques russes et n'a su que donner une réponse partielle à la multiplication des banques en agissant principalement sur la quantité et insuffisamment sur la qualité. En outre, dans la période de la montée vers la crise d'août 1998, G. Walter relève la contradiction fondamentale de la Banque Centrale qui favorise les engagements en devises des banques par son affirmation de la politique d'ancrage du rouble mais, de ce fait, « ferme les yeux » devant les risques de change pris par ces dernières avec la multiplication des contrats à terme en devises.

G. Walter montre que des contradictions similaires ont marqué l'émergence d'un régulateur du marché financier : il s'agissait d'abord de laisser émerger des nouveaux propriétaires. Par la suite, la prise de conscience est venue, mais tardivement, que les droits des actionnaires étaient essentiels au bon fonctionnement du marché. G. Walter conclut que la finance russe est encore en construction et qu'il apparaît prématuré de plaquer un modèle existant. En outre, le processus peut s'appuyer sur une législation et des institutions existantes, le défi se concentrant sur le processus de légitimation effective de ces normes dans le monde russe.

G. Walter évoque dans son article l'épineux sujet du droit des créanciers dont les dérives ont marqué l'après-crise de 1998. Cette effectivité du droit que G. Walter appelle de ses vœux est étudiée dans le cas des faillites par Y. Zlotowski. Dans la lignée des conclusions de G. Walter, l'article souligne le danger du caractère formel d'un droit plaqué sur une situation marquée par des routines informelles qui viennent saisir et subvertir le droit positif. Ainsi, l'augmentation des faillites observées à partir de 1998 ne relève pas d'une application plus « normalisée » du droit des créanciers. Ce mouvement s'inscrit dans la logique des droits de propriété russes marquée par une incessante « ré-attribution ». De même que N. Orlova insiste sur cette logique qui sape le fonctionnement à long terme du marché des actions, Y. Zlotowski montre que ce capitalisme instable instrumentalise les faillites, qui servent uniquement à la redistribution de la propriété.

La finance russe est donc menacée par les illusions de la forme. Elle a la forme de la finance de l'économie de marché mais elle n'en a pas la substance : les banques ne jouent pas leur rôle, le système de paiement est marqué par une crise aux multiples facettes, le marché des actions n'a fait illusion que deux courtes années, des faillites explosent depuis 1998 mais ne sont qu'une mascarade de droit des créanciers, les comportements d'épargne des ménages sont suspendus à une confiance durablement sapée. Si G. Walter et M. Litviakov montrent qu'on est loin du chaos destructeur qu'une lecture trop rapide des évolutions financières russes peut laisser entendre et que les bases fondamentales d'une possible reconstruction sur un modèle alternatif existent, N. Orlova, L. Scialom, S. Brana et Y. Zlotowski semblent plus dubitatifs sur l'avenir, dans la mesure où la finance russe semble s'adapter aux chocs et contourner les éventuelles thérapies.

Conclure l'ouvrage sur une partie consacrée à la macroéconomie paraît inattendu : longtemps prônée comme le cadre à partir duquel la microéconomie du marché pouvait s'épanouir, la stabilisation russe a été un échec très étudié.

Ch. de Boissieu dresse un bilan de la politique monétaire conduite par la Banque de Russie depuis 1992, privilégiant une approche thématique. Cette revue des instruments, des objectifs et du contexte est riche d'enseignements. D'une part, les éléments de crise monétaire ont singulièrement amoindri le poids de la politique monétaire. Une surveillance de la masse monétaire apparaît inadaptée si une proportion importante des transactions reste impayée. Un système bancaire en crise récurrente marque les canaux de transmission de la politique monétaire, au point de freiner l'efficacité de la politique de taux d'intérêt. Quant aux objectifs, Ch. de Boissieu conclut que la politique monétaire a pris seule en charge la désinflation et que le *policy mix* russe d'avant la crise de 1998 (politique monétaire restrictive et politique budgétaire expansive) a conduit à des niveaux intenables de taux d'intérêt réels. A ce titre, la politique budgétaire depuis la crise semble jeter les bases d'un *policy mix* plus adapté à la situation russe et pourrait permettre une relance durable de l'investissement.

F. Bénaroya se penche sur la thématique plus générale de la stabilisation macroéconomique en Russie. Il choisit de mettre en avant les conditions qui ont permis aux épisodes de « stabilisations avortées » de se succéder entre 1992 et 1998. Il rappelle l'état de crise profond de la Russie en 1991, l'ampleur des déséquilibres étant bien plus sérieuse que dans les pays en transition d'Europe centrale. Replacées ainsi dans un contexte global, changeant et souvent oublié, touchant l'héritage soviétique, la politique, les institutions ou la question de la zone rouble, les difficultés de la stabilisation prennent un relief inattendu que les seules considérations sur la nécessité de la désinflation ne permettent pas de saisir.

F. Bénaroya nous conduit à prendre la mesure de la complexité de la mise en place et de la conduite de la stabilisation dans le contexte russe, tournant le dos aux accusations trop unilatérales. Il montre que la politique économique ne peut être fixée *ex nihilo*. Celle-ci se construit le long d'un processus de tâtonnement qui rend toute la complexité des prises de décision. Par exemple, les hésitations de la Banque Centrale dans sa politique de crédit entre 1992 et 1995 sont parfaitement décrites sans que l'on puisse conclure que celle-ci ait été illuminée par un monétarisme destructeur, ni qu'elle ait été le jouet de lobbies manipulateurs. Il en est de même pour l'analyse que fait F. Bénaroya des difficultés d'adaptation du cadre de la conditionnalité FMI à la réalité russe, en montrant bien comment le monitoring des cibles apparaît aventureux face à des autorités familières avec le formalisme propre à toute forme de planification.

N. Meunier conclut l'ouvrage par une étude sur la stratégie d'endettement international de la Russie. La réalité russe s'est ainsi confrontée à la communauté financière internationale via l'ouverture de son marché de la dette domestique (les GKO), mais également via la gestion du dossier de la dette héritée de l'URSS et de la nouvelle dette de la fédération de Russie. Or, alors que le défaut souverain est un événement rare en finance, la Russie s'est présentée deux fois en 1998 devant ses créanciers.

N. Meunier décrit la complexité de la dette russe et on saisit mieux la spécificité de la place de la Russie comme emprunteur. En outre, l'auteur met en parallèle la dynamique de la dette et la politique macroéconomique suivie à partir de 1995, en montrant que c'est moins le montant de l'endettement qui était porteur de dangers, que son articulation néfaste avec la politique budgétaire conduite. Il confronte cette réalité macroéconomique au traitement de faveur que les agences de ratings et les institutions internationales ont réservé à la Russie. Il décortique l'ensemble des constructions mythiques qui ont circulé sur le marché financier et qui ont été déterminantes dans la dynamique de l'endettement.

N. Meunier propose une vision stratégique des acteurs en présence, aussi bien des emprunteurs que des gendarmes du marché financier, qui permet de mieux comprendre l'aveuglement au désastre. La conclusion de N. Meunier est que la catastrophe de 1998 ne semble pas avoir entamé la place particulière que la Russie occupe sur le marché financier international. Au moins le « roman de la dette russe » aura contribué à faire avancer quelques éléments du débat sur l'endettement international des pays émergents, en soulevant à nouveau la question de la comparabilité de traitement entre créanciers publics et créanciers privés.

I.

Transformations de la monnaie : le rouble est-il soluble dans la transition ?

1

La monnaie en économie de type soviétique

Mehrdad Vahabi

L'objet de cet article est d'examiner dans quelle mesure la monnaie joue un rôle actif dans les économies de type soviétique[1]. Ces économies se fondent sur trois bases : (1) le monopole du parti communiste dans le domaine du pouvoir et de l'idéologie ; (2) la position dominante de la propriété d'Etat ; (3) la prépondérance de la coordination bureaucratique. Ce cadre institutionnel détermine le système soviétique dont l'état normal se caractérise par : (1) une économie de pénurie chronique, la croissance forcée, la soif d'investissement, la pénurie de main d'œuvre, la soif d'importation et l'aversion pour l'exportation ainsi que par (2) la contrainte budgétaire lâche, le marchandage sur le Plan, l'insensibilité aux signaux-prix et l'importance des signaux non liés aux prix, enfin le paternalisme d'Etat (voir Kornai 1992, traduction française, 1996). Ce système a connu de nombreuses réformes économiques avant l'effondrement du bloc soviétique.

Les changements lancés en Hongrie sous Kadar en 1968 ou en Union Soviétique pendant la période Gorbatchev à partir de 1985 ont introduit des modifications partielles dans ce type de système. Ces réformes ont notamment

[1] Par économie de type soviétique, nous entendons le régime économique qui s'est développé en Union Soviétique sous Staline et qui a fait son apparition dans les pays des Balkans et d'Europe de l'Est, à l'exception de la Yougoslavie qui, sous Tito, a pris distance par rapport au régime soviétique. Les dirigeants communistes de ces pays définissaient leur régime comme un « socialisme réellement existant ». Nous reconnaissons les différences radicales entre le « socialisme réellement existant » et l'idéal socialiste des différentes tendances socialistes. Par conséquent, nous préférons utiliser le terme « économie de type soviétique ».

élargi le champ des relations monétaires et ont activé la monnaie. Cependant, elles n'ont pas pu conduire à une percée durable du système. En dépit de l'élargissement et de l'approfondissement des rapports monétaires après les réformes économiques, le rôle de la monnaie n'a pas radicalement changé après les réformes.

Nous proposons ici d'examiner le rôle de la monnaie dans le contexte d'une économie de type soviétique tant que ses bases institutionnelles ne sont modifiées. Dans cette étude, nous ne discuterons pas des rapports entre la monnaie nationale des pays de type soviétique et les devises étrangères. Ainsi, nous ignorerons entre autres la question de la convertibilité et les relations à l'intérieur du Conseil d'assistance économique mutuelle (CAEM).

La première partie décrit les deux circuits monétaires dans les économies de type soviétique et distingue le rôle actif et passif de la monnaie dans chacun des deux circuits. Ces deux types de monnaie, à savoir la monnaie passive et la monnaie active, sont réinterprétés en termes de contrainte budgétaire dans la deuxième partie. S'appuyant sur l'analyse de Kornai de l'économie socialiste comme « économie semi-monétisée », nous essayerons de présenter graphiquement l'effet nominal (monétaire) d'un relâchement de budget ou l'effet monétaire de la passivité de la monnaie. Enfin, la troisième partie s'attache à démontrer tant les limites d'une approche monétariste que les défauts d'une analyse en termes d'inflation réprimée (soi-disant la « courbe socialiste de Phillips ») dans les économies de type soviétique.

I. Monnaie active et monnaie passive

Les termes « monnaie active » et « monnaie passive » ont pu connaître un grand succès grâce aux travaux de Peter Wiles (1962) en occident et de Wlodzimier Brus (1961, traduction française, 1968) en Pologne. Avant ces auteurs, J. Marczewski (1958) avait introduit une distinction similaire entre deux types de monnaie sans la formuler dans les termes mentionnés. La distinction entre « monnaie passive » et « monnaie active » contribue à conceptualiser la spécificité de la monnaie en économie socialiste. D'après Brus, cette distinction repose sur le rôle particulier que la monnaie joue dans deux sphères économiques distinctes des économies socialistes : la sphère de la consommation et la sphère socialisée. Dans la première, dit-il, la monnaie est *active* parce que son passage déclenche les flux réels, les consommateurs ne pouvant se procurer des biens que moyennant monnaie. Cette monnaie socialiste active est une proche parente de la monnaie qui constitue l'épine dorsale de l'économie de marché. Mais l'économie socialiste ne permet pas que la monnaie active pénètre jusque dans son sein : la sphère socialisée, où le système socialiste ne laisse de place qu'à la monnaie édulcorée, la monnaie passive. Par opposition à la monnaie active, les flux de monnaie passive sont déterminés par les flux réels qu'elle ne fait que refléter au niveau comptable (Brus, 1968, pp. 94-100, 182). Dans cette première partie, nous allons d'abord identifier les deux circuits monétaires ; puis nous nous interrogerons sur les spécificités institutionnelles d'une économie de type soviétique déterminant le degré de passivité de la monnaie.

1. Identification des circuits monétaires

Il y a deux monnaies en circulation dans les économies de type soviétique. La première est réservée aux transactions où une des parties est un consommateur (ménage) ; la seconde aux paiements entre entreprises (Garvy 1966 ; Traimond 1979). Zwass (1979) qualifie la première de « monnaie-ménage » et la seconde de « monnaie-entreprise » (p. 9). La monnaie-ménage (monnaie active) est surtout fiduciaire ; mais comme elle peut être déposée en caisse d'épargne, il faut ajouter la monnaie scripturale correspondant aux virements qu'opèrent les caisses d'épargne pour le compte des ménages. Cette monnaie remplit trois fonctions : i) unité de compte ; ii) moyen de paiement ; iii) réserve de pouvoir d'achat. Cependant, elle ne peut pas jouer le rôle d'étalon de valeur. Pour que la monnaie soit étalon de valeur, il faut que les deux partenaires l'utilisent pour exprimer leurs valorisations de l'éventuelle transaction. Or, dans la relation entre le secteur socialisé et les ménages, nous pouvons noter une relation hiérarchique où le secteur socialisé est « le maître unilatéral à la fois des normes salariales et des prix des biens de consommation » (Dembinski, 1988, p. 163). Ceci enlève toute pertinence à la valorisation des ménages, car *a priori* aucune négociation n'est possible. Par conséquent, même si les composantes des termes de l'échange imposés par le secteur socialisé reçoivent une expression monétaire, « la monnaie ne joue pas, dans cette transaction, le rôle d'*étalon de valeur*, mais fonctionne uniquement comme une *unité de compte* » (Ibid.).

La seconde (la monnaie-entreprise) est exclusivement scripturale. Il s'agit des dépôts des entreprises auprès de la Banque Centrale. Les ressources inscrites en dépôts ne donnent aucun pouvoir d'option à l'entreprise car elles ne peuvent être utilisées que pour effectuer un paiement prévu par le plan, la Banque Centrale étant chargée de contrôler la conformité des paiements aux directives du plan. La survie de l'entreprise dépend en effet du système de commandement qui, afin de satisfaire ses besoins par la réquisition directe, organise la circulation des biens à l'intérieur du secteur socialisé et adapte les flux financiers de manière à ce qu'ils n'enfreignent pas la convention comptable. Cette dernière requiert la définition précise de la valeur monétaire de chaque transfert au sein du secteur socialiste devant être versée à titre de paiement. Nonobstant son rôle en tant qu'unité de compte et en tant que moyen de paiement, « la monnaie-entreprise n'est pas un facteur d'allocation de ressources et elle n'a pas un pouvoir d'achat universel » (Swass, 1979, p. 10). Dans leur majorité, les prix des biens intermédiaires et d'investissement sont fixés unilatéralement par le producteur. Contrairement à l'économie de marché pouvant être décrite comme un marché d'acheteurs, l'économie socialiste se caractérise par un marché de vendeurs. Dans cette dernière, l'acheteur n'intervient que très rarement dans l'établissement des prix. La pénurie chronique et généralisée qui sévit à l'intérieur même du secteur socialisé accentue encore davantage le rapport de forces favorable au vendeur. Cette situation signifie qu'en dernière analyse, la monnaie dont dispose l'acheteur n'intéresse pas suffisamment le producteur des biens pour le pousser à conformer son activité aux désirs du demandeur. Grossman (1966) souligne le lien entre la présence d'un marché de vendeurs et la perte du rôle de la monnaie comme réserve de pouvoir d'achat dans l'économie socialiste : « Une question probablement plus problématique dans l'interprétation de la liquidité des instruments monétaires soviétiques est posée par la dominance d'un marché de vendeurs... La monnaie continue de servir comme moyen de paiement, mais elle n'est pas autant désirée comme réserve de valeur qu'elle l'était autrefois. Nous pouvons ainsi dire que, dans un certain sens, la liquidité de la monnaie est réduite » (p. 215).

Etant donné la marge de manœuvre irréductible dont dispose l'entreprise dans le système socialiste, les autorités centrales devront recourir à un système de prix opératoires afin d'inciter les entreprises à tenir compte des raretés relatives des matériaux et des moyens de production. Pour les autorités centrales, il s'agit de mettre en place une structure de prix susceptible de refléter la rareté relative des produits. Cela suppose de la part des entreprises une adaptation aux prix relatifs dans la sphère réelle. Si le prix d'un *input* relativement rare (tel qu'il découle de la planification nationale) est élevé, l'entreprise devra formuler une demande faible de ce produit. Mais ce n'est pas seulement la fixation arbitraire des prix qui pose problème. En effet, dans le système de gestion administrative, l'entreprise est presque insensible aux prix des *inputs*, principalement en raison d'une contrainte monétaire très faible sur le comportement de l'unité de production : la quantité de monnaie dont elle dispose pour couvrir ses coûts n'est pas considérée comme une contrainte. Le *khozraschet* (l'autonomie comptable) n'a donc qu'une signification *comptable* et *non économique*. Le « contrôle par le rouble » n'est qu'un contrôle administratif dans l'économie socialiste. Le rôle principal de la finance dans le secteur socialisé consiste à « contrôler ». Elle n'est pas un instrument actif d'allocation des ressources (Grossman, 1968, p. 9).

Garvy (1966) qualifie de « monobanque » le système bancaire socialiste. La monobanque s'articule autour de la Banque Centrale qui dispose d'agences spécialisées, par exemple, dans les investissements, dans l'agriculture, etc. Elle est la source du crédit à court terme et elle émet la monnaie fiduciaire. La structure bancaire du système socialiste renforce la séparation entre les deux circuits monétaires. Les ménages ont très peu recours aux instruments bancaires tels que le chèque ou le compte courant, voire le virement postal. De surcroît, le crédit à la consommation est également beaucoup moins développé que dans les économies de marché, au point qu'il demeure inférieur à l'épargne que les ménages déposent à la banque. Par opposition au système capitaliste, qui d'après Schumpeter se démarque par l'activité entrepreneuriale et le système de crédit, le système socialiste parvient à fermer aux ménages les carrières d'entrepreneur ou d'investisseur en les privant d'un accès au crédit. Il supprime ainsi la raison d'être de l'intermédiation financière, donc du marché financier. Dans cette situation, le taux d'intérêt n'est ni un mécanisme allocateur ni un instrument de politique monétaire. Dans le secteur socialisé, le rôle de la banque est très différent ; elle est omniprésente et se trouve au centre de toute transaction. Hormis le versement des salaires, les entreprises ne sont pas autorisées à détenir de la monnaie sous forme d'espèces. Par conséquent, tout paiement à l'intérieur du secteur socialisé se fait par des jeux d'écritures comptables. La place qui revient à la banque au sein du secteur socialisé est celle de trésorier, de bailleur de fonds et de comptable de toutes les entreprises. Prenant appui sur la caractérisation de la « monobanque » par Garvy (1966), nous pouvons constater que le système bancaire est plutôt un « contrôleur d'inventaire » qu'un « preneur de risque » et il sert ainsi à la gestion administrative de l'économie socialiste. La description de Dembinski (1988) est suffisamment éclairante : « La banque fournit à l'entreprise les billets et pièces nécessaires au paiement des salaires. De même, elle confisque les espèces versées par les ménages en contrepartie des biens et des services et transforme les sommes en question en monnaie comptable dont elle crédite ensuite les entreprises correspondantes. Ainsi, la banque est l'unique interface entre deux sphères de circulation monétaire. L'essence de cette séparation provient donc de la réglementation quant à la forme de circulation monétaire » (p. 175). Dans un certain sens, le système bancaire soviétique développe une forme particulière du crédit que l'on peut, selon la terminologie de Wicksell (1907), qualifier de

« crédit pur »[2]. Car si on ignore les relations externes des pays de type soviétique, le fait que les paiements à l'intérieur du secteur socialisé se font par des jeux d'écritures implique qu'aucune fuite hors du système bancaire n'est possible. Le système bancaire peut ainsi alimenter toutes les demandes de crédit d'une façon indépendante de l'épargne. L'offre de crédit devient infiniment élastique et, le taux d'intérêt étant constant, est décidée unilatéralement par les banques. Ceci explique pourquoi la banque constitue un instrument redoutable de politique financière du système socialiste. Seul le crédit est source de création de monnaie et l'origine de ce crédit est budgétaire. Il n'y a pas de création autonome de monnaie par le système bancaire car il n'y a pas monétisation d'actifs non monétaires.

2. Coordination bureaucratique et passivité de la monnaie

D'après Grossman (1966), les sphères de la circulation des deux types de monnaie, à savoir la monnaie active et la monnaie passive, correspondent respectivement au domaine du « mécanisme de marché » et à celui du « principe de commandement » (p. 216). En fait, les éléments du commandement hiérarchique et le mécanisme de marché coexistent toujours dans différents systèmes économiques, mais la spécificité du système socialiste réside dans la domination du principe de commandement sur le mécanisme de marché (Grossman, 1966, p. 207). L'Etat impérial de la Russie sous le régime de Witte a tenté de réaliser son industrialisation par la corruption[3] et par la canalisation forcée des ressources financières dans les secteurs modernes. Il a pris soin de développer la monétisation de l'économie par différents moyens comme la pression fiscale sur les couches les plus pauvres des paysans, l'adoption de l'étalon-or ou l'attraction du capital étranger. Contrairement à cette industrialisation, le régime stalinien a préféré mobiliser et déployer les ressources comme s'il menait une guerre.

---

[2] Wicksell (1907) distingue trois types de crédit : i) le « crédit ordinaire entre les individus » (*simple credit between man and man*), que l'on trouve sur le marché du capital de prêt ; ii) le « crédit organisé » (*Organized credit*) que développe le système bancaire. Dans ce cas, les banques jouent non seulement le rôle d'intermédiaires financiers entre les épargnants et les entrepreneurs, mais créent aussi de la monnaie *ex nihilo* par leur pouvoir d'accorder des crédits ; iii) le « crédit pur » dans le cadre d'une économie fermée, où les banques peuvent toujours satisfaire une demande de prêts même à des taux d'intérêt très bas (Wicksell, 1907, p. 191-194).

[3] Grossman (1966) souligne le rôle de la corruption dans l'industrialisation de la Russie impériale notamment sous forme d'un ensemble de privilèges accordés aux grands bourgeois-féodaux par l'Etat afin que les classes privilégiées puissent s'engager dans l'accumulation du capital industriel sans avoir à subir de grands risques.

Nous pouvons prendre appui sur la métaphore d'« économie mobilisée », forgée par O. Lange (1970) et reprise par J. Sapir (1990), afin de décrire l'économie soviétique comme « une économie de guerre en temps de paix » (p. 35). Dans cette économie, « l'épée remplace l'or » et « la démonétisation partielle, comme l'abolition du mécanisme de marché et la restriction de la mobilité de la main d'œuvre » se développent parallèlement à l'industrialisation (Grossman, 1966, p. 231-32). Ce contraste entre l'industrialisation appuyée par la monétisation d'une part (comme dans l'expérience occidentale ou sous le régime de Witte en Russie), et l'industrialisation accompagnée de la démonétisation partielle (sous le régime stalinien et dans la plupart des pays socialistes) d'autre part, est frappant. Grossman (1968) fournit l'explication suivante pour clarifier ce contraste : « Dans le cas occidental, la monétisation a élargi l'éventail des choix des entrepreneurs et investisseurs ; elle a augmenté l'attraction de gagner de l'argent pour tout le monde et a ainsi aidé la mobilisation et la mobilité des ressources pour l'industrialisation. Dans le modèle stalinien, les ressources sont mobilisées et déployées sur une large échelle, mais principalement par les directives. Même les ressources humaines sont mobilisées et réparties... sur une large échelle, non pas par les récompenses et incitations, mais par la coercition et sous la contrainte » (p. 11-12). Cette explication historique étaye l'idée selon laquelle la genèse de la monnaie est liée à des institutions particulières et notamment à l'existence d'un réseau de grandes firmes, de commerçants, de négociants et d'intermédiaires en tous genres. Contrairement aux approches monétaires comme celle soutenue par les modèles dits « à encaisses préalables » (*cash-in-advance*) ou celle défendue par les modèles dits de « prospection » (*search theory*), nous ne pouvons pas ignorer le fait que « (T)oute économie monétaire est une économie où les marchés sont organisés par les firmes et la majorité des transactions existe entre les firmes et non pas entre les individus… nous allons aboutir à une définition très différente de la monnaie, tant sur le plan empirique que sur le plan théorique, dès lors que l'on tient compte du rôle crucial des firmes dans l'instauration des marchés » (Clower et Howitt, 1996, p. 26).

Dans son analyse historique, Braudel insiste lui aussi sur le rôle de ces firmes qu'il juge fondamental pour comprendre le capitalisme. Selon lui, c'est le dernier étage d'un bâtiment où l'on trouve au rez-de-chaussée la civilisation matérielle (l'économie de subsistance ou d'autoconsommation) et à l'étage moyen l'économie de marché. La particularité de ce dernier étage par rapport à l'étage moyen réside dans le fait que « (L)a division du travail, qui ne fait que s'accentuer rapidement au fur et à mesure des progrès de l'économie de marché, affecte toute cette société marchande, *sauf son sommet*, celui des négociants-capitalistes. Ainsi le processus de morcellement des fonctions, cette modernisation, s'est manifesté d'abord et seulement à la base : les métiers, les boutiquiers, voire les colporteurs, se spécialisent. Non pas le haut de la pyramide... il est marchand, bien sûr, mais jamais dans une seule branche, et il est tout aussi bien, selon les occasions, armateur, assureur, porteur, emprunteur, financier, banquier, ou même entrepreneur industriel ou exploitant agricole... S'enrichit-il suffisamment pour devenir, un jour, négociant, il passe aussitôt de la spécialisation à la non-spécialisation. Désormais, toute bonne affaire à sa portée sera de sa compétence » (Braudel, 1985, p. 62-63). A mon avis, la grande force du capitalisme, ce dernier étage dont fait état Braudel, s'explique par cette non-spécialisation de ces grands marchands et entrepreneurs. C'est ce pouvoir d'adaptation, de reconversion, de changement incessant et cette plasticité qui caractérisent le capitalisme. Il est d'essence conjoncturelle. Le caractère actif de la monnaie, son rôle régulateur dans le système capitaliste, est lié à la non-spécialisation de ces entrepreneurs et aux activités des grandes firmes qui créent le marché. Le système soviétique n'abolit pas la division du travail ; il la maintient et il la soumet à la logique de la bureaucratie d'Etat avec ses ministères et ses intérêts particuliers et compartimentés. Ce système réduit ce rôle « entrepreneurial » joué par les commerçants et, parallèlement à cela, il abolit le rôle actif de la monnaie dans le secteur socialisé. Plus précisément, il remplace le rôle actif de la monnaie par le rôle actif du parti communiste : « La monnaie passive est équivalente au parti actif. L'inverse, c'est-à-dire la monnaie active, le parti passif, n'est pas forcément vrai. Car le parti peut, et fort probablement, maintient (comme en Yougoslavie) un rôle crucial et décisif sur l'économie en général. Cela étant dit, une monnaie active peut priver beaucoup de fonctionnaires du parti de leurs pouvoirs, fonctions et bénéfices actuels » (Grossman, 1966, p. 235). Si le capitalisme se caractérise par cette activité multidimensionnelle, diversifiée, plastique, des commerçants et entrepreneurs, l'économie de type soviétique se fonde sur le rôle actif du parti et de ses fonctionnaires. La monnaie active dans le premier système se voit remplacé par l'Etat-parti assurant un mode de coordination bureaucratique (ou par le commandement).

II. Les deux circuits monétaires et la contrainte budgétaire

S'inspirant de la distinction entre monnaie passive et monnaie active, Kornai (1980, traduction française 1984) réinterprète le rôle actif de la monnaie en termes de contrainte budgétaire. Dans cette deuxième partie, nous allons d'abord introduire la réinterprétation du double circuit monétaire en termes de contrainte budgétaire ; puis nous examinerons les inefficacités nominales du relâchement de la contrainte budgétaire (ou de la passivité de la monnaie).

1. Contrainte budgétaire dure et lâche

D'après Kornai, la monnaie est active si le comportement effectif du décideur économique dépend de la quantité de monnaie dont il dispose. Ainsi, « il y a un lien étroit entre la dureté de la contrainte budgétaire et le caractère actif de la monnaie. Il ne s'agit en effet non pas de deux phénomènes, mais de deux méthodes alternatives pour la description du même phénomène » (Kornai, 1984, p. 477). Dans une économie socialiste, les ménages ont une contrainte budgétaire dure (CBD). Donc la monnaie est active à l'intérieur du secteur des ménages. Par opposition, les entreprises ont une contrainte budgétaire lâche (CBL). Donc la monnaie reste assez passive dans le secteur des entreprises. D'une façon générale, Kornai décrit l'économie socialiste comme un « système économique semi-monétisé » : « il est *monétisé* là où la contrainte budgétaire est dure et n'est que *pseudo-monétisé* là où cette contrainte est lâche » (Ibid., p. 492). A notre avis, l'originalité de cette réinterprétation de la distinction entre monnaie passive et monnaie active en termes de contrainte budgétaire consiste à traiter du rôle de la monnaie en liaison avec le comportement des entreprises et le cadre institutionnel qui détermine ce comportement. Ainsi, les déséquilibres macroéconomiques spécifiques du système socialiste comme une économie contrainte par les ressources sont analysés à partir d'un cadre institutionnel et sur la base d'une microéconomie fondée sur une base empirique (Vahabi, 2000, 2001).

Kornai souligne encore la séparation rigoureuse qui existe entre la monnaie pouvant être dépensée pour la production courante et celle destinée au financement des investissements. Dans les deux cas, il constate la passivité de la monnaie. En ce qui concerne le financement de l'entreprise à court terme, il évoque trois raisons pour justifier cette passivité. Premièrement, ce financement s'inscrit dans le cadre d'un système économique contraint par les ressources et non pas par la demande. Dans un système contraint par la demande, la quantité de monnaie dont dispose chaque acheteur pose une limite supérieure effective à la totalité de ses achats. Or, dans le système contraint par les ressources, la quantité de monnaie détenue par l'acheteur n'est pas une contrainte effective. Il achète autant qu'il peut obtenir pour une offre physique donnée, et non autant qu'il le peut au regard de la monnaie dont il dispose. Deuxièmement, ce financement est relâché par les crédits interentreprises. Même si ces crédits sont interdits par la loi, les entreprises peuvent s'entraider en tolérant réciproquement l'endettement des unes vis-à-vis des autres. Troisièmement, une entreprise, même insolvable, ne sera jamais mise en faillite. Pour empêcher la faillite d'une entreprise même partiellement insolvable, la banque accorde des prêts à l'entreprise en difficulté pour qu'elle puisse payer ses dettes à ses fournisseurs d'*inputs*. Le « crédit forcé » relâche la contrainte de financement à court terme.

Le financement à long terme est aussi marqué par une contrainte budgétaire lâche. La passivité de la monnaie se révèle alors par le fait qu'en termes monétaires, il n'y a jamais de véritable échec d'un investissement. En fait, nous assistons à un genre particulier « d'illusion monétaire » qui se manifeste dans le mécanisme à plusieurs niveaux de décision et de régulation des investissements. « Derrière "le voile monétaire", il y a en fait des processus de régulation "quantitatifs". Le répartiteur semble distribuer de la monnaie, alors qu'en fait, il autorise le lancement d'opérations réelles déterminées. Une fois que l'action réelle est entamée, la dépense monétaire liée à celle-ci peut dépasser considérablement le quota budgétaire autorisé au départ. La contrainte budgétaire de l'investissement est lâche » (Kornai, 1984, p. 483). Somme toute, dans l'économie socialiste, l'offre de monnaie ne limite pas et ne régule pas la croissance réelle. La demande croissante de monnaie créée par la croissance réelle est satisfaite sans résistance de l'offre de monnaie. Ce résultat est le fondement de ce qui est connu comme « effet de Kornai » dans la littérature économique récente. Cependant, cette littérature souffre souvent d'une confusion entre deux effets différents de Kornai, l'un réel et l'autre nominal (monétaire), qui doivent être clairement distingués. C'est le second effet qui met en évidence la passivité de la monnaie dans le régime socialiste. Nous allons présenter littérairement et graphiquement ces deux effets.

Le résultat principal de Kornai peut être résumé ainsi : dans une analyse statique comparative, la contrainte budgétaire lâche est la source des inefficacités tant *réelles* que *nominales* (*monétaires*). Le premier type d'inefficacité (l'inefficacité réelle) est lié au fait que le renflouement *ex post* augmente la demande d'*inputs* de la firme au delà du niveau standard d'une économie parfaitement concurrentielle. Ce phénomène est connu comme « effet de Kornai », car il a été initialement exploré par Kornai et Weibull (1983) et a été développé dans d'autres versions formalisées par Goldfeld et Quandt (1988, 1992, 1993), Ambrus-Lakatos et Csaba (1990), Magee et Quandt (1994), Pun[4] (1995) et Prell (1996). Selon Kornai, le syndrome de la contrainte budgétaire lâche (CBL) est partiellement responsable de la pénurie chronique propre au système socialiste. Cette relation causale est récusée par Bajt (1991), tandis que certains modèles récents essaient d'établir un lien de causalité entre la CBL et la pénurie, même pendant la transition post-socialiste (voir Qian, 1994). Nous

---

[4] Contrairement aux autres théories citées, Pun (1995) ne compare pas les situations marquées par une CBL à celles caractérisées par une CBD afin de décrire l'effet de Kornai. Son objectif consiste à explorer si la demande d'*inputs* est plus élevée avec des contraintes budgétaires plus lâches.

appellerons ce type d'inefficacité le *premier effet de Kornai*. Le second type d'inefficacité, ou inefficacité monétaire, est lié au fait que dans le système socialiste, les firmes ont une faible sensibilité à la variation des prix. Nous qualifions ce phénomène de *second effet de Kornai*. Ainsi la CBL peut être décomposée en deux différents types de relâchement qui correspondent à ceux que Gomulka (1986, p. 77) a qualifiés de « relâchement-r » (la lettre *r* signifie réel) et « relâchement-m » (la lettre *m* signifie monétaire ou relâchement nominal). Dans sa revue critique de la théorie de la CBL chez Kornai, Gomulka définit le « relâchement-r » comme source de perte ou de faible efficacité évaluée aux prix de marché concurrentiel. La perte engendrée par ce type de relâchement correspond clairement au premier effet de Kornai. Gomulka considère le « relâchement-m » comme une perte d'efficacité évaluée en termes des prix déformés effectifs. Ce relâchement nominal correspond clairement au second effet de Kornai.

2. La contrainte budgétaire lâche et les inefficacités réelles et nominales

S'appuyant sur les mesures de Hicks et de Slutsky, nous pouvons décomposer la CBL en deux parties, à savoir l'effet-revenu et l'effet-substitution. A notre avis, bien que les mesures de Hicks et de Slutsky soient définies pour l'analyse de la consommation et donc pour les contraintes budgétaires des ménages, elles peuvent encore être appliquées dans le cas de la CBL afin de clarifier graphiquement ses inefficacités, à condition que la « courbe de transformation », ou les contraintes techniques, soient interprétées comme les contraintes budgétaires des firmes. Une présentation graphique peut être utile pour distinguer les deux types différents d'inefficacité.

Supposons que pour produire un produit final Y, deux types de facteur (X_1, X_2) sont utilisés. Dans le cas de la concurrence parfaite, la contrainte budgétaire (CB) est dure et la fonction de production peut être notée $Y_h(X_1, X_2)$. La firme produit Y^- en utilisant le vecteur d'*input* $\{X^-_1, X^-_2\}$, $Y^- = Y_h(X_1, X_2)$, pour un coût total des *inputs* C_h, où h représente un point sur la CBD. Le niveau des prix relatifs des *inputs* est tg α X^-_1 / X^-_2. Dans le cas de la CBL, la firme produit la même quantité de produit Y^- sur une fonction de production inférieure, $Y_s(X_1, X_2)$ en utilisant le vecteur d'*input* $\{X^+_1, X^+_2\}$ pour un coût total des inputs C_s, où s représente un point sur la CBL. Le niveau des prix relatifs des *inputs* est tg ß X^+_1 / X^+2. La source de cette inefficacité technique peut être l'inefficacité-X de Leibenstein ou l'utilisation d'une certaine technologie obsolète. L'ampleur du relâchement budgétaire, mesurée par la différence entre C_s et C_h, peut être décomposée de deux manières. La première manière, présentée dans la Figure-1 ci-dessous, mesure l'ampleur de l'inefficacité réelle. Ce premier effet de Kornai (relâchement-r) peut être décomposé en deux parties : une première partie (C_h - A) mesure l'inefficacité technique (qui est équivalente à l'effet-revenu dans l'analyse de la consommation), la seconde partie (A - C_s) mesure l'effet-substitution provoqué par les prix des *inputs* déformés.

Supposons que C_h et C_s représentent respectivement les niveaux des coûts des firmes H (opérant sous CBD) et S (opérant sous CBL). Si la firme H, initialement contrainte par C_h, décide de se déplacer vers une fonction de production techniquement inférieure $Y_s(.)$, tout en gardant intact son niveau des prix relatifs tg α X^{*}_1/X^{*}_2, alors elle doit supporter des coûts supplémentaires r_1 (mesurés en termes de X_2) afin de produire la même quantité d'*outputs*. r_1 peut être considéré comme la mesure hicksienne du relâchement budgétaire, car il prend en compte la perte associée à la dégradation de l'efficacité technique de $Y_h(.)$ à $Y_s(.)$. Cependant, r_1 ne peut pas être mesuré empiriquement, car ce point est non-observable. Par conséquent, la mesure de Slutsky r_2 est plus convenable.

Figure 1- Le premier effet de Kornai

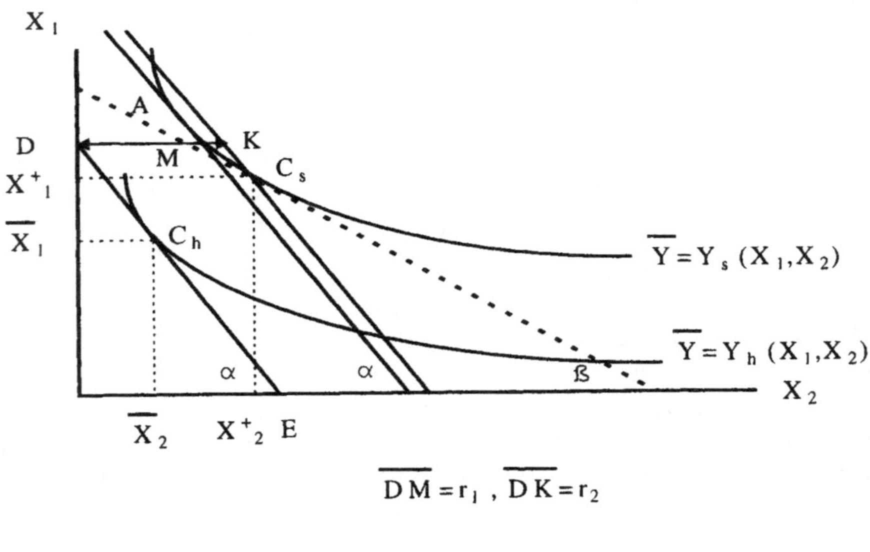

En d'autres termes, l'évaluation du *premier effet* de Kornai peut être réalisée de deux manières, soit par la mesure de Hicks, soit par la mesure de

Slutsky. La seconde est préférable sur le plan empirique. Le second effet de Kornai (relâchement-m) peut être analysé de la même façon.

Supposons que C_h et C_s représentent respectivement les niveaux des coûts des firmes H (opérant sous CBD) et S (opérant sous CBL). Si la firme S, initialement contrainte par C_s, décide de se déplacer vers une fonction de production techniquement supérieure $Y_h(.)$, tout en gardant intact son niveau des prix relatifs tg ß X^+_1 / X^+_2, alors elle aura le même niveau de production $\bar{Y}$ avec une économie sur les coûts m_1 (mesurés en termes de X_2). C'est la mesure hicksienne, car elle mesure l'ampleur des subventions requises afin de couvrir les pertes de la firme opérant sur un isoquant techniquement inférieur. Cependant, m_1 ne peut pas être mesuré empiriquement, car le point B n'est pas observable. Par conséquent, la mesure de Slutsky m_2 peut être encore plus convenable. En d'autres termes, l'évaluation du *second effet* de Kornai peut être réalisée de deux manières, soit par la mesure de Hicks, soit par la mesure de Slutsky, cette dernière étant préférable sur le plan empirique.

Figure 2 - Le second effet de Kornai

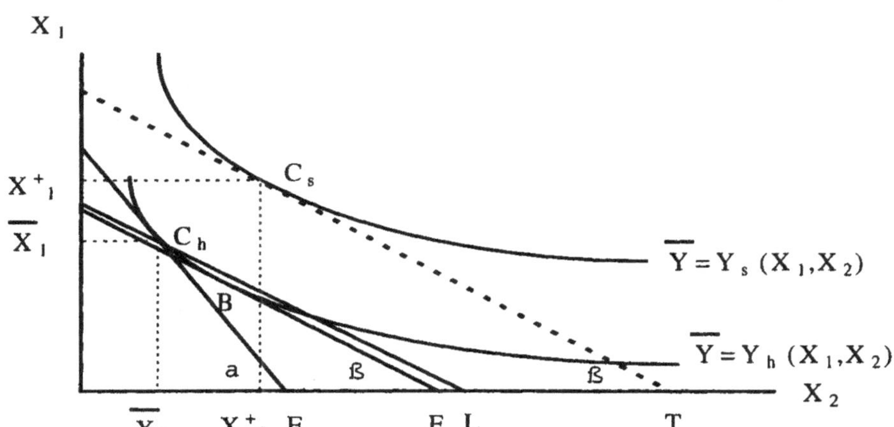

$\overline{FT} = m_1$, $\overline{LT} = m_2$

L'économie socialiste est donc une économie semi-monétisée dans laquelle il existe un secteur « socialisé » avec une monnaie passive, ayant une contrainte budgétaire lâche qui « pompe » les ressources d'*inputs* du secteur des ménages soumis à une contrainte budgétaire dure et ayant une monnaie active.

Dans le secteur socialisé, c'est l'Etat qui défraie les charges impayées des entreprises. Autrement dit, le paternalisme d'Etat (ou du parti) se substitue au rôle actif de la monnaie dans ce secteur. En remplaçant le rôle actif de la monnaie dans le secteur socialisé, l'Etat devient le pouvoir paternaliste, omniprésent et tout-puissant, de l'économie socialiste. C'est là qu'à notre avis réside la clé de la compréhension de l'économie de type soviétique. Compte tenu de ce pouvoir de la monnaie absorbé par l'Etat, ce dernier semble avoir dominé l'économie et la société « socialiste ». Le « fétichisme de l'argent » dans le capitalisme, exprimant le rôle unificateur et régulateur de l'argent tout-puissant, se voit remplacé par le « fétichisme de l'Etat » dans l'économie de type soviétique.

La théorie de la contrainte budgétaire lâche dans le secteur socialisé présente une forte analogie avec la thèse de von Mises selon laquelle le socialisme est irrationnel en raison de l'abolition de la monnaie dans le secteur socialisé. Dans son analyse de la bureaucratie, von Mises oppose la « gestion bureaucratique » (*Bureaucratic Management*) à la « gestion commerciale » (*Business Management*) et il constate que le socialisme repose sur la première forme de gestion. Il explique ainsi la différence entre les deux : « La gestion bureaucratique est la méthode appliquée à la conduite des affaires administratives dont le résultat ne s'apprécie pas en monnaie sur le marché... La gestion bureaucratique est une gestion des affaires qui ne peut pas être contrôlée par le calcul économique... Un bureau n'est pas une entreprise cherchant le profit ; il ne peut pas faire appel au calcul économique, il doit résoudre des problèmes qui sont inconnus de la gestion bureaucratique. Il est hors de question d'améliorer sa gestion en la restructurant en fonction du modèle de la gestion privée. C'est une erreur de juger l'efficacité d'un département gouvernemental en le comparant avec la façon dont fonctionne une entreprise soumise aux jeux du marché » (von Mises, 1946, p. 47-48). Se référant à Lénine, von Mises (1946) souligne que d'après la vision bolchevique du socialisme, le bureau de poste est le modèle sur lequel la nouvelle Jérusalem doit être bâtie (p. 123-124). Cependant, le bureau de poste ne peut servir de modèle pour l'organisation économique d'une société car il est géré selon le principe de la gestion bureaucratique, laquelle est privée de tout calcul économique ou monétaire. Dans l'analyse de Kornai, le caractère semi-monétisé de l'économie socialiste s'explique encore par l'articulation entre la contrainte budgétaire lâche du secteur socialisé géré par un mode de coordination bureaucratique d'une part, et la contrainte budgétaire dure des ménages, d'autre part. Ainsi, à l'instar de l'analyse de von Mises, la théorie de Kornai établit un lien de causalité entre le caractère passif de la monnaie et le mode de coordination bureaucratique (ou la « gestion bureaucratique » selon la terminologie de von Mises). Comme nous l'avons suggéré ailleurs (Vahabi,

1995), la théorie de la contrainte budgétaire lâche peut être considérée comme une redécouverte de la position autrichienne dans le débat sur le calcul économique entre von Mises-Hayek et Lerner-Lange.

III. LE MONÉTARISME SOVIÉTIQUE ET LA COURBE SOCIALISTE DE PHILLIPS

Nous avons déjà noté que les entreprises socialistes n'ont pratiquement pas d'« actifs non monétaires » monétisables. Les Banques Centrales peuvent utiliser l'encadrement absolu des crédits sans risquer de provoquer l'effondrement du système bancaire, tout simplement parce qu'il n'y a pas de système bancaire. A l'exception de la Yougoslavie, les Banques Centrales, en tant que monobanques dans leurs pays respectifs, financent l'économie directement et par la médiation de quelques institutions spécialisées (banques d'investissement, etc.). Une politique de taux d'intérêt visant à influencer la demande de crédits et de monnaie de la part des entreprises est pratiquement inexistante. En l'absence de faillite et de la discipline qui lui est liée, les entreprises sont toujours optimistes dans leurs prévisions. Les fluctuations de la masse monétaire ne peuvent alors pas provoquer des modifications dans les anticipations de la conjoncture par les entreprises. Il semble donc que Richard Portes ait raison lorsqu'il affirme que dans les pays à planification centrale, les autorités peuvent régler très précisément la masse monétaire (Portes, 1983). Cette observation semble étayer les thèses monétaristes dans les économies de type soviétique. D'autant plus que Milton Friedman, par opposition à Hayek, caractérise l'économie centralement planifiée comme une espèce particulière, ou plutôt « déformée de l'économie de marché » (1984, p. 7). F. Seurot reprend cette idée de Portes en prétendant que « la monnaie joue un rôle essentiel dans l'inflation des pays socialistes ». Son argumentaire se base sur les trois propositions suivantes : « a) la demande de monnaie est une fonction stable d'un nombre fini de variables ; b) les facteurs qui influencent l'offre de monnaie sont différents de ceux qui déterminent la demande de monnaie ; l'offre peut donc être considérée comme exogène ; c) la vitesse de circulation peut varier, mais ces variations de V sont prévisibles à partir de la forme de la fonction de demande de monnaie » (Seurot, 1983, p. 155). D'après Seurot, une telle approche monétariste est aussi partagée par les économistes soviétiques. Cependant, il faut rappeler que, contrairement à la séquence monétariste en économie de marché, dans le système soviétique, les salaires déterminent l'offre de monnaie du secteur des ménages. Comme le fait remarquer Portes, le monétarisme de marché exclut la politique des revenus, tandis que le monétarisme soviétique se réduit à celle-ci. Définir le monétarisme comme l'importance de la quantité de monnaie gomme ces nuances entre « monétarisme friedmanien » et « monétarisme soviétique ».

Nous partageons avec Soos l'idée suivant laquelle « la structure monétaire de l'économie socialiste (...) est trop compliquée pour pouvoir être décrite à l'aide des catégories monétaristes » (Soos, 1987, p. 237). En fait, depuis les réformes économiques partielles qui ont eu lieu dans les années 1960, la passivité de la monnaie était seulement une tendance principale et non pas toute la réalité. Il faut surtout souligner le rôle des prêts interentreprises, ou « crédits commerciaux », constituant une création de monnaie incontrôlée. Les organes financiers des pays à planification impérative se plaignaient souvent que ce type d'endettement détériorait le contrôle monétaire. Les crédits interentreprises mettent en cause l'application des thèses monétaristes dans le cas des pays socialistes.

Ces crédits peuvent être expliqués à la lumière de la théorie kornaienne de la contrainte budgétaire lâche. Cette analyse repose sur des théories exogènes de la monnaie. Cependant, nous pouvons reformuler ce phénomène en termes de création endogène de monnaie (Kaldor, 1970 ; Kraft, 1993). A notre avis, les contraintes financières sont lâches lorsque les banques (soit commerciales, soit la Banque Centrale) sont prêtes à fournir la liquidité demandée par les entreprises, quelles que soient les perspectives de remboursement des prêts octroyés. Certes, si les banques commerciales accordent des prêts aux entreprises « insolvables » (*non-credit-worthy firms* selon la terminologie de Kaldor), ces banques vont connaître une érosion de leurs actifs. Tôt ou tard, il sera nécessaire que la Banque Centrale intervienne pour gérer les mauvais prêts ou pour injecter de nouveaux capitaux dans les banques commerciales. En revanche, si la Banque Centrale intervient directement afin de renflouer les entreprises n'ayant pas respecté leurs engagements, le gouvernement assume dès le départ une responsabilité. Dans les deux cas, à long terme, la Banque Centrale (et donc le gouvernement) a un rôle crucial dans le relâchement des contraintes financières. Tandis que la théorie kornaienne de la CBL retrouve la cause du relâchement dans le comportement de l'entreprise (et notamment dans sa faible sensibilité aux variations des prix), la réinterprétation de la CBL en termes de monnaie endogène accorde une place centrale au rôle de la Banque Centrale (ou de l'Etat) dans l'explication du relâchement. Une économie semi-monétisée ne peut pas être facilement décrite à l'aide des thèses monétaristes.

En Hongrie, où le monétarisme semblait toujours peu influent, l'idée d'une « courbe socialiste de Phillips » a connu un certain succès dans les années quatre-vingts. Cette thèse est encore soutenue par l'école du déséquilibre qui décrit la situation de l'économie socialiste par « l'inflation réprimée » (voir Kemme et Winiecki, 1985 ; Davis et Charemza, 1989 ; Brabant, 1990). En polémiquant avec les économistes hongrois croyant à l'existence d'un rapport inverse entre la pénurie et l'inflation dans une économie socialiste, Kornai évoque de nouveau le rôle passif de la monnaie dans le secteur socialiste et le rôle actif de celle-ci dans la sphère de la circulation. Selon les partisans de la « courbe socialiste de Phillips », il existe un effet compensateur entre la pénurie et l'inflation. Plus forte est l'une, plus faible sera l'autre. Kornai récuse cette idée parce qu'elle ne prend pas en compte les conditions institutionnelles du socialisme. D'après lui, la compensation entre « la pénurie et l'inflation » prédomine peut-être « dans une *économie entièrement monétisée*, où la contrainte budgétaire est dure à la fois pour les ménages et les entreprises » (Kornai, 1979, p. 817). Dans une telle économie, si les processus inflationnistes se déclenchent du côté des salaires alors que la hausse des prix est artificiellement refoulée (inflation réprimée), l'excès de demande amassée conduira indubitablement à une pénurie encore plus intensive. Dans ces circonstances, relâcher l'inflation réprimée, c'est-à-dire laisser augmenter les prix, pourrait drainer l'excès de demande amassée. La contrainte de demande deviendra de nouveau effective et la pénurie pourrait être plus ou moins éliminée. Cependant, ce mécanisme ne fonctionne pas dans une économie quasi monétisée.

Dans les conditions institutionnelles d'une économie semi-monétisée, le secteur soumis à une contrainte budgétaire dure est monétisé, tandis que le secteur opérant sous CBL est seulement monétisé en apparence. Face à la hausse des prix, ce dernier secteur ne réagit guère par la réduction de sa demande. L'entreprise est susceptible de faire passer tôt ou tard la hausse des prix des *inputs* à l'acheteur ou au budget d'Etat. Par conséquent, sa demande – même dans un processus inflationniste quelconque – reste presque insatiable. De surcroît, ce secteur est capable de s'engager dans un processus du pompage au détriment du secteur soumis à une contrainte budgétaire dure et qui, en effet, réagit à la hausse des prix par la réduction de la demande. Nous pouvons ainsi soutenir que la macroéconomie keynésienne ne peut pas être appliquée dans le contexte de l'économie socialiste, lequel contexte est marqué par des institutions sociales différentes de celles des économies capitalistes avancées.

CONCLUSION

Nous avons développé tout au long de ce texte la thèse suivant laquelle le rôle passif de la monnaie, ou le relâchement de la contrainte budgétaire, dans le secteur des entreprises est directement lié au rôle actif du parti ou à la coordination bureaucratique par l'Etat-parti. A l'instar du système capitaliste, le système soviétique maintient des rapports marchands et salariaux. En revanche, le système soviétique se démarque du système capitaliste par son caractère semi-monétisé. Contrairement au système capitaliste où la monnaie a un rôle unificateur et régulateur, le système soviétique est régulé par l'Etat-parti. Cette singularité des économies de type soviétique explique pourquoi les réformes économiques mêmes partielles visant à combiner (ou à remplacer) la coordination bureaucratique par la coordination par le marché ont conduit à activer la monnaie.

Le relâchement de la contrainte budgétaire repose sur un ensemble de rapports socio-économiques, juridiques, psychologiques et politiques. Sur le plan économique, il s'explique, au premier abord, par le système monobanque et notamment par le rôle de la contrainte budgétaire lâche comme compagnie d'assurance garantissant la survie de toutes les entreprises. Puis, le relâchement se fonde sur le fait que la quantité de monnaie dont l'entreprise dispose pour faire face à ses coûts n'est guère une contrainte effective pesant sur ses choix entre les *inputs*. En l'absence de toute possibilité de faire faillite, une entreprise (même insolvable) n'est pas soumise à une contrainte de remboursement de ses emprunts bancaires. Dans un tel système, la distinction de Kaldor (1970) entre les entreprises dignes de crédit (*Credit-worthy enterprise*) et celles qui ne le sont pas (*Non-credit worthy enterprise*) perd son sens.

Nous avons pu démontrer graphiquement l'inefficacité monétaire provoquée par le relâchement budgétaire qui doit être distinguée de l'inefficacité réelle due à l'accroissement de la quantité d'*inputs* demandés. L'importance des crédits interentreprises, notamment après les réformes économiques dans les économies de type soviétique, nous amène à reformuler la théorie de la CBL en termes de monnaie endogène et à souligner les limites du monétarisme soviétique. De surcroît, ce phénomène de relâchement met en cause la thèse de l'inflation réprimée ou la « courbe socialiste de Phillips ». La faible sensibilité des entreprises aux variations des prix ne doit pas être réduite à la fixation des prix et il ne faut pas s'attendre à ce que la libéralisation des prix aboutisse directement à une activation de la monnaie.

Il nous semble que la transition post-socialiste peut être mieux comprise si on la considère comme la transition d'une économie semi-monétisée à une économie entièrement monétisée. La plupart des économistes inspirés par l'analyse néoclassique et les responsables des organisations internationales comme le FMI ont souvent préconisé la sainte Trinité de « privatisation-libéralisation-stabilisation » afin de garantir le succès de la transition post-socialiste. Cette trinité n'accorde pas une place centrale au durcissement de la contrainte budgétaire ou à la monnaie (Kornai, 2000). La transition post-socialiste, notamment en Russie, est un bon laboratoire historique pour illustrer l'importance et les difficultés du passage d'une économie semi-monétisée à une économie monétisée. La survie du syndrome de la contrainte budgétaire lâche est particulièrement pressante à tel point que Pinto *et al.* (1999) qualifient la société russe de « société de non-paiement ».

Nonobstant la libération des prix de janvier 1992, la transition post-socialiste en Russie se caractérise par une forte inflation initiale d'une part, et par une tendance à la démonétarisation entre 1992 et 1998, d'autre part. Cette tendance s'est manifestée par l'augmentation du troc, y compris dans les relations interentreprises, et par une amorce de fragmentation de l'espace monétaire alors que l'inflation semblait maîtrisée depuis 1995. C'est seulement depuis le krach boursier de 1998 qu'une tendance à la monétarisation voit le jour.

Certes, la monétarisation d'une économie dans un contexte où la confiance fait défaut et où l'Etat ne joue pas son rôle de coordinateur, car on l'a aussi privatisé, se heurte à de nombreuses difficultés institutionnelles. Ces mêmes difficultés suscitent, depuis quelques années, un débat vif chez les économistes sur le lien entre la transition post-socialiste et la monétarisation. Somme toute, ce problème évoque de nouveau le rôle de l'Etat dans la transition post-socialiste en général, et dans la monétarisation de l'économie en particulier.

BIBLIOGRAPHIE

AMBRUS-LAKATOS L., CSABA I. (1990), « The Effects of Profit Redistribution on the Level of Input Use: A Model of the Socialist Firm », *Yearbook of East-European Economics*, vol. 14, n° 2, 75-96.

BAJT A. (1991), « Irrelevance of the Soft Budget Constraint for the Shortage Phenomenon », *Economics of Planning*, vol. 24, n° 1, 1-12.

BRABANT J.M. (1990), « Socialist Economies : The Disequilibrium School and the Shortage Economy », *Journal of Economic Perspectives*, vol. 4, n° 2.

BRAUDEL F. (1985), *La dynamique du capitalisme*, Paris, Flammarion/Champs.

BRUS W. (1968), *Problèmes généraux de fonctionnement de l'économie socialiste*, Paris, Maspero.

CLOWER R., HOWITT P. (1996), « Taking Markets Seriously: Groundwork for a Post Walrasian Macroeconomics », in D. Colander, *Beyond*

Microfoundations: Post Walrasian Macroeconomics, N.Y., Cambridge University Press.

DAVIS C., CHAREMZA W. (1989), *Models of Disequilibrium and Shortage in Centrally Planned Economies*, London, New York, Chapman and Hall.

DEMBINSKI P. (1988), *Les économies planifiées, La logique du système*, Paris, Edition du Seuil.

FRIEDMAN M. (1984), *Market or Plan? An Exposition of the Case in the Soviet Union*, The Center for Research into Communist Economies, London, Septembre.

GARVY G. (1966), *Money, Banking, and Credit in Eastern Europe*, N.Y., Federal Reserve Bank of New York.

GOLDFELD S., QUANDT R. (1988), « Budget Constraints, Bailouts, and the Firm under Central Planning », *Journal of Comparative Economics*, vol. 12, 502-520.

GOLDFELD S., QUANDT R. (1992), « Effect of Bailouts, Taxes, and Risk-Aversion on the Enterprise », *Journal of Comparative Economics*, vol. 16, 150-167.

GOLDFELD S., QUANDT R. (1993), « Uncertainty, Bailouts, and the Kornai Effect », *Economic Letters*, vol. 41, 113-119.

GOMULKA S. (1986), « Kornai's Soft Budget Constraint and the Shortage Phenomena : A Criticism and Restatement », in S. Gomulka (ed.), *Growth, Innovation and Reform in Eastern Europe*, Madison, Wisconsin, University of Wisconsin Press, 73-90.

GROSSMAN G. (1966), « Gold and the Sword: Money in the Soviet Command Economy », in H. Rosovsky (ed.), *Industrialization in two systems: essays in honor of Alexander Gerschenkron*, N.Y., London, Sydney, John Wiley & Sons, Inc.

GROSSMAN G. (1968), « Introduction », in G. Grossman (ed.), *Money and Plan, Financial Aspects of East European Economic Reforms*, Berkeley and Los Angeles, Universiy of California Press.

KALDOR N. (1970), « The New Monetarism », *Lloyds Bank Review*, juillet, 1-18.

KEMME D.M., WINIECKI J. (1985), « Disequilibrium in Centrally Planned Economies », Greensboro, North Carolina, University of North Carolina, Center for Applied Research, *Working Papers Series*, n° E85 0501.

KORNAI J. (1979), « Ressource-Constrained versus Demand-Constrained Systems », *Econometrica*, vol. 47, n° 4, 801-819.

KORNAI J. (1980), *Economics of Shortage*, Amsterdam, North-Holland, traduction française *Socialisme et économie de la pénurie*, Paris, Economica, 1984.

KORNAI J. (1992), *The Socialist System, The Political Economy of Communism*, Oxford University Press, Princeton University Press, traduction française *Le système socialiste, l'économie politique du communisme*, PUG, Bibliothèque de l'ISMEA, 1996.

KORNAI J. (2000), « Ten Years After 'The Road to a Free Economy': The Author's Self-Evaluation », présenté à la World Bank 'Annual Bank Conference on Development Economics-ABCDE', 18-20 avril, Washington D.C.

KORNAI J., WEIBULL J. (1983), « Paternalism, Buyers' and Sellers' Market », *Mathematical Social Sciences*, vol. 6, n° 2, 153-69.

KRAFT E. (1993), « The Soft-Budget Constraint and the Theory of Endogenous Money: A Note on Szego's Critique of Kornai », *Journal of Post Keynesian Economics*, vol. 16, n° 1, 153-161.

LANGE O. (1970), « The Role of Planning in a Socialist Economy », in O. Lange, *Papers in Economics and Sociology*, Varsovie-Londres, PWN et Pergamon Press.

MAGEE K.L., QUANDT R.E. (1994), « The Kornai Effect with Partial Bailouts and Taxes », *Economic Planning*, vol. 27, 27-38.

MARCZEWSKI J. (1958), « La monnaie en économies socialistes », *Revue d'Economie Politique*, mars-avril, 433-449.

PINTO B., DERBENTSOV V., MOROZOV A. (1999), « Dismantling Russia's No-Payments System: Creating Conditions for Growth », *Transition*, vol. 10, n° 6, Washington D.C. : The World Bank Experts, 1-5.

PORTES R. (1983), « Central Planning and Monetarism: Fellow Travellers? », in P. Desai (ed.), *Marxism, Central Planning and the Soviet Economy. Essays in Honor of Alexander Erlich*, Cambridge, Ma., MIT Press.

PRELL M. (1996), « The Two Kornai Effects », *Journal of Comparative Economics*, vol. 22, 267-76.

PUN W.C. (1995), « The Kornai Effect and the Soft Budget Constraints », *Journal of Comparative Economics*, vol. 21, 326-35.

QIAN Y. (1994), « Theory of Shortage in Socialist Economies », *The American Economic Review*, vol. 84, n° 1, 145-156.

SAPIR J. (1990), *L'économie mobilisée*, Paris, La Découverte.

SEUROT F. (1983), *Inflation et emploi dans les pays socialistes*, Paris, Puf.

SOOS K.A. (1987), « Le rôle de la monnaie et des organes financiers dans les phases descendantes des cycles en Hongrie et en Yougoslavie », in B. Chavance (dir.), *Régulation, cycles et crises dans les économies socialistes*, Paris, Editions de l'Ecole des Hautes Etudes en Sciences Sociales, 223-240.

TRAIMOND P. (1979), *Le rouble, monnaie passive et monnaie active*, Paris, Cujas.

VAHABI M. (1995), « The Austro-Hungarian Convergence through the Writings of J. Kornai », *Economie Appliquée*, vol. XLVIII, n° 2, 77-103.

VAHABI M. (2000), « The Soft Budget Constraint: An Institutional Approach », présenté au Colloque sur *Organisations et institutions : règles, coordination, évolution*, Amiens, 25-27 mai.

VAHABI M. (2001), « The Soft Budget Constraint: A Theoretical Clarification », *Recherches Economiques de Louvain*, vol. 67, n° 2, à paraître.

VON MISES L. (1946), *Bureaucracy*, New Haven, Yale University Press.

WICKSELL K. (1907), « The Influence of the Rate of Interest on Prices », *The Economic Journal*, juin.

WILES P. (1962), *The Political Economy of Communism*, Cambridge, Mass., Harvard University Press.

ZWASS A. (1979), *Money, Banking, and Credit in the Soviet Union and Eastern Europe*, N.Y., M.E. Sharpe Inc.

2

Troc, inflation et monnaie en Russie

Tentative d'élucidation d'un paradoxe

Jacques Sapir

La Russie a connu un fort développement du troc entre 1992 et 1998. Ce processus, dont on connaît des équivalents en Ukraine et dans d'autres pays en transition, soulève un certain nombre de problèmes théoriques. L'interprétation des faits, et en particulier de leur dynamique, éclaire un nombre non négligeable de points de la théorie économique en matière monétaire.

Le rapport entre l'économie de troc et l'économie monétaire constitue un point délicat, sensible, de la pensée économique classique et moderne. En règle générale, les positions s'organisent autour de deux pôles.

Le premier, explicité par J-B. Say et repris par Ricardo, assimile l'économie monétaire à une forme du troc. L'affirmation selon laquelle « les produits s'échangent contre des produits... la monnaie est un voile », tout en ayant été contestée dès le XIXème siècle par Sismondi, a imprégné une bonne partie des économistes. On retrouve sur cette position l'économie néoclassique, dans sa forme traditionnelle comme dans sa forme monétariste. Dans un autre ordre d'idée, il faut citer Hayek qui, à un moment de son histoire intellectuelle, a fait de l'économie de troc une sorte de référence pour envisager la nature des désordres de l'économie monétaire. Le problème, pour les auteurs qui gravitent autour de ce pôle, est qu'ils ne peuvent comprendre la spécificité, voire même la nature, de l'économie monétaire.

D'autres positions se caractérisent par l'affirmation de la rupture fondamentale que l'économie monétaire signifierait. On peut y trouver nombre d'auteurs hétérodoxes, Marx et Keynes et particulier, mais aussi quelques auteurs du courant standard. Cette rupture procède soit d'une lecture en termes d'optimisation (la monnaie évite les coûts de transaction du troc), soit d'une lecture évolutionniste teintée de téléologisme ; la monétarisation d'une économie traduirait la marche du Progrès ou de la Modernité. Cette position pose alors un autre problème : elle interdit de comprendre la survivance du troc, voire dans certain cas son développement, dans des économies qui ont été considérées comme déjà monétarisées. La roue de l'Histoire, c'est bien connu, ne peut tourner en arrière. Il est pourtant tout aussi connu que, rien que pour le cas de la France dans les années quatre-vingt-dix, des « bourses de troc » se sont développées dans des segments de la population. Ce phénomène a été cantonné, sans doute à tort, à une simple manifestation de « l'économie sociale » ou du « tiers secteur ».

Cette double polarité, fondamentalement insatisfaisante, traduit une difficulté intrinsèque de l'économie à penser la monnaie. L'ambition du présent texte réside ainsi dans une tentative pour déployer une compréhension du troc en Russie, dans sa phase d'expansion de 1992 à 1998, comme dans sa phase de rétraction de 1998 à 2000, qui puisse aboutir à une lecture permettant de saisir simultanément, et de manière cohérente, la monnaie et le troc.

I. Le troc et la transition en Russie

La transition en Russie a été marquée à la fois par une forte inflation initiale, et par le développement du troc[1] et une amorce de fragmentation de l'espace monétaire[2] alors que l'inflation semblait maîtrisée. Outre des transactions en nature, ou par l'intermédiaire d'instruments financiers (les *weksels*) non compensables en monnaie, on a vu se développer l'usage d'instruments monétaires alternatifs à la monnaie nationale : usage du dollar, mais aussi de *weksels* émis cette fois par des banques régionales et circulant comme une véritable monnaie alternative (Sapir, 1996). Ces derniers phénomènes se retrouvent dans d'autres pays de l'ex-URSS, comme en Ukraine. Si le troc et la fragmentation monétaire se sont développés simultanément, et

---

[1] Pour une vision rétrospective du développement du troc, R. Ahrend, S. Aukutsionek et S. Parilova (2000). Voir aussi S. Commander et C. Mumssen (1998) ; une étude de l'économie politique du troc se trouve dans D. Woodruff (1999).

[2] Le phénomène de la fragmentation apparaît relativement tôt ; voir J. Sapir (1995).

peuvent être conjointement analysés comme un signe majeur de dysfonctionnement de l'économie durant la transition, du point de vue d'une interprétation théorique, les deux phénomènes doivent être dissociés.

En effet, l'usage de monnaies alternatives, ou concurrentes, témoigne d'un problème de souveraineté plus que d'un changement de comportement vis-à-vis de la liquidité. En revanche, le recours au troc indique une défiance vis-à-vis de l'instrument monétaire dans son fondement, et non plus simplement dans sa forme particulière de monnaie nationale. Comme toute dissociation, celle-ci a un aspect arbitraire. Il est inexact de croire que l'on peut parfaitement isoler un phénomène économique et social de ceux qui l'accompagnent et l'entourent. Néanmoins, une critique de l'isolationnisme, pour justifiée qu'elle puisse être[3], ne doit pas conduire à devoir ne traiter que du tout au détriment des parties.

1. Troc et inflation

Le phénomène incontestablement le plus paradoxal, réside dans le développement du troc au sein des échanges interentreprises et ce, alors que le rythme de l'inflation allait diminuant.

Le troc n'était certes pas inconnu au sein du système économique soviétique. Les entreprises y avaient recours pour développer un système d'échanges échappant au contrôle de l'agence contrôlant les allocations, le GOSSNAB, afin de maintenir leurs capacités à remplir les objectifs du plan, en dépit de pénuries et diverses ruptures d'approvisionnement. Le troc s'inscrivait alors dans une anthropologie de la constitution de réseaux à l'échelle locale. Un cas classique est ainsi présenté par J. Berliner :

« *Par exemple, une entreprise textile favorisera à l'ordinaire une commande placée par un consommateur du secteur militaire sur toute autre commande d'un autre client. Mais, s'il se fait que l'autre client est un producteur de roulements à billes, dont l'usine textile a désespérément besoin, une transaction informelle pourrait être arrangée dans laquelle la commande du producteur de roulements à billes pour des produits textiles serait tranquillement placée devant la commande du client militaire. Le producteur de roulements à billes accepte alors, bien entendu, de satisfaire une commande non planifiée de la part de la firme textile* »[4].

[3] Voir T. Lawson (1997).
[4] J.S. Berliner (1952), p. 360.

Ce type de pratique est attesté par une abondante littérature, et ce dès la fin des années trente. Il se traduit par une logique des relations sociales qui fait éclater la hiérarchie formelle du système et se résume par la formule russe « *nado est' ZIS* » qui se traduit littéralement, il faut une ZIS (une voiture de luxe de l'époque soviétique) mais où ZIS signifie en fait *znakomstvo i svjazy* , soit des contacts et des relations. L'étendue de ces pratiques a été évaluée par divers économistes de la période soviétique. En tout état de cause, elle semble avoir toujours été importante, sans doute égale à près de 50% du volume du commerce officiellement contrôlé par le GOSSNAB, et avoir connu une brutale aggravation dans les dernières années de l'URSS (J. Freinkman, 1992).

Graphique 1

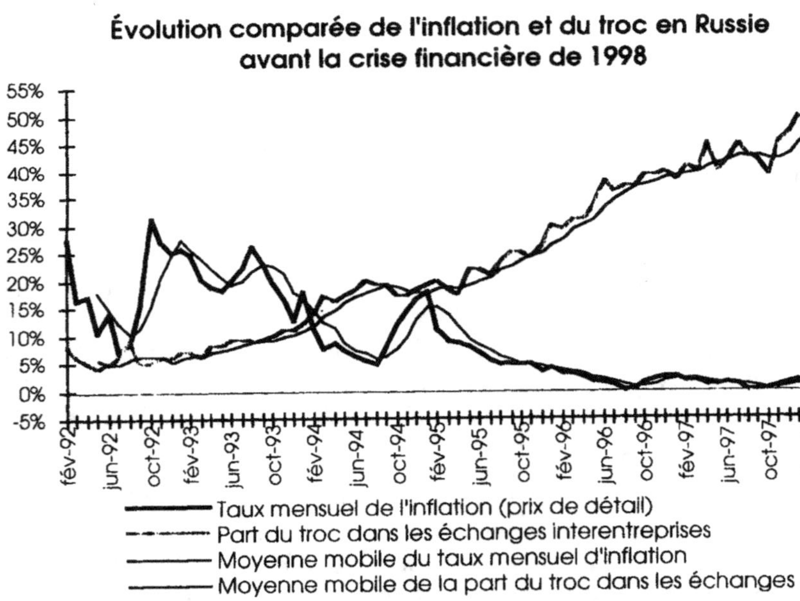

Source : données du Russian Economic Barometer.

Les données disponibles (graphique 1) montrent que la libération des prix de janvier 1992 provoqua une forte chute du troc. La part du troc resta fort basse en 1992 et 1993, et ne commença à monter de manière sensible que quand le taux mensuel d'inflation s'est ralenti. Ceci devint véritablement explosif fin 1995, quand l'inflation fut sous contrôle. Ainsi, à la veille de la crise financière d'août 1998, plus de 50% des échanges interentreprises se faisaient hors monnaie. Ces données sont loin d'épuiser la question du troc. On constate, fin 1993, le développement des billets à ordre ou *weksels* comme moyen de paiements (tableau 1). Or, dans une très large majorité, ces instruments émis par les entreprises ne sont pas compensables en monnaie, mais en nature.

Tableau 1
Part du troc et des weksels dans les échanges interentreprises et évolution en Russie de 1993 à 1997, par branche (en %)

	Part du troc en 1993	Part du troc en 1997	Part des weksels en 1997
Chimie	21	52	14
Métallurgie	14	46	8 / 5
Constructions mécaniques	12	41	10
Bois et dérivés	12	46	8
Matériaux de construction	11	59	13
Carburants	10	33	26
Textile et habillement	8	42	9
Industrie alimentaire	6	25	5
Production d'électricité	4	46	n.d.

Source : M. Rozanova (1998), p. 98

(Pour la part des weksels, le premier chiffre dans la ligne métallurgie donne le pourcentage pour la métallurgie ferreuse et le second pour celle des métaux non ferreux)

Si l'on additionne le troc et les *weksels*, il est probable que le troc, sous une forme directe ou indirecte, représentait entre 60% et les trois quart des échanges interentreprises à la veille de la crise financière[5]. Notons aussi que la Russie n'est pas seule en cause. Même si le niveau du troc y est un peu moins fort, l'Ukraine semble avoir été aussi largement touchée par le phénomène[6]. Les données disponibles par branches de l'industrie montrent bien le fort accroissement du troc durant la période qui va de 1993 à 1998.

[5] S. Commander et C. Mumssen (1998).
[6] D. Marin, D. Kaufmann et B. Gorochowskij (2000).

Tableau 2
Part du troc et ancienneté du réseau des correspondants dans les relations interentreprises en Russie

Part du troc dans les transactions de l'entreprise (en %)	Proportion, en 1997, des correspondants avec lesquels l'entreprise était déjà en contact avant 1992 (en %)
Moins de 10	11
10 à 40	30
40 à 70	45
Plus de 70	63

Source : M. Rozanova (1998), p. 99

Un dernier élément doit alors être pris en considération. La part du troc dans la structure des échanges d'une entreprise dépend de manière sensible de l'ancienneté de son réseau de clients et de fournisseurs comme le montre le tableau 2.

2. La dimension régionale de la démonétarisation

Si le développement du troc au sein des relations interentreprises est un phénomène spectaculaire, il est loin d'être le seul. L'émergence de régions que l'on peut qualifier de démonétarisées constitue un second aspect du phénomène général.

En comparant la propension apparente à épargner - définie comme rapport entre la différence revenus-consommation et le montant des revenus - telle qu'on peut la saisir dans les données désagrégées par régions, et le niveau des revenus moyens régionaux, on constate un niveau anormalement élevé de la propension à épargner pour la moyenne de l'échantillon, qui s'accompagne par ailleurs de régions présentant une propension apparente hors de toute commune mesure (graphique 2).

Que dans un pays aussi appauvri que la Russie, cette propension apparente atteigne, en moyenne, 34% est déjà hautement suspect. Que les régions où cette propension est la plus élevée soient aussi celles où, bien souvent, le niveau des revenus est inférieur au niveau moyen l'est tout autant.

Par ailleurs, des régions dont on sait qu'elles sont fort bien monétarisées, comme Moscou, St. Petersbourg, Samara présentent des résultats régulièrement négatifs (les dépenses excèdent les revenus). Ceci indique que le niveau des revenus est probablement plus mal saisi par le système statistique russe que celui des dépenses, ce qui, à vrai dire, n'est pas réellement une surprise. Il faut alors en tirer la conclusion que les propensions à épargner réelles sont encore plus fortes que celles indiquées.

Graphique 2
Évaluation de la démonétarisation en Russie

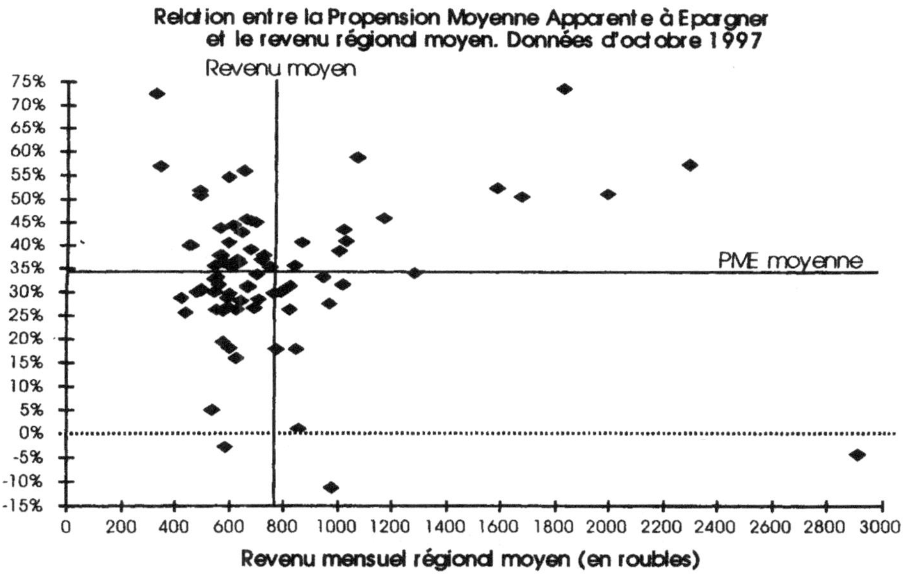

Sources : Données du GOSKOMSTAT, de la Banque Centrale de Russie et de la base de données du CEMI-EHESS

La détermination des régions en fonction de leur degré plus ou moins grand de monétarisation peut être réalisée à partir d'une première estimation de la relation classique entre taux d'épargne et revenu moyen. Le test réalisé sur le mois d'octobre 1997 montre ainsi que des régions en nombre non négligeable doivent être considérées comme démonétarisées (graphique 3).

Graphique 3

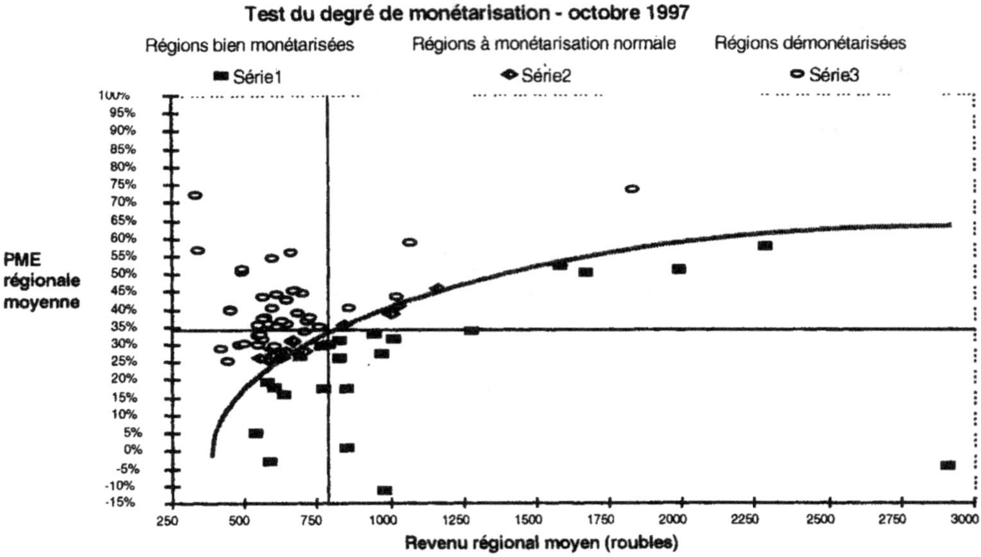

La courbe indique la forme de la corrélation non linéaire entre PME et revenu régional moyen sur l'échantillon de 87 régions, soit le total moins l'oblast' de Kaliningrad et la Tchétchénie.

Les régions à monétarisation dite normale ont une PME égale ou supérieure de 10% au plus par rapport aux données prédites. Les régions de bonne monétarisation ont une PME inférieure à la valeur prédite pour le niveau de revenu régional moyen.

Source : Données du GOSKOMSTAT et de la Banque Centrale de Russie

L'explication la plus vraisemblable est que, dans ces régions, les ménages n'utilisent pas leurs revenus monétaires, non pas parce que ces derniers sont excédentaires, mais tout simplement parce qu'une large part de la consommation est obtenue hors des échanges monétaires. On peut d'ailleurs tester cette hypothèse en comparant les niveaux de dépense et la consommation matérielle des ménages. On obtient alors une répartition des régions en fonction de leur niveau de monétarisation.

Le phénomène est déjà repérable sur des données datant de fin 1992 (Sapir, 1993). Une comparaison systématique des données montre cependant que le phénomène s'accentue entre 1993 et fin 1996. Ainsi, le processus de démonétarisation de certaines régions, représentant environ 45% de la population russe, est bien parallèle au développement du troc interentreprises. Ce résultat est d'ailleurs logique. Si des entreprises sont payées de manière de plus en plus systématique en nature, elles ne peuvent utiliser la totalité des biens qu'elles reçoivent dans le processus de production, et doivent donc chercher à écouler ces biens sous la forme de paiements à leurs employés. Au-delà, on peut raisonnablement penser que les entreprises accepteront d'autant plus en paiement des biens qu'elles savent qu'ils sont écoulables comme biens de consommation.

La démonétarisation régionale est donc un complément logique de celle des échanges interindustriels. Néanmoins, elle ne s'y réduit pas et traduit une « re-naturalisation » de l'économie au niveau local et régional qui exprime, en réalité, un recul des relations marchandes. Que ceci se produise dans le même temps où l'inflation baisse fortement ne laisse pas sans intriguer fortement l'observateur.

3. Troc et inflation : du paradoxe au scandale théorique

Le développement du troc entre 1992 et 1998 est largement paradoxal. En bonne logique, la transition aurait du être synonyme d'une monétarisation, ou même simplement d'une accentuation de la monétarisation de l'économie. Analysée du strict point de vue de la monétarisation des échanges, la transition semble fonctionner à l'envers en Russie. A ce paradoxe vient s'ajouter un scandale théorique, du moins pour l'économie standard : comment le troc peut-il se développer en période de baisse de l'inflation ?

Les situations marquées par des résurgences du troc sont, toutes, assimilées dans la théorie standard à des épisodes hyperinflationnistes. C'est bien entendu le cas de l'Allemagne et de l'Autriche au début des années vingt, pour ne citer que les exemples les plus connus et les mieux étudiés. On peut y rattacher certains cas depuis 1945, soit dans l'immédiat après-guerre, soit dans des crises spécifiques comme celle de l'hyperinflation israélienne. Une telle situation est logique si l'on admet que l'inflation signifie une baisse de la valeur relative du signe monétaire et que l'hyperinflation se traduit par une incertitude radicale quant à l'évolution de cette valeur.

La détention de richesse sous forme de biens matériels devient un comportement rationnel quand la monnaie perd rapidement de sa valeur car surabondante. La mise en place de monnaies de substitution, voire l'usage de monnaies étrangères, est aussi attestée dans les grandes crises hyperinflationnistes.

Or, en Russie, le scénario est fort différent. En effet, le troc se développe au moment où l'inflation se ralentit très fortement, et la politique monétaire fut, à partir de l'été 1993, particulièrement restrictive. Le taux de liquidité de la

Russie (M2/PIB) était d'ailleurs, avec 11% à la veille de la crise financière de 1998, un des plus faibles que l'on ait connu pour une économie développée.

Il n'y a cependant de paradoxe que par les apparences, et le seul scandale, nous semble-t-il, est celui d'une théorie monétaire standard d'une rare pauvreté (Sapir, 2000). A travers les diverses explications données à la situation russe, on peut identifier les faiblesses du cadre théorique dominant, et proposer une nouvelle compréhension de la place de la monnaie dans une économie de marché.

II. COMPRENDRE LE TROC POUR COMPRENDRE LA MONNAIE

En présence du paradoxe et du scandale évoqués, les économistes participant du paradigme standard ont tenté d'élaborer un certain nombre d'explications. Ces dernières restent largement insatisfaisantes. Une lecture plus attentive de la réalité russe fait émerger d'autres explications, qui ont toutes pour caractéristiques de remettre en cause la vision standard de la monnaie.

1. Les explications dominantes

Le troc a tout d'abord été expliqué comme une « survivance » de l'ancien système économique, refusant de se plier aux nouvelles règles de l'économie de marché. Cette interprétation est parallèle à celle de la montée des impayés interentreprises en 1992, qui fut assimilée à un « complot » des directeurs d'usines contre la politique économique du gouvernement Gaïdar[7]. Une seconde interprétation, proche de la première, consiste à lier le développement du troc et la fraude fiscale. La démonétarisation serait simplement une forme d'évasion fiscale pratiquée par les entreprises.

Ces deux explications ne résistent pas à une étude un peu minutieuse de la réalité. La théorie du complot est rapidement invalidée d'abord par le fait que ce ne furent pas les secteurs les mieux protégés du temps soviétique qui développèrent les impayés en 1992, et ensuite du simple fait que le troc continue à se développer après la privatisation. Quant à l'explication fiscale, si elle peut localement avoir une pertinence, elle se heurte au fait que les secteurs

[7] A. Åslund (1994-a), S. Fisher (1994), J. Sachs (1994). Pour une analyse des impayés, J. Sapir (1993).

ayant la plus mauvaise discipline fiscale ne sont pas ceux où le troc se développe le plus ou le plus vite.

Une deuxième explication, qui eut son heure de gloire en 1998, fut celle de « l'économie virtuelle ». Ce terme fut employé par deux auteurs américains, Clifford Gaddy et Barry Ickes. Il suppose que le secteur manufacturier russe serait globalement à valeur ajoutée négative et que, pour cacher ce fait, il y aurait une alliance implicite entre le gouvernement et les entreprises pour que le troc se développe, car les rapports d'échanges seraient alors faussés et feraient apparaître une valeur « virtuelle ». Le troc serait alors un système par lequel le secteur manufacturier, destructeur et non créateur de valeur, pomperait la valeur provenant du secteur des matières premières (Gaddy et Ickes, 1998).

Cet argument se heurte à plusieurs observations. Tout d'abord, les prix des contrats de vente libellés en monnaie sont en général plus favorables que les équivalents de prix dans le cadre des transactions en troc. Les entreprises ne gagnent pas à vendre en troc, sauf, et l'exception est significative, pour le secteur de l'énergie (Marin, 2000). Ceci est parfaitement contradictoire avec la thèse de Gaddy et Ickes. Mais une seconde observation s'impose. Le calcul de Gaddy et Ickes conduisant à penser qu'une partie de l'industrie russe produit à valeur ajoutée négative ne tient pas compte des conditions, pour le moins particulières, de l'écoulement des produits. Dans de nombreux cas, et l'automobile est certainement l'exemple le plus frappant, le producteur est dans la dépendance d'un distributeur qui a acquis une position de monopole par des moyens que l'économie ignore et la morale réprouve. Ce distributeur est en mesure d'exercer un véritable chantage sur le producteur, étant son intermédiaire obligé pour qu'il puisse atteindre ses clients. Il lève l'équivalent d'une rente d'intermédiation, en contraignant le producteur à vendre à pertes. Comme l'entreprise de distribution est, statistiquement, enregistrée dans les services, cette situation crée l'illusion d'un secteur des services florissant et d'une industrie mourante (Sapir, 1998-a).

Une troisième explication a été avancée par un chercheur du FMI[8]. S'interrogeant sur la difficile remonétarisation des économies en transition après des phases de forte inflation, il propose un argument inspiré par la théorie des coûts de transaction. Dans un premier temps, les acteurs économiques se réfugieraient dans le troc pour échapper aux conséquences de la très forte inflation. Pour être efficace, le troc doit prendre son sens dans le cadre d'un réseau. La constitution d'un tel réseau, permettant de multilatéraliser les transactions, implique l'accumulation d'un savoir et des connaissances hautement spécifiques, que le retour à des échanges monétarisés dévaloriserait

---

[8] A.R. Ghosh (1997).

radicalement. Dans l'incertitude quant à l'enracinement dans la durée des politiques de désinflation, les agents économiques seraient alors rationnellement réticents à dévaloriser les connaissances antérieurement acquises. La persistance du troc, alors que l'inflation chute, s'expliquerait par le refus d'accepter la dévalorisation d'un capital cognitif qui peut rester pertinent dans le futur tant que l'on n'est pas totalement sûr du retour à la stabilité des prix. L'argument en termes de coût d'acquisition d'un savoir se combine alors avec un argument sur la crédibilité des politiques de désinflation. Cette combinaison, très attrayante intellectuellement, renvoie à des modes de comportements dont on ne saurait nier le réalisme, et en particulier l'invocation d'une rationalité procédurale, à la Herbert Simon, à la place d'une rationalité substantielle comme dans les travaux standards. Pourtant, elle est théoriquement et factuellement insatisfaisante. Théoriquement, l'introduction d'éléments non-standards dans le raisonnement soulève un problème d'incohérence générale. En effet, l'analyse des processus inflationnistes et des comportements des agents, avant d'en venir au troc, se fait dans un cadre de type monétariste, habituel aux travaux du FMI. Or, ce cadre est incompatible avec la mobilisation de concepts tels que la rationalité limitée, ou procédurale, et la connaissance imparfaite[9]. Soit l'analyse de l'auteur quant à l'inflation est juste, et son explication de l'effet de cliquet est fausse, soit cette dernière est juste, et son explication de l'inflation, alors, ne tient plus. Factuellement, le fait stylisé décrit par Ghosh est celui d'une résistance à la remonétarisation, et non celui d'un accroissement de l'importance du troc alors que l'inflation continue de baisser.

Les différentes explications participant des paradigmes de l'économie standard se révèlent soit invalidées par les données disponibles, soit correspondant à des faits stylisés dont la dynamique n'est pas celle des faits observés, soit enfin renvoyant à des bricolages théoriques procédant d'incohérences théoriques patentes. Ces argumentaires ne sont pourtant pas dépourvus d'intérêt.

D'abord, parce qu'ils révèlent l'inconscient idéologique et théorique de leurs auteurs. Ainsi, les directeurs des entreprises issus de la période soviétique ne peuvent être qu'opposés à la politique libérale, qu'ils cherchent, par tous les moyens, à « saboter ». Pour qui connaît l'usage et les tréfonds du mythe du saboteur dans le système soviétique, et en particulier lors de la période stalinienne, ceci ne manque pas de sel ; les plus archéo-soviétiques ne sont peut-être pas ceux que l'on croit. Ensuite, parce qu'ils révèlent une incapacité persistante à construire des faits stylisés respectant la réalité. C'est visible en particulier dans la thèse de « l'économie virtuelle » mais aussi dans celle d'un effet de cliquet. Le réel fâche toujours le pédant. Enfin, parce que ces

[9] Sur l'analyse des fondements théoriques d'un tel cadre, J. Sapir (2000), chapitre 1.

argumentaires aboutissent à la nécessaire torsion du cadre théorique, comme l'introduction de la notion d'information imparfaite, ou de celle de la rationalité procédurale, dans un univers censé être néoclassique. Ce sont donc bien les bases mêmes de la théorie standard qui ici se révèlent fautives et qu'il faut abandonner pour pouvoir donner sens à une réalité que l'on doit accepter. C'est donc dans cette direction qu'il faut maintenant aller, non sans avoir rétabli un certain nombre de faits.

2. Explications alternatives

Ce qu'il nous faut donc expliquer ce n'est pas la persistance du troc après un épisode hyperinflationniste, ou une continuité entre le troc soviétique et le troc russe. Les données réelles peuvent être réduites de la manière suivante. À la suite d'une libération des prix presque totale, le troc d'origine soviétique se résorbe dans sa grande majorité et reste pratiquement insensible à la forte inflation de la période 1992-1993. La démonétarisation ne se met à progresser que 18 à 20 mois après le début de la transition, alors que la décrue de l'inflation s'amorce. Ceci est vrai tant du troc interentreprises que de la démonétarisation des régions. Le phénomène s'accentue à partir du moment où la politique macroéconomique du gouvernement gagne en crédibilité, soit à partir de 1995. Six ans après le début de la transition, on a retrouvé les niveaux de troc de l'extrême fin de la période soviétique.

2.1. La confiance et les institutions de la confiance

Une première possible explication, avancée par Dalia Marin (2000), insiste sur le problème de la « confiance ». Le troc est une solution pour le vendeur quand ce dernier craint une défection (un non-paiement) de la part de l'acheteur et qu'il ne possède pas les moyens de faire respecter les termes de la transaction. Cette situation est d'autant plus susceptible de se présenter que la contrainte de liquidité est forte. Techniquement, le troc apparaît alors comme le résultat d'un système où le crédit bancaire est quasi inexistant et où les règles de transaction ne sont pas garanties. C'est donc un défaut d'institutionnalisation du marché qui explique le troc qui, dans un tel contexte, est alors un moindre mal:

« *Ainsi, l'économie non-monétaire aide à maintenir un niveau de production qui autrement se serait effondré en raison de l'imperfection des marchés d'intrants et du crédit* »[10].

D'un point de vue plus théorique, l'hypothèse de la « confiance », testée avec succès par D. Marin tant sur la Russie que sur l'Ukraine, renvoie à l'incomplétude radicale du contrat. Nous sommes ici en présence d'un résultat ancien, datant des travaux de Durkheim[11], mais dont la pertinence a été niée depuis près d'un siècle, par l'économie néoclassique et les économistes standards. Le problème est en fait général, et renvoie à l'individualisme méthodologique comme base même de la méthodologie économique standard[12]. On mesure alors le coût exorbitant en termes cognitifs de la crispation sur les hypothèses de base de la théorie néoclassique. Une version plus générale de cette explication peut être assimilée à une sous-institutionnalisation de l'économie de marché russe dans l'analyse qu'en fait David Woodruff (1999). La mise en réseau nécessaire au développement du troc renverrait alors à un processus de reconstruction locale et partielle des institutions dans un contexte de crise du système général. On comprend alors le poids des relations à l'échelle régionale dans le phénomène.

Cependant, la thèse de la « confiance » ou de la sous-institutionnalisation, pour indiscutablement pertinente qu'elle soit, ne peut épuiser l'explication du troc. En effet, les défauts de paiement, observés dès la fin 1992, ont donné naissance en Russie au développement de la pratique du pré-paiement. Le fournisseur se prémunit contre un défaut possible de son client en exigeant que le paiement anticipe la livraison. Cette pratique exerce une contrainte financière forte sur l'acheteur et, en un sens, retourne l'application du risque du producteur au client. Normalement, si la proportion d'acteurs de mauvaise fois n'excède pas ce que l'on est en droit d'attendre d'une société organisée, cette pratique, et la simple menace du passage à cette pratique, devraient faire disparaître les acteurs dits de mauvaise foi.

Dans une logique d'économie séquentielle, où toute défection peut être punie de rétorsion, des acteurs de bonne fois qui entendent participer à une succession de contrats dans le temps n'ont nullement intérêt à laisser croire qu'ils pourraient faire défection, s'ils ne veulent pas être « punis » par le pré-paiement. Cependant, la situation peut changer si la continuité d'opération de l'acteur dit de bonne foi est mise en cause et donc si, pour cet acteur, l'économie cesse d'être un jeu séquentiel. C'est un classique échec de la stratégie « œil pour œil » (*tit for tat*) dans un dilemme du prisonnier quand on fixe un terme au jeu.

---

[10] D. Marin (2000), p. 22.
[11] E. Durkheim (1991/1893).
[12] G.M. Hodgson (1999), pp. 66-69.

L'introduction d'un risque de discontinuité d'une intensité telle qu'une large majorité des opérateurs puisse craindre d'avoir à cesser leurs opérations dans un futur proche modifie radicalement les règles de comportement[13]. Ceci nous renvoie alors à l'impact des politiques macroéconomiques sur les producteurs.

2.2. *L'impact des politiques économiques*

On peut, et doit donc, joindre à l'explication par la confiance une explication par l'impact de la politique économique qui, dans le cas de la Russie, revient à formuler une explication par la contrainte de liquidité (Sapir, 1999). Dans un cadre standard, le durcissement de la contrainte de budget est toujours présenté comme un facteur positif, améliorant les performances du système par l'introduction d'une meilleure discipline au niveau microéconomique. Il est tragique que l'on n'ait pas remarqué le parallélisme entre des politiques de forte augmentation de la contrainte de budget et les politiques provoquant des situations de sélection inverse conduisant à l'auto sélection des comportements ou des risques les plus dangereux[14].

Une pénurie excessive de liquidité renverse le rapport des coûts de transaction entre le contrat monétaire et le contrat en nature du fait de la probabilité de défection spécifique au contrat monétaire. C'est bien toujours de confiance dont il est question, mais à travers la médiation d'un rationnement en liquidité aux effets différenciés sur les agents. La chute du taux de liquidité de l'économie russe dans la période considérée a été extraordinaire à plus d'un titre. Si on ajoute à cela le fait que le système financier et bancaire russe était, de plus, largement concentré sur Moscou (cette agglomération accumulant 83% du total des dépôts bancaires en 1997) et quelques autres villes, on conçoit que des régions entières ont été privées d'instruments monétaires - du moins en roubles.

La mise en place d'instruments régionaux, patente entre 1995 et 1998, ne pouvait être une solution complète en raison de l'impossibilité de ces régions à fonctionner en autarcie et de la faible convertibilité des instruments locaux. Le rationnement excessif en liquidité endogénéise, en un sens, la faiblesse des institutions de vérification de l'exécution des contrats car il multiplie au-delà du raisonnable le risque d'accidents de paiement, saturant ainsi rapidement les agences et les procédures chargées de cette vérification. L'interaction entre le

[13] En particulier si l'on admet que les préférences sont dépendantes des contextes du choix. Sur ce point, J. Sapir (1998-b).

[14] Pour une synthèse, déjà ancienne, sur la sélection inverse, J. Riley (1979) ; voir aussi M. Ellwig (1987).

problème de la confiance et celui de la liquidité doit ainsi être soulignée. Il faut aussi ajouter qu'une politique monétaire fortement restrictive est strictement incompatible avec la création d'un système bancaire efficace ; or, l'absence de crédit bancaire est justement signalée par Dalia Marin comme l'une des raisons du développement du troc dans un univers où la confiance fait défaut.

2.3. Contrat monétaire et coûts de transaction

Une troisième explication, complémentaire aux deux autres, mobilise les coûts de transaction des différentes formes de contrat. Cette explication renvoie à la nature même du tissu industriel hérité de l'ex-URSS et où les entreprises étaient le plus souvent de simples usines. Une agence d'État, le GOSSNAB, était supposée gérer la totalité des problèmes de commercialisation. La situation résultant de la combinaison du système officiel et des stratégies de contournement mises en œuvre par les acteurs, et tolérées par le système car elles contribuaient en définitive à son fonctionnement[15], a produit des chaînes de dépendance technologique et cognitive particulières.

Tout d'abord, personne ne doute qu'un contrat en troc exige des connaissances et des savoirs considérablement plus importants et plus spécifiques qu'un contrat monétaire, et peut se traduire par de fortes asymétries d'information. C'est pourquoi, à un niveau élevé de généralité, il n'est pas faux de présenter la monnaie comme une institution réduisant les coûts de transaction et favorisant une dé-spécification des connaissances (Alchian, 1977). Telle fut aussi la thèse de Simmel, pour qui la monnaie permettait de s'adresser à un inconnu parfait[16]. Néanmoins, cette facilité introduite par la monnaie ne joue pleinement que si les biens ou les actifs évalués en monnaie sont non-spécifiques, c'est à dire ne perdent pas leur valeur s'ils doivent être utilisés dans un autre but ou à d'autres fins que celles originellement prévues[17]. Cette clause, fréquemment oubliée, peut être considérée comme satisfaite pour des biens de consommation courante. Elle devient de plus en plus irréaliste quand on s'intéresse au commerce intra-industriel. Or, rappelons-le, un des faits stylisés qu'il faut expliquer est bien le développement du troc dans les relations interentreprises.

---

[15] Voir J. Sapir (1990) et J. Sapir (1998-c).

[16] G. Simmel (1978/1900).

[17] B. Klein, R. Crawford et A. Alchian (1978), p. 297-326. Voir aussi, A. Alchian (1984) et O. Williamson (1983).

Quand les connaissances et savoirs sont fortement spécifiques, le processus de concurrence, que la monétarisation est à la fois censé faciliter et qui fonde la nécessité de la monnaie pour le calcul, cesse de permettre une allocation optimale si la décision de contracter est répétée dans le temps[18].

La question des actifs spécifiques a une autre dimension. Tout investissement entraînant un renforcement de la spécificité des actifs constitue une prise de risque supplémentaire pour l'opérateur. Si la relation avec le client est instable, et si les actifs sont difficilement redéployables, l'ajustement de la demande à l'offre en est freiné. Le client potentiel est alors en droit de considérer que, dans une relation de marché normale fondée sur le contrat monétaire, l'offreur ne se spécialisera pas autant qu'il serait souhaitable pour le servir.

Un autre problème réside dans l'incertitude quant aux coûts et aux délais dans la réalisation de certains investissements[19]. Si l'incertitude est forte, au point que la survie de l'organisation productive, ou du projet, soit en jeu, des éléments purement psychologiques (réputation du maître d'œuvre, évaluation de l'appui de la puissance publique) vont entrer en lice, avec les effets auto-réalisateurs que l'on connaît. Une combinaison d'incertitudes pesant sur les coûts réels des investissements, sur les évolutions des prix relatifs en raison de l'irruption ou de la maturation de technologies nouvelles, d'investissements fortement spécifiques et à longue durée de vie, rend impossible l'établissement d'un contrat basé sur l'hypothèse d'une commensurabilité en termes monétaires entre des investissements alternatifs. Dans ce cas, le recours aux règles du marché et de la concurrence devient inefficace, voire pervers et une solution de type service public est préférable (Joskow, 1993).

Cette troisième piste pour une explication met en évidence le problème d'une théorie économique qui considère, explicitement ou implicitement, le contrat monétaire comme l'achèvement de la rationalité et de l'efficacité. Dès que l'on sort d'un niveau élevé de généralisation et que l'on prend en compte des hypothèses réalistes, l'argument des coûts de transaction se retourne contre le contrat monétaire. Si, maintenant, on admet que les agents économiques concernés ont une longue habitude de relations en réseau, comme ce fut le cas entre les entreprises du temps soviétique, alors le niveau des coûts de transaction impliqués par la multilatéralisation du troc peut être considérablement inférieur à ce que l'on estimerait autrement. Ceci signifie que l'arbitrage monnaie/troc est moins clairement délimité que ne le suppose la

[18] Telle est en particulier la thèse défendue par O. Williamson (1993), p. 99.

[19] Le problème des structures et complémentarités dans les investissements est aussi invoqué pour mettre en doute certaines déréglementations et privatisations ; voir P. Joskow et R. Schmalensee (1983).

théorie standard, sauf à supposer une parfaite substituabilité des biens et des services à échanger, ou, ce qui revient au même, une information parfaite et complète sur leurs conditions intertemporelles de validation. Ce résultat peut sembler paradoxal, car justement, dans un monde de certitude, la monnaie ne serait pas nécessaire, comme le montre d'ailleurs la théorie néoclassique dans sa pureté walrasienne. Aussi, au lieu d'opposer substituabilité et spécificité, incertitude et information parfaite comme des antinomies, mieux vaut penser des spectres de situation allant des uns aux autres, et évaluer l'état des économies réelles en fonction de leur glissement le long de ces spectres.

Dans ce cas, un choc exogène comme une politique monétaire trop restrictive, mais aussi des héritages du passé (une tradition de mise en réseau ou l'existence de fortes chaînes de dépendances technologiques entre des « entreprises » qui historiquement étaient plus des unités de production) permettent de comprendre comment le basculement vers le troc peut se révéler une solution préférable.

Tel est le sens du tableau 2 du présent texte. L'ancienneté des correspondants d'une entreprise et la part des transactions qu'elle fait en troc ne correspondent pas à une relation de cause à effet simple, que l'on pourrait assimiler à la formule du « poids du passé ». L'existence d'un réseau de correspondants anciens doit être compris comme une condition permissive, réduisant potentiellement les coûts de transaction du passage en troc et créant un espace de confiance quand les institutions nationales censées construire cette dernière viennent à manquer. La dimension « soviétique » devenant ici non plus une inertie ou l'expression de comportements conservateurs, mais une réserve de connaissances et de savoirs dans laquelle les acteurs, confrontés à une situation nouvelle, vont puiser.

On est ici, de manière évidente, confronté à une des figures du ré-emploi de structures anciennes, dont les historiens ont montré qu'il était un élément important dans les dynamiques du changement social et économique[20]. L'importance des liens dans une mise en réseau, et la force de l'anthropologie des relations économiques de type soviétique, renvoient alors au manque d'institutions stables et légitimes au niveau national.

---

[20] Voir B. Lepetit (1995-a).

III. RETOUR SUR LA THÉORIE MONÉTAIRE

Les éléments dès lors à notre disposition permettent de revenir sur un certain nombre de problèmes relatifs au traitement de la monnaie dans la théorie économique. De fait, la résurgence du troc souligne les interrogations que suscitent deux approches, celle qui fait de la transaction monétaire un symbole même de la modernité, et celle qui considère la monnaie dans le cadre d'une économie définie par des institutions.

1. Troc, monnaie et l'opposition entre archaïsme et modernité

Il faut ici revenir sur les conceptions monétaires de von Mises, dont les écrits ont incontestablement influencé ses successeurs dans une présentation de la monnaie comme symbole de la modernité et de la rationalité, même s'il ne peut passer pour le premier à avoir défendu cette position[21]. La monnaie, ici, ne va pas simplement définir le monde de la rationalité, mais aussi constituer la séparation entre des disciplines voisines, comme l'économie et la sociologie. Pour Talcott Parsons, rappelons-le, l'économie est concernée par les actions rationnelles en production et en consommation, celles qui se situent dans l'espace des relations monétaires[22], alors que la sociologie devait s'intéresser aux cadres institutionnels au sein desquels ces actions prennent place. Une telle distinction implique que l'on pose comme préalable d'une part que l'on puisse opposer radicalement le contrat monétaire au contrat non-monétaire et que la rationalité de l'acteur est indépendante du cadre institutionnel dans lequel il se meut. De même faut-il aussi tenir pour négligeable l'impact sur les cadres institutionnels des actions dites rationnelles.

Ces différents points ont suscité des critiques nombreuses. La praticabilité même d'une telle séparation a été critiquée par R. Swedberg (1991), tandis que M. Granovetter (1985) mettait l'accent sur l'enchâssement de l'économie dans le social. Quant au postulat d'indifférence des rationalités par rapport au contexte dans lequel elles se déploient, ceci a été critiqué par A. Etzioni (1988) qui a insisté sur l'irréductible dimension morale de toute action sociale. Il faut encore rappeler que des tests et des expériences multiples ont largement invalidé la théorie des préférences chérie par une partie des

---

[21] Par exemple, par G. Simmel (1978/1900).

[22] T. Parsons et N. Smelser (1956), T. Parsons (1952), p. 124.

économistes et des sociologues, sans que les uns ou les autres n'en tirent réellement des leçons[23].

Von Mises développe sa théorie de la monnaie dans sa confrontation avec Otto Neurath, lors des premières passes d'armes du débat Plan/Marché[24]. Il faut ici rappeler que le rôle de la monnaie découle de la nécessite de pouvoir réaliser des évaluations homogènes et convergentes de biens hétérogènes, l'hétérogénéité étant, quant à elle, le résultat du processus de division du travail. Il écrit ainsi :

> « *...les rapports d'échange qui sont établis entre les différents biens dans des transactions commerciales (...) sont déterminés par l'influence collective des évaluations subjectives de toutes les personnes intervenant sur un marché* »[25].

La monnaie objective des jugements subjectifs. Si, pour Mises, la capacité à calculer fonde l'action humaine et se situe donc en amont de l'émergence du marché, la monnaie est indispensable au calcul dans la mesure où les biens, et en particulier les biens primaires (les biens de capital), sont relativement spécifiques (leur valeur dépend du contexte au sein duquel ils sont insérés) et relativement substituables (von Mises, 1940). C'est cette argumentation qui lui permet d'opposer le marché comme forme d'expression de décisions rationnelles au plan décrit comme espace de l'arbitraire politique ou idéologique.

Le raisonnement de Mises est cependant d'une cohérence fragile en deux points.

Tout d'abord, considérer que les prix sont tout à la fois uniquement le reflet des actions des participants à une transaction et le seul instrument d'objectivation des préférences individuelles, est une thèse qui n'est soutenable que dans le cadre des hypothèses néoclassiques sur l'existence d'une information parfaite et de l'état stationnaire (Sapir, 2000). Mises est ici en contradiction avec sa propre exigence de réalisme. En effet, la valorisation marchande de toute propriété, dans une société où toute action peut avoir un effet non-intentionnel sur un autre agent, passe par la prise en compte des droits résiduels de la collectivité, qui peuvent s'exprimer sous la forme de réglementation de l'usage. C'est l'une des conséquences de ce que l'on a appelé l'effet de densité[26], par un raisonnement qui, tout en empruntant ses prémices au

---

[23] Pour une présentation de ces travaux et de leurs implications, J. Sapir (1998-c).

[24] J. Sapir (2000) chap. 2.

[25] L. von Mises (1940), p. 121.

[26] J. Sapir (2000), conclusion.

Hayek du *Constitution of Liberty*, n'est pas sans analogie avec celui de Durkheim quant à la densité dynamique d'un peuple[27].

Graphique 4
Nature des biens et nécessité de la monnaie chez von Mises

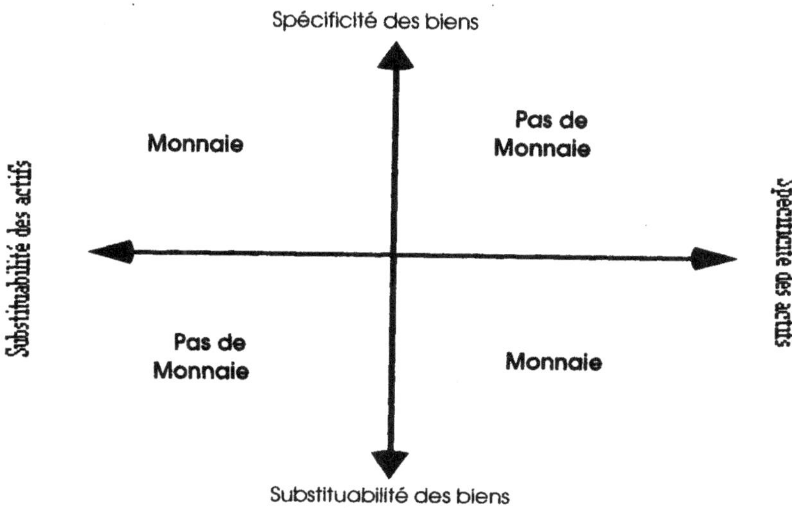

Le prix monétaire reflète donc autre chose que la confrontation des préférences des échangistes. Par ailleurs, pour que le prix monétaire soit le seul, ou simplement le principal, instrument d'objectivation, il faudrait que les acteurs intervenant sur les marchés sur lesquels ce prix se forme aient la connaissance de la totalité des informations présentes et à venir. Et cela, même les économistes d'inspiration néoclassique, mais qui utilisent le concept d'information imparfaite, savent que c'est impossible.

Notons, enfin, que l'accent mis par von Mises sur la primauté du calcul a été mis à mal par les travaux de Simon et De Groot.

L'argumentation est, ensuite, irréaliste. Von Mises insiste, à juste titre, sur le processus de division du travail pour indiquer l'existence d'hétérogénéités relatives, sur lesquelles il s'appuie pour justifier le rôle de la monnaie. Or, ceci oublie le fonctionnement de la grande entreprise industrielle, qui est bien un cadre privilégié à la mise en œuvre de la division du travail, mais dont le

[27] E. Durkheim (1999/1937), p. 113.

fonctionnement interne ne fait pas intervenir de prix monétaires. Ici, von Mises est vulnérable à une argumentation du type « coûts de transaction » à la Coase.

Si on reprend le fond de l'argumentation (graphique 4), pour Mises la monnaie est nécessaire parce que les biens sont en partie spécifiques (une manière de les considérer comme hétérogènes), mais aussi en partie substituables. Quand on reprend cette classification, on voit qu'elle ne justifie pas la monnaie au niveau du principe, mais uniquement d'un point de vue fonctionnel dans des cas particuliers. Si les biens sont absolument non-spécifiques et parfaitement substituables, le troc est suffisant. A l'inverse, si les biens sont parfaitement spécifiques et très faiblement substituables, les décisions d'emploi sont techniquement déterminées et ne nécessitent pas d'évaluation en valeur, donc pas de monnaie. Enfin, si les biens sont non-spécifiques et non-substituables, la monnaie est de nouveau nécessaire non pour l'échange des biens (il n'y a pas de substituabilité), mais pour le calcul de compensations.

Weber a cherché, lui aussi, à comprendre ce qu'apportait de différent la monnaie et l'idée d'une nature contradictoire de celle-ci est l'une des bases de son analyse[28]. Il faut souligner ici l'importance et le caractère extrêmement moderne de sa distinction entre une rationalité « formelle » et « substantielle ». Pour Weber, la rationalité « formelle » est celle qui dérive du calcul économique quand celui-ci peut être entièrement fait à partir des valeurs monétaires. On est alors très proche des conceptions de von Mises. Cette rationalité ne s'exprime cependant que quand trois conditions sont remplies, (a) une concurrence de marché entre des unités économiques relativement autonomes, (b) une absence d'entraves aux mouvements du capital permettant de calculer toute décision économique en termes de capital, (c) la complète domination de la demande solvable sur tout autre forme de demande. Ces conditions sont particulièrement exigeantes du point de vue de l'organisation sociale. En particulier, les points (b) et (c) impliquent des conditions de stabilité des institutions et de similitudes des comportements. Sans même entrer dans la discussion sur la possibilité de tout calculer, point faible de la position de von Mises, il est clair que pour Weber cette rationalité « formelle » est un modèle contra-factuel et non une description « réaliste » de l'économie et de la société.

La rationalité « substantielle » définit pour sa part une situation où les besoins d'une population donnée sont satisfaits en accord avec le système des valeurs de cette population et les normes qui en découlent.

[28] On reprend ici la section 13 du chapitre II de la première partie de *Wirtschaft und Gesellschaft*, traduit en anglais sous le titre de M. Weber (1964/1947).

Weber remarque que si une liberté complète du marché était possible, la rationalité « formelle » serait indifférente aux considérations « substantielles » impliquées pour atteindre ce degré de rationalité. Cependant, ces facteurs substantiels limitent fondamentalement le champ d'application de la rationalité issue du calcul monétaire, et c'est pourquoi elle est qualifiée de « formelle ». Le conflit entre la nature « formelle » et la nature « substantielle » est indépassable dans les sociétés réelles. La coïncidence entre les deux formes est tendancielle et partielle ; elle dépend fondamentalement de la structure des incitations. En d'autres termes, la notion de calcul monétaire ne prend sens qu'à partir d'une connaissance de la distribution des revenus qui lui préexiste ; elle est contingente à l'organisation sociale et non essentielle[29]. Ceci se traduit chez Weber par une compréhension très précise du rôle des prix monétaires comme vecteurs de rapports de force :

« Les prix monétaires résultent de compromis et de conflits d'intérêt ; en ceci ils découlent de la distribution du pouvoir. La monnaie n'est pas un simple "droit sur des biens non spécifiés" qui pourrait être utilisé à loisir sans conséquence fondamentale sur les caractéristiques du système des prix perçu comme une lutte entre les hommes. La monnaie est avant tout une arme dans cette lutte ; elle n'est un instrument de calcul que dans la mesure où l'on prend en compte les opportunités de succès dans cette lutte »[30].

Weber refuse ainsi, au moins implicitement, l'aporie rationaliste comme quoi tout serait réductible, à un calcul monétaire socialement et économiquement neutre. Les bases de ce dernier sont des normes et des valeurs qui ne sont pas exprimables monétairement. Certains prix sont donc nécessairement arbitraires[31]. En même temps, il montre que le calcul monétaire établit une base d'évaluation des demandes individuelles qui en permet une gestion décentralisée.

Suivre Max Weber implique de considérer la monnaie à partir des autres institutions et des systèmes de normes qui permettent à la rationalité « formelle » de s'exprimer. Celle-ci constitue, à son tour, une norme de niveau distinct, qui peut être assimilée à un langage commun entre les agents entretenant des flux continus d'échange. Mais, et ce point doit toujours être souligné, non seulement il s'agit d'une structure « formelle », même si elle tend à se représenter comme la rationalité « substantielle », mais en plus elle participe d'un ensemble social dont on ne saurait l'extraire sans la faire disparaître. Si la rationalité « formelle » est bien un langage commun, il n'est pas le seul possible ou effectivement employé ; de plus, il induit une torsion du

---

[29] Idem, p. 212.

[30] M. Weber (1948), p. 108.

[31] Ce point est développé dans la section 12, consacré au « calcul en nature ».

sens, en particulier dans l'expression des demandes. La monnaie fait donc partie de notre horizon, mais ce dernier ne s'y réduit pas.

2. Monnaie et institutions

L'idée d'une tension entre les deux rationalités, ou les deux règles générales de comportement, que l'on trouve chez Weber, permet d'avancer dans la compréhension de l'insertion de la monnaie au sein des institutions définissant la forme et le fonctionnement de l'économie. Il faut clairement renoncer à l'hypothèse d'un acteur humain capable de tout calculer ou de traiter en même temps la totalité des signaux auxquels il est soumis (Simon, 1978). Cependant, ce renoncement n'implique pas de penser que l'acteur a renoncé à calculer, même s'il sait que ses capacités sont nécessairement limitées et imparfaites, et que son calcul sera irrémédiablement entaché d'erreurs. En stabilisant le comportement d'autrui, en créant des règles de comportement et des régularités, les institutions permettent de surmonter, au moins partiellement, les limites cognitives des individus.

Dans ce cadre, l'expression de la rationalité qualifiée de « formelle » implique que l'agent dispose de deux libertés, celle de contracter quand il veut et avec qui il veut. La présence simultanée de ces deux libertés définit cet espace de marché où le contrat peut se lier librement et sans lendemain entre deux inconnus. Il est cependant facile de montrer que la présence simultanée de ces deux libertés est loin de constituer une règle générale dans les rapports économiques. L'existence de cycles de reproduction, de celui de l'individu qui doit manger chaque jour à celui – technique ou financier – de l'entreprise, limite la possibilité de contracter quand on veut. Le temps nous est compté et se constitue en contrainte sur nos actions. De plus, nos besoins tendent à se spécialiser. Ceci est d'autant plus vrai que l'on considère l'entreprise. La division technique du travail implique une spécificité croissante des biens nécessaires. Dans ces conditions, il est illusoire de prétendre que l'on pourrait contracter avec n'importe qui, sauf à nier l'essence même de la division du travail. Au pôle que représente le marché s'oppose donc celui de l'organisation, avec sa hiérarchie, où la notion même de contrat est remplacée par le commandement. On peut cependant imaginer des combinaisons où les acteurs disposeraient seulement d'une des deux libertés.

Dans un récent ouvrage, J.P. Fitoussi (1995) a plaidé pour un « entre-deux » entre l'État et le marché. Il aborde ainsi ce problème de la multiplicité potentielle des formes de relations entre les acteurs en économie. Le commandement ne saurait complètement disparaître au profit du tâtonnement, de même que ce dernier ne peut être évincé par le commandement. Mais il aborde cette question de biais pour deux raisons. La première est qu'il se place d'emblée au niveau des structures macroéconomiques sans voir que l'entre-deux existe au sein même des décisions microéconomiques. La seconde est qu'il n'y a pas deux pôles, mais trois. Il ne fait que reprendre l'opposition traditionnelle du néo-institutionnalisme entre le marché et la hiérarchie, entre le faire et le faire faire. Mais cette opposition, si elle est incontestablement plus riche que la vision simplificatrice des activités économiques réduites aux seuls contrats, reste réductrice, comme le montre la discussion du programme de recherches néo-institutionnaliste à laquelle se livre C. Pitelis (1993-a). Au commandement (le plan) et au tâtonnement (le marché), il faut ajouter le bilatéralisme multilatéralisé (le réseau). La relation bilatérale n'est en effet réductible ni à la transmission d'un ordre ni à la mise en face à face de deux échangistes dans le cadre d'un contrat déterminé. Elle s'enracine dans les limites spécifiques aux deux autres procédures. A l'évidence, le troc répond à ce type de situation.

La présence du troc peut alors être comprise non plus simplement comme le produit d'un échec de la monnaie, par l'hyperinflation ou par la destruction de la confiance au sein de la relation contractuelle. Le troc est une possibilité constante dans un certain nombre de relations économiques.

Elle s'exprimera de manière ouverte si les rapports de force transmis par les prix monétaires sont incompatibles avec ceux existant au sein des chaînes technologiques considérées, ou encore si ces rapports de force renvoient, comme le montre Weber, mais aussi Keynes, il convient de s'en souvenir (Keynes, 1931), à une structure de la répartition des revenus qui est incompatible avec la reproduction de pans entiers du système économique.

Ceci conduit alors à proposer une définition du prix monétaire alternative à celle de la théorie néoclassique. L'expression monétaire d'une matrice de prix relatifs par le producteur, à travers le prix proposé à la vente, traduit la mémoire des rapports techniques et sociaux enregistrée dans les structures matérielles et sociales d'un procès de production local. La confrontation entre ce prix et le prix auquel le bien ou le service trouvera preneur sur un marché donné correspond à la confrontation entre cette matrice implicite des prix relatifs et celle qui, dominante sur le marché donné au moment donné de la transaction, exprime le nouvel état des rapports techniques et sociaux. Le « saut périlleux » de la validation, pour reprendre le vocabulaire de Marx, que la monnaie rend possible, n'est rien d'autre que la confrontation entre une mémoire d'un rapport de forces et sa configuration présente. Cette redéfinition du prix monétaire permet, alors, de retourner vers la monnaie.

La monnaie doit donc être comprise comme une institution indispensable à la mise en cohérence des actions des agents décentralisés *et* comme une institution qui, laissée à sa propre logique, rend cette cohérence impossible. La monnaie rend la thésaurisation plus aisée et pure, créant par là-même la possibilité d'une fuite permanente vers la liquidité quand les capacités cognitives des agents sont saturées par l'incertitude. Les conséquences en ont été magnifiquement décrites par Shackle :

« *Quand la connaissance semble nous échapper, nous désirons la monnaie plus que des actifs spécialisés et vulnérables. Nous vendons ces actifs, leur prix s'effondre et il ne devient désormais plus rentable de les produire, ni rentable d'investir ou d'employer. (...) il faut d'abord employer des personnes pour vendre ensuite leurs produits et on ne peut connaître à l'avance de manière certaine ce que leur production marginale sera* »[32].

Cette citation donne à voir en un seul mouvement à la fois le risque macroéconomique de la fuite vers la liquidité et de ses conséquences pour l'investissement, et aussi la nature du risque microéconomique pour l'entrepreneur qui emploie d'abord et vend ensuite. La préférence, puis la fuite vers la liquidité, découlent de la monnaie, une fois que l'on en a compris la nature. Ces phénomènes sont invisibles pour qui adhère aux visions réductrices héritées de J.B. Say. La compréhension de ces phénomènes permet de comprendre la crise d'une économie capitaliste non comme le produit d'un déséquilibre, mais comme celui d'une rupture fondamentale de cohérence, point sur lequel il y a bien convergence entre Marx et Keynes (Dumenil, 1977).

Penser la monnaie à la lumière de la crise du troc et de la fragmentation monétaire en Russie revient donc à penser le problème de la cohérence, et à assigner sa place à la monnaie dans ce problème. Si cette cohérence prend des formes spécifiques locales, ce qui n'est ni nouveau ni extraordinaire quand on connaît l'histoire économique et la théorie des localisations, alors la crise de cohérence que les prix monétaires peuvent induire dans certains cas peut se traduire par des systèmes territoriaux qui, soit passent en troc, soit constituent des monnaies locales. Dans l'introduction de ce texte, il avait été indiqué que la question du troc devait être analytiquement distinguée de celle des monnaies de substitution ou des monnaies locales. Néanmoins, au niveau d'abstraction où l'on peut maintenant se situer, il devient clair que certaines dynamiques du passage en troc sont initiées pour des raisons similaires à celles conduisant aux monnaies de substitution. C'est la dimension de la monnaie relative au rapport de forces et à la cohérence qui est ici en jeu.

On arrive alors à un résultat à deux niveaux. D'une part, la monnaie ne saurait fonctionner que si sont présentes au préalable un certain nombre d'institutions. Faute d'une construction sociale de la confiance, dans la monnaie

---

[32] G.L.S. Shackle (1988), p. 43.

mais aussi dans le comportement des acteurs eux-mêmes, on est confronté à un échec de la monnaie, et ce même dans les espaces où les deux libertés évoquées sont présentes. Il faut donc un État, des règles et les conditions de leur légitimité. La monnaie, comme institution, ne peut exister qu'insérée dans un ensemble d'autres institutions qui doivent construire un contexte sans lequel, soit la monnaie est inutilisable (absence de la confiance), soit elle devient totalement destructrice (fuite absolue vers la liquidité, changements permanents des rapports techniques et sociaux invalidant les structures productives sans leur laisser le temps de pouvoir s'adapter). Par ailleurs, même dans un système économique doté des institutions nécessaires, il existe des espaces où les deux libertés ne peuvent exister simultanément. L'usage de la monnaie dans ces espaces est par nature précaire, car la rationalité dite « formelle » ne peut s'y déployer. La présence de transactions et d'échanges non monétaires n'y renvoie pas à un échec de la monnaie mais à une incapacité de la monnaie. Ainsi, la substitution du troc aux échanges monétaires ne peut s'analyser de manière uniforme et peut recouvrir des cas de figure différents. La présence de la monnaie dans un système d'échange est donc tout à la fois contingente à des institutions *et* nécessairement partielle.

Il faut, à ce point, distinguer un troisième niveau qui fait sortir du simple problème du troc. L'usage d'un seul instrument monétaire sur un espace économique donné, ou au contraire la fragmentation de ce dernier, avec la présence et du troc et de monnaies de substitution, renvoie au degré de cohérence qui peut exister entre les rapports de forces tels qu'ils sont exprimés dans les prix monétaire et la configuration réelle du pouvoir des acteurs, ainsi qu'au degré de cohérence entre la répartition implicite des revenus, inhérente à tout système de prix, et celle qui assure la reproduction des acteurs dans l'espace économique considéré.

Soulignons alors la conséquence des considérations qui précèdent. Si on les accepte, il faut renoncer à faire du degré de monétarisation d'une économie son degré de « modernité » ou de « rationalité ». Le rapport qui unit le troc et la monnaie ne relève pas de l'opposition entre archaïsme et modernisme, opposition vide au sens heuristique[33], ou, comme le soutiennent les tenants de la théorie quantitativiste, d'une opposition entre une essence et une forme. Échanges monétaires et non monétaires sont irrémédiablement imbriqués et leur articulation nous révèle, soit l'état des contraintes pesant sur une économie, soit le degré de viabilité, ou de cohérence, de son système d'institutions.

[33] Voir sur ce point, R. Kosellek (1990).

3. Monnaie et troc : les enseignements des conditions de basculement

De 1992 à l'été 1998, la trajectoire de la transition en Russie a fourni des éléments importants pour comprendre les conditions et les raisons du développement du troc. Il est incontestable que l'on peut évoquer une logique de lock-in, ou d'enfermement dans des logiques s'auto-renforçant, qu'elle concerne le développement du troc dans les échanges interentreprises ou dans la dynamique de la fragmentation monétaire au niveau des régions[34].

Or, à la suite de la crise financière, une situation de lock-out, ou de sortie de ces logiques d'auto-renforcement, est clairement apparue comme on peut le voir dans le graphique 5. Les instruments monétaires régionaux ont pratiquement disparu dans les trois mois qui ont suivi la crise et, fait encore plus intéressant, la part du troc dans les échanges a commencé à décroître de manière significative. A l'été 2000, elle était estimée à 25% des transactions interentreprises. Les données relatives à la démonétarisation des régions restaient plus fragmentaires, mais allaient toutes dans le même sens. Si l'usage du troc en Russie à la fin de 2000 reste encore significativement supérieur à ce que l'on constate dans d'autres économies, la décrue est incontestable.

Celle-ci s'accompagne d'une amélioration très notable de la situation financière des entreprises, qui accompagne, comme on peut s'y attendre, le retour de la croissance économique que l'on constate depuis le début de 1999.

Ces différentes transformations trouvent leur origine dans plusieurs changements significatifs du contexte économique, à la suite de la crise.

La dévaluation du rouble a été très forte en termes réels, et elle a reconstitué la marge de compétitivité des entreprises. Il est à cet égard significatif que les branches qui, au sein de l'industrie, ont tiré la croissance ne soient pas celles des industries extractives et des matières premières, mais celles des industries de consommation. Le redémarrage de l'économie russe est largement le produit d'un phénomène de substitution aux importations.

La politique gouvernementale mise en œuvre depuis septembre 1998 a abouti à un blocage relatif des prix internes de l'énergie et des transports. Cette modification de fait des prix relatifs a aussi largement contribué à la reconstitution de la profitabilité des entreprises.

---

[34] Sur ce point, J. Sapir (1996).

Graphique 5
La remonétarisation de l'économie russe depuis août 1998

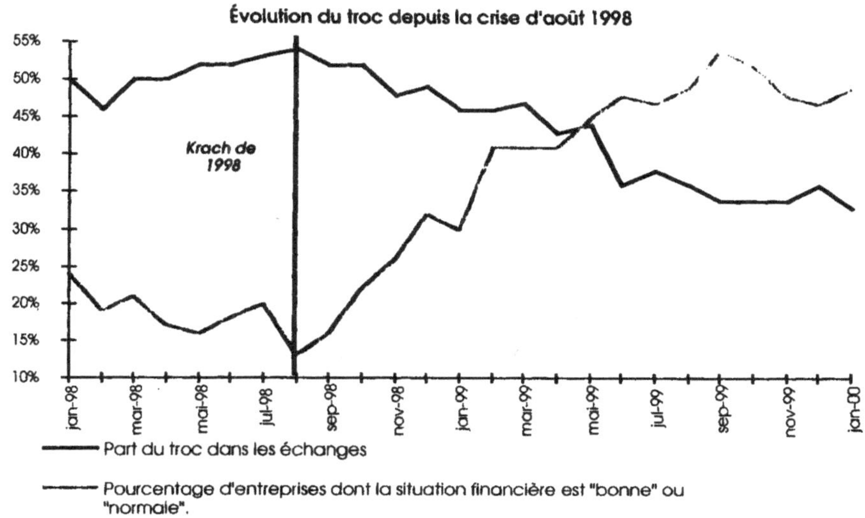

Sources : Russian Economic Barometer, *divers numéros*

La politique gouvernementale mise en œuvre depuis septembre 1998 a abouti à un blocage relatif des prix internes de l'énergie et des transports. Cette modification de fait des prix relatifs a aussi largement contribué à la reconstitution de la profitabilité des entreprises.

Le gouvernement a aussi largement œuvré pour une meilleure discipline de paiements. Il a reconstitué progressivement sa crédibilité de payeur, accru la surveillance et les poursuites à l'égard des contrevenants dans le domaine fiscal. Cette politique a eu une forte crédibilité car elle s'est appuyée sur un basculement des représentations politiques mettant au premier rang la reconstruction de l'État (dont l'élection de V. Poutine à la Présidence en 2000 est une illustration) et sur la constitution d'une large majorité d'opinion au parlement. Le renforcement du pouvoir de la Douma au détriment du Conseil de la Fédération, transformé en organe consultatif, a aussi contribué à ce changement.

Enfin, la reconstitution d'un fort excédent commercial, du fait de la contraction des importations et de l'accroissement des exportations (rapide à partir de la montée des prix des hydrocarbures fin 1999), accompagnée de mesures contraignant les exportateurs à rapatrier leurs gains, a abouti à un accroissement non négligeable de la liquidité de l'économie. Pour éviter une réévaluation nominale du rouble, la Banque Centrale rachète massivement des dollars, émettant pour ce faire des roubles.

Si l'on relie les changements dans la politique économique aux analyses développées ci-dessus, on aboutit à trois observations :

(a) Le cadre institutionnel de l'économie a été reconstruit par un retour de l'État et le renforcement brutal de sa légitimité face aux autorités régionales de par la nature des alliances politiques sur lesquelles les gouvernements successifs ont pu s'appuyer. Les éléments de la confiance de transaction sont en voie de rétablissement.

(b) Dans le même temps, l'accroissement de la liquidité et de la profitabilité de l'économie rend moins probable la défection unilatérale dans la transaction monétaire. L'incertitude quant à un accident de paiement devient dès lors plus maîtrisable.

(c) La modification implicite des prix relatifs rend les prix monétaires plus cohérents avec les structures techniques et les rapports de force du secteur productif. Le risque de validation diminue et encourage les producteurs à retrouver le chemin des échanges monétaires dans une monnaie unifiée.

Les observations (a) et (b) sont suffisantes pour expliquer en partie une remonétarisation des échanges, en utilisant le modèle développé pour comprendre l'accroissement antérieur du troc (Sapir, 1999). L'observation (c) permet, elle, de rendre compte de la diminution de la tendance à la fragmentation monétaire, en particulier si on la combine avec des éléments de l'observation (a).

La remonétarisation de l'économie russe que l'on observe depuis fin 1998 valide l'analyse théorique du troc qui permet de rendre compte de la tendance à la démonétarisation observée entre 1992 et 1998. Elle confirme l'idée qu'il faut considérer les relations entre relations monétaires et non monétaires du point de vue qui a été développé ci-dessus.

Les conditions de basculement de la situation de lock-in à celle de lock-out sont certainement révélatrices des modes de hiérarchisation des institutions au sein d'un système institutionnel définissant une famille donnée d'économie. Cette question de l'interaction entre les institutions, de leur mise en cohérence et des formes de hiérarchisation, appelle d'autres travaux afin d'approfondir les résultats présentés ici et de développer la notion de cohérence à laquelle on a fait plusieurs fois référence. Mais, comme le disait Kipling, ceci est une autre histoire...

BIBLIOGRAPHIE

AHREND R., AUKUTSIONEK S., PARILOVA S. (2000), « Russian Industry - Cashless or Hopeless - Explaining a Decade of Barter », *RECEP*, Moscou.

ALCHIAN A. (1984), « Specificity, Specialization and Coalitions », *Journal of economic Theory and Institutions*, n° 140, 34-49.

ALCHIAN A. (1977), « Why Money? », *Journal of Money, Credit and Banking*, vol. IX, n° 1, 133-140.

ÅSLUND A. (1994-a), « Lessons of the First Four Years of Systemic Change in Eastern Europe », *Journal of Comparative Economics*, vol. 19, n° 1.

ÅSLUND A. (1994-b) (ed.), *Economic Transformation in Russia*, New York : St. Martin's Press.

BABINCEV N.S., KUZNECOV N.P., RIKHTER K. (1998) (eds.), *Industralizacija: Istoricheskij opyt i sovremennost'*, Izdatel'stvo Sankt-Peterburgskogo Universiteta, Saint-Petersbourg.

BERLINER J.S. (1952), « The Informal Organization of the Soviet Firm », *Quarterly Journal of Economics*, vol. LXVI, août, 342-365.

COMMANDER S., MUMSSEN C. (1998), « Understanding Barter in Russia », EBRD/BERD, *Working Paper*, Londres.

DELORME R. (1996) (ed.), *A l'Est du nouveau. Changement institutionnel et transformations économiques*, L'Harmattan, Paris.

DUMENIL G. (1977), *Marx et Keynes face à la crise*, Economica, Paris.

DURKHEIM E. (1991/1893), *De la division du travail social*, PUF, coll. "Quadrige", Paris.

DURKHEIM E. (1999/1937), *Les règles de la méthode sociologique*, PUF, coll. "Quadrige", Paris.

ELLWIG M. (1987), « Some Recent Developments in the Theory of Competition in Markets with Adverse Selection », *European Economic Review*, n° 31, 319-325.

ETZIONI A. (1988), *The Moral Dimension. Toward a New Economics*, Free Press, New York.

ETZIONI A., LAWRENCE P.R. (1991) (eds.), *Socio-Economics: Toward a New Synthesis*, Sharpe, New York.

FITOUSSI J.P. (1995), *Le Débat Interdit*, Arléa, Paris.

FISHER F. (1994), « Prospects for Russian Stabilization in the Summer of 1993 », in A. Åslund (1994-b), 8-25.

FREINKMAN F. (1992), « Shaping a Market Environment and Analysis of the Enterprise Interaction Mechanism », *Studies on Soviet Economic Development*, vol. 3, n° 2, 101-108.

GADDY C., ICKES B. W (1998), « Russia's virtual economy », *Foreign Affairs*, vol. 77, n° 5, septembre-octobre, 53-67.

GHOSH A.R. (1997), « Inflation in Transition Economies: How Much? and Why? », *IMF Working Paper*, WP/97/80, Washington, D.C. : FMI, Département Europe-II, juillet.

GRANOVETTER M. (1985), « Economic Action and Social Structure: A Theory of Embeddedness », *American Journal of Sociology*, vol. 91, n° 3, 481-510.

HODGSON G.M. (1999), *Economics and Utopia*, Routledge, Londres-New York.

JOSKOW P.J. (1993), « Asset Specificity and the Structure of Vertical Relationships: Empirical Evidence », in Williamson O.E. et S.G. Winter (1993), 117-137.

JOSKOW P.J., SCHMALENSEE R. (1983), *Markets for Power: An Analysis of Electric Utility Deregulation*, MIT Press, Cambridge, Mass.

KEYNES J.M. (1931), « A Tract on Monetary Reform », in Ibid, *Essays in Persuasion*, Rupert Hart-Davis, Londres.

KLEIN B., CRAWFORD R., ALCHIAN A. (1978), « Vertical Integration, Appropriable Rents and the Competitive Contracting System », *Journal of Law and economics*, vol. 21, 297-326.

KOSELLEK R. (1990), *Le Futur Passé. Essais sur la sémantique des temps historiques*, Éditions de l'École des Hautes Etudes en Sciences sociales, Paris.

LAWSON T. (1997), *Economics and Reality*, Londres et New York, Routledge.

LEPETIT B (1995-a), « Histoire des pratiques, pratique de l'histoire », in Lepetit (1995-b), 9-22.

LEPETIT B. (1995-b) (ed.), *Les Formes de l'Expérience. Une autre histoire sociale*, Albin Michel, Paris.

MARIN D. (2000), « Trust Vs. Illusion: What is Driving Demonetization in Russia? », *Discussion paper Series*, n° 2570, CEPR, Londres, septembre.

MARIN D., KAUFMANN D., GOROCHOWSKIJ B. (2000), « Barter in Transition Economies: Competing Explanations Confront Ukrainian Data », CEPR, *Discussion Paper*, n° 2432, Londres.

VON MISES L. (1940), *Human Action - A Treatise on Economics*, W. Hodge, Londres.

PARSONS T. (1952), *The Social System*, Tavistock, Londres.

PARSONS T., SMELSER N. (1956), *Economy and Society: A Study in the Integration of Economic and social Theory*, Routledge & Kegan Paul, New York.

PITELIS C. (1993-a), « Transaction Costs, Market and Hierarchies: the Issues », in Pitelis C. (1993-b).

PITELIS C. (1993-b) (ed.), *Transaction Costs, Market and Hierarchies*, Basil Blackwell, Oxford.

RILEY J. (1979), « Informational Equilibrium », *Econometrica*, vol. 47, n° 2, 331-360.

ROZANOVA M. (1998), « Al'ternativnye formy finansovyh rascetov mezhdu predprijatijami », *Problemy Prognozirovanija*, n° 6, 96-103.

SACHS J. (1994), « Prospects for Monetary Stabilization in Russia », in A. Åslund (1994-b), 34-58.

SAPIR J. (1990), *L'économie mobilisée. Essai sur les économies de type soviétique*, La Découverte, Paris.

SAPIR J. (1993), « Formes et natures de l'inflation », *Économie Internationale*, n° 54, 2ème trimestre, 25-65.

SAPIR J. (1995), « L'inflation en Russie : Inadaptation des politiques de stabilisation et spécificités du processus inflationniste », *Revue d'Etudes Comparatives Est-Ouest*, vol. 26, n° 2, 113-160.

SAPIR J. (1996), « Désintégration économique, transition et politiques publiques », in R. Delorme (1996), 303-335.

SAPIR J. (1998-a), *Le krach russe*, Paris : La Découverte.

SAPIR J. (1998-b), « Théorie de la régulation, conventions, institutions et approches hétérodoxes de l'interdépendance des niveaux de décision », in A. Vinokur (1998), 169-215.

SAPIR J. (1998-c), « Sovetskaja Ekonomika: Istoki, razvitie, funkcionirovanie », in N.S. Babincev, N.P. Kuznecov et K. Rikhter (1998), 86-138.

SAPIR J. (1999), « A l'épreuve des faits... Bilan des politiques macroéconomiques mises en œuvre en Russie », *Revue d'Etudes Comparatives Est-Ouest*, vol. 30, n° 2-3, 153-213.

SAPIR J. (2000), *Les trous noirs de la science économique*, Albin Michel, Paris.

SHACKLE G.L.S. (1988), *Business, Time and Thought - Selected papers of GLS Shackle*, New York University Press, New York.

SIMMEL G. (1978/1900), *Philosophy of Money*, Routledge, Londres.

SIMON H.A. (1978), « Rationality as Process and as Product of Thought », *American Economic Review*, vol. 68, n° 2, 1-16.

SWEDBERG R (1991), « The Battle of Methods: Toward a Paradigm Shift? », in A. Etzioni et P.R. Lawrence (1991), 13-34.

VINOKUR A. (1998) (ed.), *Décisions économiques*, Économica, Paris.

WEBER M. (1948), *Economy and Society: An Outline of Interpretative Sociology*, University of California Press, Berkeley.

WEBER M. (1964/1947), *The Theory of Social and Economic Organization*, The Free Press, New York.

WILLIAMSON O. (1983), « Credible Commitments: Using Hostage to Support Exchange », *American Economic Review*, vol. 73, n° 2, 519-531.

WILLIAMSON O. (1993), « The Logic of Economic Organization », in Williamson O.E. et S.G. Winter (1993).

WILLIAMSON O.E., WINTER S.G. (1993) (eds.), *The Nature of the Firm. Origins, Evolutions and Development*, Oxford University Press, Oxford et New York.

WOODRUFF D. (1999), *Money Unmade: Barter and the Fate of Russian Capitalism*, Cornell University Press, Cornell.

3

Monnaie, troc et place de Gazprom dans l'économie russe[1]

David M. Woodruff[2]

> Si Oscar Wilde n'a pas dit qu'un économiste est une personne qui connaît le prix de toute chose mais la valeur d'aucune, il aurait dû le faire.
> (Mirowski, 1990, p. 689)

Dans deux articles d'abord disponibles sur Internet à la mi-1998, Clifford Gaddy et Barry Ickes (1998a, 1998b) ont avancé la thèse selon laquelle la Russie post-soviétique a construit une « économie virtuelle » dans laquelle l'incroyable prédominance des transactions non-monétaires masque de larges subventions aux entreprises détruisant de la valeur. Avant même que « L'économie virtuelle de la Russie » ne devienne l'article principal du numéro de septembre - octobre de *Foreign Affairs*, l'argument de Gaddy et Ickes avait attiré une attention sans précédent des médias sur le problème du troc et des

---

[1] Cet article a été publié dans *Post-Soviet Affairs*, volume 15/avril-juin 1999, p. 130-148 sous le titre : « It's Value that's Virtual : *Bartles*, Rubles, and the Place of Gazprom in the Russian Economy ». La traduction française est de Sophie Brana et Mathilde Mesnard. L'annexe (p. 145-148) n'est pas reproduite [N.d.t.].

[2] L'auteur remercie les participants à la Johnson Russia's List (discussion sur « l'économie virtuelle ») où plusieurs de ses idées ont été auparavant évoquées et David Johnson pour avoir procuré un espace permettant des discussions stimulantes. Merci également à Bill Thompson qui a été le premier à discerner la pertinence d'Oscar Wilde.

échanges non-monétaires en Russie et avait transformé le débat sur les réformes[3]. « La plus grande part de l'économie russe n'a pas progressé vers l'économie de marché... Elle progresse activement dans la direction opposée », argumentent Gaddy et Ickes. Les entreprises industrielles se sont adaptées « afin de se protéger du marché plutôt que pour s'y joindre ». Eviter les paiements monétaires facilite cette fuite car cela rend possible l'« illusion » et la « prétention » concernant la véritable valeur des marchandises échangées. L'illusion et la prétention concernent plus particulièrement la vente de ressources naturelles clés à l'industrie à un prix inférieur à leur prix de marché. Si elles étaient obligées de payer le prix véritable pour leurs *inputs*, la majorité des entreprises russes ne pourrait couvrir ses coûts et devrait cesser son activité.

En donnant un large public à la discussion sur les prix des facteurs dans les échanges non-monétaires, Gaddy et Ickes ont rendu un service important, tout particulièrement en révélant l'incohérence de l'approche absolutiste en matière d'obligations fiscales longtemps prônée par le FMI. Leur intervention promet de ranimer une discussion qui s'enlisait désespérément dans les catégories stériles de « réforme de marché » et de « volonté politique ». Ceci dit, la thèse de l'économie virtuelle embourbe le débat. Le problème essentiel réside dans la manière dont Gaddy et Ickes traitent la catégorie de la « valeur » comme une évidence. L'élément intéressant concernant les multiples moyens de paiements circulant en Russie est précisément la façon dont ils ont désorganisé les institutions qui définissent et gèrent la valeur (Woodruff, 1999b). Déifier la valeur et supposer que les Russes font semblant de l'ignorer évite toute interrogation sur ces institutions. Comme je le montre dans la première partie de cet article, la désorganisation du mécanisme des prix par la multitude des moyens de paiement peut générer des arriérés chroniques d'impôts et de salaires que Gaddy et Ickes décrivent sans avoir besoin de supposer que l'industrie manufacturière russe détruit globalement de la valeur. L'hypothèse de destruction de valeur est en fait superfétatoire dans leur modèle formel.

Evidemment, montrer que des facteurs autres que le désir de dissimuler une destruction de valeur *pourraient* générer des échanges non-monétaires et un conflit récurrent sur les dettes, n'est pas montrer que cela est effectivement le cas. Il se pourrait toujours que Gaddy et Ickes aient raison et que l'industrie russe continue à être « subventionnée par des matières premières sous-évaluées », exactement comme l'était l'industrie soviétique. Ils montrent en

[3] Les citations sans références dans le texte sont extraites de cet article (Gaddy et Ickes, 1998a). Je m'appuie également sur Gaddy et Ickes (1998b). Bien que ce dernier article soit encore une version préliminaire, la version précédente a déjà eu une forte influence à travers Internet et il me semble qu'il vaut mieux s'en servir afin d'éviter de critiquer Gaddy et Ickes pour des positions qu'ils ne soutiennent plus.

particulier que l'énorme et quasi étatique fournisseur de gaz naturel qu'est Gazprom se situe au cœur de l'économie virtuelle, soutenant l'ensemble du système en y injectant de la valeur[4]. Ce rôle est fondé sur un marchandage politique : en échange du soutien à l'économie virtuelle, Gazprom obtient l'autorisation d'effectuer des exportations très profitables. Les données empiriques montrent cependant qu'il s'agit là d'une interprétation fondamentalement erronée des relations de Gazprom avec ses clients et le gouvernement. Comme je l'explique dans la seconde partie de cet article, Gazprom poursuit une stratégie cohérente sur ses marchés domestiques et extérieurs, fondée sur une logique profondément commerciale : il veut faire des profits en vendant aux consommateurs aux prix que ceux-ci peuvent payer. Il souhaite que les entreprises russes fassent partie de ses consommateurs et les considère comme cruciales pour son avenir. Pour des raisons qui s'avèrent être parfaitement compréhensibles en termes de recherche de profit, la stratégie de Gazprom implique de vendre du gaz à moindre prix aux consommateurs domestiques qu'aux consommateurs étrangers.

En raison de leur conception rigide et naïve de la valeur économique, basée sur l'idée indéfendable que les marchandises ont un unique prix de marché, Gaddy et Ickes ont pris à tort le désir des entreprises de faire payer aux firmes manufacturières russes des prix qu'elles peuvent payer pour de la philanthropie (ré)compensée politiquement. En fait, le principal problème politique de Gazprom n'a pas été d'obtenir une compensation pour des baisses de prix *de facto* qui lui auraient été imposées par un gouvernement soucieux d'éviter la fermeture d'entreprises déficitaires ; *cela a plutôt été de gagner de l'autonomie pour poursuivre sa politique de prix au travers du système monétaire plutôt qu'au travers des échanges non monétaires.* C'est la réglementation rendant les prix nominaux rigides qui a forcé Gazprom et d'autres firmes russes à avoir recours aux échanges non-monétaires.

Je ne prétends pas que les politiciens ne font pas pression sur Gazprom pour qu'il fournisse du gaz à des prix *bradés* ou même gratuitement pour des entreprises clés. C'est le cas, et particulièrement celui des gouverneurs régionaux. Néanmoins, il n'y a pas de preuves que Gazprom accepte passivement cette situation en échange des types de compensations que Gaddy et Ickes mettent en avant : au contraire, l'entreprise s'efforce activement de changer cette situation – non en s'éloignant de l'économie de marché, mais en s'en rapprochant.

---

[4] Bien que Gaddy et Ickes utilisent Gazprom comme représentant l'ensemble du secteur créant de la valeur dans l'économie russe (particulièrement dans 1998b), ils ne laissent aucun doute sur son

I. « BARTLES » ET ROUBLES

Sur un point crucial, je suis d'accord avec Gaddy et Ickes : quand les entreprises russes s'engagent dans des échanges non-monétaires, des prix nominaux sont fixés pour les marchandises concernées, mais ces prix sont « inflatés ». Le rouble est formellement l'unité de compte, mais le prix nominal des biens est supérieur à ce qu'il serait s'il était possible de les vendre lors d'enchères ouvertes en roubles « cash » (il faudra garder en mémoire cette hypothèse !). Ce point important est largement illustré dans le rapport de 1998 de la Commission Karpov sur les finances des grands débiteurs fiscaux, qui a été la source d'inspiration principale de l'argumentaire de Gaddy et Ickes et a émergé également dans d'autres études (Woodruff 1996, 1999 a et b). Gaddy et Ickes utilisent le fait que les prix dans les échanges non-monétaires sont inflatés pour examiner les implications de l'hypothèse selon laquelle le secteur manufacturier russe (M) soustrait de la valeur aux *inputs* qu'il acquiert auprès des producteurs de ressources (R) qui créent de la valeur et auprès des ménages (H) :

> Supposons que M est une usine qui utilise 100 roubles de travail en provenance de H et 100 de ressources de R et fabrique un produit d'une valeur de 100 roubles. Il détruit 100 roubles de valeur mais prétend qu'il crée de la valeur. Pour ce faire, il sur-valorise sa production en prix. Il prétend qu'elle ne vaut pas 100, mais 300. Et tous les autres acceptent cette fiction parce qu'ils peuvent utiliser les produits surestimés dans des opérations de troc ou pour payer leurs propres impôts.

L'exemple suppose que 100 roubles est la *valeur* des *inputs* achetés à R (et H), alors que 300 roubles est seulement le *prix* de la production de M.

Afin d'éviter d'avoir des présupposés sur la question, il est utile d'abandonner la notion de « valeur » et de décrire la situation globale en termes de « prix », en définissant le « prix » comme le montant nominal effectivement payé pour un bien dans une unité. Or, le prix nominal formel que M demande pour ses biens est exprimé non pas en roubles, mais dans une autre unité : appelons-là les *bartles* (ou unité de troc). Gaddy et Ickes développent un exemple dans lequel le taux d'échange est de trois *bartles* pour un rouble. Pour M, le prix des ressources de R est de 100 *bartles*, non pas 100 roubles. Plus généralement, si un vendeur demande à un client de payer 100 roubles et autorise un autre à payer 100 *bartles* (c'est-à-dire à payer en nature), le second client a obtenu un rabais. De la même manière, lorsque les entreprises russes paient leurs employés en nature, comme cela arrive souvent, elles diminuent les salaires, bien que formellement ceux-ci aient été payés dans leur totalité.

importance empirique centrale.

Lorsque le gouvernement accepte des paiements d'impôts sous une forme non-monétaire, il réduit la pression fiscale pesant sur les entreprises en acceptant des *bartles* au lieu de roubles.

Si on reformule l'argument de Gaddy et Ickes en ces termes, il devient clair que la « soustraction de valeur » n'est pas nécessaire pour expliquer les phénomènes qu'ils décrivent. Gaddy et Ickes modélisent une économie russe composée de quatre secteurs : R, M et H comme nous l'avons déjà mentionné, plus le budget du gouvernement (G)[5]. Le gouvernement accepte des *bartles* pour les impôts comme si ceux-ci étaient des roubles, car il refuse d'admettre que ses revenus ne vont pas lui permettre de faire face à toutes les promesses qu'il a faites dans le cadre du budget, et de son désir de préserver des emplois industriels. Gazprom – qui représente alors l'ensemble du secteur créateur de valeur – est indifférent au fait d'être payé en roubles ou en *bartles*, parce qu'il peut transférer quelques *bartles* au budget à leur valeur faciale et parce qu'il considère les rabais qu'il accorde aux industries manufacturières comme le prix politique de la permission d'exporter les ressources qu'il a gagnées à la « loterie des privatisations »[6]. Les entreprises manufacturières, pour leur part, exploitent le consentement de Gazprom et des autorités fiscales quant à l'illusion d'un taux de change de un pour un entre le rouble et le *bartle*, ceci pour masquer (peut-être même à elles-mêmes) la manière dont elles détruisent de la valeur[7]. La comparaison entre le coût des entrants (en roubles) et le revenu des ventes (en *bartles*) fait apparaître la production comme créatrice de valeur.

Mais alors que le gouvernement et Gazprom acceptent de fonctionner dans cette illusion, ce n'est pas le cas des ménages. Ceux-ci demandent en effet à ce que les salaires et les transferts gouvernementaux soient payés en roubles. Malheureusement, la quantité de roubles disponibles est insuffisante pour faire face à ces obligations, parce que les recettes de M et les paiements fiscaux de R sont en *bartles*. Cette exigence des ménages donne lieu aux arriérés de salaires et de retraites. De la même manière, lorsque le gouvernement refuse temporairement d'accepter les *bartles*, il en résulte des arriérés fiscaux quand les entreprises ne commencent pas à payer en liquide ou des augmentations d'arriérés de salaires lorsqu'elles le font.

Pour reprendre les mots de Gaddy et Ickes, « il y a moins de valeur produite que de revendications sur cette valeur ». En fait, ils ont seulement

---

[5] Il s'agit des notations de Gaddy et Ickes (1998a). Dans (1998b), la notation est légèrement différente.

[6] Là j'adopte l'argument le plus « développé » de Gaddy et Ickes (1998b).

[7] « Le directeur [de l'entreprise qui détruit de la valeur] est supposé gagner en utilité du fait de sa position. Il préfère rester dans une entreprise que tout le monde prétend profitable que de concéder un échec » (Gaddy et Ickes, 1998b, p. 13).

montré qu'il y a moins de roubles produits que de revendications sur ces roubles. Pour démontrer ce point, on peut reformuler l'exemple de Gaddy et Ickes et considérer une firme qui crée 100 roubles de valeur mais qui, pour certaines raisons, choisit d'évaluer sa production en *bartles* plutôt qu'en roubles. Ainsi la valeur monétaire de la production de M est de 300 roubles, mais son prix est de 900 *bartles*, en faisant l'hypothèse du même taux de change de trois *bartles* pour un rouble.

	Gaz (R)	Salaires (W)	Production	Profits (= impôts)
Prix nominaux	100 (roubles)	100 (roubles)	900 (*bartles*)	700 (unité ?)
Prix en roubles	100	100	300	100

Si nous retenons alors l'hypothèse que les autorités fiscales ne sont pas capables de faire la différence entre des roubles et des *bartles*, elles calculent le profit en utilisant les prix nominaux et M dégage un profit de 700. Avec l'hypothèse de Gaddy et Ickes d'un taux d'imposition de 100 %, M doit 700 unités en impôts. Même si M paie cet impôt en *bartles*, il lui reste 900 – 700 = 200 *bartles*, ou 66,66 roubles pour payer ses dettes de 200 roubles pour les salaires et le gaz : ce n'est pas suffisant ! Quand la production est évaluée en *bartles* mais que certains *inputs* le sont en roubles, des profits fictifs apparaissent, conduisant à des obligations fiscales inflatées et à une insuffisance de fonds pour les paiements, même pour les entreprises qui créent de la valeur et même quand les *bartles* peuvent être utilisés pour payer les impôts.

Ainsi, le langage des *bartles* et des roubles nous permet de comprendre que la « destruction de valeur » est une hypothèse suffisante, mais absolument pas nécessaire, pour expliquer le phénomène de la pénurie de roubles que décrivent Gaddy et Ickes. La seule hypothèse nécessaire est que les autorités fiscales soient incapables de distinguer les roubles des *bartles* dans le calcul des obligations fiscales et qu'il y ait au moins quelques *bartles* dans les recettes. Rien d'autre n'est requis ; en fait, les firmes peuvent créer une forte valeur ajoutée et néanmoins faire preuve d'un déficit en roubles – comme on peut le voir au regard de l'exemple précédent avec une firme créant autant de valeur que l'on veut ; les autorités fiscales imposent toujours tout sauf 200 *bartles*, somme qui est insuffisante pour payer 200 roubles de dettes[8]. Si une « illusion »

[8] Dans le modèle de Gaddy et Ickes, M n'a pas d'obligations fiscales, puisqu'il couvre juste ses coûts nominaux, et il n'est ainsi pas clair si l'hypothèse concernant le taux d'imposition de 100% doit également s'appliquer dans ce cas et pas seulement à R. Cependant, cela ne change rien. On

est au cœur du système, c'est alors uniquement celle qui consiste à prétendre que les entreprises gagnent plus qu'elles ne le font ; qu'elles détruisent ou non de la valeur n'est pas pertinent. Gaddy et Ickes écrivent que leur modèle « capture une bonne part de l'économie russe contemporaine – non seulement les arriérés de salaires, mais également le budget irréaliste, les arriérés de retraite et l'apparente croissance de la production ». Ce qu'ils omettent de mentionner est que *leur modèle aurait généré toutes ces caractéristiques de l'économie russe même si l'on avait fait l'hypothèse que les entreprises créent cinq fois la valeur de leurs inputs* dans leur processus de production. *Aucune* des implications fortes du modèle ne dépend de l'hypothèse de la destruction de valeur. Même avec des hypothèses beaucoup plus conservatrices, les conséquences fiscales de la différence entre les roubles et les *bartles* peuvent générer une pénurie de roubles pour couvrir les obligations, même lorsqu'il n'y a pas de destruction de valeur[9].

Bien entendu, la possibilité formelle évoquée ici peut être empiriquement non pertinente. Si ce n'est pas un désir de cacher la destruction de valeur, qu'est-ce qui pousse M à évaluer sa production en *bartles* étant données les conséquences fiscales ? De plus, si le prix du gaz est de 100 roubles, pourquoi Gazprom consent-il des rabais en acceptant à la place des *bartles* sous-évalués ? Pour répondre à ces questions, il est nécessaire d'analyser les intérêts commerciaux de Gazprom et l'environnement institutionnel dans lequel il les poursuit. Une telle analyse est toutefois impossible si on maintient l'emploi irraisonné du terme de « valeur » comme nous l'avons fait dans cette section.

II. La destruction de valeur

Dans « L'économie virtuelle de la Russie », la valeur n'a pas de définition. A en juger par la description de l'activité de M donnée ci-dessus, le terme semble être défini dans un sens comptable, comme « les profits aux prix de marché », mais il n'est pas spécifié ce qui peut être considéré comme un prix de marché[10]. Etant donné que les prix nominaux des ressources sont supposés

---

peut utiliser l'analyse en ne l'appliquant qu'à R. Pour ce faire, il est nécessaire de se passer de l'hypothèse selon laquelle la production de R est sans coûts.

9 Woodruff le démontre empiriquement dans l'annexe, non reproduite ici, de son article original publié dans *Post-Soviet Affairs* (1999) [N.d.t.].

10 L'article de Gaddy et Ickes (1998b, p. 19–22) contient une annexe sur la destruction de valeur : « La définition la plus élémentaire d'une activité détruisant de la valeur (valeur ajoutée négative) est que la valeur de marché des ressources achetées pour produire les marchandises est supérieure à la valeur de marché des marchandises produites elles-mêmes » (p. 19). Ils soulignent également

équivalents à leur valeur, cela semble suggérer que des ventes contre de l'argent liquide devraient être possibles à ces prix nominaux. Ainsi, par exemple, l'affirmation selon laquelle les propriétaires de Gazprom « préféreraient exporter tout le gaz contre des devises. Mais c'est politiquement impossible. Dans la pratique, Gazprom est autorisé à exporter une certaine proportion du gaz produit pour qu'il puisse continuer à remplir son rôle dans le système ».

Il est étrange que ces deux économistes aboutissent à une explication politique avant même de rechercher une explication économique. L'idée que Gazprom pourrait exporter l'ensemble de sa production est inepte[11]. Les réserves actuelles de la firme sont suffisantes pour 400 ans d'exportations vers l'Europe au niveau actuel (calculé à partir du magazine *Ekspert*, 1er septembre, 1997 ; *Natural Gas*, 1998)[12]. En 1996, Gazprom a vendu 65% de son gaz sur le marché russe, en a exporté 13% vers les anciennes républiques soviétiques et à peu près 22% en Europe de l'Est et de l'Ouest (*Ekspert*, 1er septembre 1997). Gazprom contrôle déjà près de 30% des marchés européens (*Ekspert*, 17 novembre 1997). Ainsi, même si l'entreprise devait conquérir les 70% restant, elle ne pourrait toujours qu'exporter à peine plus des deux tiers du gaz qu'elle produit actuellement pour la Russie. De plus, les conséquences sur les cours d'un tel effort de Gazprom pour tripler ses livraisons à l'Europe réduiraient sans doute toute augmentation de profit. L'entreprise tente actuellement d'augmenter

---

que « le fait qu'une entreprise produise de la valeur ou non dépend des opportunités de marché » (p. 20). Cependant, l'annexe stipule qu'une version forte de la destruction de valeur n'inclut pas dans les ressources acquises le travail et le capital, ce qui signifie que M dans l'exemple original ne détruit plus de la valeur. Ils essaient bien entendu de fournir une définition moins stricte tenant également compte de ces *inputs* mais ceci n'apparaît pas effectué dans la version préliminaire de leur papier qu'il m'a été possible de consulter. Par conséquent, je me réfère à la définition implicite de la valeur donnée dans l'article publié dans *Foreign Affairs*.

[11] Dans une note de bas de page, Gaddy et Ickes (1998b, p. 15) se préoccupent effectivement de considérations commerciales : « Notons que même si Gazprom est soumis à des contraintes concernant ses capacités d'exportation en devises, il a toujours l'option de ne pas extraire le gaz. Face au choix entre vendre au rabais à des consommateurs domestiques ou préserver ses ressources pour le futur lorsque les consommateurs domestiques pourront payer un prix plus élevé ou lorsque de nouveaux marchés à l'exportation pourront être trouvés, un propriétaire privé stable choisirait la seconde option ». Ceci est certainement loin d'être évident (d'autant plus que Gaddy et Ickes semblent concéder ici que les ventes au rabais ne sont pas ici des ventes à perte, puisque dans ce cas, il n'y aurait pas besoin de justifier la décision d'attente). En s'interrogeant sur la possibilité de maintenir ses réserves, Gazprom a certainement à l'esprit l'échelle gigantesque de celles-ci : en 1998, « les réserves de Gazprom sont suffisantes pour quatre-vingt années de production au niveau actuel » (*Gaz naturel*, 1998) ; ou, vu sous un autre angle, ses réserves sont équivalentes à pratiquement vingt années de production mondiale de gaz en 1994 (calculé à partir d'*Avati*, 1995) ! Le « propriétaire privé stable » de Gaddy et Ickes aurait l'occasion de méditer sur les observations de Keynes à propos du long terme.

[12] Les périodiques russes sont cités à partir d'une version électronique sur www.securities.com, sauf si des numéros de pages sont donnés, indiquant des versions papier.

ses capacités d'exportation vers l'Europe et vers d'autres marchés, mais ce processus est coûteux et de très long terme. Le pipeline Yamal-Europe, par exemple, ne devrait être achevé qu'en 2005, pour un coût d'environ 36 milliards de dollars, et il n'aura la capacité de livrer qu'un sixième des quantités actuellement délivrées en Russie[13]. Ces difficultés pratiques à augmenter les exportations expliquent probablement pourquoi j'ai été incapable de trouver un seul cas dans lequel un acteur politique russe ait appelé à des restrictions sur les droits de l'entreprise à exporter sur les marchés étrangers ; de manière certaine, j'affirme qu'aucun des conflits houleux ayant concerné Gazprom n'a porté sur cette question.

Bien que l'Europe ne représente qu'une part relativement faible des livraisons de Gazprom, elle apparaît bien plus importante dans les revenus de l'entreprise, représentant presque la moitié de ses revenus (Ekspert, 1er septembre 1997). Les consommateurs européens paient ainsi des prix bien plus élevés que les Russes. Mais cet élément révèle moins un transfert de valeur à destination de l'industrie russe, que le caractère éphémère de la notion même de valeur telle qu'elle est entendue par Gaddy et Ickes.

Si la valeur est définie en termes de prix de marché et si les marchandises ont une valeur définie (« cela ne vaut réellement que 33,3 roubles »), les marchandises ont alors un prix de marché unique. Or, les économistes ont maintes fois critiqué cette position, particulièrement dans les débats portant sur le « dumping » (Kenen, 1994, p. 247-250). La législation anti-dumping vise à protéger les producteurs d'un pays de prix de prédation de concurrents étrangers qui cherchent à les évincer du marché et à récolter par la suite des profits de monopole. Le problème réside dans la difficulté à définir la politique de prix susceptible d'être qualifiée de prédatrice. Un test fréquemment utilisé compare les prix du coupable désigné de dumping pour son marché domestique à ceux qu'il pratique à l'exportation, en considérant des prix d'exportation inférieurs comme une preuve manifeste de comportement prédateur (Kenen, 1994, p. 247-248).

Ce test produit des résultats douteux si l'on fait l'hypothèse (réaliste) que dans la grande majorité des cas, les coûts de production peuvent être divisés en coûts fixes et coûts variables, et que les premiers sont importants au regard des seconds. Ainsi, pour au moins certains niveaux de production, les coûts marginaux sont inférieurs aux coûts moyens. Ce jargon exprime l'idée simple

[13] La proportion par rapport aux livraisons en Russie est calculée à partir de *Ekspert* (1er septembre 1997) et Bekker (1998) ; les coûts et les dates d'achèvement proviennent de *Natural Gas* (1998).

que construire une usine d'extraction de gaz coûte très cher, mais qu'une fois qu'elle existe, la différence en termes de coûts entre la faire tourner à 60% ou la faire tourner à 61% de sa capacité est faible. Le coût marginal encouru pour passer de 60% à 61% de sa capacité est de loin inférieur au coût moyen par unité produite à 61% de capacité, puisque le coût marginal n'inclut pas une partie des coûts fixes de construction de l'usine.

Les entreprises ayant une telle structure de coûts peuvent rationnellement s'engager dans la pratique du « dumping ». Elles vont vouloir pratiquer une discrimination par les prix, chargeant chaque consommateur au maximum de ce qu'il est prêt à payer tant que ce montant est supérieur au coût marginal[14]. Si les consommateurs domestiques sont prêts à payer plus que les étrangers – par exemple parce qu'ils sont plus riches et moins sensibles aux prix ou parce que le marché domestique est moins concurrentiel – alors la discrimination par les prix va avoir pour conséquence des prix à l'exportation inférieurs aux prix domestiques (Kenen, 1994, p. 247). Un tel comportement serait qualifié de dumping au regard du test formel, mais il ne constituerait pas un comportement prédateur.

La position implicite adoptée par Gaddy et Ickes, selon laquelle la valeur des marchandises est définie par un vecteur de prix de marché unique, fait apparaître des subventions recouvrant de la destruction de valeur à chaque fois qu'un consommateur paie un prix inférieur à un autre. De même, le test de la différence de prix détecte un comportement de dumping prédateur quand les prix domestiques sont plus élevés que les prix à l'exportation. C'est dans les deux cas la même erreur : la logique commerciale dicte que certains consommateurs paient des prix plus élevés que les autres. Utiliser le terme de subvention dans de tels cas semble déraisonnable comme le montre un exemple plus familier. Les compagnies américaines vendent à un prix bien plus élevé les billets achetés le jour même que ceux achetés quelques semaines à l'avance. Il est fréquent de payer à la dernière minute jusqu'à 1000 dollars un billet qui n'aurait coûté que 300 dollars acheté à l'avance, et nous pouvons faire l'hypothèse qu'une grande part de la différence de prix découle de l'évaluation suivante élaborée par les compagnies aériennes : les personnes ayant besoin d'un vol immédiat sont prêtes à payer une prime liée au fait qu'elles n'ont pas le temps de rechercher une alternative et sont dans l'incapacité de modifier leur emploi du temps.

---

[14] Pour un traitement standard de la question de la discrimination par les prix, voir Lipsey, Steiner et Purvis (1987, p. 238-242). La discrimination par les prix est possible, bien évidemment, seulement lorsque les entreprises n'ont pas affaire à un marché extrêmement concurrentiel qui les oblige à tarifer leur production entière au coût marginal s'il veulent simplement pouvoir la vendre.

Ainsi, les voyageurs de dernière minute peuvent être utilisés pour financer une part importante des coûts fixes du vol de l'avion (essence, dépréciation de l'équipement, etc.), tandis que ceux qui effectuent leur réservation plus tôt peuvent être séduits par un prix proche du coût marginal pour un passager supplémentaire (traitement du billet, prise en charge des bagages, repas supplémentaire...). Imaginons une activité nécessitant des déplacements, mais incapable de dégager un profit au prix élevé des billets de dernière minute. Au lieu de cela, l'activité peut continuer à être rentable en prévoyant les voyages suffisamment à l'avance pour payer le prix le plus bas. Est-ce alors pertinent de considérer que cette activité « détruit de la valeur » parce qu'elle ne se fait pas au prix le plus élevé (en l'occurrence inférieur au coût moyen par passager pour le service reçu) ? Il est difficile d'imaginer des économistes se fondant sur cet exemple pour conclure que les compagnies d'aviation devraient vendre tous leurs sièges au prix élevé « de dernière minute », bien que cela puisse être politiquement impossible, et leur recommander de se tourner vers les autorités politiques pour que celles-ci subventionnent les consommateurs achetant plus tôt.

Etant donné que Gazprom est une entreprise ayant d'énormes coûts fixes pour l'exploration, les installations de production et les gazoducs, et des coûts variables relativement bien plus faibles, il serait surprenant qu'elle ne poursuive pas une stratégie identique de discrimination par les prix[15]. Et de fait, il est clair qu'un raisonnement similaire a orienté la politique commerciale de Gazprom concernant ses marchés intérieurs et extérieurs. L'entreprise souhaite fixer un prix plus faible pour les consommateurs domestiques par rapport aux consommateurs étrangers, tout simplement parce que les consommateurs domestiques sont dans l'incapacité de payer le prix que peuvent payer les étrangers[16]. Rien n'indique cependant que les prix que fixe Gazprom pour les consommateurs domestiques soient inférieurs aux coûts marginaux, puisqu'elle cherche à développer ses ventes à ces prix. Gazprom semble ainsi s'être engagé dans un « dumping inversé », dans lequel les exportations sont facturées à un prix plus élevé que les ventes sur le marché domestique. De la même manière qu'un dumping classique ne reflète pas toujours un comportement de prédateur vis-à-vis de la concurrence étrangère, le dumping inversé ne constitue en rien une subvention indue de ses clients russes.

---

[15] Il pourrait être suggéré (et il me l'a été dans une conversation informelle) que cette analogie est imparfaite car un avion qui voyage les sièges vides n'a pas d'utilisation alternative, ce qui n'est pas le cas du gaz. Mais la capacité à livrer du gaz n'a pas non plus d'utilisation alternative et il y a un coût marginal à placer un passager sur un siège vide. La question est de savoir si le coût marginal excède le revenu marginal.

[16] Pour utiliser l'expression consacrée, les marchés domestique et étranger ont des élasticités prix pour la demande différentes.

La logique du comportement de Gazprom a été clairement expliquée par Pyotr Rodionov, ministre des combustibles et de l'énergie en 1996-1997. Avant ce poste, P. Rodionov dirigeait un département de Gazprom. Il est redevenu un des vice-présidents de la compagnie par la suite. Peu de temps après la prise de son poste ministériel, P. Rodionov a déclaré dans une interview que, dans un contexte d'impayés massifs pour les combustibles, « il est absolument nécessaire de baisser le niveau général des prix de toutes les ressources combustibles et énergétiques.... Et là, je voudrais particulièrement insister sur le fait que quand on parle de combustibles, on ne peut pas parler de "prix mondiaux" abstraits, vers lesquels on nous encourage à nous orienter » (*Nezavisimaya gazeta*, 03 octobre 1996)[17]. Des prix plus bas, a-t-il argumenté, permettraient à l'industrie russe de croître, de dégager davantage de profits, de payer l'énergie et de mettre un terme à la dépendance budgétaire par rapport aux exportations de gaz et de pétrole. De même, fin 1998, alors qu'un officiel de Gazprom plaidait le cas de sa compagnie auprès du gouvernement, P. Rodionov a défendu le gel du prix du gaz domestique jusqu'en 1999 ce qui, étant donnée la forte inflation, revenait à demander une baisse de ces prix. A un journaliste, P. Rodionov a une fois de plus affirmé que « pour Gazprom, des prix plus élevés signifient seulement davantage d'impayés » (*Neftegazovyy kompleks*, 05 décembre 1998).

Ces commentaires révèlent un élément important : Gazprom n'a pas la possibilité de fixer les prix pour ses consommateurs domestiques comme il le souhaite. Ceux-ci sont fixés par les régulateurs, et plus récemment par la Commission fédérale de l'énergie. Gazprom s'est plutôt plaint que les régulateurs fixaient ses prix trop hauts (Woodruff, 1999b, chapitre 6). Comme P. Rodionov l'a dit à mots couverts, une part de la pression sur Gazprom pour fixer des prix plus élevés est venue de l'étranger. En 1997 par exemple, le FMI a inclut dans sa conditionnalité le fait que les prix du gaz en Russie devaient être différenciés selon la distance sur laquelle le gaz est transporté, afin de mieux prendre en compte les coûts. Gazprom a cependant violemment et publiquement résisté à cette exigence par crainte que son application n'augmente les prix pour les consommateurs éloignés des gisements de gaz à des niveaux insupportables (*Kommersant*, 18 février 1997). Comme le président

[17] Le président de Gazprom, Rem Vyakhirev a plus tard directement confirmé que la proposition de baisser les prix du gaz et d'autres ressources avait à l'origine été avancée par Gazprom lui-même (*Nezavisimaya gazeta*, 25 mars 1997). Dans la même interview, Vyakhirev a donné à la politique commerciale de la firme un tour populiste : « Nous conduisons une politique directement orientée vers le peuple (*narodnaya*) et vers le social, dont la signification dépasse la vision économique étroite. Nous constatons que la population et l'industrie sont incapables de payer la totalité du prix du gaz et, de fait, nous maintenons les prix stables ». L'interprétation de ces remarques est facilitée quand on sait qu'au même moment, la firme était pressée d'augmenter ses prix. Voir plus loin.

de la compagnie, Rem Vyakhirev, l'a déclaré, un prix plus élevé du gaz pour l'industrie signifierait que « tout ce qui donne encore des signes de vie serait anéanti une fois pour toute » (*Kommersant*, 10 avril 1997). Il est singulièrement ironique que, dans ce conflit, les économistes de l'offre conçoivent les coûts comme une donnée intrinsèque au processus de production physique (plus de transport = plus de coûts), une conception proche du mode de pensée soviétique, tandis que les anciens gestionnaires aux commandes de l'économie défendent une notion commerciale de minimisation des coûts à travers la maximisation des ventes.

Les efforts de Gazprom pour obtenir la permission de fixer des prix plus faibles pour les consommateurs russes offrent de nouvelles perspectives quant au rôle des roubles et des *bartles*. Plutôt que de voir les prix de troc (*bartles*) comme un moyen de subvention cachée des prix, on peut les considérer comme un moyen pour Gazprom de fixer les prix que les consommateurs peuvent payer, alors que la firme est contrainte par les régulateurs de fixer des prix nominaux élevés. Cette logique mieux comprise, on peut alors répondre à la question de savoir pourquoi la firme, dans l'exemple modifié ci-dessus, choisirait de fixer le prix de sa production en *bartles*, malgré les conséquences négatives en termes de taxes : si les prix nominaux sont visqueux à la baisse, mais que les consommateurs n'ont pas les moyens de les payer, accepter un paiement en unités de troc peut être le seul moyen d'effectuer les baisses de prix que les considérations commerciales imposent. Même si, au contraire de Gazprom, la plupart des entreprises russes n'ont pas leurs prix directement fixés par le régulateur, elles sont obligées par les autorités fiscales de ne pas facturer leur production en dessous des coûts et d'une marge de profit, ce qui, étant donné le fait que les coûts sont des coûts moyens, entraîne des effets similaires (Woodruff, 1996, 1999b, chapitre 4)[18]. Dès lors, les prix de troc ne reflètent pas la prétention des firmes russes à créer une valeur qu'en réalité elles détruisent, mais leurs efforts pour se conformer aux exigences du gouvernement de fixer des prix plus élevés qu'elles ne le souhaitent[19]. Une analogie peut être faite avec la dévaluation d'une monnaie contre l'or ou d'autres devises, une mesure de politique économique que les économistes ont suggéré pour aider à réaligner le niveau des prix en présence de prix visqueux (Sachs et Larrain, 1993, p. 688).

[18] Fixer les prix plus bas que les coûts est une seconde mesure de dumping qui peut également donner des résultats pervers en présence de coûts fixes importants (Kenen, 1997, p. 249).

[19] Dans ce contexte de discrimination par les prix, cela n'a aucun sens de dire que les prix de troc sont « surévalués ». Prenons l'exemple de la discrimination par les prix sur une ligne aérienne. Si, pour une quelconque raison, la politique de prix était de demander de payer, à la dernière minute, disons 300 livres sterling, tandis que les acheteurs précédents n'ont payé que 300 dollars, il ne viendrait à l'idée de personne d'attentif de dire que les dollars impliqués sont « surévalués ». D'un autre côté, les autorités fiscales, indifférentes à ce que les impôts soient payés en dollars ou en livres, devraient trouver peu de partisans à cette dernière possibilité.

L'unité monétaire du troc apparaît alors comme un rouble dévalué, mais cette dévaluation a été organisée à un niveau subnational et fait partie d'un réseau local d'échanges (Woodruff, 1999b, chapitre 5).

Le fait que Gazprom utilise les prix de troc pour atteindre *de facto* des réductions de prix est également illustré par les efforts de la firme pour obtenir des changements de la réglementation qui lui permettraient de réduire directement les prix. En fixant des prix nominaux plus bas, mais en collectant les paiements en liquide, Gazprom peut éviter les conséquences fiscales et les tracas de l'organisation du troc[20]. A l'été 1997, Gazprom a obtenu une directive présidentielle lui permettant d'accorder des réductions substantielles aux consommateurs qui paient dans les délais et en liquide (*Kommersant*, 1er juillet 1997). La firme a enregistré une certaine hausse de la part de ses rentrées en liquide en 1997 et, en avril 1998, les représentants de sa direction marketing ont demandé une extension du décret présidentiel permettant de tels rabais (*Rabochaya tribuna*, 1er avril 1998, p. 2).

Pour compléter ce tableau de Gazprom participant à l'économie du troc russe pour des raisons plus commerciales que politiques, considérons une implication de la conception de Gaddy et Ickes des politiques économiques étayant l'économie virtuelle. Si Gazprom envisageait les prix plus faibles qu'il consent aux consommateurs russes comme des subventions compensées par son droit à exporter, alors il ne devrait pas y avoir de différence entre l'attitude de la firme vis-à-vis des paiements en nature de celle vis-à-vis des nombreux consommateurs des secteurs industriels et de l'énergie qui ne paient pas leurs factures. Après tout, le gaz gratuit n'est que le cas limite du gaz subventionné. Or, les responsables de Gazprom sont tout à fait clairs quand ils font la distinction entre le fait d'être payé moins et celui de ne pas être payé du tout. Dans l'entretien déjà cité, P. Rodionov, en préambule à son appel pour la baisse du prix du gaz, critique vivement les gouverneurs qui demandent un accès gratuit au gaz naturel (*Nezavisimaya gazeta*, 03 octobre 1996).

Comme dès le début de l'année 1996, les dettes des consommateurs domestiques vis-à-vis de Gazprom étaient déjà supérieures à ses recettes d'exportation vers l'Europe de l'Ouest (*Segodnya*, 20 février 1996), les préoccupations de la firme étaient claires[21]. Expliquant les origines de

---

[20] Comme le notent Gaddy et Ickes, Gazprom paye régulièrement ses taxes sous forme non-monétaire. Cependant, sa capacité à agir ainsi a été l'objet de luttes politiques récurrentes d'où Gazprom n'est pas sorti vainqueur. De fait, à l'été 1997, Gazprom a emprunté un milliard de dollars sur les marchés financiers internationaux pour payer ses impôts en liquide (*Colossus*, 1997).

[21] En novembre 1998, Vyakhirev a déclaré que les impayés de gaz d'un montant de 101 milliards de roubles représentaient 1,8 fois les livraisons russes annuelles (*Rabochaya tribuna*, 11 novembre 1998).

Mezhregiongaz, la nouvelle arme marketing de Gazprom mise en place en 1997, sa direction notait qu'« une situation totalement anormale est survenue, dans laquelle un secteur entier de l'économie est devenu le donateur, en fait non payé (*besplatnyy*), de l'économie du pays tout entier » (*Rabochaya tribuna*, 1er avril 1998, p. 2). La firme a également appelé de ses vœux une consigne présidentielle étendant le droit des firmes de ne plus livrer les consommateurs ne réglant pas leur facture. Et de fait, du moins si l'on en juge par sa campagne agressive de relations publiques, Mezhregiongaz a poursuivi une politique rigoureuse de la carotte et du bâton contre ses débiteurs. Du côté de la carotte, elle a offert des réductions de prix contre un paiement en liquide et une aide pour arranger les accords de troc qui garantissent les ventes. Du côté du bâton, la mesure clé a été la réduction de l'approvisionnement en gaz[22]. Des accords négociés avec les gouverneurs locaux sur les niveaux d'approvisionnement et le paiement, y compris la part du paiement monétaire ou en nature[23], ont constitué la priorité de la stratégie de Mezhregiongaz.

De tels accords spécifiant les moyens de paiement font partie d'un effort plus large destiné à lutter contre les effets de la « loi de Gresham » qui résultent de l'équivalence nominale des *bartles* et des roubles. Capables de payer des montants nominaux identiques en l'un ou l'autre, les consommateurs vont naturellement proposer des *bartles* plutôt que des roubles (Woodruff, 1999b, chapitre 5). Par exemple, alors que les consommateurs de gaz domestique paient habituellement les compagnies locales de distribution de gaz en liquide, ces mêmes compagnies cherchent généralement à payer Gazprom en *bartles* et gardent le liquide pour une autre utilisation. En conséquence, Mezheregiongaz a tenté de mettre en place de nouveaux centres de collecte qui répartissent immédiatement les paiements liquides des consommateurs entre les différents clients, selon une formule prédéfinie (*Rabochaya tribuna*, 18, 23 septembre et 02 octobre 1998). Ces mesures peuvent également être interprétées comme la preuve de l'existence d'une politique consciente de discrimination par les prix entre consommateurs russes à travers le troc ; contrôler qui peut payer en nature permet de s'assurer que les réductions de prix accordées à un ensemble de consommateurs ne vont pas s'étendre aux autres.

Certains lecteurs peuvent penser à ce stade que le fait que Gazprom se préoccupe du paiement de ses consommateurs domestiques ne remet pas en

---

[22] L'activité de Mezheregiongaz peut être suivie dans *Rabochaya tribuna*, une revue proche de Gazprom, dont elle donne une vaste couverture (favorable), naturellement plus axée sur le côté « carotte » de sa politique (par exemple, le 22 avril 1998, p. 2, ou le 09 septembre 1998, p. 4). En ce qui concerne le côté « bâton », on peut se référer à l'interview du directeur de Mezheregiongaz dans *Rabochaya tribuna* (1er avril 1998) ou à la description des réductions de livraisons de gaz à Tomskenergo dans *Neftegazovyy kompleks* (17 octobre 1998).

[23] Un exemple représentatif à Nizhnyy Novgorod est décrit dans *Birzha* (22 octobre 1998).

cause la thèse de l'économie virtuelle. Même si la firme doit subventionner l'économie russe pour des raisons politiques, il semble naturel, si l'on poursuit le raisonnement, de supposer qu'elle souhaite minimiser ces subventions. Cependant, cet argument ne permet pas d'expliquer le comportement de Gazprom. Si l'entreprise essayait de minimiser les pertes liées aux ventes forcées à prix subventionnés, elle se battrait pour des paiements maximums tout en minimisant ses livraisons. Or, bien après l'effondrement du rouble d'août - septembre 1998 qui a rendu les consommateurs russes encore plus pauvres que leurs homologues étrangers, R. Vyakhirev a déclaré à une conférence d'actionnaires qu'augmenter l'offre à destination du marché russe et gagner une plus grande part du marché de la production d'énergie domestique étaient des priorités importantes (*Rabochaya tribuna*, 09 octobre 1998, p. 1). Les sceptiques invétérés pourraient attribuer de telles déclarations à des concessions rhétoriques aux nécessités politiques. Elles se révèlent pourtant corroborées par les comportements. En particulier, une grande part de l'activité de Mezhregiongaz se concentre sur l'utilisation des relations de troc et des réductions de prix dans le but *d'accroître* la production des entreprises débitrices (*Rabochaya tribuna*, 16 octobre 1998, p. 2 et 12 novembre 1998, p. 3). Avec une situation politique lui étant favorable en toutes circonstances, la chute de 1998 aurait été une période inadéquate pour augmenter encore les livraisons de gaz subventionné dans le but d'acheter des soutiens.

CONCLUSION

En formalisant les idées de la Commission Karpov dans un modèle comptable, Gaddy et Ickes ont permis un progrès important de la qualité du débat en Occident sur le troc et autres formes de paiements non-monétaires en Russie. Cependant, les conclusions qu'ils tirent de leur modèle doivent être rejetées. L'« économie virtuelle », selon eux, « a émergé pour deux raisons fondamentales : une grande partie de l'économie russe, principalement son secteur manufacturier, détruit de la valeur et la plupart des participants au système prétendent le contraire ». Même si l'on concède, dans l'intérêt du débat, l'existence de prix de marché clairement définis et uniques pour les biens, prix qui définissent leur valeur, rien dans leur modèle, pas plus que dans les faits, ne permet de tirer cette conclusion. Comme la première partie de cet article le montre, tous les résultats du modèle de Gaddy et Ickes peuvent être obtenus en supposant que les entreprises manufacturières russes ne détruisent pas de la valeur, mais en considérant au contraire que celles-ci, d'un point de vue fiscal, ont ajouté plus de valeur qu'elles ne le devraient.

Pourquoi Gaddy et Ickes ont-ils construit leur analyse à partir de l'hypothèse superflue de destruction de valeur ? Il apparaît qu'ils ont été frappés par le fait que des prix en principe égaux en termes nominaux pouvaient être fortement variables en pratique. Dans sa fascinante et provocante histoire de l'économie, P. Mirowski note que le problème fondamental de la théorie de la valeur est d'expliquer comment des biens extrêmement variés dans tous leurs attributs perceptibles peuvent être, d'une façon ou d'une autre, réduits à une simple et unique mesure numérique. P. Mirowski argumente qu'au dix-neuvième siècle, les économistes concevaient la valeur comme une « substance englobante, bousculée de tous les côtés par le marché » (Mirowski, 1990, p. 698). A la fin du dix-neuvième et au début du vingtième siècle cependant, les économistes « ont déplacé la valeur du bien lui-même pour la placer dans l'esprit comme un ensemble de préférences » (Mirowski, 1990, p. 697).

Gaddy et Ickes emploient une image de la valeur proche de celle des économistes du dix-neuvième siècle. Pour eux, la valeur est substantielle : elle est « redistribuée », « déplacée », « produite » et « fuit » même – tous ces verbes ont la « valeur » comme sujet dans Gaddy et Ickes (1998a). Ce caractère substantiel de la valeur provient du fait de concevoir « les prix de marché » comme donnés et uniques, permettant à la valeur d'émerger comme la propriété d'un bien, plutôt que de chercher son origine dans les préférences des consommateurs. Dans une interview de septembre 1997, Pyotr Karpov a résumé son point de vue sur les échanges non-monétaires : « Quand un prix est trop élevé, le *marché* (en insistant sur le mot) ne l'accepte pas et ne paie pas pour lui avec de l'argent. Il dit : vous avez du charbon cher, j'ai, en conséquence, de l'électricité chère : échangeons » (*Rossiyskiy Neftyanov Byulleten*, septembre 1997). Cette conception du prix comme produit de l'offre et de la demande manque dans « L'économie virtuelle de la Russie » qui lui substitut une notion de valeur correspondant à des prix de marché désincarnés, bien plus « virtuels » que l'économie que ces deux auteurs entendent décrire[24].

Avec la notion de soustraction de valeur et son implication non fondée que les biens ont un prix unique, il nous faut rejeter le terme d'« économie virtuelle » qui est maintenant irrévocablement lié à l'image condescendante

---

[24] Dans leur annexe plus récente sur la « soustraction de valeur », Gaddy et Ickes (1998b, p. 18-19) donnent davantage d'importance à l'offre et à la demande. Ils suggèrent que parfois, dans le contexte russe, « le taux de salaire nominal dépasse le coût d'opportunité du travail » ; que les entreprises peuvent avoir des facteurs de production dont les coûts sont fixes, de telle sorte que « le coût d'opportunité de l'utilisation de ces ressources de production est nul » ; et que, en général, « il est important de noter que le fait qu'une entreprise produise ou non de la valeur dépend des opportunités du marché ». Cependant, aucune de ces idées n'est appliquée à la fixation des prix dans l'échange non-monétaire qui est analysé comme uniquement motivé par le désir de dissimuler la destruction de valeur.

d'une Russie heureuse de s'illusionner, satisfaite d'un système qui impose la misère aux travailleurs et des coûts gigantesques aux entrepreneurs. A un moment fatidique de l'histoire russe, ceux qui représentent l'Ouest et qui doivent faire des choix politiques aux conséquences lourdes, observateurs d'une situation complexe et, à beaucoup d'égards, tragique, ont le devoir de résister à la tentation d'expliquer « pourquoi les Russes préfèrent cela » avant d'être sûrs qu'il s'agit bien d'une préférence. Même l'esquisse brève et partielle de la politique de l'échange non-monétaire présentée ici a démontré que, loin de convenir à tous les acteurs, l'importance du troc a engendré de violents combats politiques, dont les protagonistes ont des objectifs très différents de ceux que leur prêtent Gaddy et Ickes dans leur quête des racines politiques de l'économie virtuelle.

Les efforts de Gazprom pour offrir à ses consommateurs un prix qu'ils peuvent payer, malgré une réglementation contraignante et les interventions pressantes et peu judicieuses des organismes financiers internationaux, nous offrent également une autre importante leçon. Même pour les entreprises russes les plus puissantes et les plus politiquement influentes, la théorie de la valeur issue du consommateur n'est guère optionnelle. Malgré des promesses certes extravagantes, un Etat en retrait peut faire peu de choses pour des entreprises qui sont dans l'incapacité de vendre leur production. Dans cet environnement implacable, la vanité est un luxe que peu peuvent se permettre. Si on souhaite se pencher sur les conséquences catastrophiques de la confusion entre désir et réalité, un exemple vient à l'esprit : celui de la croyance partagée par le FMI et le gouvernement de S. Kirienko selon laquelle une dévaluation du rouble pouvait être évitée à l'été 1998. Et là, les dévaluations privées accomplies par les multiples *bartles* semblent l'incarnation même du réalisme.

BIBLIOGRAPHIE

AVATI H. (1995), « Unstoppable Surge in Gas Demand Suffers a Blip », *Gas World International*, 1er octobre (version électronique issue de *Dow Jones Information Service*).

BEKKER A. (1998), « Russia's Natural Gas Pipe Line Outlook Remains Promising », *Pipe Line & Gas Industry*, 1er novembre (version électronique issue de *Dow Jones Information Service*).

EUROMONEY (1997), « Colossus on the Road to the Market », 15 septembre (version électronique issue de *Dow Jones Information Service*).

GADDY C.C., ICKES B.W. (1998a), « Russia's Virtual Economy », *Foreign Affairs*, vol. 77, n° 4, septembre - octobre, 53-67.

GADDY C.C., ICKES B.W. (1998b), « A Simple Four Sector Model of Russia's 'Virtual' Economy », *mimeo*, Washington DC.

KENEN P.B. (1997), *The International Economy*, Cambridge University Press, Cambridge, UK.

LIPSEY R.G., STEINER P.O., PURVIS D.D. (1987), *Economics*, 8ème édition, Harper and Row, New York.

MIROWSKI P. (1990), « Learning the Meaning of a Dollar : Conservation Principles and the Social Theory of Value in Economic Theory », *Social Research*, vol. 57, n° 3, 689-717.

PETROLEUM ECONOMIST (1998), « Natural Gas : The Early Years », 1er septembre (version électronique issue de *Dow Jones Information Service*).

SACHS J.D., LARRAIN F. (1993), *Macroeconomics in the Global Economy*, Harvester Wheatshaft, New York.

WOODRUFF D.M. (1996), « Beyond the Ruble : the Politics of Monetary Consolidation in Russia », *mimeo*, Boston.

WOODRUFF D.M. (1999a), « Barter of the Bankrupt : the Politics of Demonetization in Russia's Federal State », in M. Burawoy et K. Verdery (eds.), *Uncertain Transition : Ethnograpies of Change in a Post-Socialist World*, Rowman and Littlefield, Boulder, CO.

WOODRUFF D.M. (1999b), *Money Unmade: Barter and the Fate of Russian Capitalism*, Cornell University Press, Ithaca, NY.

4

Le troc : pratique inévitable dans la filière textile-habillement*

Guilhem Mestre

L'ampleur des formes d'échanges non monétaires en Russie de 1990 à 2000 oblige les économistes à réfléchir sur les modalités de fonctionnement des transactions entre entreprises. La place majeure du troc remet ainsi en cause les fonctions de la monnaie comme équivalent universel et réserve de valeur. Le passage au troc dans une économie monétaire a pour cause, soit une pénurie des moyens de règlement[1], soit une volonté des agents de réaliser des échanges réciproques simultanés afin d'éviter une perte de valeur dans l'échange.

Le troc a une place particulière en Russie à partir de la fin 1993 en raison du coût du crédit, de la politique restrictive de la Banque Centrale et du développement des impayés par l'État fédéral, les administrations locales et les entreprises. Celles-ci ont, grâce au troc, un gage matériel préférable à un crédit fournisseur ayant de fortes chances de se transformer en impayé. Le troc redonne donc une certaine fiabilité aux échanges et oblige les agents à se livrer à une évaluation de la valeur marchande de la contrepartie. Dans le cas d'une rationalité limitée des agents fondée, non seulement sur un utilitarisme économique mais aussi social, la pratique du troc devient rationnelle car elle permet de maintenir un certain niveau de circulation des marchandises.

* Cet article repose sur plusieurs enquêtes et interviews conduits par l'auteur à Moscou, Saint-Pétersbourg, Ivanovo, Smolensk et la région de Moscou en 1994, 1997 et 2000 dans une vingtaine d'entreprises du textile et de l'habillement.

[1] C'est ce que Smith indique à propos de son explication du fonctionnement du système mercantile. Cf. p. 245, Smith, 1776.

La filière textile-habillement a une place périphérique dans le système productif russe. Elle offre néanmoins un condensé à la fois d'une industrie à forte intensité capitalistique (le textile) et d'une industrie de main-d'œuvre (l'habillement). Cela nous permet de couvrir un grand nombre de cas dans les opérations de troc tout en restant circonscrit aux produits d'une seule filière de production.

Le troc peut être réalisé pour un échange unique. Mais la complexité de cet échange peut conduire à sa répétition qui permet d'en amortir les coûts de transaction (recherche du partenaire adéquat, constitution du panier de biens échangeables). Cette forme d'échange a donc une logique d'auto-renforcement propre (amortissement des coûts de transaction) qui conduit à des coordinations bilatérales et même multilatérales de court et moyen terme avec plusieurs intermédiaires[2].

La détermination d'un prix d'équilibre dans le troc dépend des dotations initiales des agents. Celles des entreprises textiles russes sont faibles et le troc leur est souvent imposé par les entreprises de l'habillement (Mestre, 2000a). Néanmoins, le troc permet d'étendre l'échange dans des situations où le marché avec monnaie n'est pas efficace. Les entreprises de l'industrie légère ont utilisé deux formes principales de troc bilatéral et multilatéral : l'échange mutuel simultané de biens et services et l'échange de biens et services contre une créance. Seules certaines entreprises de l'industrie légère réussissent à augmenter leur niveau de vente grâce au troc quand elles ont maîtrisé les canaux de distribution des marchandises échangées.

Tableau 1
Part du troc dans les ventes (en %),
moyenne annuelle des réponses mensuelles

	1992	1993	1994	1995	1996	1997	1998	1999	2000
Industrie russe	6*	9	17	22	35	43	48	37	27
Industrie légère		8**	20	22	40	44	46	28	14

* sauf janvier. ** second semestre[3].

[2] Le cas du troc multilatéral a été étudié par Hicks (1989). Pour assurer la stabilité de ce système, il est nécessaire qu'une partie des échanges se réalise à l'extérieur du réseau de troc pour se procurer des espèces. Ce type d'échanges stables en partie monétisés et en partie en nature s'applique parfaitement à la Russie. Cf. p. 44-45.

[3] Sources : Données du *Russian Economic Barometer* portant sur une enquête mensuelle d'un panel d'environ 200 entreprises de l'industrie légère (comportant l'industrie du textile, de

Depuis 1992, le troc dans l'industrie légère répond à plusieurs stratégies de la part des entreprises. Il s'agit de les recenser et de comprendre les schémas d'échanges permettant aux entreprises de se maintenir en vie. Il s'agit également de déterminer les critères principaux d'utilisation bénéfique du troc pour le développement de l'entreprise.

Le troc est le plus souvent réalisé du fait du manque de compétitivité des produits qui constitue un obstacle à leur réalisation monétaire, de la faible monétisation de l'économie russe et de l'absence de véritables lettres de crédit. En fonction de leurs ressources techniques, productives, marchandes et relationnelles, les entreprises de l'industrie légère vont chercher à limiter le caractère plus ou moins subi du troc.

La première et principale stratégie d'extension du troc est le résultat de la conservation par chaque entreprise privatisée de son réseau soviétique (I). Néanmoins, les changements institutionnels en Russie ont conduit à des réaménagements dans les stratégies à mener. D'abord, les entreprises ont pu continuer à pratiquer le troc avec le soutien des administrations locales (II), tandis que les entreprises les plus performantes réussissaient à introduire le troc dans des circuits monétaires (III). La généralisation de l'utilisation du troc à la marge est ensuite apparue après la dévaluation d'août 1998 (IV).

I. La conservation du réseau soviétique

Une majeure partie des entreprises privatisées dès 1992 s'est arc-boutée sur la conservation de leur réseau soviétique (Mestre, 2000a). Le troc est le résultat d'une éthique corporatiste d'aide réciproque. Celle-ci est fondée sur la solidarité entre les dirigeants des entreprises d'une même filière et sur un soutien mutuel avec les dirigeants politiques locaux. L'entreprise utilise les interconnexions entre ses partenaires ayant la même origine (passé scolaire commun, appartenance politique, groupe de clientélisme ou réseau d'influence, même banque). Cela permet de faire fonctionner un ou plusieurs réseaux (local, régional, de branche, inter-branche).

L'appui sur le réseau de partenaires traditionnels hérité de l'époque soviétique a été utilisé en premier lieu au début des années quatre-vingt-dix

l'habillement, du cuir et de la chaussure). La structure des entreprises de l'enquête correspond approximativement à la structure par branches, par régions et par formes de propriété de l'industrie russe. Ce sont surtout les entreprises textiles et du cuir qui sont les plus touchées par le troc. La note de bas de page 18 offre un autre regard sur l'état de la branche.

puisque les institutions de marché ne s'étaient pas encore mises en place. Au sein d'un réseau, le troc est plus facilement organisé car l'utilité des produits échangés est plus grande entre de nombreux partenaires qu'entre deux seulement. En outre, le marchandage auquel le troc donne lieu est mieux accepté au sein d'un réseau. Ces biens et services sont soit échangés en nature dans un cadre multilatéral jusqu'à atteindre le but souhaité (remboursement d'une dette ou obtention d'un approvisionnement), soit vendus à l'extérieur du réseau. Chaque partenaire économise ainsi sur ses fonds circulants insuffisants.

Le fonctionnement des réseaux s'appuie avec plus ou moins de succès sur deux types de liens : la continuation des relations verticales avec les structures fédérales (1) et les liens au sein de la branche de production (2).

1. Le rapide déclin des échanges fédéraux sous forme de troc

Un des problèmes majeurs de l'industrie légère est celui de l'approvisionnement en matières premières et plus particulièrement celui en coton pour l'industrie textile. Celui-ci provient de l'Asie centrale qui préfère, à la suite de l'éclatement de l'URSS, l'exporter sur le marché mondial. De 1992 à 1994, le gouvernement russe avait réussi à mettre en place un troc étatique pétrole ou blé contre coton avec l'Ouzbékistan. Le coton était ensuite vendu à crédit aux entreprises textiles ou donné à façon pour les commandes publiques (uniformes militaires, vêtements et linge pour les ministères de la santé et celui des chemins de fer). Ces formes de troc ont été l'occasion de fraudes aboutissant à la revente du coton à des fins privées[4]. Ces échanges ont été abandonnés dès 1995 pour des échanges entre agents privés sur une base commerciale.

Le troc véritable de produits textiles est apparu avec les difficultés de paiement des impôts fédéraux des entreprises d'une part, et les commandes publiques impayées des ministères de la force publique et de la santé d'autre part. Un système de compensation s'est donc mis en place à partir de 1995 pour les entreprises de l'habillement et leurs fournisseurs textiles. Deux cas de figures se présentent. Les entreprises de l'habillement qui atteignent la demande solvable arrêtent les livraisons aux administrations publiques qui restent impayées et ne payent pas leurs impôts. Ces entreprises peuvent également recevoir des reconnaissances de dettes ou des avoirs fiscaux représentant le solde des créances publiques à faire valoir ultérieurement. Les entreprises de l'habillement et du textile qui vendent insuffisamment et qui n'ont pas les

[4] « Khlopkovoe delo n° 2 » (L'affaire criminelle du coton n° 2), *Izvestiâ*, 7 février 1995.

liquidités nécessaires pour faire face aux paiements des charges sociales et des impôts proposent leurs produits comme paiement en nature. Dans ce cas-là, la survie des entreprises est prolongée à court terme.

Cependant, l'insolvabilité des structures commerciales publiques et des administrations a obligé les entreprises à réaliser leurs échanges de plus en plus au sein de leur branche de production.

2. Les liens au sein d'une branche de production

Le troc est la forme d'échange la plus simple dans le cadre de liens étroits entre partenaires qui ont confiance dans leurs produits depuis longtemps. En effet, il s'agit d'une forme de coordination évitant les forts coûts de transaction et de restructuration nécessaires pour passer aux échanges monétaires sur un marché, même dans le cas où ils seraient ensuite amortis si une niche de marché était trouvée. En raison de l'impossibilité de régler les avances en monnaie et de vendre les produits avant que le cycle complet de production ne soit achevé, le troc permet de maintenir une activité productive. Le troc est utilisé pour résorber les stocks de produits finis invendus. Le collectif de travail continue de travailler au lieu d'être en congés sans soldes. Une paix sociale dans la ville ou la région où se trouvent les entreprises de l'industrie légère résulte de l'utilisation du troc.

Dès lors, le troc n'est plus seulement la conséquence d'une demande trop faible qui permet de payer les fournisseurs avec des invendus, c'est également une forme de coordination permettant d'étendre les échanges entre entreprises. Il recouvre à la fois le cas d'entreprises non-viables qui ne peuvent pas vendre autrement et le cas d'entreprises vendant des produits trouvant une demande mais qui ne peut s'exprimer en monnaie (Linz et Krueger, 1998). Le troc concerne des échanges unilatéraux dans des réseaux étroits (2.1.) et des échanges multilatéraux au sein de réseaux étendus (2.2.).

2.1. Les risques importants du troc unilatéral

Le développement des impayés entre le système de distribution et les entreprises de l'habillement dès 1993 a conduit ces dernières à réactiver des liens étroits avec leurs fournisseurs. Au lieu de leur faire supporter les impayés de l'aval, elles les ont payés en articles d'habillement. A leur tour, les entreprises textiles ont été obligées d'organiser un troc bilatéral avec leurs fournisseurs de matières premières. Il s'est donc développé des formules de contre-achats qui étaient d'autant plus fréquentes que le cercle de fournisseurs n'avait pas été modifié depuis l'époque soviétique et restait peu étendu (Aukutsionek, 1998). Les *oblasts* (régions) d'Ivanovo, Riazan, Vladimir et Yaroslav, spécialisées dans le textile, connaissaient dès 1993 un fort développement du troc au sein de l'industrie légère.

Les entreprises privatisées de l'industrie légère ont ainsi formé des réseaux qui permettent d'échanger des biens avec des prix et des formes de troc différenciés, en fonction du degré de confiance et de fidélité (Institut d'expertise, 1994). Les conditions de vente (délais, prix, troc) étaient ensuite révisées conformément au code moral exigeant que les entreprises prennent en compte la situation économique du partenaire traditionnel. Ce mode de fonctionnement a permis une certaine stabilité dans le volume des transactions même si cela s'est fait au détriment de la rentabilité.

L'engagement dans le troc nécessite un savoir-faire pour que l'entreprise puisse finalement obtenir soit les intrants nécessaires à sa production, soit le produit monétaire de sa revente. Si ce savoir-faire n'existe pas, l'entreprise se retrouve avec une augmentation de ses stocks composés de produits finis et de marchandises troquées ne trouvant pas preneur. Le risque de faillite se précise alors comme résultat de la montée des impayés et du troc. Le paiement en nature des salaires avec des biens produits par l'entreprise ou reçus par le troc, fréquemment pratiqué dans les entreprises de l'habillement et dans certaines entreprises textiles, n'est qu'un pis-aller. Celui-ci ne permet pas une réduction à long terme du niveau des impayés. Cela reste aussi difficile pour les remboursements des dépenses en énergie qui restent stables alors que la production diminue. Nous avons pu vérifier[5] les difficultés de gestion des produits du troc dans un réseau peu étendu de partenaires avec le cas du combinat de lin de Smolensk (premier point) et de l'usine « 8 mars » d'Ivanovo (second point).

- le combinat de lin de Smolensk

Ce combinat est l'exemple parfait d'une entreprise qui n'a pas renouvelé sa production et qui propose le même choix de produits (nappes, serviettes, literie, tissus d'ameublement, rideaux) en lin ou en lin mélangé depuis l'époque

[5] Cf. Mestre (1998, 2000 a et b).

soviétique[6]. Le lin est devenu une dépense élevée face à la concurrence des produits en coton (literie) ou synthétiques (linge de table, ameublement). Les clients potentiels sont soit insolvables comme les chemins de fer, soit passés à des produits plus contemporains et de plus grande qualité (hôtellerie, restauration) demandant un grand travail d'apprêt impossible sans équipements nouveaux adéquats.

Les clients du combinat sont en majorité dans une mauvaise situation financière. Ils ne peuvent acheter que les approvisionnements peu chers de faible qualité du combinat. Face à de faibles débouchés, ils sont forcés de pratiquer le troc. La majorité des échanges du combinat est réalisée par du troc soit pour les approvisionnements (fibre de lin, fils de coton[7], viscose, synthétique, produits chimiques), soit pour les ventes aux entreprises d'habillement ou de meubles. Le troc représentait au premier trimestre 1997 près de 70% des ventes.

La production du combinat n'a pas réussi à adapter son offre à l'évolution de la demande du fait de l'obsolescence de son équipement. Il a pu faire pression sur ses fournisseurs pour être livré en troc. Ceci n'a fait qu'augmenter les stocks d'invendus sous forme de vêtements et de meubles (divans, canapés, fauteuils) qui viennent encombrer les entrepôts du combinat. Celui-ci n'a pas pu s'appuyer sur des partenaires publics, commerciaux ou industriels permettant d'écouler ces stocks. L'accès à la monnaie s'est réduit progressivement conduisant à un arrêt des paiements obligatoires.

L'entreprise a essayé sans succès de s'appuyer sur les pouvoirs publics locaux pour résoudre ses problèmes de compétitivité. Les aides publiques promises n'ont pas été reçues. Elle a été finalement déclarée en faillite en février 1998 en raison de ses arriérés de paiement trop élevés envers les pouvoirs publics. L'entreprise a été ensuite municipalisée mais n'a pas redémarré une activité en 1998 et 1999. Elle a été mise en vente à partir du premier trimestre 2000 et a trouvé finalement un repreneur à l'automne.

---

[6] Production du combinat en millions de mètres linéaires de tissus :

1990	1992	1996	1997
16	6,3	1,38	1

En 1990, le combinat employait environ 5 000 salariés puis 1 000 seulement en 1997. Les arrêts de production de 1993 à 1997 se sont succédés afin d'écouler les stocks et reconstituer la trésorerie. Les capacités de production étaient très faiblement utilisées depuis 1993. La majeure partie du parc de machines ne peut être utilisée qu'à des coûts croissants du fait de son usure.

[7] Les fibres de lin sont obtenues en échange d'aliments, de chaussures, de vêtements et de meubles. Cf. *Smolenskij Tekstil'[illegible]ik* (Le travailleur du textile de Smolensk), journal du Combinat linier de Smolensk, 8 avril 1997. Les approvisionnements en fils de coton sont payés avec des nappes qui sont ensuite vendues à Moscou dans le magasin d'entreprise de cette usine de fils.

- le cas de la filature « 8 mars »

Cette entreprise d'Ivanovo est spécialisée dans la production de toile de coton écrue dans un faible assortiment.

Le troc[8] est utilisé comme une forme de coordination stable et répétée. « 8 mars » a voulu créer des liens durables avec ses clients en proposant d'engager « *une coopération mutuellement avantageuse* » comme l'indiquaient le directeur commercial et la feuille d'offre de vente de 1994. La formule choisie est de créer un système d'achats mutuels fondé sur un partage géographique du marché russe. Il s'agit d'une reprise du schéma de fonctionnement du commerce soviétique par région et organisé de façon autonome. L'entreprise « 8 mars » vendait ses produits à son client et était prête en retour à distribuer les produits de celui-ci dans la région d'Ivanovo et même dans une zone plus large. Les biens échangés sont en partie directement vendus par les deux magasins de détail de l'entreprise.

Ce troc n'a pas été bénéfique pour l'entreprise. En effet, les distributeurs et les entreprises de l'habillement n'ont que l'embarras du choix. Ils cherchent les produits les moins chers et de meilleure qualité en essayant de les acheter en dessous de leur prix de revient. Peu de distributeurs ont pris part à ce système. Seules des entreprises de l'habillement de Sibérie, proposant des produits en laine, viscose ou soie ont été intéressées. Mais les impayés de ces clients, tout comme ceux des clients traditionnels dans l'oblast' d'Ivanovo, étaient réguliers, leur situation financière étant aussi mauvaise que celle de « 8 mars ».

Du fait de l'inflation et des problèmes de liquidité aggravés par le travail de façonnier exercé de 1994 à 1996, l'entreprise s'est lancée dans le commerce pour faire face au développement du troc avec ses clients. La direction a dû se consacrer à autre chose que son activité principale et a tenté de tirer un profit de spéculation sur des lots de produits revendus à la population. Cela s'est avéré peu rentable du fait de l'augmentation de la concurrence et du savoir-faire supérieur de la distribution.

Cette entreprise d'Ivanovo avait une place périphérique par rapport aux puissants combinats cotonniers intégrés de la ville et de la région, qui ont un appui plus important de leur réseau public et industriel. Elle et ses clients n'avaient donc pas accès aux marchés publics et aux grandes entreprises industrielles ou de distribution. L'augmentation de la part des impayés et du troc a conduit à la mise en faillite de l'entreprise à la fin de 1997. Elle n'a pas

[8] La part du troc qui représentait 10% des échanges en 1994 est montée à 25% en 1995 puis à 40% en 1996 et près de 60% en 1997 avant la faillite.

été capable de revendre suffisamment les produits troqués et de fabriquer des articles trouvant une demande solvable. Les arrêts de production étaient fréquents. En effet, le troc servait surtout au remboursement des dettes. Depuis août 1998, « 8 mars » est dirigée par un entrepreneur privé, gestionnaire temporaire de l'entreprise, choisi parmi différents candidats par l'agence régionale de la direction fédérale pour les mises en faillite. Néanmoins, le manque de fonds circulants a empêché l'entreprise de fonctionner régulièrement en 1998 et au premier trimestre 1999.

L'intégration en aval dans l'habillement (atelier en propre et prise de participation dans trois petites usines de l'habillement), alors que la spécialisation technique de l'entreprise était étroite, s'est réalisée sans profit car les articles manufacturés se trouvaient en forte concurrence avec les produits similaires des entreprises de l'habillement. L'intégration n'a apporté qu'un développement des impayés, sans pour autant rendre le troc plus facile grâce à un éventail plus large de produits.

Le cas de la filature de coton et du combinat linier montre bien que le troc ne doit rester qu'un appoint dans les échanges s'il n'existe pas un réseau large de partenaires ou un réseau propre de distribution. Pour que les quantités troquées puissent couvrir les coûts fixes de l'entreprise, celle-ci doit développer son réseau de telle sorte que les petits flux d'échanges bilatéraux soient suffisants. Dans les deux cas précédents, le troc n'a abouti qu'à une augmentation des stocks de produits que les deux entreprises étaient incapables de vendre.

2.2. L'existence d'un troc multilatéral dans des réseaux étendus

Les formes de coordination fondées sur le troc ne peuvent être viables que si les entreprises sont insérées dans un réseau suffisamment large pour organiser des transactions multilatérales. Il faut aussi que ces entreprises conservent un petit flux de transactions en espèces car les seuls échanges en nature ne peuvent pas satisfaire l'ensemble des fournisseurs ni, en premier lieu, les salariés.

Pour que l'utilisation du troc soit plus fréquente et fasse l'objet d'une stratégie efficace, l'entreprise doit constituer et entretenir les liens d'un réseau impliquant le plus d'agents possibles. Les premiers pas sont les plus coûteux. Les coûts de constitution sont en partie irréversibles. En effet, si on sort du réseau, il devient difficile d'y rentrer de nouveau à faible coût. Les coûts comprennent avant tout les coûts de recherche de ces clients différents (temps, argent), les coûts de stockage supérieurs à ceux de la production propre et les coûts de revente. En fonction de la forme de paiement, les entreprises offrent des rabais. C'est le cas pour le paiement comptant, surtout en liquide, alors qu'aucun rabais n'est obtenu avec le troc. Chaque réseau a sa matrice de prix relatifs. De plus, l'existence de nombreux schémas de troc avec des niveaux de prix et des moyens de paiements différents rend impossible l'existence d'un marché de gros unifié. Cela crée un biais dans la concurrence. Le troc, surtout sous la forme de compensation, se réalise sans qu'il y ait un contrôle étroit sur le coût et sur la qualité. En effet, dans le cadre d'un marché de biens peu compétitifs où les formes d'échanges non monétaires prédominent, les partenaires sont plus enclins à réaliser ce type de transactions plutôt que d'accumuler des stocks de marchandises ou de dettes. Les entreprises essayent de faire porter la perte de valeur engendrée par le troc sur leurs partenaires, plus particulièrement leurs salariés (paiement en nature des salaires), les services fiscaux et la Sécurité sociale. La place périphérique de l'industrie légère dans les échanges interindustriels rend difficile les tentatives d'agrandir le réseau d'échange de leurs biens.

Il est nécessaire de distinguer, d'une part, le véritable troc multilatéral (premier point) que nous étudierons dans un cas particulier (second point), des différents schémas de compensation d'autre part (troisième point).

- le troc multilatéral

Les entreprises de l'industrie légère ont essayé de réaliser du troc avec tous leurs fournisseurs quand leurs produits n'avaient pas d'avantage concurrentiel permettant la vente sur le marché. Elles ont donc engagé un travail marketing à partir des relations nouées lors de la période soviétique pour troquer un assortiment de vêtements de travail, d'habits pour enfants et adultes aux entreprises des autres branches industrielles (entre 20 et 30% pour les années 1994-1997).

Le troc multilatéral a pu bien fonctionner dans les régions où existaient à la fois une faible concurrence dans l'industrie légère et une grande solidarité entre les industriels (bassin de la Volga, Sibérie centrale).

- l'utilisation d'un réseau par un combinat pour développer le troc multilatéral

« Glukhovoteks » a élaboré un compromis entre le troc et les ventes monétaires lui permettant de survivre. En 1994, ce combinat textile situé dans la ville de Noguinsk à 40 km à l'est de Moscou regroupait treize fabriques puis seulement dix en 1997. Le combinat procède à toutes les opérations pour le traitement du coton avec une usine de peignage, des filatures, une usine de tissage, une usine pour blanchir et teindre les fils et les tissus. Une usine d'habillement est venue se rajouter en 1993. Il existe en plus des fabriques de tissus techniques utilisés par l'industrie pneumatique et automobile (tissus en résine pour les pneus et les moteurs), pétrochimique et aéronautique (tissus pour les ailes d'avions), l'industrie de la chaussure et l'imprimerie des billets de banque.

Cette entreprise a procédé à une rationalisation progressive de sa production en passant de 7 000 personnes en 1994 à 4 000 en 1997. Le troc a été développé et complexifié, ce qui lui a permis de poursuivre son activité.

Le passage au troc à partir de 1993 a été un moyen pour le combinat de sécuriser les échanges qui aboutissaient à des impayés. Le département chargé des opérations de troc a vu son importance se développer à partir de 1994 avec le déclin des ventes monétaires. Plus de la moitié du C.A. est réalisée par du troc en 1997. Le troc sert à vendre les produits du combinat mais est également utilisé pour obtenir les intrants nécessaires à la production. La fabrique de tissus techniques reçoit des pneus des usines pneumatiques de Moscou et Yaroslav qui sont échangés contre du coton ouzbek. Le troc est utilisé avec tous les clients potentiels car cela permet de les conserver. Les schémas atteignent parfois plus de quatre intermédiaires pour obtenir le produit désiré ou rembourser la dette en question.

Pour obtenir des machines textiles à partir de ses tissus, « Glukhovoteks » a mis en place le schéma suivant. Ses tissus ont d'abord été troqués contre des vêtements de travail d'une entreprise de l'habillement. Les vêtements ont ensuite été échangés contre des tôles d'acier d'une entreprise métallurgique. Les tôles ont finalement été fournies contre des machines textiles d'une usine de construction mécanique qui sont revenues à « Glukhovoteks ».

Cette entreprise a vu le développement du commerce à partir du troc (vente des produits troqués surtout avec les entreprises de l'habillement) qui a pris une part prépondérante. Seule la constitution d'un réseau de distribution efficace permet non seulement d'écouler les produits reçus en troc mais également de payer les salariés et de prépayer une certaine partie des approvisionnements. Elle vend plus particulièrement des tissus en coton, des articles de l'habillement (assortiment pour enfants, de literie et de confection) et des articles de la maille.

Le combinat a pu développer son activité commerciale (deux magasins d'alimentation et un magasin de jouets et de jeux électroniques) du fait de l'expérience acquise dans le commerce de détail du temps de l'URSS. A cette époque, il distribuait des produits alimentaires à ses ouvriers en cas de pénurie et nourrissait ainsi près des trois quart des habitants de la ville de Noguinsk. Le carnet d'adresses du département « approvisionnement social du combinat » incluait une large variété d'entreprises soviétiques de biens de consommation. Ce réseau a servi de base pour les échanges marchands après 1991. Son existence a permis de revendre une partie des produits et donc de diminuer le temps nécessaire pour récupérer de l'argent frais. Cela permet de limiter les stocks de produits troqués. Du fait de l'inflation et des problèmes de liquidités, l'activité purement commerciale du combinat a pris une part de plus en plus importante. Une formation du personnel a été nécessaire. Les magasins possédés en propre par « Glukhovoteks » sont plus de 35, situés dans la région de Moscou principalement, mais aussi dans les oblasts de Mourmansk et de Kalouga. La taille du réseau de distribution a même permis au combinat de conseiller ses clients de l'habillement pour qu'ils réorientent une partie de leur production selon la demande.

Le combinat a, de plus, participé aux schémas de troc régionaux organisés lors de foires régionales et de rencontres de délégations régionales entre l'oblast' de Moscou et les autres régions de Russie et de la C.E.I. « Glukhovoteks », en tant qu'entreprise géante du secteur textile, a ainsi montré sa capacité à utiliser son importance sur le plan social.

Ainsi, le combinat « Glukhovoteks » a pu s'appuyer sur le troc qui lui a permis un développement plus efficace que les impayés ou les lettres de crédit du fait d'un réseau de distribution et de partenaires étendu. L'entreprise utilise les capacités de son réseau formé à partir des liens privilégiés de l'époque soviétique. Le soutien de la mairie et de la région permet d'étendre le réseau du troc multilatéral.

- les schémas de compensation

L'apparition de formes développées de troc à partir de 1994 entre les entreprises illustre l'existence de formes de coopération hors marché mettant en œuvre des attributs complexes. Ceux-ci comprennent la recherche de tout un ensemble de produits, la signature d'un contrat incomplet quant à l'ensemble des caractéristiques des produits échangés, l'organisation d'un travail logistique et de grossiste par l'entreprise. Tout le réseau est mobilisé pour le troc. Cette mobilisation concerne avant tout les systèmes de compensation (*vzaimozaχoty*) en marchandises qui sont fondés sur la mise en place d'une chaîne de transactions unilinéaires répétées afin d'éponger les dettes auprès des autorités locales ou des fournisseurs. Le but est de trouver, à un moment de l'échange, de la monnaie grâce à un produit immédiatement réalisable. Cela permet une annulation réciproque des dettes et des créances au sein de la filière. Ce réseau local organise la répartition des ressources et des flux en nature face aux difficultés d'accès à la monnaie. Une stabilité sociale est alors possible, même dans les régions en crise.

Néanmoins, l'utilisation des schémas multilatéraux allonge les délais de règlement, ceux-ci pouvant atteindre plus d'une année. Seule une pression forte de tous les membres du réseau permet d'obtenir un remboursement des dettes. Sans cela, une des stratégies de sortie du troc multilatéral, pour les entreprises ayant la capacité de vendre un produit devenu compétitif, est d'acquérir directement leurs approvisionnements avec un paiement monétaire.

Voici un exemple situé dans l'oblast' de Smolensk, mais qui se retrouve dans l'ensemble des régions russes. Le charbon n'est pas payé par la compagnie d'électricité (filiale de EES - Système Électrique Unifié - l'EDF russe) qui a des créances sur les filatures textiles. Celles-ci sont dans la même situation par rapport aux entreprises de l'habillement. Ces dernières vont fournir des vêtements de travail aux mines de charbon afin de payer le charbon de la compagnie d'électricité, l'électricité des filatures textiles et leurs tissus. Le prix de marché moyen dans la région des vêtements, du tissu, du charbon et de l'électricité est utilisé dans le schéma de compensation. Pour juguler les coûts de transaction au sein du circuit, il a fallu d'abord négocier tout au long de la filière pour instaurer un grand degré de confiance. Si un contrevenant apparaît, les autres partenaires exigent un paiement monétaire, une action en justice appuyée par les autorités locales ou l'utilisation de la force soit publique, soit privée, étant possibles.

L'instigateur de ce type de schéma peut être une entreprise de l'industrie légère qui va pouvoir être le point de départ de la chaîne de compensation, afin de rembourser ses dettes en eau, électricité et énergie. L'entreprise de maille de Smolensk « Šarm » a eu recours à ce schéma pour rembourser ses dettes envers la centrale thermique de la ville et régler les dettes de la centrale envers les mines de charbon de Toula. Les groupes intégrés du textile ont davantage d'occasions de réaliser ce type de schéma comme le holding textile Âkovlevski de l'oblast' d'Ivanovo. Ils peuvent recevoir un appui des autorités publiques qui veulent maintenir une certaine activité dans une région en crise.

Le même schéma s'applique pour Gazprom, le monopole du gaz naturel, le gaz étant employé par de nombreuses centrales thermiques. Plus généralement, l'endettement de la majorité des entreprises de l'industrie légère envers Gazprom a obligé celui-ci à chercher des moyens pour récupérer ses créances. Ayant lui-même des dettes envers l'État, il récupère tous les produits qui sont susceptibles d'intéresser l'État comme forme de paiement. Ainsi le troc s'est instauré pour un ensemble de biens (alimentaires, chimiques, militaires) et toute une série de produits textiles. Gazprom paye une partie de sa dette sous forme d'uniformes militaires, de police et de vêtements pour les orphelinats[9].

Les différents schémas de compensation visent à égaliser en roubles tous les flux de créances ou à reporter dans le temps le règlement en nature ou en monnaie des soldes. L'escompte des créances par les banques reste peu développé pour l'industrie légère du fait du peu de confiance accordée à l'industrie légère et de l'opacité des comptabilités d'entreprises. Parfois des intermédiaires financiers prennent en charge la régulation de la compensation en prenant une forte commission. Cela n'est réalisé que dans le cas de grandes opérations et quand une confiance homogène dans le réseau n'existe pas. Dans certains oblasts, les autorités régionales avec leur administration budgétaire ou leur banque ont créé des chambres de compensation entre créances d'entreprises (oblasts de Kémérovo, Moscou et Novossibirsk). Ces institutions ont permis de rendre le troc plus fluide.

L'appui sur le réseau professionnel traditionnel pour troquer sa production a pu fonctionner tant que la contrainte budgétaire des entreprises restait faible et que les liens de solidarité étaient plus efficaces que ceux noués sur le marché. Cette solidarité fonctionnait d'autant mieux que le réseau était large et permettait d'organiser une répartition alternative des produits par rapport au marché. Le troc dans un petit réseau n'apportait pas de possibilités suffisantes permettant la circulation des produits jusqu'à un destinataire qui pouvait les utiliser efficacement. En outre, la solidarité n'était souvent possible que s'il existait un leader ayant une force d'entraînement suffisante à l'image des entreprises énergétiques.

---

[9] *Ekspert*, n° 37 (154), 5 octobre 1998.

Mais la perpétuation du troc alors que les échanges marchands se sont de plus en plus organisés a été surtout permise par le soutien des pouvoirs locaux.

II. L'APPUI DES POUVOIRS LOCAUX DANS LES OBLASTS TEXTILES

Les entreprises de l'industrie légère ont imposé le troc aux pouvoirs locaux. Mais ceux-ci sont intervenus dans les schémas de troc pour conserver un certain pouvoir sur les entreprises. Le troc relève d'abord d'une volonté de réduire les échanges imposables (1) et ensuite d'une façon de s'insérer dans un système d'aides mis en place par les autorités locales (2).

1. Un instrument de réduction de la pression fiscale

Dans une situation de réduction des fonds circulants disponibles, les entreprises essayent de se prémunir contre la politique économique gouvernementale et la politique fiscale. Les administrations locales ont alors souvent fait preuve de neutralité bienveillante vis-à-vis du troc.

Les enquêtes de terrain montrent que les entreprises, tant que le système fiscal était peu performant (jusqu'en 1997), avaient appris avec succès à se soustraire aux impôts, réduisant de fait elles-mêmes la contrainte monétaire. La pratique se répand de cacher des revenus au fisc, soit par des ventes en espèces non enregistrées, soit par du troc évitant ainsi d'augmenter le niveau de la production déclarée. Les entreprises ne reportent pratiquement jamais la valeur du troc dans les données comptables soumises aux administrations[10]. En effet, l'imposition des entreprises est faite en calculant le montant des moyens de paiement transitant par le secteur bancaire qui reste agent collecteur de la fiscalité. Quand une entreprise réussit à avoir des roubles fiduciaires et scripturaux, elle doit alors payer ses impôts, ses cotisations sociales et ses salaires. Il ne lui reste souvent plus rien pour acheter ses intrants et continuer à

[10] D'après l'étude du *Centre de Conjoncture Économique* sur le comportement des entreprises en 1995, l'industrie légère utilise conjointement de *l'argent liquide non déclaré* et du *troc*. Le panel était constitué de 236 entreprises de l'industrie légère dont les règlements étaient effectués de la manière suivante : 30% en transferts monétaires déclarés, 20% en espèces non déclarées, 8% en devises non déclarées, 33% en troc déclaré et 9% par les traites. Ces deux dernières formes de règlements se sont le plus développées en 1995. Cf. l'article « Pâtaâ χast' naliχnogo oborota v promyšlennosti okazyvaût nelegal'noj » (Un cinquième du chiffre d'affaire de l'industrie se révèle illégal), *Finansovye Izvestiâ*, n° 69 (303), 9 juillet 1996.

produire. Le troc reste donc le seul moyen de poursuivre une activité. Le troc des produits intermédiaires permet d'échapper aux impôts et de vendre à un prix inférieur permettant de lutter contre la concurrence des produits importés. A partir de 1997, de plus en plus d'administrations locales et de services fiscaux ont commencé à accepter les paiements des impôts en nature, ce qui a été une incitation supplémentaire pour les entreprises à ne pas se restructurer (Gaddy et Ickes, 1998).

2. Les systèmes d'aides régionaux

Le manque de moyens de paiement dans la plupart des régions russes a conduit à la mise en place d'une économie locale de compensation. Les administrations essayent de valoriser les productions locales pour assurer les paiements fiscaux et sociaux. Les régions organisent un troc multilatéral en leur sein pour assurer le remboursement des impayés d'impôts (2.1.) et avec d'autres régions pour financer leurs dépenses et fournir aux assurés sociaux les produits dont ils ont besoin (2.2.).

2.1. Le remboursement des impayés d'impôts

De nombreuses entreprises de l'industrie légère qui ne peuvent pas payer leurs impôts locaux et cotisations sociales ont proposé de régler leurs dettes en nature. Il s'agit de fournir les administrations sanitaires ou sociales, municipales et régionales, en produits textiles (draps, gazes, serviettes, vêtements et rideaux) nécessaires au bon fonctionnement des jardins d'enfants, écoles et internats, orphelinats, maisons de retraites, cliniques, hôpitaux, prisons et forces de l'ordre[11]. Une partie des produits reçus est ensuite revendue dans des magasins sociaux appartenant à la région (Volgograd) ou aux municipalités (oblasts de Briansk, Kemerovo, d'Oulianovk, Perm, ville de Moscou). Les entreprises qui entretiennent une sphère sociale importante ont d'ailleurs plus de moyens de pression pour faire accepter ce troc.

La pénurie de fonds circulants conduit même parfois au paiement en nature des administrés dépendants de l'aide publique : orphelins, familles nombreuses, mères célibataires, chômeurs et retraités (vêtements, linge de maison, draps mortuaires[12]). Les bénéficiaires utilisent les produits ou doivent

---

[11] Cf. *Tekstil'naâ Promyšlennost'*, n° 5, 1998.

[12] *Finansovye Izvestiâ*, n° 83 (434), 4 novembre 1997.

les revendre (cas des oblasts de Briansk, Kirov, Oulianovsk, Smolensk, Tomsk). Plusieurs régions comme celles du bassin de la Volga (Oulianovsk) ou de la zone des terres noires (oblast' de Voronej) et certaines municipalités ont introduit des mécanismes de compensation impliquant à la fois leurs débiteurs et créanciers.

De plus, pour limiter les seuls paiements en nature des entreprises endettées, les administrations locales mettent en place soit un moratoire fiscal soit un rééchelonnement des dettes.

2.2. La mise en place de trocs interrégionaux

Plusieurs régions s'impliquent dans la résolution des problèmes d'approvisionnement et de distribution de leurs entreprises en fournissant une aide « marketing ». Elles signent des accords de troc interrégionaux[13] et intra-C.E.I. (plus particulièrement avec l'Asie centrale)[14]. Le but est d'assurer une plus grande stabilité économique, de pouvoir échanger des informations sur l'activité économique, le cadre législatif régional, de mettre en place des maisons de commerce communes s'occupant du commerce de gros ou de détail et d'aider mutuellement leurs entreprises à trouver des débouchés hors des canaux habituels de marché car ces échanges sont le plus souvent du troc. L'intérêt est de diminuer les coûts de livraison des produits, des intermédiaires et d'assurer une meilleure qualité que les importations.

---

[13] C'est le cas des régions spécialisées dans l'industrie légère du centre de la Russie en 1997-1998 (oblast' d'Ivanovo, Yaroslav, Kalouga, Kostroma, Vladimir, Toula, Riazan) et des régions menant une politique économique active (Moscou, Tatarstan, Bachkirie, Novossibirsk, Orel, Perm, Samara, Vologda et Nijni-Novgorod). Cf. *Tekstil'naâ Promyšlennost'*, n° 2, 1998.

[14] Il s'agit des accords régionaux signés entre le Tadjikistan et la ville de Moscou, la Bachkirie, l'oblast' d'Ivanovo et Novossibirsk en 1997 et 1998 pour une série de secteurs industriels dont l'industrie légère. La guerre civile s'est terminée au Tadjikistan et la production ainsi que l'exportation du coton redémarrent. Le mode de fonctionnement des coordinations reste encore largement soviétique, car il prend souvent la forme d'un troc multilatéral : coton contre biens de consommation et d'équipement. Les entreprises textiles des oblasts russes achètent ces derniers produits le plus souvent à des firmes locales pour bénéficier de l'aide de l'administration et l'échangent contre du coton. Les accords se diversifient dans le coton entre les différents oblasts comme celui d'Ivanovo vers les régions cotonnières du Kazakhstan (1998). C'est le cas des accords entre l'Ouzbékistan et des entreprises de l'industrie légère de différents oblasts russes dont Smolensk et Novossibirsk permettant d'assurer un approvisionnement plus régulier (Cf. *Urals Business News*, n° 76, 25 avril 1998) ou de l'ouverture d'une chambre de commerce et d'industrie Ivanovo-Géorgie. Il existe aussi quelques accords avec le Bélarus ou l'Ukraine, productrices de lin et d'équipements textiles, afin de faire face à la pénurie de matières premières et à l'usure des équipements (cas dans l'oblast' de Moscou du combinat Glukhovoteks ou des oblasts sibériens).

Le combinat cotonnier moscovite « Trekhgornaâ Manufaktura » a pu obtenir du coton en 1996 et en 1997, grâce au troc trilatéral par l'intermédiaire de l'usine automobile d'Oulianovsk (production de « 4x4 » UAZ). Les automobiles sont livrées en Ouzbékistan et le coton est fourni à la manufacture qui paye ensuite l'usine automobile. Une partie du paiement se fait par des lettres de crédit de la mairie de Moscou, de l'argent liquide et des vêtements pour les ouvriers de l'usine. Cet accord a pu être monté grâce à l'intermédiaire de la mairie de Moscou qui entretient de bonnes relations avec la ville et la région d'Oulianovsk.

Les autorités régionales se retrouvent devant des problèmes d'arbitrage pour le troc fondé sur des critères clientélistes et sociaux. En effet, la coopération avec les autres régions induit nécessairement un développement de la concurrence pour certains produits. Dans le cas de l'industrie légère, son poids dans la composition des biens troqués va dépendre non seulement de son poids économique (oblasts d'Ivanovo, de Moscou, de Vladimir) mais aussi de son importance politique (Moscou et ses entreprises à participation municipale). Les pays d'Asie centrale et tout particulièrement l'Ouzbékistan ont développé leur industrie légère et fournissent les oblasts russes de l'industrie lourde et minière avec des produits de l'industrie légère et du coton. C'est le cas également du Bélarus et de l'Ukraine.

La pratique du troc au sein des systèmes régionaux d'aide aux entreprises n'est pas seulement due à la pénurie des moyens de paiements. C'est l'expression de la continuation de la tradition soviétique d'intervention de l'administration dans l'organisation de la production. Plus généralement, le troc est toléré par les administrations locales en échange de la promesse de non-licenciement des salariés et du financement de la sphère sociale des entreprises.

Le comportement des agents économiques russes, surtout de 1992 à 1997, n'est pas de respecter les contraintes d'un État de droit démocratique comme la soumission à la loi et à l'impôt. Tout reste négociable en fonction des appuis politiques et économiques qu'il est possible de trouver. C'est pourquoi les contraintes inhérentes à une économie de marché dans une société démocratique y sont supportées de manières différenciées par les entreprises. La survie d'une entreprise grâce au troc sera donc plus ou moins facile en fonction de son insertion dans un réseau politico-administratif. Celle-ci lui donne l'autorisation de continuer à troquer ses produits en ne payant pas ses impôts fédéraux et/ou son troc est sécurisé par les échanges réalisés par les administrations régionales.

Néanmoins, les entreprises qui conservaient ou ont développé un avantage marchand n'ont utilisé que des formes minoritaires de troc.

III. LES FORMES TEMPORAIRES DE TROC

Dès que les possibilités de vente sur le marché sont importantes pour les entreprises, la place du troc devient périphérique. Notamment, plus la connaissance du marché local est approfondie concernant les différents produits et les capacités locales d'absorption, plus il devient facile de vendre monétairement les produits reçus par le troc. Celui-ci est ainsi utilisé pour élargir les possibilités du marché tout en voulant limiter les risques d'invendus. L'objectif est donc d'augmenter la demande solvable en créant un marché captif pour un produit donné. Il s'agit le plus souvent de réaliser un troc entre des produits qui sont en quantité excédentaire sur leur marché local mais qui peuvent trouver un acquéreur dans une autre zone géographique.

Cette stratégie concerne d'abord le troc de biens facilement réalisables (1). Une autre forme de troc s'est mise en place avec le travail à façon (2), tant sous sa forme traditionnelle que dans le cas d'entreprises intégrées.

1. Le troc de produits facilement réalisables

Si le produit reçu à la suite du troc peut facilement se réaliser en espèces, alors la coordination, tant avec l'aval que l'amont, peut se répéter. La faiblesse du secteur de la distribution en Russie permet aux producteurs de travailler directement entre eux. Ce schéma concerne surtout des produits alimentaires ou quelques services (1.1.). Seules quelques entreprises ayant un savoir-faire commercial peuvent utiliser le troc comme élément non négligeable de leur politique commerciale (1.2.).

1.1. Des échanges limités à quelques produits

Les entreprises de l'industrie légère ont mis en vente dans leur magasin tous les produits qu'elles avaient reçus en échange des leurs, mais avec de moins en moins de succès au fur et à mesure que s'est développée une distribution de plus en plus performante. Seule la vente en entrepôt pour leurs salariés se poursuit dans une optique de politique sociale.

Les trocs répétés les plus facilement réalisables concernent les vêtements de travail ou la maille de corps contre des produits alimentaires ou des matériaux de construction. Le but est d'accéder à des marchés éloignés, de diminuer ses stocks et d'améliorer sa rentabilité puisque le produit reçu est vendu au prix de marché alors que le produit envoyé était en stock depuis longtemps.

La maison de commerce de Smolensk enquêtée en 1994 et 1997 réalise régulièrement du troc entre du linge de corps qu'elle produit et des conserves de poisson du port de Kaliningrad. La section de la maison de commerce qui s'occupe des achats de produits alimentaires revend vite ces produits aux magasins de la ville.

Le troc est parfois réalisé par des entreprises qui ont à la fois une activité productive et commerciale. La production d'articles de l'habillement est effectuée en vue d'acquérir une autre marchandise qui est vendue dans la structure commerciale. Une bonne connaissance des marchés des produits échangés et un niveau de qualité de ceux-ci acceptable pour les consommateurs sont les deux conditions nécessaires. C'est le cas de petites structures provinciales vendant des produits alimentaires, pièces détachées pour l'automobile ou des meubles (Ivanovo, Oufa, Perm, Toula).

L'utilisation d'un réseau est dans ce cas peu utile puisque les entreprises écoulent elles-mêmes contre monnaie les produits auprès des consommateurs finals au prix de marché.

1.2. Le troc comme élément temporaire d'une stratégie commerciale

Dans le cadre d'une production couvrant une grande partie de la filière textile-habillement et permettant un contact avec des fournisseurs et des clients multiples, le troc sert d'appoint pour les groupes de distribution intégrés.

Depuis 1994, plus de sept entreprises de distribution de produits textiles et de vêtements de travail ont progressivement pris une part prépondérante sur leurs marchés en réorganisant la filière de production[15]. Ces distributeurs tirent avantage de pouvoir organiser plus rapidement leurs échanges que les autres entreprises de l'industrie légère qui manquent toujours de fonds circulants. Ils ont un réseau de distribution de leurs produits sur l'ensemble du territoire russe, ce qui leur donne une vue d'ensemble. Le troc est pour eux une forme d'échange d'appoint ayant ses règles propres et pouvant apporter du profit.

---

[15] Ces entreprises comme « Konteks », « Poligon », « Power International », « Savva Chemical TM », « Tekhnoavia », « Trakt » et « Vostok-Servis » ont bénéficié soit d'appuis politiques à leur création, soit d'une expérience dans la distribution de biens de grande consommation pour fonder un réseau de distribution sur l'ensemble de la Russie leur permettant d'écouler au plus bas prix leurs produits.

C'est une façon d'obtenir à moindre coût un intrant qui leur est nécessaire. L'intérêt est d'offrir un produit indispensable à leur client à un prix supérieur à celui du marché. Les produits reçus en échange se vendront sur un marché que connaît bien le distributeur mais qui reste inaccessible à leurs clients. L'entreprise « Savva Chemical TM » obtient du coton kirghize pour ses filatures en échange d'engrais agricoles qu'elle produit à faible coût dans son usine chimique.

Ces groupes de distribution sont souvent diversifiés et sont prêts à troquer leurs vêtements de travail contre des produits utilisables par une de leurs filiales (produits alimentaires et matériaux de construction pour Savva Chemical et Vostok-Servis, automobiles pour Savva Chemical). Tous ces groupes utilisent aussi les droits de fret ferroviaire du ministère des transports en paiement des vêtements de travail pour pouvoir approvisionner leurs dépôts régionaux.

Le manque d'intermédiaires commerciaux et la segmentation régionale des marchés conduisent certains producteurs de l'industrie légère à utiliser le troc de façon marginale. Ils profitent ainsi d'un avantage informationnel local permettant de vendre en monnaie les biens échangés. Cela permet d'évincer la concurrence des autres entreprises qui proposent des biens moins facilement réalisables contre monnaie.

En outre, la transformation des intrants dans les filiales ou chez les façonniers est souvent payée en nature.

2. Le paiement en nature du travail à façon

Le travail à façon s'est beaucoup développé en Russie en raison du manque de fonds circulants des entreprises industrielles. Il a commencé à fonctionner dans le textile avec un paiement en nature dès 1993. De nombreuses entreprises du textile et de l'habillement ont complété leur activité propre en constante diminution par du travail à façon. Celui-ci s'apparente à du troc temporaire. Le donneur d'ordre qui crée le courant d'échanges en nature conserve l'accès à la demande solvable et réalise donc facilement les biens. En revanche, le travail à façon introduit une grande fragilité pour les fabricants (2.1.) qui peuvent ne pas trouver de clients solvables. Ce mode d'échange reprend un caractère plus équitable pour les deux parties dans le cas d'une intégration (2.2).

2.1. Un troc désavantageux pour le fabricant

Le donneur d'ordre paye le travail du façonnier textile, de l'ennoblisseur ou du confectionneur, soit en matière première, soit avec une partie de la production réalisée. Il s'agit donc bien d'une forme de troc bilatéral. Celle-ci est désavantageuse pour le façonnier. En effet, il doit assurer l'entretien de l'ensemble de l'unité de production et les coûts fixes alors que le donneur d'ordre n'a le plus souvent payé que les coûts variables et plus fréquemment le prix de marché du façonnage. Les donneurs d'ordre profitent du fait que la plupart des entreprises textiles ont des capacités de production largement sous-utilisées[16] et que les directeurs de celles-ci, dans une logique paternaliste qui consiste à occuper à tout prix le personnel, sont prêts à signer des contrats peu favorables pour eux. La différence de prix entre le travail effectué et le prix de vente au détail des tissus atteint 70 à 80% en 1997.[17]

Les donneurs d'ordre sont gagnants sur deux tableaux : ils disposent d'abord des liquidités pour acheter comptant – et donc avec des réductions – les matières premières et tous les produits nécessaires au filage, tissage et à l'ennoblissement ; ensuite, ils se retrouvent avec un produit fini dont le prix est inférieur à celui proposé directement par la fabrique. Les grands groupes de distribution intégrés, des traders étrangers et certaines entreprises textiles qui ont réussi à se développer sont le plus souvent ces donneurs d'ordre.

Près de 90% des entreprises textiles cotonnières travaillent à façon dans l'oblast' d'Ivanovo en 1997, ce qui représente près de la moitié de la production textile russe. Le travail à façon touche aussi les autres régions spécialisées dans le textile et y concernent 40 à 60% des entreprises.

Les entreprises de l'habillement restent, en revanche, peu touchées par un troc contre vêtements du travail à façon, car les donneurs d'ordre veulent contrôler la vente du produit.

Les distributeurs ont trouvé dans le travail à façon une forme de troc qui leur permet de conserver les recettes monétaires. La connaissance qu'ils ont de la demande solvable et les faibles prix qu'ils offrent réduisent l'accès à la demande solvable des façonniers qui ont un prix de revient plus élevé. Certaines

---

[16] Le niveau moyen d'utilisation des capacités de production de l'industrie légère en 1994 s'établit à 30-40%, 30-35% au début 1995, 20-30% au début 1996, 20% au début 1997, 19% en 1998, 25% en 1999 et 37% au premier semestre 2000 alors qu'il était de 84% en 1990. Cf. *Finansovye Izvestiâ*, n° 8 (359), 6 février 1997 et « Rost na poχve investicii » (La croissance en raison de l'investissement), *Oborudovanie* n° 8, août 2000.

[17] Cf. « Khlopok v Rossiû teper' vezut iz stran Baltii » (Maintenant le coton en Russie provient des pays baltes), *Finansovye Izvestiâ* du 4 avril 1998.

entreprises du textile, comme « Trekhgornaya Manufaktura », et de l'habillement qui ont réussi à accéder à une position de force sur le marché monétaire, font également travailler à façon leurs confrères en les payant avec de la matière première. Ils conservent pour eux les mêmes avantages que les distributeurs.

Seule la prise de participation par le donneur d'ordre ou la production d'un nouveau produit permet de réaliser une forme de coordination plus égalitaire.

2.2. Les paiements en nature dans l'intégration

L'intégration, partielle ou complète, offre la possibilité de développer un troc interne qui remplace en totalité ou en partie le paiement entre unités de production. L'organisation des échanges se fait par un contrôle des quantités et des paiements. Le troc existait dans les combinats soviétiques de l'industrie légère et il continue à être utilisé dans les combinats privatisés ainsi que dans les grandes entreprises du textile et de l'habillement. Cela conduit non seulement à des transferts de consommations intermédiaires nécessaires au processus technique de production que l'entreprise maîtrise, mais également à la fourniture de vêtements de travail pour tous les salariés. Cette forme de troc reste cependant minoritaire.

La volonté de monétiser le troc immédiatement se réalise de deux façons diamétralement opposées. La première consiste à troquer des produits facilement réalisables par les partenaires de l'échange. Ceux-ci n'utilisent plus leur réseau traditionnel ou l'aide des pouvoirs publics. Ce troc s'appuie sur une évaluation monétaire très proche de celle du marché. L'échange est donc équitable. Dans le second cas du travail à façon, il s'agit pour le donneur d'ordre d'organiser un troc dont la revente monétaire est assurée pour lui mais qui laisse le plus souvent le façonnier avec son stock de produits finis.

Les entreprises rentables s'appuient à la fois sur des échanges marchands et sur du troc bilatéral et multilatéral. Il s'agit de contrôler toutes les niches possibles de son marché en attendant que les clients redeviennent solvables en monnaie. Ceux-ci sont devenus plus nombreux à partir de la dévaluation d'août 1998.

IV. Les changements introduits depuis août 1998

En 1999, pour la première fois depuis 1993, la demande solvable a augmenté. Cette tendance s'est poursuivie en 2000. La part du troc dans les échanges diminue dans l'industrie légère depuis la dévaluation de 1998 (Tsukhlo, 2000)[18]. Le processus de substitution des importations, d'abord dans l'habillement, puis dans le textile (augmentation de la production de l'industrie légère au premier semestre 2000 de 34,1% par rapport au premier semestre 1999 et de 20,1% en 1999 par rapport à 1998 d'après Goskomstat) a permis une augmentation de la demande solvable pour la production russe redevenue très compétitive par rapport aux importations. La distribution de vêtements (dont celle des importateurs) s'est réorientée vers les produits nationaux. On constate une augmentation de l'utilisation des capacités productives et la situation financière des entreprises s'améliore (63% des entreprises de l'industrie légère faisaient des pertes en 1998, 49% seulement en 1999 et 47% en 2000 d'après Goskomstat). Elles ont eu plus de liquidités pour payer les salaires, leurs impôts et leurs cotisations sociales. Les assurés sociaux, enfin payés à temps, ont acheté des produits textiles nationaux, ce qui a encore augmenté la demande pour les entreprises. Celles-ci ont poursuivi leurs efforts de modernisation, surtout quand elles sont adossées à des groupes. Néanmoins, l'augmentation des importations depuis le début de l'année 2000 à la fois pour le commerce informel des *tchelnoki* (« hommes-navettes ») et pour le commerce officiel accentue la concurrence dans la branche. Il n'est donc pas exclu que les entreprises de l'habillement les plus faibles reviennent au troc avec l'amont suite à la diminution de leurs ventes en monnaie. L'utilisation du troc reste importante pour les entreprises de l'industrie légère qui sont très liées aux administrations locales. Celles-ci les soutiennent en prenant leur production qui sert à payer en partie en nature les allocations aux assurés sociaux[19] et en aidant au dénouement des systèmes de compensation[20].

---

[18] Les enquêtes réalisées par l'*Institut de l'Économie en Transition* uprès de 1 000 entreprises dont 180 de l'industrie légère ont discerné pour 1999 et pour le premier semestre de l'an 2000 une diminution significative de la part du troc dans les échanges. L'industrie légère a été d'ailleurs pour l'année 1999 une des branches où la diminution du troc a été la plus importante. Cf. S. Tsoukhlo, « Smert' barteru ! » (Mort au troc !), *Èkspert*, n° 9 (220), 6 mars 2000 et n° 38 (250), 9 octobre 2000. Les enquêtes qualitatives que nous avons réalisé auprès d'une quinzaine d'entreprises de l'industrie légère à l'été 2000 confirment ce changement.

[19] Cf. les liens développés entre les entreprises de l'habillement et de la chaussure et les autorités de l'oblast' de Kemerovo, *Èkspert*, n° 7 (218), 21 février 2000.

[20] L'administration de l'oblast' de Moscou avait aidé en octobre 1998 les entreprises de l'industrie textile et de la confection en organisant des enchères pour leurs marchandises auprès des organisations de la sphère sociale, ce qui avait permis à de nombreuses entreprises de rembourser leurs dettes. L'entreprise à capitaux publics « Mosglavsnab » a commencé à réduire

Le troc est passé de réseaux locaux à une plus grande surface de marché avec l'apparition de sites Internet dédiés à cette forme de commerce[21], fonctionnant comme les bourses de commerce qui avaient fleuri en 1989-1992, utilisant les différentes formes de paiement non-monétaire (marchandises et différents titres financiers). Ces « bourses en ligne » proposent des tissus, de la maille de corps, du linge de literie et des vêtements de travail dans un large assortiment.

Depuis les changements introduits dans la législation sur la faillite, les entreprises de l'industrie légère qui n'arrivaient pas à vendre à des clients solvables ont progressivement changé de propriétaire. Elles ont le plus souvent disparu ou parfois réorienté leur production. La dévaluation d'août n'a fait que précipiter le processus de concentration du secteur.

CONCLUSION

Le troc a pu se développer du fait de la lenteur de l'unification du marché et de l'apparition de nouveaux agents ayant un comportement marchand. En effet, le troc en Russie s'explique avant tout par la prolongation des transactions au sein de réseaux organisés par filière de production. De plus, c'est un moyen de limiter et de contourner les problèmes de compétitivité des produits par rapport à la concurrence d'abord des importations, puis des nouveaux producteurs. La politique monétaire restrictive a favorisé le troc qui permet d'économiser les ressources monétaires des entreprises.

Le troc dans l'industrie légère s'est surtout réalisé entre des partenaires présentant le niveau le plus faible de qualité et des prix peu concurrentiels. C'est un moyen permettant de poursuivre et de sécuriser la coordination en réalisant un échange simultané de marchandises. Néanmoins, même s'il utilise une évaluation monétaire, il est plus imprécis dans le calcul des coûts. Le troc pose le problème de l'allocation efficace des ressources et du développement de marchés transparents avec un prix unique.

Ces échanges ne sont bénéfiques pour une entreprise que s'ils permettent d'obtenir des consommations intermédiaires ou des produits facilement

---

une partie des dettes de ces entreprises pour un montant de 50-60 millions de roubles en réalisant un système de compensation entre les fournisseurs non seulement de l'oblast' mais aussi d'autres régions de Russie et de la C.E.I. afin que les entreprises endettées puissent vendre leurs marchandises et rembourser leurs dettes à l'État. Cf. *Švejnaâ Promyšlennost'*, n° 1, 1999.

[21] http://www.birja.ru/barter. Ce système est ainsi utilisé par l'entreprise de maille de Smolensk visitée « Šarm ».

réalisables, soit sur un marché, soit auprès d'un créancier. Sinon, le troc conserve le statut d'un impayé en nature et risque de déboucher sur la disparition de l'unité de production.

Le troc peut être multilatéral ou bilatéral et répondre ainsi plus facilement aux satisfactions des membres du réseau de troc. L'inexistence de réseau ou une mauvaise place dans celui-ci conduit l'entreprise à des risques dans l'utilisation du troc pouvant déboucher sur la faillite s'il n'existe pas de solutions de vente sur les marchés. En forme d'appoint aux ventes monétaires, le troc permet d'élargir les formes de transactions pour l'entreprise.

La concentration progressive de la production a fortement réduit la part du troc dans les ventes globales de l'industrie légère. Seules des entreprises liées aux administrations locales poursuivent aujourd'hui cette forme d'échange.

BIBLIOGRAPHIE

AUKUTSIONEK S. (1998), « Barter v rossijskoj promyšlennosti », *Voprosy Èkonomiki*, n° 2, 51-60.

COMMANDER S., MUMSSEN C. (1999), « Understanding barter in Russia », *Working paper*, n° 37, EBRD, 42 p.

DOLGOPIATOVA T. (1995), *Rossijskie predpriâtiâ v perekhodnoj èkonomike: èkonomitcheskie problemy i povedenie* (Les entreprises russes dans la période de transition : problèmes économiques et comportement), Moscou, Delo Ltd, 285 p.

DOLGOPIATOVA T., EVSEEVA I. et alii. (1994a), *Strategii vyjivaniâ gosudarstvennykh i privatizirovannykh predpriatij promyšlennosti v perekhodnyj period* (La stratégie de survie des entreprises d'État et privatisées de l'industrie dans la période de transition), Matériaux du Conseil Consultatif d'Expertise des problèmes de la réforme économique, Publication 2, Moscou, Ministère de la Science de la fédération de Russie, Edition de la Haute Ecole d'Economie, 55 p.

DOLGOPIATOVA T., EVSEEVA I. et alii. (1994b), *Rossijskaâ promyšlennost': portret v inter'ere krizisa* (L'industrie russe : un portrait de la crise vu de l'intérieur), Moscou, décembre, 49 p.

GADDY C., ICKES B. (1998), « To Restructure or Not To Restructure: Informal Activities and Enterprise Behavior in Transition », *The Davidson Institute Working Paper Series*, n° 134, février, 35 p.

HICKS J. (1989), *Monnaie et marché*, Economica.

INSTITUT D'EXPERTISE, Union Russe des Industriels et Entrepreneurs (1994), *Tekstil'naâ promyšlennost' Rossii: est' li šans na vyjivanie* (L'industrie textile de Russie : existe-t-il une chance de survie ?), Moscou, février, 146 p.

LINZ S., KRUEGER G. (1998), « Enterprise Restructuring in Russia's Transition Economy: Formal and Informal Mechanisms », *The Davidson Institute Working Paper Series*, n° 152, avril, 37 p.

MARSHALL A. (1907), *Principes d'Économie Politique*, reprint 1971, Gordon & Breach, 2 tomes.

MESTRE G. (1998), « L'industrie textile russe entre déchéance et restructuration », *Courrier des Pays de l'Est*, n° 433, octobre, 25-34.

MESTRE G. (2000a), *Formes de coordination dans les entreprises russes du textile et de l'habillement en transition*, Thèse de doctorat de Sciences Économiques, 25 janvier, Université Marne-la-Vallée, 597 p.

MESTRE G. (2000b), « Les enquêtes de terrain dans les entreprises de l'industrie légère en Russie, Ukraine et Bélarus », *Le Travail à l'Est*, n° 8, mai, 36-76.

SAPIR J. (1996), *Le chaos russe*, Paris, La Découverte, 328 p.

SMITH A. (1776), *Recherche sur la Nature et les causes de la Richesse des Nations*, Folio-Essai.

TSUKHLO S. (2000), « Fenome baterozametcheniâ: novoe katchestvo promyšlennovo rosta » (Le phénomène de substitution du troc : une nouvelle qualité de la croissance industrielle), *Voprosy Èkonomiki*, n° 5, 132-144.

WOODRUFF D. (1998), *Money Unmade: Barter and the Fate of Russian Capitalism*, Cornell University Press, 228 p.

5

Troc, ordre monétaire fractionné et impuissance du capital : réflexion sur l'enjeu du troc pour la trajectoire de la transition russe

Mathilde Mesnard

Les trois articles précédents ont évoqué, en les critiquant, les explications données par la littérature standard à l'émergence massive de ce phénomène paradoxal du troc dans la transition russe. Ils ont éclairé les dynamiques réelles qui ont sous-tendu son développement durable, en mettant en évidence les conditions macro, méso et microéconomiques qui ont concouru à son enracinement. Nous tentons ici d'éclairer de manière plus les enjeux d'un tel phénomène pour la trajectoire même de la transition russe. Qu'est-ce que le troc nous apprend sur le sens de cette transition et sur la nature de l'économie russe actuelle ? En répondant à cette question, nous mettrons en perspective la récente décrue du phénomène en montrant qu'elle ne peut qu'être nécessairement relative et limitée. Le troc restera encore longtemps, de par ses fondements mêmes, une caractéristique majeure de l'économie russe.

La première partie de notre travail s'applique ainsi, après un rapide état des lieux sur l'ampleur et les formes prises par les transactions non-monétaires, à retracer le débat sur les causes et les effets de cet échec de la monétarisation. Nous nous attacherons à faire ressortir les deux grandes logiques d'explication, l'une « par le haut » partant du niveau macroéconomique et l'autre « par le bas » partant des comportements microéconomiques. Nous mettrons ainsi en évidence les points de jonction, tout comme les divergences, qui parcourent la littérature, maintenant abondante, sur ce phénomène inédit d'une économie industrielle (encore) développée mais largement démonétarisée.

Nous montrerons ensuite dans une deuxième partie en quoi cet échec de l'instauration d'une norme monétaire peut être analysé sur la base des travaux de M. Aglietta et d'A. Orléan portant sur la monnaie, et particulièrement de leur ouvrage *La Violence de la Monnaie* (1982). Nous analyserons ainsi l'extension des relations de troc comme l'évidence d'un ordre monétaire « fractionné », intrinsèquement instable et résultant d'une double pression en faveur de la destruction d'un ordre monétaire centralisé. Cette double pression provient d'une part des bénéficiaires de la transition, ceux qui ont accès aux rentes, d'autre part des perdants, soit la grande masse des employés recevant leur salaire en retard et/ou en nature. Cette analyse du troc comme ordre monétaire fractionné permet de rendre compte de l'ensemble du débat, et en particulier de comprendre les alliances paradoxales qui ont pu se former pour soutenir le statu quo destructeur de la démonétarisation. Elle met enfin particulièrement bien en relief aussi bien la violence sociale que l'exaspération du conflit entre le centre et les régions qui accompagnent cette démonétarisation.

Cette analyse nous permettra surtout d'éclairer dans une troisième partie les incidences profondes de la démonétarisation sur la trajectoire de la transition russe. En effet, l'ordre monétaire fractionné entraîne une transformation des relations économiques en rapports de force, et fait de l'accès à la rente la source du pouvoir économique. Enfin, l'analyse de la démonétarisation nous donne une clef pour comprendre pourquoi, alors que l'économie russe se transforme en économie de rentes, le pouvoir des actionnaires y semble impossible à instaurer. En effet, l'impuissance du capital financier n'apparaît alors que comme une conséquence logique de la démonétarisation. Nous nous appuierons sur les travaux de G. Simmel dans sa *Philosophie de l'argent* (1987) pour montrer en quoi il est cohérent que la relation « distanciée » de l'actionnaire à l'entreprise qu'il possède ne puisse être effective en dehors d'une relation monétaire.

I. LA DEMONETARISATION DE L'ECONOMIE RUSSE

1. Un phénomène inédit par son ampleur

L'ampleur qu'ont atteinte le troc et plus globalement les transactions non-monétaires reste une des difficultés majeures de la transition russe. Le troc est considéré ici au sens large[1]. La part du troc dans les transactions en Russie n'a pas cessé d'augmenter depuis le début de la transition jusqu'à la crise de 1998, aussi bien dans la période de forte inflation de 1992-1993 que plus tard, lors de la stabilisation « réussie » de 1995-1997. Le troc aurait ainsi dépassé la moitié des transactions industrielles avant le déclenchement de la crise d'août 1998[2]. Cette augmentation des opérations non-monétaires a, de plus, été parallèle à l'augmentation des arriérés de dettes, révélant ainsi une logique générale de non-paiements.

Cette augmentation constante des transactions non-monétaires témoigne d'un enracinement du troc comme mode normal de fonctionnement. Ceci est d'autant plus vrai qu'il ne s'agit plus du tout d'un troc simple, mais pour 80% d'un troc complexe impliquant des schémas de compensations multilatéraux incluant jusqu'à sept participants, étalés dans le temps et mettant également en jeu des transferts de compte à compte. On est ainsi passé, à partir de 1996-1997, d'un troc simple d'échange de produits à des schémas de compensation comme système général et étendu de planification financière (Aukutsionek, 1997 et 1998 ; Yakovlev, 1998).

Les niveaux atteints, ainsi que la sophistication croissante du troc, rendent le phénomène extrêmement inertiel à moyen terme. La baisse sensible observée depuis la crise de l'été 1998, avec un retour au niveau de mai 1996, soit 34% des transactions industrielles, ne semble pas encore suffisante pour invalider complètement le diagnostic (*Russian Economic Barometer*, 1999, n° 4). *« Alors que les non-paiements ont décru à la suite de la crise, le problème n'a pas été résolu et son fondement microéconomique de contrainte budgétaire lâche et de distorsion de l'organisation industrielle orientée vers l'enrichissement personnel ... se maintient »* (Pinto et *alii*, 2000, p. 317).

---

[1] C'est-à-dire qu'il inclut l'ensemble des transactions non-monétaires : les transactions de troc proprement dites bien évidemment, mais également l'utilisation de quasi monnaies tels que les *veksels* et les schémas de compensation de dettes (dettes contre produits ou contre dettes). On s'inscrit donc d'emblée dans une pratique du troc différente de celle de « la fable du troc » de l'économie politique (Servet, 1988), telle qu'elle est présentée par Clower (1969). Il n'implique nullement une double coïncidence des besoins et fait entrer en jeu des moyens d'échange déjà fortement dématérialisés, avec les compensations de dettes. La pratique des échanges dans la transition fait ainsi coïncider différents degrés de dématérialisation de la monnaie. Cette émergence du troc dans la transition russe permet d'autant plus de remettre en cause la vision linéaire de la dématérialisation progressive de la monnaie.

[2] Cette constante augmentation est observée quelles que soient les méthodes utilisées pour mesurer un phénomène qui, par définition, s'appréhende difficilement par les statistiques classiques. Les statistiques existantes s'appuient sur des enquêtes par questionnaires d'entreprises, pincipalement celles du *Russian Economic Barometer* et celles du *Goskomstat* (l'INSEE russe) depuis 1994. Ces statistiques montrent que le troc culminait à 54% des transactions industrielles en août 1998. En 1997, un tiers des entreprises déclaraient ainsi réaliser entre 30 et 70% de leurs transactions en troc et un tiers l'évaluait à plus de 70% (Aukutsionek, 1998).

2. Le rôle central de l'Etat et des grands opérateurs énergétiques

Les grands opérateurs énergétiques tout comme l'Etat au sens large, c'est-à-dire incluant les administrations locales, restent au cœur de la constitution et du développement de ces schémas de troc. Le rôle central des producteurs d'énergie est mis en évidence par la part croissante des arriérés et des non-paiements liés à ces secteurs dans l'ensemble des non-paiements[3]. Dès l'été 1994, près des ¾ des paiements aux producteurs d'électricité étaient non monétaires, alors que cette branche représentait 15% du PIB. Il s'agit pour ces secteurs, d'une part d'une contrainte liée à leur obligation d'approvisionnement dans un contexte de non-paiements généralisés, d'autre part d'une stratégie de stratification de leur politique de prix face à une contrainte réglementaire de prix unifié. Comme le montre l'article de D. Woodruff traduit dans cet ouvrage, les opérateurs énergétiques se trouvent dans une situation stratégique vulnérable au sens de Schelling (1960) puisque la menace d'arrêt des approvisionnements est trop radicale pour être crédible, d'autant plus qu'elle ne peut permettre en aucun cas aux opérateurs de récupérer leurs créances au regard de la faiblesse du mécanisme des faillites. La structure de coût de ces secteurs rend par ailleurs l'approvisionnement marginal peu coûteux. Enfin, la capacité d'absorption du troc des opérateurs énergétiques est encore accrue par leur pouvoir d'influence politique au niveau central, influence qui leur permet de négocier une réduction de leurs propres dettes fiscales en forçant l'Etat à accepter des schémas de compensation[4].

En effet, dans une fuite en avant désespérée pour réduire la dette fiscale, l'Etat a été l'initiateur et le premier acteur des schémas de compensation de dettes, qui ont constitué le cœur de l'extension des mécanismes de troc. L'Etat a également fortement contribué à normaliser le troc, tout comme les impayés, de par son attitude de mauvais payeur et de créancier laxiste, sans parler de son incapacité à mettre en œuvre la loi sur les faillites. « L'Etat s'est fait le complice actif de la démonétarisation à l'œuvre » (Zlotowski, 1998, p. 22). Cependant, c'est également l'Etat qui pâtit en premier lieu de l'extension du troc par l'impossibilité de collecter les impôts. La relation de l'Etat au développement du troc est donc à double tranchant. En réduisant à court terme la dette fiscale par les schémas de compensation, l'Etat détruit à moyen terme sa capacité de collecte en enracinant le troc.

---

[3] Le poids relatif sectoriel de l'énergie électrique dans les impayés est ainsi passé de 137% en 1994 à 355% en 1997 (GKS, Centre des Réformes Economiques auprès du Gouvernement).

[4] Ceci est d'autant plus facile qu'ils restent de loin les premiers contribuables, le secteur énergétique représentant environ 60% des recettes fiscales, et Gazprom à lui seul 20 à 40% selon les mois, tout comme la principale source de devises fortes.

Le débat suscité par cette émergence massive et durable du troc dans la transition est à la fois confus et fondamental. Il est confus par la difficile mesure du phénomène, ses formes multiples et sophistiquées, et par la multiplicité des explications évoquées. Il s'articule cependant autour de deux grandes logiques d'explication. L'une privilégie une approche macroéconomique « vers le bas », où le troc résulte de la réaction des acteurs face à la politique monétaire et financière menée par le gouvernement. L'autre part des transactions microéconomiques et insiste sur les incitations des acteurs à sortir de l'économie monétaire. Ce débat est ensuite fondamental, car ce qui est en jeu dans cette extension du troc et des impayés, est l'instauration d'une norme monétaire et donc d'une contrainte budgétaire « dure » effective (Kornai, 1984). Nous développerons les impacts de cette impossibilité à instaurer une contrainte budgétaire dure dans la dernière partie de cet article.

3. Du macroéconomique à la désintégration de l'Etat par la crise fiscale

3.1. La démonétarisation comme réaction au resserrement de la contrainte financière

Au niveau macroéconomique, l'augmentation pratiquement constante du troc au sens large, comme des arriérés de dettes, permet déjà de rejeter une explication focalisée sur l'inflation et la fuite devant la monnaie (Sapir, 1996). L'extension du troc relèverait principalement d'une logique d'échappement à la contrainte financière de liquidité imposée par la politique de stabilisation financière. De fait, l'essor explosif du troc en 1994 a suivi le durcissement de la contrainte budgétaire autant latérale, avec la restriction du crédit bancaire, que verticale, avec l'assèchement des subventions gouvernementales (Woodruff, 1999b, p. 93). On aurait ainsi assisté à un relâchement de la discipline de paiement pour faire face à un resserrement de la contrainte financière[5].

[5] Cette source du troc est mise en évidence par l'évolution du rapport entre les arriérés de paiements nets (arriérés de créances moins arriérés de dettes) et les arriérés bruts. En 1994, ce rapport était de 10% et le principal déterminant des arriérés de dettes était les arriérés de créances, suggérant un motif de transaction et un effet de chaîne dans la propagation des impayés (Alfandari et Schaffer, 1996). En revanche, ce rapport est passé à plus de 40% à la mi-1998, suggérant une infusion nette de liquidité et de crédit en provenance du budget. La composition de ces arriérés de dette laisse en effet voir une explosion des arriérés au budget, multipliés par plus de cinq en valeur absolue, et passant de 20 à 40% du total des arriérés de dettes. A la mi-1998, les arriérés de dettes représentaient quatre fois les crédits commerciaux accordés par les banques aux entreprises et une fois et demi la masse monétaire.

Ainsi, l'absence de réelle restructuration qui a suivi la rigueur financière de 1995 s'explique par le maintien de fait d'injections de crédit dans l'économie, par le biais de l'explosion des arriérés de dettes et des transactions non monétaires (Commander et Mumssen, 1998). Ces deux mécanismes étaient validés *in fine* par leur acceptation par le budget et les opérateurs énergétiques. Le troc au sens large a donc contrecarré la politique macroéconomique menée par le gouvernement, sans parler de l'impasse fiscale qu'il a précipitée.

3.2. La démonétarisation comme échappement à la contrainte fiscale centrale

La deuxième analyse du troc comme échappement de la contrainte financière met l'accent sur la question fiscale et sur sa forte dimension régionale. Elle voit dans le troc le moyen et la manifestation d'un rejet des normes centrales et de la constitution de normes locales négociées et divergentes (Sapir, 1998). Cette vision du troc peut être rapprochée de l'analyse du rôle des autorités fiscales dans la monétarisation de l'économie faite par J. Schumpeter (1991). L'Etat fiscal moderne, le système bancaire et la monnaie se sont développés de pair et se renforcent mutuellement. Pour Schumpeter, les besoins financiers et donc la nécessité du développement d'un système fiscal ont été le moteur du développement des Etats modernes : *« la facture fiscale à la main, l'Etat a pénétré les économies privées et a acquis une domination croissante sur celles-ci. L'impôt a fait pénétrer la monnaie et l'esprit calculateur dans des recoins dans lesquels ils n'étaient pas encore parvenus »* (Schumpeter, 1991, p. 108). Ainsi, dans une logique inverse de désintégration de l'Etat, la monétisation devient l'enjeu de conflits de pouvoir entre autorités centrales et locales par le biais de la question fiscale.

En effet, les autorités centrales et locales se trouvent dans une situation « d'asymétrie politique et institutionnelle fondamentale » au regard aussi bien des impacts du développement du troc que de leur capacité à organiser et tirer parti des schémas de troc (Woodruff, 1999b, p. 84). Les conséquences fiscales de la sortie du système monétaire sont moins drastiques pour les autorités locales, dans la mesure où elles peuvent plus facilement participer directement aux schémas de troc qui leur permettent notamment de maintenir certains services publics locaux fondamentaux[6]. Elles peuvent également éviter de cette

[6] Cela va du schéma simple de l'entreprise de construction qui paie ses impôts en participant à l'entretien des routes, à des schémas plus élaborés tel celui rapporté par C. Humphrey dans son

sorte de rétrocéder au centre une partie de leurs ressources fiscales. Enfin, au niveau régional, la «*logique de l'action collective* » (Olson, 1965) a, tout au long de la transition, été favorable à l'union des entreprises industrielles locales contre l'instauration d'une discipline monétaire trop stricte. En effet, la fuite en dehors de l'économie monétaire protège immédiatement un nombre restreint d'entreprises locales traditionnellement soudées et vitales pour la survie économique et sociale de la communauté, tout comme pour la survie politique des élus locaux. En revanche, les bienfaits d'une économie monétaire concernent l'ensemble de l'économie nationale et ne seront ressentis qu'à moyen et long terme. Les autorités régionales ont donc de très fortes incitations pour adopter une stratégie de sortie de l'économie monétaire.

Face à ces stratégies régionales, l'extension du troc piège au contraire les autorités fiscales centrales dans un cercle vicieux. Pour relancer la collecte fiscale, elles organisent des compensations qui enracinent le phénomène du troc, ce dernier étant une des causes fondamentales de la chute des ressources (avec la chute de la production, bien entendu). Le phénomène du troc peut donc effectivement être considéré comme une des manifestations du rapport de force entre autorités locales et centrales qui divergent dans leur stratégie face à la monétarisation.

4. Du microéconomique à un consensus paradoxal par la désintégration du système de prix

4.1. Troc et coûts de transaction

Dans d'autres analyses, l'explication du troc est plutôt recherchée dans la logique microéconomique des transactions. En premier lieu, les entreprises évitent d'avoir recours aux transferts bancaires pour des raisons relevant à la fois des caractéristiques actuelles de ces banques et de l'héritage soviétique. En effet, les coûts de transaction associés à ces transferts, tout comme leurs délais, sont élevés. Il y aurait ainsi un arbitrage entre les coûts de transactions

---

étude du troc en Bouriatie. La mine Kholbo'zhinskii est incapable de payer ses impôts au gouvernenment local. Cette mine approvisionne alors en charbon TsKK, l'usine « mastodonte » classique (c'est-à-dire massivement et structurellement déficitaire) fabricant des cartons en cellulose. Cette dernière fournit par un intermédiaire ses panneaux de cellulose à une usine en Allemagne qui les transforme en papier de haute qualité. Le papier est alors réexporté en Russie où il peut être vendu contre de la monnaie. Cet argent est alors utilisé pour acheter des ordinateurs à l'entreprise « Prin » qui les livre à l'administration de la République (Humphrey, 1999a, p. 17).

traditionnellement associés au troc et ceux associés au fonctionnement du système bancaire émergent. En deuxième lieu, les coûts de transactions associés au système bancaire sont encore renforcés par des motivations fiscales. En effet, les entreprises ont également le souci d'éviter la visibilité, puis la réquisition, des fonds par les autorités fiscales, les banques servant d'intermédiaires dans la collecte fiscale. Enfin, ce souci d'évasion fiscale est renforcé d'une part par le mode de calcul des impôts, basé sur les décaissements et encaissements, d'autre part du fait que l'illiquidité renforce le pouvoir de négociation vis-à-vis des autorités fiscales dans un contexte d'arriérés généralisés (Commander et Mumssen, 1998, p. 12-13). Cependant, la vaste majorité des études s'entend sur la conclusion que la motivation fiscale semble plutôt secondaire dans le recours au troc.

4.2. Opacité informationnelle et système de prix multiples

Plus globalement, le troc entraîne une opacité et une distorsion des informations et pas uniquement ni même principalement d'un point de vue fiscal. La constitution d'un véritable espace marchand est en fait doublement menacée par l'extension du troc : d'une part par l'absence d'un système social de compensation offrant une règle d'émission adéquate avec les besoins de l'économie, d'autre part par la prolifération des pratiques de crédit susceptibles de désorganiser le système de prix.

Le troc consiste en effet avant tout en une désorganisation du système des prix par l'utilisation de moyens de paiement multiples. On retrouve ici le deuxième inconvénient, après les coûts de transactions, classiquement associé au troc dans les manuels d'économie. Mais cette multiplicité des prix inhérente au troc dépasse celle due à l'absence d'équivalent général, elle acquiert d'autres dimensions. De fait, la pratique des affaires en Russie confirme l'existence de prix multiples, qui sont fonction à la fois de l'interlocuteur, de la « liquidité » du produit proposé en échange, et des positions respectives des acteurs de l'échanges. La liquidité des produits représente leur éloignement relatif dans la chaîne des échanges de produits « écoulables » contre de la monnaie. La position des échangistes dépend quant à elle principalement de qui est demandeur du troc (Humphrey, 1999a).

La multiplicité des prix relève également de la possibilité d'enregistrer comptablement des prix d'échanges décalés par rapport aux rapports d'échanges pratiqués dans les faits. De manière plus générale, l'obligation de fixer des prix supérieurs aux coûts de production, établie en 1992 dans la perspective de freiner l'évasion fiscale, a rendu le système des prix rigide et a été l'une des causes de la « crise des ventes » de 1993-1994. Cette obligation a également fortement contribué à favoriser le troc dans la mesure où celui-ci rendait possible un écoulement de la production à des prix réels inférieurs aux prix enregistrés comptablement.

Cette analyse en termes de prix multiples est reprise par Woodruff dans l'article traduit dans cet ouvrage. Le troc est alors assimilé à une monnaie dévaluée par rapport au rouble, le *bartle*. Ces *bartles* « s'apparentent à des roubles dévalués, mais cette dévaluation a été organisée à un niveau infra-national, elle est locale et liée à des réseaux particuliers d'échange » (Woodruff, 1999a, p. 11). Ainsi, si le système des prix résultant du troc «*peut permettre aux marchés de se solder partiellement même en grinçant, (il) génère des prix qui ne peuvent en aucune manière être utiles pour la planification de la production* » (Woodruff, 1999b, p. 100), puisqu'ils ne peuvent pas être utilisés pour évaluer l'état de l'offre et de la demande (Makarov et Kleiner, 1996, p. 24).

Sur la base de cette distorsion du système des prix, l'explication la plus radicale présente l'économie de troc comme une « économie virtuelle », où la plus grande part des entreprises détruisent de la valeur, tout en prétendant en créer. La création de valeur ne proviendrait globalement que du secteur des matières premières, et le système de troc permet un maintien des subventions aux secteurs non rentables et une redistribution de la rente des matières premières. Il y aurait donc un accord implicite ou compromis politique stipulant que les producteurs de matières premières continuent à redistribuer une partie de la rente par l'intermédiaire des schémas de troc, en contrepartie du maintien de leur accès aux marchés rentables et payables en devises des exportations (Gaddy et Ickes, 1998). L'explication de Gaddy et Ickes en termes de valeur est cependant fortement remise en question par Woodruff qui montre que s'en référer à une hypothèse de destruction de valeur est absolument superflu pour expliciter le mécanisme qui a conduit du troc à l'accumulation des arriérés de paiements, et donc, in fine, à un endettement général aboutissant à la pyramide financière des GKO et fatalement à la crise du 17 août 1998.

4.3. Un statu quo paradoxal

Cette analyse de Gaddy et Ickes s'apparente alors dans sa conclusion quant au compromis politique à l'idée de l'existence d'un consensus social entre, d'une part, ceux qui profitent de la démonétarisation du fait de leur position privilégiée dans l'accès à la liquidité et, d'autre part, ceux qui survivent grâce à cette démonétarisation (Zlotowski, 1998). Si le terme de « consensus » est fort sujet à caution, cette analyse a le mérite de mettre en évidence les liens très étroits de dépendance et de complémentarité entre deux dynamiques intrinsèquement liées. L'accaparement des rentes par certains, que ces rentes aient une origine minière ou qu'elles soient des rentes d'intermédiation, se déroule sur fond de mort lente et d'absence totale de restructuration de la vaste majorité des entreprises industrielles. Aucun des deux groupes n'a intérêt à court terme à briser le « consensus » de la démonétarisation, même si celui-ci se fait évidemment sur le dos des uns et au profit des autres. Il s'agit ainsi pour le moins d'un consensus très particulier, qui repose sur l'absence totale de toute autre alternative pour ses victimes.

Ainsi, l'ensemble des analyses portant sur le troc dans la transition, qu'elles soulignent une causalité macro « par le haut » ou une causalité micro « par la bas », se rejoignent quant à trois points fondamentaux. En premier lieu, l'enjeu est fondamentalement celui de l'instauration d'une norme monétaire et partant, d'un principe de validation des transactions dans un cadre de contrainte budgétaire dure. En deuxième lieu, l'impulsion a été fondamentalement la politique monétaire restrictive lors de la stabilisation monétaire. Face à cette politique restrictive, la stratégie des acteurs privés a mené à une déformation du système des prix et celle des acteurs publics à une désintégration de l'Etat. En troisième lieu, les producteurs de matières premières, acteurs à la charnière du public et du privé, ont été et restent au cœur du développement de la démonétarisation. Ils jouent un rôle décisif dans la redistribution de la rente. En effet, celle-ci dépendra fortement du système de prix qui va s'instaurer, que ce soit en termes de structure de prix ou de moyens de paiements. L'émergence de ce système de prix découlera quant à lui des rapports de force entre les grands acteurs, que ceux-ci soient perçus comme résultant d'un compromis politique, d'un consensus social ou d'une domination des oligarques.

Enfin, la démonétarisation, qui s'apparentait de fait à une dévaluation privée et locale donc fragmentée, a engendré un système financier non viable. En effet, ce système générait des arriérés salariaux et fiscaux, ces derniers étant compensés par une fuite en avant dans la pyramide des GKO. Ce système a donc logiquement abouti au krach d'août 1998, qui est une dévaluation nationale et publique. Mais, par la destruction du système bancaire qu'elle a engendrée et l'impuissance budgétaire qui en découle, la crise a rendu pratiquement impossible toute solution à la cause fondamentale de l'enracinement du troc, c'est-à-dire à l'insuffisance de financements pour la restructuration de l'économie. De ce point de vue, et en dépit de la reprise de la croissance industrielle observée depuis, la transition pourrait bien se trouver dans une impasse. Il s'agit donc d'analyser en profondeur la signification de cet échec de la monétarisation, à la fois d'un point de vue plus théorique et de celui de la trajectoire de la transition.

II. TROC, ORDRE MONETAIRE FRACTIONNÉ ET DESINTEGRATION NATIONALE

Pour cela, la démonétarisation de l'économie russe peut être envisagée comme un ordre monétaire fractionné par analogie avec les travaux de M. Aglietta et d'A. Orléan dans *La Violence de la Monnaie* (1982). Dans cette analogie, ce serait l'un des deux pôles de l'ordre monétaire, celui de la centralisation, qui semble être défaillant. L'extension du troc s'apparente alors à une prolifération de monnaies privées, que cela soit au sens strict sous la forme de quasi monnaies comme les veksels, de monnaies locales, de schémas de compensation ou sous la forme d'équivalents de moyens de paiements dévalués comme les *bartles* de l'analyse de Woodruff.

1. Causes et effets d'un ordre monétaire fractionné

Les conséquences d'un rapport monétaire fractionné, mises en évidences dans un autre contexte historique et institutionnel par M. Aglietta et A. Orléan, sont néanmoins familières pour un observateur de la situation russe. L'impuissance à mettre en place un ordre monétaire centralisé s'est de fait accompagnée d'un raccourcissement de l'horizon économique, d'une absence d'investissements et de la destruction de la division du travail. Elle a par conséquent rendu toute croissance impossible.

En présentant la monnaie comme « arme des conflits privés pour l'appropriation des richesses », l'analyse menée dans *La Violence de la Monnaie* permet également de rendre compte des stratégies d'acteurs sous-jacentes à l'échec de l'instauration d'un système monétaire homogène ou centralisé. En effet, le rapport monétaire centralisé « provoque une polarisation entre agents thésauriseurs et agents déficitaires. (Il) met directement en avant un conflit d'intérêts dont l'enjeu est la propriété sociale » (Aglietta et Orléan, 1982, p. 66). L'ordre monétaire centralisé est donc soumis à une double pression, ce qui permet de rendre compte de l'alliance paradoxale en faveur de la démonétarisation observée dans la Russie en transition. Cette pression provient d'un côté des agents excédentaires, c'est-à-dire les financiers (jusqu'à la crise de 1998) et les producteurs de matières premières qui tentent de s'assurer des transferts de propriété en leur faveur par la constitution des grands groupes, et de l'autre côté des agents déficitaires, c'est-à-dire la vaste majorité des autres producteurs industriels qui tentent de survivre en résistant à la restructuration devant entraîner irrémédiablement leur déclin. « Le conflit va se concentrer sur la monnaie elle-même. » (Aglietta et Orléan, 1982, p. 67). Les deux catégories d'acteurs ont chacune, pour des raisons à la fois complémentaires et contradictoires, donc « ambivalentes », intérêt à saper l'ordre monétaire centralisé.

2. Troc et violence sociale

Ainsi, du fait de l'échec de l'instauration de la souveraineté monétaire, les rapports de puissance et les compromis réapparaissent dans toute leur force, alors qu'ils sont normalement réglés institutionnellement par le fonctionnement même de l'ordre monétaire. Le système fractionné souffre d'une « instabilité constitutive » qui exacerbe les conflits privés (Aglietta et Orléan, 1982, p. 74-77). On retrouve ces conséquences délétères de rapports de force non médiatisés par un ordre monétaire centralisé dans les études anthropologiques sur le troc dans la Russie en transition. L'échange est en effet perçu comme non équivalent, la distribution des coûts du troc inégale, la détermination des prix discriminatoire (Humphrey, 1999b). Alors que le troc avait été perçu dans un premier temps comme un phénomène à la fois inertiel et intégrateur, la combinaison d'une extrême division technique du travail et de l'incomplétude de la monétarisation des échanges crée une extrême dépendance au sens de Simmel (1987). Le troc soumet les participants aux effets des forces extra économiques, c'est-à-dire aux relations « personnelles » quelles que soient leurs formes, et notamment politiques. Le troc a donc pour effet global de magnifier les inégalités de positionnement entre les participants en objectivant et quantifiant les désavantages, tout en personnalisant les face-à-face. Les pâles effets stabilisateurs et intégrateurs du troc dans la Russie en transition sont donc payés non seulement par un approfondissement de la désintégration et de la sclérose économique, mais aussi par des relations sociales violentes au niveau microéconomique (Humphrey, 1999b, p. 29).

Cette extrême dépendance individuelle est encore renforcée par les caractéristiques de la relation salariale. En effet, en sus de la forte dépendance résultant très concrètement de l'intégration du système social à l'entreprise, tout comme des forts obstacles à la mobilité, l'intégration des salaires aux chaînes de troc pétrifie la relation d'emploi, sans compter qu'il a également pour effet de séparer radicalement les intérêts des directeurs et des employés par toute l'opacité et les abus qu'il permet. La relation paternaliste entre les ouvriers et les directeurs d'entreprises semble définitivement fracturée avec l'entrée des salaires dans les chaînes de troc, alors que paradoxalement, elle se fondait dans le système soviétique sur les liens concrets des rémunérations ou avantages en nature associés à la relation salariale.

3. Ordre monétaire fractionné et conflit centre-régions

Cette analyse de l'ordre monétaire fractionné peut être prolongée par l'analogie entre la logique d'extension du troc et le « double mouvement » de la théorie de Polanyi dans *La grande Transformation* (1965). Il est tentant de faire la comparaison entre le développement du capitalisme européen et la transition vers le capitalisme russe et d'analyser dans quelle mesure l'analyse de Polanyi reste pertinente. Polanyi analyse la révolution industrielle européenne au XIXème siècle et le développement du capitalisme jusqu'à la seconde guerre mondiale. Il montre l'existence d'un « double mouvement » se référant aux deux principes en conflit structurant la société, celui de libéralisme économique et celui de protection sociale[7]. Polanyi montre que, contrairement aux visions libérales, la mise en place du marché s'est faite par une action délibérée de l'Etat et que les réactions de protection ont été, en revanche, spontanées. Dans ce double mouvement de libéralisme économique et de protection sociale mis en évidence par Polanyi, la monnaie a une importance constitutive dans l'établissement de la nation comme unité politique et économique.

Par analogie, la démonétarisation peut être perçue comme un mouvement spontané de protection de la société par rapport à l'imposition d'un libéralisme économique par l'Etat central. De fait, la structure industrielle hyper-concentrée, l'inclusion de la protection sociale à l'intérieur de l'entreprise et la très faible mobilité de la main-d'œuvre rendent cruciale, au niveau local, la protection des organisations productives puisque, dans un tel contexte, il ne peut y avoir de séparation entre structure économique et structure sociale. Mais, en Russie, l'absence de consolidation immédiate d'un espace national par la monétarisation crée, au lieu d'un double mouvement, un « *triple mouvement* » (Woodruff, 1999b, p. 113).

L'extension des principes du marché est impulsée par l'Etat central et se heurte, au niveau local, aux tentatives de protection de l'organisation

[7] Le principe de libéralisme économique vise à établir un marché autorégulé, alors que le principe de protection vise à protéger des effets ravageurs du marché autorégulé, l'Homme, la nature, tout comme les organisations productives. A cette fin de protection, l'extension du marché des produits a été accompagnée par la restriction du marché des « marchandises fictives » que sont le travail, la terre et la monnaie.

productrice et de l'organisation sociale par les autorités régionales, autorités qui encouragent la distorsion du système des prix par la fuite massive hors de l'économie monétaire. Cette démonétarisation massive rend l'Etat incapable, à la fois techniquement et fiscalement, d'assurer une redistribution des ressources entre les régions et donc d'éviter une dislocation plus grande de l'unité nationale.

III. TROC, ECONOMIE DE RENTE ET IMPUISSANCE DU CAPITAL

1. Ordre monétaire fractionné et économie de rente

Dans un ordre monétaire fractionné, c'est l'accès à la rente qui détermine les rapports de force entre acteurs. Le capital financier est détrôné par le capital relationnel et/ou transactionnel, lui-même déterminé par l'accès aux rentes, et qui permet d'entrer dans des schémas de troc et d'exercer un réel contrôle sur les entreprises. Ainsi, l'économie russe en transition s'articule de plus en plus autour des producteurs de matières premières, non seulement dans la structure de sa production, mais plus fondamentalement dans la logique profonde de son fonctionnement, dans la norme qui valide les transactions. C'est de plus en plus une économie de rente dans toutes les acceptions de la notion de rente : à la fois dans le sens initial de Smith et Ricardo, dans le sens de la quasi rente Marshallienne au regard des spécificités et des rigidités dans les chaînes technologiques, et enfin au sens de la théorie du choix public, par les rentes de position garanties par la relation au pouvoir politique.

2. Troc et impuissance du capital financier

Enfin, dans cette économie de rente, parallèlement à la monnaie qui a perdu une partie de son pouvoir transactionnel, le capital ne semble pas avoir acquis de pouvoir de contrôle. La question est complexe mais il y a de toute évidence un lien entre les deux phénomènes. C'est au fond le pouvoir de la monnaie qui est remis en cause dans les deux cas. En revenant sur l'analyse faite par Simmel (1987) de la séparation entre l'avoir et l'être, ou entre l'objet et la personne qui le possède, séparation permise de façon complète uniquement par l'argent, il est possible de faire apparaître un lien logique entre le troc et l'impuissance du capital financier.

En effet, pour Simmel, la propriété « n'est point malgré les apparences, réception passive d'objet, mais action sur eux et avec eux ». Il y a donc un lien nécessaire entre l'objet possédé et son propriétaire. Cette relation sera plus ou moins lâche selon l'objet possédé, « jusqu'à ce que, avec l'argent, elle se dissolve entièrement ». Une propriété séparée de son objet, comme celle de l'actionnaire « qui n'a absolument rien à voir avec la gestion de la société... serait strictement impossible sans le truchement de l'argent ». Autrement dit, seule l'économie monétaire rend possible l'autonomie entre la possession et la personnalité. La société par actions apparaît dans ce raisonnement comme « le niveau le plus haut » de différentiation entre les membres d'un groupe qui s'associent. Mais pour parvenir à cette association de capitaux en une personnalité juridique transcendant les participations individuelles, « il a fallu attendre la pénétration de l'économie monétaire » (Simmel, 1987, p. 431).

Au regard de cette analyse, l'argent, comme principe de séparation de l'avoir et de l'être, permet la différenciation *« au plus haut niveau »* de la société anonyme entre, d'une part, le possesseur et l'objet possédé, d'autre part, entre les possesseurs associés. Il apparaît logique que cette complète différentiation ne puisse être mise en œuvre en dehors d'une économie monétaire. S'il ne peut y avoir de séparation, le propriétaire ne pourra être reconnu comme tel s'il est éloigné et n'est pas impliqué dans la gestion de l'entreprise. L'actionnaire ne sera reconnu que s'il est actif au sein de l'entreprise, donc que s'il est un *insider*. Cette analyse du rôle de l'argent permet ainsi d'éclairer et de justifier partiellement l'impuissance de l'actionnaire, et donc l'impuissance du capital financier, dans l'économie russe partiellement monétarisée.

3. L'impossible instauration d'une contrainte budgétaire dure et la remise en cause de la nature capitaliste de l'économie russe

Enfin, ce qui est en jeu dans cette extension du troc et des impayés est l'instauration d'une norme monétaire, et donc d'une contrainte budgétaire « dure » effective (Kornai, 1984). La Russie n'a pas réussi à passer de la planification centrale comme mode de coordination à une monnaie comme mécanisme de comptabilité sociale. La contrainte budgétaire dure (CBD) semble en effet avoir été oubliée dans la « *Sainte Trinité* » des programmes réformateurs (libéralisation, privatisation, stabilisation) (Kornai, 2000, p. 8). Or, c'est cette impuissance à instaurer une CBD qui a rendu la stabilisation macromonétaire pour le moins inopérante. La contrainte macro-économique ne s'est pas transformée en contrainte micro, du fait de ce lien manquant qu'est la CBD. Ceci est d'ailleurs mis en évidence par une récente enquête qui montre que le troc au sens large est associé en Russie (comme en Ukraine) à des positions dominantes et des circuits de distribution fermés, ainsi qu'à une absence de réorganisation (Carlin et *alii*, 2000).

Avec l'extension du troc, on semble en effet passer d'une contrainte budgétaire lâche du fait du paternalisme d'Etat du *Système Socialiste* (Kornai, 1992), à une contrainte budgétaire lâche due à une monnaie endogène sans contrainte de paiement. En définitive, ce n'est même plus la contrainte budgétaire dure, considérée par Clower (1965, p. 116) comme la « *convention fondamentale de la science économique* », qui se dérobe alors sous nos yeux, mais les fondements même de cette convention, la monnaie.

Or c'est également cette monnaie comme moyen de compensation à l'échelle sociale qui fonde le capitalisme proprement dit. Pour Schumpeter, c'est l'existence d'une monnaie de crédit qui identifie la forme capitaliste. Si l'idée de marché est nécessaire à l'existence d'une société capitaliste, elle n'épuise pas pour autant cette forme sociale. Le fonctionnement de l'économie de marché doit nécessairement s'appuyer sur l'hypothèse institutionnelle de la monnaie. Dans cette optique, la comptabilité sociale définit la monnaie comme un ensemble de règles, comme une institution sociale dont s'est munie la société pour organiser les activités humaines prenant place dans un monde en changement perpétuel. La relation de crédit qui s'instaure entre les deux parties constitue le fondement de la dynamique capitaliste. En finançant les projets d'innovation, les banques transforment ainsi la contrainte de paiement en une contrainte inter-temporelle de solvabilité qui rend possibles les paris sur l'avenir (Lakomski, 1999).

Cette analyse de Schumpeter met ainsi en évidence l'incomplète instauration d'une norme monétaire dans la transition russe. Elle remet de ce fait en cause l'idée même d'une transition vers le capitalisme en tant que système fondamentalement dynamique, se distinguant ainsi de l'économie de marché.

CONCLUSION

L'échec ou, pour le moins, l'extrême difficulté à instaurer une norme monétaire rend la transition russe vers une économie à proprement parler capitaliste fortement problématique, si ce n'est illusoire. L'analyse des causes et des effets de la démonétarisation dans la transition russe nous conduit à une mise en perspective plus radicale de la dynamique ou de la trajectoire de la transition.

En effet, comme l'a montré l'article de Mehrdad Vahabi dans cet ouvrage, la monnaie dans le système soviétique était réputée passive dans la sphère des échanges productifs (Brus, 1968). Les travaux de Kornai (1984) ont montré que c'était alors le paternalisme d'Etat qui se substituait au rôle actif de la monnaie. Kornai se situe ici dans le prolongement de la vision de *La Bureaucratie* de von Mises, où celle-ci est précisément conçue comme l'antithèse de la relation monétaire. La coordination bureaucratique est ainsi considérée comme contradictoire et non complémentaire à la coordination monétaire[8]. En reprenant les analyses de von Mises et Kornai quant à la caractérisation du système socialiste comme reposant sur une coordination bureaucratique remplaçant la monnaie active, et en considérant que l'enjeu de la restructuration des entreprises est en fait d'établir une contrainte budgétaire dure par l'instauration d'une monnaie active en lieu et place de la coordination bureaucratique, l'image qui se dessine de la transition russe est celle d'une « transition détournée ».

En effet, avec la démonétarisation, on assiste, non pas à une activation de la monnaie, mais à sa privatisation. En lisant l'échec de la monétarisation dans la transition par analogie avec un ordre monétaire fractionné, il est alors possible de lire la transition comme, non seulement, un retrait de l'Etat et une privatisation de ce dernier, mais également comme une privatisation de la monnaie. De nombreuses analyses politiques et économiques ont en effet mis en évidence la privatisation de l'Etat dans la transition russe. Notre travail permet peut-être de compléter ce tableau du *Kremlin Capitalism* (Blasi, Kroumova et Kruse, 1997). Parallèlement au remplacement de la coordination bureaucratique par une activation de la monnaie, ce qui est logiquement le sens de la transition vers le marché, il y a eu privatisation de la monnaie à l'image de celle de l'Etat.

A cet égard, la baisse constatée du troc suite à la crise de 1998 répond effectivement, d'une part, à un desserrement de la contrainte monétaire, d'autre part, à une réaffirmation du pouvoir de l'Etat, comme l'a montré l'article de Jacques Sapir. En revanche, la façon dont le troc a façonné l'économie russe, et plus particulièrement l'impuissance du capital financier qu'il entraîne, ne permet pas de penser que ce repli des transactions non-monétaires invalide notre diagnostic quant à la trajectoire de la transition russe. Le retour de l'Etat semble de plus sujet à caution quant à l'indépendance de cet Etat. Le maintien des

[8] Cette thèse est contraire à celle des partisans d'un socialisme de marché, au premier rang desquels Brus, qui pensaient possible un modèle socialiste décentralisé où la monnaie pourrait jouer un rôle actif.

transactions non monétaires à un niveau significatif devrait ainsi s'observer dans la durée. La réflexion sur les impacts d'une monétarisation partielle de l'économie russe semble encore vouée à un bel avenir.

BIBLIOGRAPHIE

AGLIETTA M., ORLÉAN A. (1982), *La Violence de la Monnaie*, PUF, Paris.

ALFANDARI G., SCHAFFER M. (1996), « Arrears in the Russian Enterprise Sector », in Commander S., Fan Q. et Schaffer M. (eds), *Entreprise Restructuring and Economic Policy in Russia,* World Bank, Washington DC.

AUKUTSIONEK S. (1997), « Industrial Barter in Russia », *Russian Economic Barometer*, vol. VI, n° 3.

AUKUTSIONEK S. (1998), « On Types of Barter », *Russian Economic Barometer*, vol. VII, n° 2.

BLASI J. R., KROUMOVA M., KRUSE D. (1997), *Kremlin Capitalism,* New York.

BRUS W. (1968), *Les problèmes généraux du fonctionnement de l'économie socialiste*, François Maspéro, Paris.

CARLIN W. *et alii* (2000), « Barter and Non-Monetary Transactions in Transition Economies: Evidence from a Cross-Country Survey », *CERT, Discussion Paper*, n° 2000/4, mars.

CLOWER R. (1965), « The Keynesian Counter-Révolution : a Theoretical Appraisal », in Hahn F. et Brechling P (eds.), *The Theory of Interest Rate*, Mac Millan, Londres.

CLOWER R. (1969), *Monetary Theory Introduction*, Pengouin Books, New-York.

COMMANDER S., MUMSSEN C. (1998), « Understanding Barter in Russia », BERD, *Working Paper*, n° 37.

GADDY C., ICKES W. (1998), « Russia's Virtual Economy », *Foreign Affairs*, septembre-octobre.

HUMPHREY C. (1999a), « Traders, "Disorder", and Citizenship Regimes in Provincial Russia », in *Uncertain Transition: Ethnographies of Change in a Post-Socialist World*, in Burawoy M. A., Verdery K. (dir.), Boulder, Rowman and Littlefield.

HUMPHREY C. (1999b), « How is Barter Done? The Social Relations of Barter in Provincial Russia », in *Uncertain Transition: Ethnographies of Change in a Post-Socialist World*, in Burawoy M., Verdery, K (dir.), Boulder, Rowman et Littlefield, p. 19-51.

KORNAI J. (1984), *Socialisme et Economie de la Pénurie*, Economica, Paris.

KORNAI J. (1992)(1996), *Le système Socialiste, L'Economie Politique du Communisme*, traduction française, PUG, Grenoble.

KORNAI J. (2000), « Ten Years After "the Road to a Free Economy" », *Annual Bank Conference on Development Economics*, Washington, 18-20 avril 2000.

LAKOMSKI O. (1999), « L'hypothèse de J. A. Schumpeter : la monnaie comme comptabilité sociale », *Cahiers d'Economie Politique*, n° 35, L'Harmattan.

MAKAROV V., KLEINER G. (1996), « Berter v Rossiskoi ekonomike : osobennosti i tendentsii perekhodnogo perioda », TsEMI RAN, Moscou.

OLSON M. (1965), *The Logig of Collective Action: Public Goods and the Theory of Groups*, Schoken, New-York.

PINTO B., DREBENTSOV V., MOROZOV A. (2000), « Dismantling Russia's Nonpayments System, Creating Conditions for Growth », *SSRN Paper*.

POLANYI K. (1965), *The Great Transformation: the Political and Economic Origins of our Time*, Beacon, Boston.

SAPIR J. (1996), « Les transformations systémiques dans les anciennes économies de type soviétique, quelques leçons théoriques », CEMI, IRSES-MSH, novembre.

SAPIR J. (1998), *Le Krach Russe*, La Découverte, Paris.

SCHELLING T. (1960), *The Strategy of Conflict*, Harvard University Press, Cambridge.

SCHUMPETER J. (1991), « The Crisis of the Tax State », in Swedberg R. (ed.), *The Economics and Sociology of Capitalism*, Princeton University Press, Princeton.

SERVET J.M. (1988), « La monnaie contre l'Etat ou la fable du troc », in *Droit et Monnaie. Etats et espace monétaire transnational*, Travaux du Centre de Recherche sur le Droit des Marchés et des Investissements Internationaux (Université de Bourgogne), vol. 14.

SIMMEL G. (1987), *Philosophie de l'Argent*, PUF, Paris.

VON MISES L. (1946), *La Bureaucratie*, Librairie de Médicis, Paris.

WOODRUFF D. (1999a), « It's Value that's Virtual : Bartles, Rubles, and the Place of Gazprom in the Russian Economy », Post-Soviet Affairs, vol. 15, n° 2.

WOODRUFF D. (1999b), « Barter of the Bankrupt: the Politics of Demonetisation in Russia's Federal State », in Burawoy M. et Verdery K. (dir.), *Uncertain Transition: Ethnographies of Change in a Post-Socialist World,* Boulder, Rowman et Littlefield.

YAKOVLEV A. (1998), « Barter and Clearing Schemes: How to Define Basic Concepts », *Russian Economic Barometer*, vol. VII, n° 2.

ZLOTOWSKI Y. (1998), « La crise des paiements en Russie, expression d'un consensus social ? », *Etudes du CERI*, n° 43, août.

II.

La finance russe :

entre crises et régulations

6

L'intermédiation financière en Russie : quels enjeux théoriques ?

Laurence Scialom

Le passage d'un système d'économie centralement planifiée à une économie de marché pose le problème essentiel de l'accès des firmes aux financements externes. En effet, dans les économies de type soviétique les entreprises étaient soumises à une contrainte budgétaire lâche et les notions de discipline financière et de responsabilité vis à vis du bailleur de fonds (au sens du terme anglais *accountability* c'est à dire le fait de rendre des comptes) n'avaient pas véritablement de pertinence. Dans ce type d'économie, les banques n'étaient que des agences de la banque centrale dans la distribution des crédits. La monobanque était finalement une institution cumulant les fonctions de banque centrale et de banque commerciale ce qui vidait de son sens le concept même d'intermédiation financière (Clément Pitiot et Scialom, 1995). La transition à l'économie de marché dans des pays dépourvus de toute culture d'ntermédiation financière s'est donc logiquement accompagnée d'une pénurie de financements externes pour les entreprises. Celles-ci ont, en réaction, transitoirement développé des réactions variées : financement sur ressources internes et emprunts forcés auprès des salariés, de l'Etat et d'autres offreurs, ce qui s'est traduit pas des arriérés de salaires, d'impôts et de paiements. La plupart des économies en transition ont connu à des degrés divers ce scénario qui trouve son origine dans la recherche de substituts aux financements centraux et dans le délai incompressible nécessaire à la mise en place effective d'un système financier et bancaire assurant le financement de l'économie. La spécificité du cas russe tient à son enlisement durable dans cette phase caractérisée par un déficit d'intermédiation financière.

Les banques russes, terrassées par la crise d'août 1998, n'ont jamais véritablement joué le rôle que la théorie économique attribue à ce type d'institutions financières. De fait, le système bancaire russe depuis sa création à la fin des années quatre-vingts jusqu'à présent, loin d'assumer la fonction d'intermédiation bancaire, a systématiquement exploité les opportunités de profit facile qui évoluaient au gré de la situation macroéconomique du pays. Les banques ont, dans ce domaine, fait preuve d'une remarquable capacité d'adaptation à leur environnement économique mouvant et aux carences institutionnelles et juridiques de la Russie en transition ; mais cet apprentissage d'un opportunisme forcené s'est fait au détriment de l'acquisition des pratiques bancaires saines qui doivent constituer le cœur de métier des établissements de crédit. Loin d'avoir été un soutien à la croissance et à la restructuration des entreprises indispensable au processus de transition à l'économie de marché, le système bancaire russe peut, par bien des aspects, être qualifié de quasi parasitaire.

Comme nous le verrons dans la dernière partie de ce texte, les activités que les banques ont développées en substituts de l'activité d'intermédiation expliquent largement la fragilisation du système bancaire dans son ensemble et sa vulnérabilité aux chocs macroéconomiques. Or, la santé du système bancaire conditionne la bonne transmission des impulsions et des signaux de la politique monétaire. Pour que celle-ci soit efficace, il faut que le système bancaire soit capable d'accroître ou de contracter son bilan agrégé en réponse aux inflexions données par la banque centrale. La fragilisation du système bancaire détériore les relations normales entre les instruments et les objectifs intermédiaires de la politique monétaire (Lindgren, Garcia et Saal, 1996). Ces relations deviennent non seulement moins prévisibles mais peuvent devenir perverses. Les banques à problèmes sont plus susceptibles d'être victimes de phénomènes de sélection adverse, ce qui ne fait qu'amplifier la fragilisation de leur bilan.

Mobilisant des arguments théoriques et en termes d'histoire économique, nous montrerons dans une première partie la supériorité, pour les économies en transition, des systèmes financiers à dominance bancaire sur les systèmes fondés sur les marchés. Nous constaterons ensuite qu'en dépit de cette analyse normative, la Russie s'est jusque là révélée incapable d'instaurer un système financier répondant aux caractéristiques des systèmes de financement basés sur les banques. La troisième partie s'attachera à déterminer les raisons essentielles expliquant ce constat. Nous soulignerons à cette occasion que la théorie bancaire s'est constituée dans un cadre admettant implicitement l'existence d'un droit constitué des créanciers et l'existence d'un moyen ultime unique de règlement des dettes ; institutions minimales de l'économie de marché que la Russie transgresse encore. Enfin, dans une dernière partie, nous analyserons les comportements bancaires qui se sont substitués à l'intermédiation au cours des années quatre-vingt-dix. Le remarquable opportunisme des banques au cours de cette période traduit la mise en œuvre de stratégies de très court terme que l'on peut interpréter comme des stratégies de survie, mais risque d'avoir durablement évincé la mise en place d'une culture proprement bancaire dans le secteur.

I. DE LA SUPÉRIORITÉ DES SYSTÈMES FINANCIERS À PRÉDOMINANCE BANCAIRE POUR LES ÉCONOMIES EN TRANSITION : QUELQUES ARGUMENTS THÉORIQUES

La mise en œuvre des activités économiques crée des déséquilibres dans les comptes individuels des agents : certains présentent une capacité de financement, d'autres un besoin de financement. Le système financier organise l'ajustement entre ces besoins complémentaires mais parfois contradictoires dans leurs formes. Deux grands types de systèmes financiers sont généralement distingués : les systèmes fondés sur les marchés (*market based*) et les systèmes fondés sur les banques (*bank based*). Cette distinction ne recouvre pas le clivage finance directe - finance indirecte. Dans tous les cas, la finance directe où l'endettement contracté par les emprunteurs ultimes l'est directement auprès des prêteurs ultimes reste marginale. Cependant, les formes dominantes de finance indirecte et donc d'intermédiation financière s'opposent dans les deux cas polaires. Dans les systèmes fondés sur les banques, l'intermédiation bancaire traditionnelle domine, elle est centrée sur la collecte de dépôts et l'octroi de crédits. Dans les systèmes basés sur les marchés, c'est l'intermédiation de marché qui s'impose. Les intermédiaires financiers (bancaires ou non bancaires), sur la base d'un drainage massif de l'épargne, pratiquent une gestion active et diversifiée de portefeuille et participent donc au développement des marchés.

La prédominance d'un type de système sur l'autre a d'importantes conséquences en termes réels, notamment sur le volume et l'horizon temporel de l'investissement productif. Le débat sur cette question a été vif à la suite des travaux de Gerschenkron (1962) qui interprète la prédominance des banques dans le financement de l'industrie comme la conséquence d'un retard économique. Selon Gerschenkron, dans des pays comme l'Allemagne ou l'Italie à la fin du XIXème siècle, la pénurie de capital et le manque d'esprit entrepreneurial poussèrent les banques et le financement bancaire à se substituer à ces carences. Le manque de capital se situe dans cette analyse au niveau des entreprises individuelles dont les bénéfices non distribués étaient insuffisants pour financer l'investissement désiré. Le pouvoir de création monétaire des banques lève alors une contrainte majeure sur l'accumulation du capital : le financement des nouveaux projets d'investissement n'est plus assujetti à la formation d'une épargne préalable. Les banques pallient l'insuffisance de la finance interne en offrant des financements externes qui représentent des paris sur des projets industriels. L'interprétation de Gerschenkron de l'existence d'un lien entre retard économique et prédominance de la finance bancaire est conditionnée par l'hypothèse implicite selon laquelle les entreprises ont une stricte préférence pour la finance interne sur toute forme de finance externe. L'autofinancement est donc considéré comme la forme normale de financement dans une économie économiquement avancée et les entreprises cherchent dès qu'elles le peuvent à s'affranchir de l'emprise de leurs prêteurs. Cette priorité donnée à la finance interne peut se justifier économiquement par le fait que les coûts d'agence (coût de signalisation, de surveillance, etc.) y sont plus faibles que dans la finance externe (Jensen et Meckling, 1976). Cette explication ne saurait cependant être suffisante au regard de la pérennité sur de longues périodes de systèmes financiers dominés par les banques dans des pays industrialisés comme l'Allemagne ou le Japon.

La comparaison avec l'analyse plus récente de Mayer (1988) qui porte sur un phénomène empirique de même nature que celui analysé par Gerschenkron, mais sur cinq pays industrialisés (France, Allemagne, Japon, Royaume-Uni et Etats-Unis) durant la période 1970 - 1985, mérite d'être évoquée en raison du contraste des conclusions. Alors que pour Gerschenkron l'inclinaison de l'industrie à chercher auprès des banques son financement externe est un symptôme de retard économique, Mayer interprète la faiblesse relative de la finance externe aux Etats-Unis et au Royaume-Uni comme une défaillance structurelle des systèmes financiers orientés vers le marché dans ces pays. En d'autres termes, l'investissement industriel est alors limité par la capacité des entreprises à s'autofinancer. Mayer veut selon ses propres termes « faire exploser » un mythe : « Il n'apparaît pas y avoir de correspondance étroite entre le développement d'un système financier et sa performance dans le financement de l'industrie. Au contraire, des systèmes dominés par la banque qui ont été considérés comme plutôt frustres en France, Allemagne et Japon ont soutenu une activité de financement substantiellement plus élevée que le Royaume-Uni ou les Etats-Unis » (p. 1176). En d'autres termes, des marchés financiers développés et sophistiqués inhibent l'usage de financements externes. A ce titre, ils peuvent entraver un processus de rattrapage économique. La raison essentielle avancée par Mayer est que plus les marchés sont concurrentiels moins les entreprises peuvent établir des relations de long terme avec leurs prêteurs. A l'inverse, l'intermédiation bancaire rallonge l'horizon d'investissement des firmes. Pour arriver à cette conclusion, Mayer s'inscrit dans le programme de recherche initié par Jensen et Meckling qui place la question de la gestion du hasard moral au cœur de la théorie des institutions et contrats financiers. Mais, comme le souligne Hellwig (1991), « alors que Jensen et Meckling avaient regardé les contrats optimaux pour gérer les problèmes de hasard moral sur une période, Mayer est concerné par les problèmes de hasard moral répétés dans les relations de long terme. Le point central de l'analyse se déplace donc des effets incitatifs à court terme vers les problèmes d'engagement, d'incomplétude des contrats et de rationalité séquentielle dans les relations de long terme » (p. 37).

Dans le cas spécifique de la Russie, il n'est pas nécessaire de trancher entre les interprétations de Gerschenkron et de Mayer, les deux analyses convergent vers la supériorité d'un système à prépondérance bancaire. En effet, la Russie doit opérer un rattrapage économique par rapport aux pays industriels les plus en pointe dans la révolution des nouvelles technologies de l'information. Conformément à l'analyse de Gerschenkron, le manque de capital au niveau des entreprises russes au regard des besoins d'investissements massifs qu'implique le processus de rattrapage rend impérative une mobilisation à grande échelle de financements externes pour pallier la pénurie de finance interne. Or, telle est précisément la fonction des banques. Dans les systèmes à prédominance bancaire, les établissements de crédit au delà de l'octroi de prêts à l'industrie peuvent également détenir une partie du capital des entreprises et ainsi disposer d'un levier supplémentaire pour influer sur les décisions stratégiques.

Dans le cas russe, l'analyse de Mayer conforte celle de Gerschenkron. Les restructurations impératives du tissu industriel russe plaident pour une intermédiation financière conçue comme un dispositif d'engagement et donc pour une intermédiation bancaire plutôt qu'une intermédiation de marché. Cette conception de l'intermédiation financière comme dispositif d'engagement présente certaines affinités avec le concept de contrôle délégué développé par Diamond (1984). Partant de l'idée que la collecte d'information présente certaines caractéristiques d'un monopole naturel, Diamond montre qu'il est avantageux que les prêteurs individuels délèguent à un intermédiaire financier le contrôle de la firme emprunteuse. Cette délégation permet d'éviter la duplication des coûts d'audit par les créditeurs. Les rendements d'échelle dans le contrôle de l'information des entrepreneurs par les banques militent donc en faveur de l'exclusivité de la relation de financement entre l'entreprise et sa banque. La conception de l'intermédiation financière comme engagement dans une relation de long terme entre la banque et l'entreprise semble également justifier l'exclusivité de la relation de financement. Mais les justifications sont différentes. Dans ce dernier cas, ce sont les conflits potentiels entre financiers susceptibles de compromettre les relations financières nouées avec la firme qui sont mis en exergue. Ces effets pervers de la concurrence entre financeurs sont particulièrement prégnants dans les périodes de restructurations industrielles pouvant impliquer des mises en faillites. En effet, quand une faillite potentielle se profile, les créanciers deviennent très attentifs à la part des actifs restants leur revenant. Ils peuvent décider de ne pas renouveler ou de suspendre leurs prêts avant que le défaut ne soit annoncé. Dans ces configurations, la concurrence entre les financeurs peut précipiter la liquidation des entreprises alors qu'une réorganisation peut parfois être économiquement préférable. L'existence de relations financières stables avec une banque principale peut éviter ces inefficiences.

D'autres arguments sont fréquemment avancés en faveur d'un système à prépondérance bancaire. Ainsi en est-il de l'hypothèse selon laquelle le développement d'un marché boursier efficient prend beaucoup plus de temps que la mise en place d'un système bancaire sain et que les banques, durant la transition, ont donc une position privilégiée par rapport à d'autres institutions existantes pour assurer le contrôle des managers et le respect de bons principes de gouvernement d'entreprise. Par ailleurs, il est difficilement contestable que la volatilité des prix de marché des actions sur des marchés étroits comme le sont ceux des pays post soviétiques encourage la spéculation et donc le court-termisme plutôt que l'investissement à long terme susceptible de soutenir la croissance.

Un faisceau d'arguments convergent donc vers la supériorité d'un système de financement centré sur les banques plutôt que sur le marché pour les économies en transition. Cette position normative n'est pourtant pas corroborée par les réalités russes. Comment expliquer cet état de fait ?

II. De l'incapacité de la Russie à instaurer un système de financement à prédominance bancaire

Pour un économiste comme Popov (1999), le type de système financier qui s'instaure dans les économies en transition n'est pas le résultat de choix conscients des décideurs politiques fondés sur une analyse coûts - avantages des deux systèmes, mais résulte d'une évolution dépendant du chemin (*path dependant*) dont les deux composantes fondamentales sont : le modèle de privatisation retenu et le degré de concentration du système bancaire. Selon lui, la spécificité du système financier russe parmi les économies anciennement planifiées tient à une combinaison unique de trois facteurs :

1) un schéma de privatisation dominé par le transfert de propriété aux salariés et au management, soit gratuitement, soit à un prix symbolique, et par la distribution de vouchers ;

2) un système bancaire très peu concentré ;

3) et une période de très haute inflation entre 1992 et 1995.

La conjonction de ces trois caractéristiques a sapé le développement des financements bancaires et a virtuellement éliminé les crédits à long terme.

Cette interprétation est séduisante. Nous allons nous attacher à l'étayer en insistant particulièrement sur le système bancaire, nous ne ferons qu'évoquer les deux autres facteurs qui sont bien argumentés dans l'article de Popov.

Tout d'abord le système bancaire russe est effectivement peu concentré mais dominé par une banque : la Sberbank tant en termes d'actifs que de collecte de dépôts.

Tableau 1
Indicateurs de concentration du système bancaire russe (fin 1999)*

	Banques d'Etat (1)	Sberbank	# 3 - 20	# 21 - 40	# 41 - 60	# 61- 80	# 81 - 100
Total des actifs	38,8	31,8	37,7	12,1	5,1	3,6	2,7
Prêts au secteur privé non bancaire (2)	30,2	26,4	42,9	16,1	5,2	3,6	2,0
Dépôts du secteur privé non bancaire (3)	51,3 (83,9 et 26,2)	47,4 (83,3 et 19,8)	32,2 (9,8 et 49,5)	8,1 (3,0 et 12,0)	4,0 (1,5 et 5,9)	2,3 (0,9 et 3,4)	2,1 (0,8 et 3,0)
Capital	39,4	22,2	21,6	21,3	6,5	7,5	3,7

* les données sont des pourcentages relatifs aux 100 plus grandes banques mesurées par les actifs

(1) La Sberbank et la Vneshtorgbank.

(2) incluant les entreprises d'Etat.

(3) Les chiffres entre parenthèses se réfèrent respectivement aux dépôts des ménages et aux dépôts des entreprises.

Source : IMF Staff Country Report, n° 00/150, novembre 2000

Dans les économies centralement planifiées, les marchés de titres n'existaient pas. Au début du processus de transition à l'économie de marché, en dépit de leur faiblesse structurelle, les banques étaient donc les seules institutions financières en activité. Malgré cet avantage concurrentiel évident, dans la plupart des pays en transition, les banques souffrent toujours de faiblesses structurelles et n'assument pas correctement leur fonction d'intermédiation bancaire. Néanmoins, dans ces pays (Pologne, Hongrie, Roumanie, Slovénie, etc.), le crédit bancaire demeure une source de financement externe des entreprises très supérieur au marché. Cette prédominance du crédit bancaire sur les financements de marché s'observe même dans les périodes de forte inflation ayant induit une diminution du volume réel des crédits. Globalement, les économies post-soviétiques se rattachent donc plutôt au modèle de financement à prédominance bancaire.

La Russie fait ici figure d'exception. Le recours à la finance externe y reste tout à fait marginal, l'autofinancement constitue donc le mode de financement privilégié ; et, quand les grandes entreprises recourent à la finance externe, le crédit bancaire est supplanté par les financements de marché (Popov, 1999). A la mi 1997, la capitalisation de marché en Russie atteignait environ 25% du PIB faisant de la Russie l'un des leaders des pays en transition, avec la Chine et la République tchèque, dans le développement des marchés boursiers. Le marché des actions a évidemment été laminé par la crise financière d'août 1998 : l'indice RTS (Russian Trading system : indice de référence en dollars du marché des titres russes) a été divisé par 15 entre son plus haut niveau à l'automne 1997 et son point le plus bas un an plus tard. Ce marché s'est néanmoins repris de manière assez spectaculaire. En effet, dès juillet 1999, la capitalisation des 50 valeurs de références du marché russe atteignait 15% du PIB et les transactions quotidiennes franchissaient la barre des 20 millions de dollars. Pour autant, le marché boursier russe demeure très étroit : les 10 premières valeurs représentant près de 90% de la capitalisation totale. L'industrie pétrolière (Loukoil, Surgutneftegaz, Sibneft, Natneft et Youkos) représente à elle seule environ 45% de la capitalisation boursière et Gazprom près de 20%. Fin 1999, l'actif total du secteur bancaire représentait quant à lui 33% du PIB, 40% ne concernant que des opérations interbancaires (contre 17% avant la crise d'août 1998) et, si l'on exclut la Sberbank, cette part atteignait 46% du total de l'actif. Les crédits à l'économie représentaient environ 30% de l'actif total avec un biais de maturité considérable puisque seulement une partie très faible était consacrée aux crédits à plus d'un an. Ces chiffres sont à comparer aux arriérés de dette des entreprises qui s'élevaient à 25% du PIB fin 1999, 12% du PIB concernant les arriérés aux fournisseurs. La dette interentreprises est donc comparable aux crédits à l'économie sachant que ceux-ci bénéficient aux entreprises mais également aux administrations publiques.

Nous verrons dans la prochaine section que les entreprises russes subissent un rationnement drastique du crédit bancaire. A titre comparatif, on rappellera que les crédits bancaires aux entreprises atteignaient plus de 50% du PIB de l'Union soviétique en 1987 avec des crédits à long terme qui représentaient 12% du PIB. Après la libéralisation des prix en 1992, l'économie se démonétisa rapidement et le total des crédits à recouvrer tomba à 10% du PIB à la fin 1996 avec des crédits à long terme réduits à moins de 1% du PIB. Le graphique suivant illustre la faiblesse du crédit bancaire au secteur privé (selon la nomenclature FMI) :

Graphique 1
Crédit au secteur privé / PIB

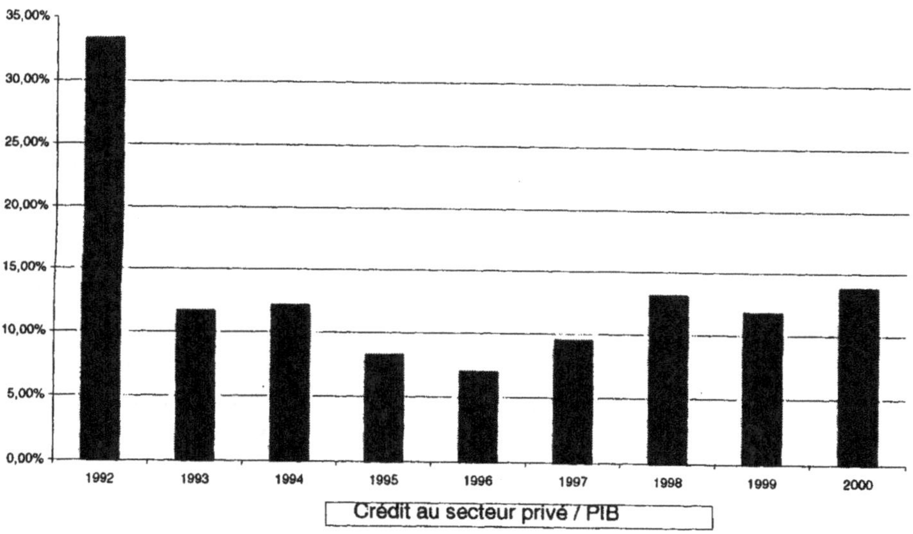

Source : FMI

Comment expliquer cette incapacité de l'économie russe à permettre l'émergence d'une véritable intermédiation bancaire au cours de son processus de transition à l'économie de marché ?

III. POURQUOI ? CE QUE DIT LA THÉORIE, CE QUI S'APPLIQUE À LA RUSSIE ...

Depuis Gurley et Shaw (1960), on admet que les désirs d'emprunts et de prêts sont souvent incompatibles dans leur forme. Une fonction essentielle des intermédiaires financiers consiste donc à transformer les caractéristiques des actifs financiers. Ils assurent une transformation des échéances, des risques et des rendements. Les banques sont au cœur de ce dispositif d'intermédiation : leur fonction traditionnelle est d'octroyer des crédits et de collecter des dépôts. En d'autres termes, dans son cœur de métier, la banque prête à moyen - long terme et emprunte à court terme. La littérature plus récente insiste surtout sur la réduction des coûts de transaction et plus particulièrement des asymétries d'information. Ainsi, l'intermédiation financière réduit nombre de coûts inhérents aux opérations financières : coûts de recherche de la contrepartie, coûts de négociation des conditions financières, coûts d'acquisition de l'information sur le débiteur, coûts de contrôle de la bonne exécution des échanges, etc. La combinaison de services de paiement et d'intermédiation confère un avantage irréductible aux banques sur les autres intermédiaires financiers dans la réduction de ces asymétries informationnelles. La tenue des comptes des clients est en effet une source d'information continue pour la banque (périodicité des revenus, capacité d'épargne, éventuels accidents de paiement, etc.) qu'elle peut mobiliser lors d'une demande de prêt pour évaluer la solvabilité de l'emprunteur.

Ces quelques arguments théoriques perdent une large part de leur pertinence appliqués à une économie marquée par la démonétisation et par un fort relâchement de la discipline de paiement. En effet, la théorie bancaire s'est constituée dans un cadre admettant implicitement l'existence d'un droit constitué et respecté des créanciers et l'existence d'un moyen ultime unique de règlement des dettes. Or, la Russie actuellement transgresse ces institutions minimales de l'économie de marché.

Théoriquement, l'économie de marché se caractérise par la combinaison de deux principes fondamentaux : la décentralisation des actions économiques, ce qui signifie que chaque agent agit sans préjuger de l'état de l'ensemble de l'économie et l'interdépendance des actions ainsi engagées, sorte de principe de rétroaction par lequel les individus subissent les conséquences collectives de leurs actions décentralisées sous la forme du principe d'équivalence dans l'échange. Pour que la société qui combine ces deux principes soit viable doivent exister en amont des institutions qui assurent la coordination des actions privées. La monnaie et le droit sont deux institutions de base qui jouent ce rôle dans les sociétés capitalistes et, à ce titre, peuvent être qualifiées de médiations primaires (Aglietta et al., 2000). La Russie actuelle ne peut être considérée comme une véritable économie de marché. En effet, si le principe de décentralisation est respecté, en revanche, le principe d'interdépendance est largement bafoué. La généralisation des impayés constitue une transgression de l'équivalence dans l'échange. Cela signifie que le système de paiement n'assume pas son rôle de dispositif de coordination sanctionnant les échecs de marché. L'inexistence d'une véritable intermédiation bancaire est à la fois cause et conséquence de cet état de fait. La généralisation des impayés, favorisée par les carences en matière de droit des créanciers et par le dévoiement de celui-ci quand il existe, est évidemment incompatible avec un système de crédit. Dans le même temps, l'indigence de l'intermédiation bancaire entrave le bon fonctionnement du système de paiement. Dans une économie de crédit, l'efficacité économique du paiement en monnaie nécessite que les banques aient une réputation de spécialiste dans l'acquisition d'information sur la solvabilité des débiteurs. L'acceptation de la substitution de la dette des banques à celle d'agents non financiers se fonde sur cette réputation. Les banques acceptent d'émettre de la monnaie de crédit au profit de leurs débiteurs si elles anticipent que ceux-ci auront à échéance la capacité, non seulement de restituer les moyens de paiement prêtés, mais d'y ajouter le paiement d'un intérêt. L'octroi de crédit traduit donc un accord entre la banque et l'emprunteur quant à l'évaluation présente des flux monétaires futurs anticipés à attendre de l'opération financée. L'émission de monnaie bancaire au profit des entreprises est la contrepartie d'un capital virtuel.

Dans la Russie en transition, déficit d'intermédiation bancaire et dysfonctionnements du système de paiement sont donc deux questions totalement interdépendantes. L'intermédiation bancaire ne peut se développer dans une économie où les transgressions à la discipline des paiements sont la règle et où l'espace monétaire est totalement fractionné. Etayons cette assertion de quelques développements factuels.

Entre janvier et septembre 1998, les arriérés totaux de dette des entreprises oscillèrent entre 40 et 46% du PIB annualisé ; d'octobre 1998 à juin 1999, ils se situèrent dans une fourchette allant de 33% à 40% ; sur le second semestre de 1999, ils se stabilisèrent entre 25% et 28%[1]. Dans ces arriérés totaux, les arriérés aux fournisseurs représentent systématiquement plus du double des arriérés au budget. En Russie aujourd'hui, quand la dette est payée, ce qui est loin d'être une règle absolue, les instruments de règlement sont multiples. Ainsi, fin 1999, environ la moitié des paiements des clients des grands contribuables étaient des paiements non monétaires, juste avant et après

[1] Source Goskomstat. Secteurs concernés : industrie, construction, agriculture, transport, communication, commerce de détail, commerce de gros, logement et une catégorie « autres secteurs ».

la crise d'août 1998, ce pourcentage était de plus de 60%. Parmi ces paiements non monétaires, fin 1999 plus de 20% s'effectuait par wechsels, environ 50% par compensation, un peu moins de 20% par troc et le reliquat par d'autres substituts au rouble[2]. A cette multiplicité de substituts au rouble, s'ajoute une multiplicité de prix par produit selon l'instrument de paiement choisi. Il existe donc des prix de troc, des prix en wechsels, des prix en roubles. La règle qui prévaut en matière de fixation des prix étant que moins les actifs utilisés sont liquides, plus les prix sont élevés. En d'autres termes, ce sont les échanges en roubles qui se font aux prix les plus bas. Une autre règle se dégage des pratiques russes : plus on se rapproche du consommateur final plus les paiements s'effectuent en cash plutôt qu'en utilisant des supports non monétaires. La fragmentation de l'espace monétaire est donc multiforme : démonétisation des échanges différenciée selon les agents, multiplicité des substituts au roubles, prix conditionnés au support utilisé pour le paiement. Dans une telle économie de marchandage généralisé, la monnaie ne peut jouer son rôle de vecteur de coordination assurant la compatibilité des échanges décentralisés sur la base d'une contrainte monétaire dotée d'une qualité d'objectivité. Les banques, de la même manière, ne peuvent développer une réelle intermédiation. Il s'agit en réalité des deux facettes d'un même problème. Ainsi, Commander, Dolinskaya et Mumssen (2000), dans un article exploitant les résultats d'une étude portant sur 350 entreprises du secteur manufacturier et des services situées dans 34 oblasts ou régions russes (12% de ces firmes étant publiques, les autres étant privées ou privatisées), ont mis clairement en évidence le lien entre rationnement du crédit et développement des transactions non monétaires. Ils ont interrogé les responsables de ces entreprises quant aux raisons essentielles expliquant leur recours généralisé aux transactions non monétaires (troc pur, compensation ou dette réglée en biens, usage de substituts monétaires comme les wechsels ou annulation croisée de dettes). Plus de 70% des entreprises de leur panel ont invoqué comme cause principale leurs problèmes de liquidité ou ceux de leurs partenaires commerciaux et les difficultés d'accès au crédit bancaire. Leurs conclusions sont donc que ces diverses transactions non monétaires sont des substituts imparfaits au crédit bancaire traditionnel et que ces pratiques sont adaptées à l'environnement macroéconomique et institutionnel russe. En effet, le troc ou la compensation allègent le risque de crédit ce qui est particulièrement attractif dans un environnement où le droit des créanciers est faible. Quand le débiteur est illiquide, notamment parce qu'il n'a pas accès au crédit bancaire mais qu'il dispose néanmoins d'un stock d'invendus, il peut être préférable pour le créditeur d'accepter des biens immédiatement plutôt qu'une promesse de cash pour le futur dès lors que ses droits de créancier ne sont pas assurés. Bien évidemment, de nombreux effets

[2] Chiffres du Goskomstat.

de rétroaction jouent dans cette relation entre rationnement du crédit et démonétisation de l'économie puisque le rationnement du crédit explique en partie l'illiquidité des entreprises, celle-ci se manifeste notamment par des arriérés de paiements, or, une firme ayant de forts arriérés de paiements ne pourra qu'avoir plus de difficultés à obtenir des prêts bancaires.

Parmi les raisons entravant l'intermédiation bancaire, la défiance des ménages à l'égard de la monnaie scripturale tient une place privilégiée. L'épargne privée ne constitue pas une ressource stable du secteur bancaire, comme l'illustre le graphique suivant tiré du FMI :

Graphique 2
Dépôts bancaires / PIB

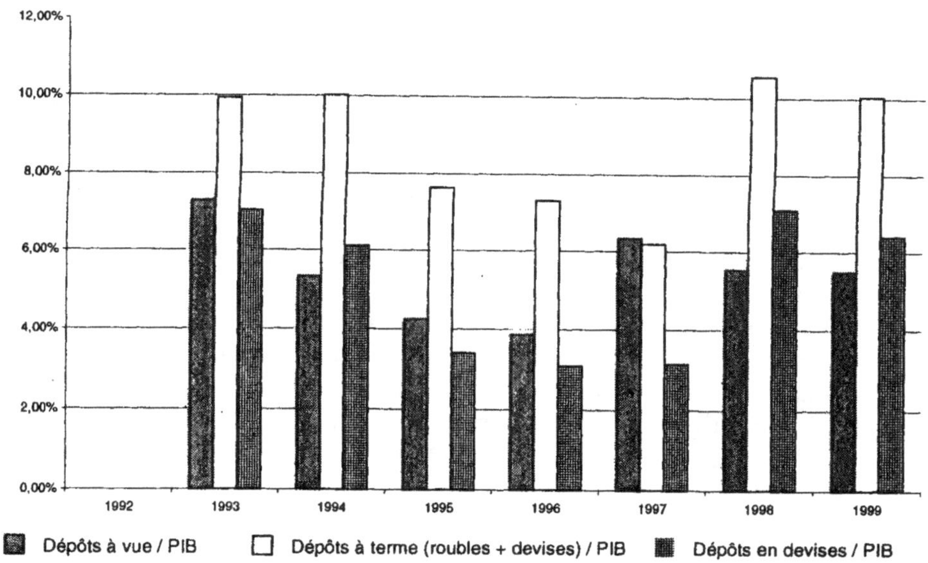

Source : FMI

En fait, les trois quarts des dépôts des ménages sont concentrés à la Sberbank, seule institution à offrir une garantie aux dépôts. Plus précisément, fin 1999, 87% des dépôts en roubles étaient concentrés à la Sberbank et 45% des dépôts en devises. Cet avantage concurrentiel est conforté par le fait que la Sberbank est un agent de versement des pensions. Cette défiance des déposants à l'égard des banques privées n'est pas nouvelle. Elle a marqué le système bancaire russe dès son ouverture au marché à la fin des années quatre-vingts, et à été ranimée par la spoliation dont les déposants ont été victimes à la suite de la crise bancaire d'août 1998. En effet, à cette occasion, seuls les particuliers déposants de six grandes banques commerciales ont pu transférer leurs dépôts vers la Sberbank à un taux déprécié et sur une base volontaire. Cette particularité du système bancaire russe trouve ses racines dans les lois de 1987 et 1989 visant à créer un système financier décentralisé. La Sberbank est directement issue de la transformation de la branche de la Gosbank chargée à l'époque soviétique de la collecte de l'épargne des particuliers. Elle est toujours restée sous contrôle étatique et a continué à disposer d'un avantage considérable en matière de drainage de l'épargne des ménages. A coté de cette institution financière publique puissante, ayant des succursales sur tout le territoire, collectant l'essentiel des dépôts et représentant plus du tiers de l'actif bancaire total, s'est développé un secteur bancaire concurrentiel selon deux modes distincts. D'une part, les grandes banques commerciales créées sur la base des anciennes banques d'Etat sectorielles, ce qui a entraîné une forte spécialisation de chaque établissement par secteur (énergétique, construction, agroalimentaire, exportation, financement des administrations, etc.) ; d'autre part, des banques véritablement nouvelles qui, en raison d'un accès limité à l'épargne des ménages, se sont développées essentiellement à partir des dépôts de personnes morales. Dans de nombreux cas, ces dépôts étaient ceux de leur principal actionnaire qui, en créant une banque, s'offrait des facilités de gestion de trésorerie. Ainsi, pour l'essentiel du secteur bancaire hors Sberbank, la relation banque - emprunteur se dédouble en une relation banque - actionnaire. Les statuts de client et d'actionnaire se confondent dans les faits. Deux relations principal - agent se superposent, mettant en jeu les mêmes acteurs mais avec inversion des positions de chacun entre principal et agent. On comprend aisément qu'une telle configuration institutionnelle brouille considérablement les systèmes d'incitation et de sanctions propres à chaque relation principal agent et entrave l'émergence d'une véritable intermédiation bancaire.

L'existence d'un droit constitué et respecté des créanciers est, avec l'existence d'un moyen ultime unique de règlement des dettes, un pilier institutionnel permettant le développement d'une véritable économie de marché et d'un système d'intermédiation financière la soutenant. Cette assertion est confirmée par un ensemble de travaux récents qui ont mis l'accent sur l'importance du cadre légal comme déterminant fondamental du développement des marchés financiers, qu'il s'agisse des marchés boursiers ou de l'intermédiation bancaire (Levine 1998, La Porta, Lopez de Silanes, Shleifer et Vishny 1997, 1998, 1999). Ces travaux ont été prolongés et adaptés au cas des économies en transition (Pistor, Raiser et Gelfer, 2000). Ils montrent une amélioration formelle considérable des droits des créanciers et des actionnaires dans la plupart des pays en transition et notamment dans l'ex-Union Soviétique depuis le début des réformes, mais ces évolutions ne se sont pas toujours accompagnées d'une mise en application effective des lois protégeant les créditeurs et les actionnaires. Cet écart entre de hauts niveaux de protection légale (« lois sur le papier ») et de faibles niveaux de mise en œuvre effective des lois, ce qu'ils appellent la légalité, est particulièrement élevé dans le cas russe.

Cette déconnexion entre les textes de lois protégeant les actionnaires et les créanciers et leur mise en application concerne tous les pays de l'ex-URSS et le contraste avec les pays d'Europe centrale et en particulier la Pologne et la Hongrie est tout à fait frappant. Or, l'analyse empirique menée par Pistor, Raiser et Gelfer souligne que la légalité domine largement la protection formelle des créanciers et des actionnaires comme facteur explicatif, tant du développement de la capitalisation boursière que du crédit privé. La conclusion essentielle que l'on peut tirer de ces analyses est que la pénurie de finance externe ne peut être résolue par des améliorations, même radicales, du cadre légal de protection des actionnaires et des créanciers. Un système efficace de finance externe privée exige un engagement crédible de l'Etat quant au fait que les droits privés seront honorés. Une transformation radicale du rôle de l'Etat est ici impérative. Celui-ci doit passer du rôle de coordinateur direct de l'activité économique à celui d'arbitre impartial. Or, en Russie, cette transformation n'a été que partielle et cela sape la confiance des agents privés dans les textes de loi censés les protéger. L'impunité dont ont bénéficié les grands banquiers russes après les spoliations infligées aux déposants et les interventions de l'Etat dans le processus de restructuration du système bancaire confortent cette analyse (cf. dernière partie de ce texte). Il s'agit là d'un véritable cercle vicieux que seul un signal fort de l'Etat pourrait rompre. En effet, la mise en application effective des lois (le degré de légalité) dépend, d'une part, du degré auquel les agents privés se conforment volontairement à la loi et, d'autre part, de l'efficacité des institutions légales en charge de la mise en œuvre de la loi. Or, ces deux facteurs sont fortement interdépendants. Quand les agents se conforment largement au cadre légal, la vérification de l'exécution de la loi et l'imposition de la contrainte légale par l'Etat sont facilitées car la transgression ne concerne que peu de cas, les ressources devant être affectées à cette tâche sont donc minimisées. En revanche, quand le degré auquel les agents privés se conforment à la loi est faible, la difficulté pour l'Etat à imposer l'application du cadre légal est d'autant plus importante et le coût élevé. Or, le respect volontaire de la loi par les agents privés exige une menace crédible de sanction en cas de défection. Seul l'Etat peut donc enclencher la sortie de ce cercle vicieux qui obère la légalité. La Russie souffre donc d'un déficit de contraintes légales. Quand le droit existe, c'est son caractère exécutoire qui fait défaut et favorise l'extension d'une économie de marchandage. Comme l'écrivent Sgard et Perotti (1999) : « dans un environnement où le cash est thésaurisé et où le règlement de dette et de contrat est principalement une question de marchandage, c'est le pouvoir relatif, une sorte de priorité de facto des créances, qui peut être mise en évidence, laquelle a peu de connections avec la priorité contractuelle de jure. » (p. 13). Cette faiblesse du caractère exécutoire du cadre légal constitue une condition permissive à la démonétarisation de l'économie, à la généralisation des impayés, au développement du troc et de divers substituts au rouble.

IV. L'OPPORTUNISME DES BANQUES OU L'INSTAURATION D'UN SYSTÈME BANCAIRE QUASI PARASITAIRE

L'ensemble de ces facteurs structurels explique que, depuis le début des années quatre-vingt-dix, les banques aient adopté des stratégies d'extraction de profit très lucratives en exploitant les opportunités spéculatives ou simplement les rentes de situation du moment. Ainsi, jusqu'à l'adoption de mesures de stabilisation macroéconomique début 1995, les banques ont bénéficié de véritables rentes en exploitant diverses sources de profit facile. Walter (1999) en dénombre quatre essentielles :

- l'exploitation d'une taxe inflationniste élevée, qui se traduit par une marge d'intermédiation substantielle, les taux débiteurs étant en fait indexés sur l'inflation alors que la rémunération des dépôts reste très basse ;

- un accès à des ressources peu coûteuses voire non rémunérées. Il s'agit d'une part, du refinancement à taux faible de la Banque Centrale et d'autre part, des dépôts des entreprises publiques et du transit sur les comptes bancaires des crédits d'Etat à taux bonifiés ;

- l'exploitation des opportunités offertes par la dépréciation continue du change ;

- le financement des opérations d'import - export.

On peut ajouter à cette liste que jusqu'à la mi 1994, les banques ont joué sur la différence d'échéances entre les refinancements obtenus à la Banque Centrale et leurs engagements. Au passif, les montants empruntés à la Banque de Russie étaient à moyen terme et donc largement exposés à l'érosion inflationniste alors qu'à l'actif, les crédits octroyés étaient à court terme.

Ces opportunités de profit couplées à un cadre réglementaire peu contraignant pour la création des banques ont soutenu le développement du secteur bancaire privé durant toute la première moitié des années quatre-vingt-dix ; plus précisément, d'une industrie bancaire très peu concentrée (hors Sberbank), n'assumant pas son cœur de métier. Le système bancaire russe est passé d'une monobanque en 1987 à un maximum de 2600 établissements de crédits fin 1994. Depuis cette date, le nombre d'établissements décroît, il s'élevait à 1700 début 1998 et à 1331 à la mi 2000.

La stabilisation macroéconomique engagée début 1995 contraignit les banques à changer de stratégie. Face au resserrement de la politique monétaire, à la suppression des crédits subventionnés qui transitaient sur les comptes bancaires, à l'apparition de taux d'intérêt réels positifs, à la politique d'ancrage nominal du rouble sur le dollar et à la volonté des autorités de limiter le financement monétaire du déficit en développant un marché des titres de la dette publique (GKO), les banques virent se tarir les opportunités de profit qui avaient soutenu le développement du secteur dans la période précédente.

Contraintes par le caractère embryonnaire du marché obligataire et par le drainage de l'épargne des ménages dans le réseau de la Sberbank, les banques ont développé leurs ressources via un accroissement notable des opérations interbancaires. Cette inflexion n'a fait qu'accroître la fragilité structurelle des banques russes. Du coté de leur actif, elles étaient handicapées par la mauvaise qualité de leur portefeuille de créances et, du coté de leur passif, elles souffraient d'une sous capitalisation chronique alors qu'une large part de leurs ressources provenait de crédits à court terme octroyés par d'autres banques. Les opportunités de profit qui avaient marqué la première moitié des années quatre-vingt-dix et favorisé un accroissement exponentiel du nombre des établissements avaient également masqué ces fragilités structurelles. Celles-ci apparurent avec force lors de la crise de liquidité qui frappa le système bancaire russe en août 1995. Cette crise eut une dimension systémique. Le 24 août, les taux interbancaires au jour le jour passèrent d'environ 100% à près de 1000%. Cet assèchement de la liquidité sur le marché interbancaire se propagea à d'autres compartiments du marché financier : ventes de détresse de titres d'Etats et hausse corrélative des taux obligataires, forte diminution des volumes d'échange sur le marché des changes de gré à gré, etc. La Banque Centrale russe, consciente du caractère systémique de cette crise, réagit rapidement en injectant massivement de la liquidité sur le marché afin d'éviter un blocage des paiements.

A la suite de cette crise, les banques restructurèrent leur actif en accroissant fortement leur portefeuille de GKO. Il y eut alors substitution entre crédits interbancaires et titres de la dette publique. Les GKO représentaient 4%

de l'actif bancaire total début 1995, ils atteignirent 20% fin 1996 ; parallèlement, les crédits interbancaires virent leur part diminuer de 20% à environ 10%. De nouveau, le système bancaire russe se trouva dans une configuration où des opportunités de profit élevés évincèrent l'activité d'intermédiation. L'effet d'éviction pur passant par la hausse des taux liée à la crise des finances publiques russes s'ajoutait à un risque plus élevé associé au financement des entreprises plutôt que de l'Etat. Cette perception d'un risque élevé associé au financement des entreprises est évidemment largement imputable à la faible protection effective des créanciers que nous avons déjà évoquée. Le financement par crédit bancaire, très majoritairement à court terme, resta donc largement réservé aux emprunteurs actionnaires.

A partir du second semestre 1996, l'ouverture du marché des GKO aux non résidents dans un contexte d'amélioration macroéconomique permit une baisse des taux et par là même entraîna une contraction de la profitabilité bancaire. Plutôt que de réorienter leur activité vers de l'intermédiation, les banques optèrent, de nouveau, pour une stratégie d'extraction de profit à court terme en accroissant fortement leur exposition au risque de change. Ce choix s'explique par le fait que le contexte défavorable au développement du crédit bancaire avait connu peu d'améliorations (stagnation dans le domaine du droit des créanciers, démonétisation de l'économie, importance des impayés, etc.), mais également par une sorte d'inertie des comportements bancaires.

Depuis leur création, les banques russes se sont consacrées à la recherche et à l'exploitation systématique d'opportunités de profits spéculatifs ou liés à des rentes de situation. Dans ce domaine, elles ont su faire preuve d'une remarquable capacité d'adaptation à un environnement particulièrement instable. Ce faisant, face au tarissement d'une source de profit facile suite à une modification de leur environnement macroéconomique, la première réaction des banques russes, en vertu de l'apprentissage qu'elles ont du système, est de rechercher une source alternative de profit rapide. Leur stratégie n'est jamais une stratégie de long terme fondée sur une vision de l'avenir du système, mais une stratégie court-termiste souvent dictée par la simple volonté de survie.

Ainsi, face à l'assèchement des profits lié à l'acquisition de GKO, les banques russes s'engagèrent dans des opérations visant à tirer partie des opportunités inhérentes à la politique d'ancrage du rouble. L'augmentation considérable du risque de change concerna tant les opérations au bilan des banques russes que le hors bilan. Au bilan, selon un mécanisme pervers bien connu qu'exploitèrent les banques de plusieurs autres pays émergents, les grandes banques russes pouvant emprunter sur les marchés internationaux via des prêts syndiqués ou des euro-émissions utilisèrent une large part de ces ressources nouvelles pour acquérir des titres en roubles dont les rendements étaient très supérieurs au coût des emprunts qu'elles avaient contractés. Ces titres, notamment les GKO, servaient de collatéral à de nouveaux crédits obtenus auprès de banques internationales. Hors bilan, à partir de la fin 1997, la Banque de Russie permit aux investisseurs étrangers de se couvrir contre le risque de change en utilisant des contrats à terme sur devises émis par les banques russes. Persuadées que le cours du rouble serait soutenu coûte que coûte, les banques russes exploitèrent massivement cette nouvelle source de profit. Elles-mêmes se couvrirent en adossant ces ventes de contrats à terme sur devises à des contrats d'achat de devises de montant et d'échéance équivalents auprès de banques russes de moins grande réputation ou d'institutions financières non bancaires. Celles-ci, le plus souvent, ne disposaient pas des devises nécessaires en cas de débouclage du contrat. Cette situation était évidemment porteuse d'un risque systémique considérable. Les banques cumulaient un risque de change et un risque de marché dont on sait que loin d'être indépendants l'un de l'autre, ils se cumulent et s'alimentent l'un l'autre en cas de crise de liquidité. C'est ce qui se produisit lors de la crise d'août 1998.

Le secteur bancaire a été laminé à cette occasion et son rétablissement apparent au cours des années 1999-2000 reste fragile. De fait, la situation du système bancaire russe en 1999 et 2000 a été largement déterminée par les évolutions post crise de l'économie réelle et par la situation des marchés financiers. L'amélioration des conditions financières de certains secteurs de l'économie a permis une réduction des problèmes de liquidité des banques. Cette restauration de leur liquidité est essentiellement liée à la hausse du prix des matières premières et en particulier du pétrole. Cependant, le répit pourrait être de courte durée. Faute d'un plan volontariste de recapitalisation massive mais ciblée sur certains établissements de crédit et de fermeture des banques insolvables, le secteur bancaire s'est stabilisé sans pour autant s'assainir en profondeur. Les crédits de la Banque Centrale aux banques ont participé à ce rétablissement. Ils représentaient 14% du total des ressources bancaires fin 1999 contre 0,4% avant la crise d'août 1998. L'accroissement des dépôts des entreprises fut un second facteur notable de stabilisation de l'activité bancaire. Le secteur reste néanmoins fortement sous capitalisé. En janvier 2000, le capital total du secteur bancaire hors Sberbank s'élevait à 111 milliards de roubles, soit 4 milliards de dollars. Ce niveau de capitalisation correspond à environ 85 à 90% du niveau atteint avant la crise d'août qui était déjà un niveau de sous capitalisation patente. Pour mettre en perspective ce montant agrégé de capital du secteur bancaire russe, on peut noter qu'il représente à peine l'équivalent de 7,3% du total des fonds propres fin 1999 du groupe financier américain Citigroup (Tuminez, 2000).

La période post crise ouvre peut être la possibilité d'une réorientation de l'activité des banques vers le financement de l'économie. En effet, dans le contexte actuel, les banques ont vu se tarir les sources de profit qui avaient jusque là prévalu. Pour soutenir leur rentabilité, les banques ne peuvent compter ni sur un retour durable de la taxe inflationniste, ni sur la spéculation sur des opérations sur devises ou sur produits dérivés en raison des contraintes imposées par le contrôle des changes. Dans un tel contexte, une protection effective, c'est à dire non seulement de jure mais également de facto du droit des créanciers par les pouvoirs publics pourrait être de nature à créer les conditions favorables à la mise en place d'une véritable intermédiation bancaire. Une telle mesure est la condition permissive de la restauration de la confiance du public dans le secteur bancaire. La défiance de déposants à l'égard de toutes les banques hormis la Sberbank qui est la seule à offrir la garantie des dépôts a été ravivée par la spoliation de 1998. En effet, à la suite de la crise d'août, les principales banques ont massivement transféré des actifs des entités en banqueroute vers des nouvelles banques que l'on a appelées les *bridge banks*. Or, aucun des banquiers ayant mis en œuvre de telles pratiques, qui ont essentiellement pénalisé les déposants, n'a eu à rendre des comptes. Un véritable droit des créanciers et sa mise en application effective sont les seules garanties contre ce type d'agissement.

La mise en œuvre parallèle d'une véritable restructuration du secteur bancaire sous la direction de l'ARKO (agence de restructuration des institutions de crédit qui a été créée en janvier et a commencé ses activités en mars 1999), mais dont le rôle est resté jusque là très discret, contribuerait à aménager un cadre plus propice au financement bancaire de l'économie. Les écueils sont également ici nombreux. L'ARKO qui a pour mission de coordonner la liquidation des banques russes insolvables et de restaurer la solvabilité des institutions jugées viables, dispose de ressources notoirement insuffisantes. Son capital initial était de 10 milliards de roubles alors que les experts estiment que l'accomplissement de son mandat nécessiterait un capital compris entre 50 et 100 milliards de roubles. En 2000, le budget fédéral ne lui a affecté qu'un milliard supplémentaire et quatre milliards en obligations garanties par le gouvernement. De plus, alors que la Banque de Russie est officiellement l'institution en charge de la supervision bancaire, l'ARKO ne travaille pas en collaboration étroite avec elle. Le traitement du cas de la Promstroibank est emblématique des dysfonctionnements de la politique de restructuration bancaire : en juin 1999, quelques heures après que l'ARKO ait annoncé qu'elle octroyait un prêt de 128 millions à la Promstroibank, la Banque de Russie annonçait qu'elle retirait sa licence à cette banque. Pour compléter le manque de lisibilité de cette politique de restructuration bancaire, les instances politiques interfèrent. Ainsi, en février 2000, V. Poutine est intervenu auprès de la Banque

Centrale pour qu'elle mette fin à la procédure de faillite engagée à l'encontre de la Promstroibank, arguant que celle-ci devait être restructurée par l'ARKO. Bien évidemment, cette intervention du président Poutine constitue un signal excessivement négatif qui obère la refonte nécessaire des lois et règles gouvernant le fonctionnement du système bancaire en sapant la crédibilité des institutions en charge de l'assainissement du système bancaire. A travers ce simple exemple, il est clair que la réussite des restructurations bancaires dépendra non seulement de l'accroissement des ressources mises à disposition de cette politique, mais également du renforcement de la coordination entre l'ARKO et la Banque de Russie, ainsi que de l'établissement et de la mise en œuvre effective d'un ensemble cohérent de mesures légales et réglementaires sur les faillites bancaires et sur la protection des droits des créanciers. Ce cadre légal contraignant et encadrant l'activité bancaire ne permettra l'émergence d'un véritable système d'intermédiation financière que s'il s'applique dans des conditions équivalentes à toutes les banques. Cela signifie notamment la fin de l'immunité de certaines banques sous couvert de connexions politiques opportunes. Si ces conditions étaient réunies, l'ARKO devrait avoir pour mission de piloter la concentration du système bancaire, certes en organisant la faillite de certaines banques, mais également en imposant des rapprochements, des fusions et des acquisitions dans le secteur, restructurations dictées par la recherche d'économies d'échelle et par la diversification des risques permise par ces restructurations. Cette consolidation du secteur bancaire devrait s'accompagner d'un renforcement des réglementations bancaires et de la politique de contrôle de l'application de ces normes prudentielles.

BIBLIOGRAPHIE

AGLIETTA M., CARTELIER J. (1998), « Ordre monétaire des économies de marché », in Aglietta M. Orléan A. (eds.), *La monnaie souveraine*, Odile Jacob.

AGLIETTA M., BOYER R., LORDON F., ORLÉAN A., THÉRET B. (2000), « La théorie de la régulation, nouveaux fondements, analyses et propositions », *mimeo*.

CLÉMENT PITIOT H., SCIALOM L. (1995), « Réformer l'intermédiation financière en Russie : des options », *Revue Economique*, vol. 46, n° 2.

COMMANDER S., DOLINSKAYA I., MUMSSEN C. (2000), « Determinants of Barter in Russia : an Empirical Analysis », *IMF Working Paper*, WP/00/155, octobre.

DIAMOND D. (1984), « Financial Intermediation and Delegated Monitoring », *Review of Economic Studies*, 51.

FMI (2000), *Russian Federation : Selected Issues*, IMF Staff country report, novembre.

GERSCHENKRON A. (1962), *Economic Backwardness in Historical Perspective*, Cambridge, Harvard University Press.

GURLEY J., SHAW E. (1960), *Money in a Theory of Finance*, Brookings Institution.

HELLWIG M. (1991), « Banking, Financial Intermediation and Corporate Finance », in Giovannini A. et Mayer C. (eds.), *European Financial Integration*, CEPR.

JENSEN M., MECKLING W. (1976), « Theory of the Firm : Managerial Behaviour, Agency Costs and Capital Structure », *Journal of Financial Economics*, 3.

LA PORTA R., LOPEZ DE SILANES F., SHLEIFER A., VISHNY R.W. (1997), « Legal Determinants of External Finance », *Journal of Finance*, LII (3).

LA PORTA R., LOPEZ DE SILANES F., SHLEIFER A., VISHNY R.W. (1998), « Law and Finance », *Journal of Political Economy*, 106 (6).

LA PORTA R., LOPEZ DE SILANES F., SHLEIFER A., VISHNY R.W. (1999), « Investor Protection : Origins, Consequences, Reform », *NBER Working Paper*, n° 7428, décembre.

LEVINE R. (1998), « The Legal Environment, Banks, and Long Run Economic Growth », *Journal of Money, Credit and Banking*, vol. 30, n° 3.

LINDGREN C. J., GARCIA G., SAAL M. (1996), *Bank soundness and macroeconomic policy*, FMI.

MAYER C. (1988), « New Issues in Corporate Finance », *European Economic Review*, 32.

PEROTTI E., SGARD J. (2000), « The 1998 Russian Meltdown, the Microeconomics of a Systemic Collapse », contribution à *The Economic Policy Panel*, Paris, 13 – 14 octobre.

PITIOT H., SCIALOM L. (1993), « Système bancaire et dérapage monétaire », *Economie Internationale*, n° 54, 2ème trimestre.

PISTOR K. (2000), « Patterns of Legal Change : Shareholder and Creditor Rights in Transition Economies », *European Bank for Reconstruction and Development Working Paper*, n° 49, mai.

PISTOR K., RAISER M., GELFER S. (2000), « Law and Finance in Transition Economies », *European Bank for Reconstruction and Development Working Paper,* n° 48, février.

POPOV V. (1999), « The Financial System in Russia Compared to Other Transition Economies : the Anglo-Saxon versus German - Japanese model », *Comparative Economic Studies,* XXXXI, n° 1, Spring.

SAPIR J. (2000), « La crise financière russe (août 1998). Heurts et malheurs de la finance émergente en transition », *Mimeo.*

SCIALOM L., ZLOTOWSKI Y. (1994), « Les fondements institutionnels de la crise monétaire russe : un éclairage théorique », *Revue d'économie politique,* 104 (5), septembre - octobre.

SCIALOM L. (1999), *Economie bancaire,* Repères, La Découverte.

TUMINEZ A. (2000), « Still Hobbling Along : an Update on the Russian Banking System », *Program on New Approaches to Russian Security Policy Memo Series,* Memo n° 130, avril.

WALTER G. (1999), « Le secteur bancaire russe : avant et après la crise », *Courrier financier des pays de l'Est,* n° 437, février.

7

Transformations du système de paiements et de règlements en Russie (1992-2000)

Michel Litviakov

La Russie a hérité de l'URSS un système de paiements et de règlements (SPR) en crise. La crise a été la conséquence de trois chocs. Le premier est d'origine géopolitique. Le démantèlement de l'URSS a engendré une décomposition du SPR soviétique. Le deuxième choc porte un caractère systémique. Des nouvelles règles monétaires ont été appliquées à l'économie anciennement planifiée, lors de la transition économique en Russie. Le troisième choc est de nature technologique. Il s'agit d'une informatisation de l'infrastructure bancaire. Les banques russes ont accusé un retard considérable en matière de technologies des règlements. L'outil informatique a fait son irruption dans un monde archaïque dominé par des paiements sur support papier, triés manuellement et envoyés par la Poste.

Le présent texte ne prétend pas à une description intégrale du SPR en Russie. Il ne prétend pas non plus à une présentation exhaustive de l'évolution du SPR entre 1992 et 2000. Fidèle à une approche structurelle, il analyse d'abord les mutations majeures du SPR russe entre 1992 et 1995 (I). L'éclairage des transformations est indispensable à l'étude des dynamiques de la crise du SPR (II) et de ses effets sur l'économie russe (III). Cet éclairage est nécessaire aussi pour expliquer les premières tentatives, qu'elles soient timides, insuffisantes ou erronées, de réformer les circuits de règlements en Russie, qui ont été entreprises entre 1992 et 1995 (IV). Le SPR n'est pas neutre pour l'économie. Situé à l'interface des niveaux micro et macroéconomiques, le SPR joue un rôle crucial au sein de l'économie monétaire ou de celle qui aspire à le devenir. Dans ce contexte, tout défaut des circuits de règlements, toute déficience structurelle du SPR, tendent à se répercuter sur les comportements des agents, à se propager à l'ensemble de l'économie et à produire des effets macroéconomiques indésirables. Le SPR entre 1992 et 1995 en fournit un exemple remarquable, de portée historique. Dans la mesure où les dynamiques de crise sont inévitables tant que les causes structurelles ne sont pas éliminées, l'étude s'intéresse logiquement aux transformations du SPR entre 1995 et 2000, marquées par deux crises systémiques (1995 et 1998), et animées par une volonté croissante des autorités russes de rationaliser, réformer et moderniser le SPR en Russie (V). Leurs nouvelles stratégies de développement, s'appuyant sur l'expérience douloureuse des transformations antérieures, posent des jalons pour l'avenir qui sont censés achever la rupture avec la configuration déficiente du SPR en crise (VI).

I. LES MUTATIONS DU SPR ENTRE 1992 ET 1995

En 1992, la Russie a entamé des réformes qui sont à l'origine d'importantes mutations du SPR. La Banque Centrale de Russie (BCR) a été obligée d'adapter le SPR soviétique à la nouvelle contrainte monétaire dans le contexte économique de la transition. De nombreuses innovations se sont ainsi produites au niveau des relations entre les banques et leurs clients. Elles ont également modifié la configuration des règlements interbancaires dans l'économie russe.

1. La mutation des relations « banque – client »

En ce qui concerne les relations entre les banques et leurs clients, les réformes économiques accompagnées de la crise des paiements ont rendu indispensable une révision générale des termes, des formes et des moyens de paiement. En 1992, les autorités ont démocratisé l'accès des agents économiques au SPR, l'ouverture des comptes bancaires n'étant plus modulée selon l'appartenance des agents au secteur public ou privé. Les banques exécutent désormais les instructions de paiement des clients seulement en cas d'existence d'un solde créditeur et à concurrence des sommes inscrites sur leurs comptes. La nouvelle contrainte monétaire, plus uniforme et non-discriminatoire, représente une véritable innovation dans les relations entre les banques et leurs clients.

Les agents ont obtenu d'autre part le droit de disposer librement des fonds déposés sur leurs comptes bancaires pour effectuer des règlements scripturaux. Les banques ont cessé de vérifier le motif de tout paiement de leurs clients. Elles ne pouvaient plus être tenues pour responsables du retard ou du non-paiement des commandes que les agents économiques passent désormais librement. Les banques ont suspendu le calcul et l'imputation automatique des dommages-intérêts en rapport avec les paiements retardataires ou les arriérés de paiements. Dès lors, les agents sont devenus juridiquement responsables de leurs actes de paiement.

La déréglementation a plutôt appauvri la palette des moyens de paiement hérités du système soviétique. D'une part, les circuits de règlements, débordés et presque paralysés, ont défavorisé les moyens de paiement « sophistiqués » et difficiles à traiter. D'autre part, les comptes de correspondance en développement rapide depuis 1992, qui ont constitué un nouveau circuit de règlements, sont devenus incompatibles avec d'autres moyens de paiement. Par exemple, la « demande de paiement » (*platezhnoje trebovanije*), principal instrument de paiement à l'époque soviétique, a été tenue pour responsable de la prolifération des impayés et pratiquement interdite depuis le 1er juillet 1992. L'idée de la remplacer par un « billet à ordre » (*weksel*) s'est heurtée à de nombreux obstacles, dont le problème de traitement des effets au sein du SPR en crise. Au début, l'utilisation des *weksels* s'est limitée à quelques expérimentations mineures et surtout aux règlements circulaires non-bancarisés. Les chèques portant mention « Russie » ont connu un échec total dans les règlements interrégionaux, l'encaissement étant trop lourd et propice à divers abus. La circulation des chèques s'est rapidement réduite aux règlements intra-régionaux. Par conséquent, « l'ordre de paiement » (*platezhnoje poroutchenije*), avec 96% des règlements scripturaux à la fin 1992, est devenu pratiquement le seul instrument réellement disponible pour les agents économiques. Cet appauvrissement des moyens de paiement a eu trois conséquences majeures pour les règlements dans l'économie russe.

Tout d'abord, les fournisseurs ont beaucoup souffert de l'absence d'instruments leur permettant d'initier l'opération de paiement, ce qui a contribué à accroître le volume des impayés. Les autorités bancaires ont été contraintes de réserver une place à la compensation des impayés dans le cadre de la nouvelle législation relative aux règlements. Sur accord des parties intéressées, les sociétés russes pouvaient toujours utiliser ce dispositif purement soviétique.

D'autre part, le risque croissant des impayés a poussé des agents à exiger des pré-paiements. Les autorités russes n'ont pas osé limiter cette pratique de façon réglementaire. A l'aide des pré-paiements, les agents économiques cherchaient à se prémunir contre les impayés, dont le SPR fondé sur l'ordre de paiement a été en partie responsable.

Enfin, la faible diversité de moyens de paiement a poussé les agents à utiliser davantage les règlements en espèces. Ces derniers ayant pris de l'ampleur encore à l'époque soviétique, les autorités russes n'ont pas osé lever des restrictions relatives à l'utilisation de la monnaie fiduciaire.

2. La mutation des relations interbancaires

La seconde grande mutation s'est produite au niveau des règlements interbancaires. La BCR a repris la cause de la Gosbank de l'URSS et poursuivi la réforme du SPR, engagée en avril 1991. Introduisant un système de comptes de correspondance, la BCR a mis fin à la « monobanque » soviétique. Le nouveau système a séparé le circuit de la Banque Centrale des circuits des banques commerciales et le circuit d'une banque commerciale des circuits des autres. En 1992, les règlements interbancaires passaient en règle générale par les comptes de correspondance des banques à la BCR. Cependant, la BCR a hérité de l'ex-Gosbank d'un réseau d'établissements trop faible pour assurer les règlements. Il a été urgent de reconstruire le réseau au niveau local pour rendre applicable les nouvelles règles en matière de règlements interbancaires. A cet effet, la BCR a créé des « Centres de Caisse et de Règlements » (CCR) (*Rastchiotno-kassovyje tsentry*) sur la base d'anciennes filiales locales de l'ex-Gosbank, qui ont été gérées, entre 1987 et 1992, par d'autres banques publiques. A la fin 1992, le réseau de la BCR était déjà composé de 1427 établissements. La réforme des règlements interbancaires a toutefois provoqué un choc qui a aggravé la crise des paiements en Russie, ceci, pour trois raisons.

Tout d'abord, le volume croissant des règlements s'est concentré sur le seul circuit de la BCR, qui était plus étroit que l'ancien circuit de la « monobanque » soviétique. La BCR a donc perdu en termes de capacité de traitement des règlements interbancaires.

Ensuite, le réseau des CCR s'est développé de manière anarchique. De fortes disparités régionales sont apparues quant à la répartition des CCR sur le territoire russe : les régions à deux ou à trois CCR voisinaient avec des régions où leur nombre s'élevait à plusieurs dizaines. La complexité des flux de règlements variait d'une région à l'autre, avec des effets négatifs pour le SPR en crise.

Enfin, de fortes disparités entre les CCR se sont manifestées au niveau du nombre de comptes de correspondance des banques commerciales. Par exemple, à Moscou, un CCR s'occupait d'une centaine de banques, tandis qu'un CCR provincial gérait en temps normal les comptes de une à deux banques seulement. La fluidité des règlements en a souffert sans aucun doute.

Pour résister à la crise du SPR, la BCR a poussé les banques commerciales à développer leurs propres circuits de règlements. Cherchant à éviter le circuit « officiel » débordé, les banques ont commencé à utiliser davantage les règlements intrabancaires et à ouvrir des comptes de correspondances les unes auprès des autres. L'expansion des circuits « privés » a marqué une phase nouvelle de la réforme des circuits de règlements en Russie.

L'*Incombank* est probablement la première banque privée russe à avoir créé, à la fin de 1992, son propre système de compensation des règlements interfiliales. D'autres grandes banques à réseaux, dont la *Sberbank*, ont suivi l'exemple pour développer leurs systèmes de règlements intra-bancaires.

Par ailleurs, les banques commerciales ont largement profité de leur droit d'ouvrir librement des comptes de correspondance. A la fin de 1993, la Russie comptait déjà quelques grandes banques qui disposaient de réseaux suffisamment étendus de correspondants dans les différentes régions du pays (*Tveruniversalbank*, *Inkombank*, *Menatep*, *Rossijsky Kredit*, etc.). Cependant, l'initiative privée n'a engendré que quatre chambres de compensation en Russie. Le circuit « privé » est resté très décentralisé.

Les mutations des premières années ont abouti à la nouvelle configuration des circuits de règlements en Russie (cf. figure 1). Celle-ci est indissociable de la crise du SPR en Russie.

II. La crise du SPR entre 1992 et 1995

La fonction de base d'un SPR est d'assurer la circulation d'une information relative à la modification des positions des agents économiques, qui est intégrée dans leurs paiements. La crise russe entre 1992 et 1995 démontre que les capacités du SPR en matière de transmission de l'information sont vitales pour assurer une coordination indispensable à l'échelle de l'économie nationale. La transition russe a formulé de nouvelles exigences à l'égard du SPR. La rapidité, la transparence et l'intégrité sont devenues les principaux critères de la performance du SPR en Russie. Cependant, la nouvelle configuration des circuits de règlements a exacerbé la crise qui a frappé le SPR à la fin de l'époque soviétique. Dans cette partie, l'étude se limite à la période de 1992 à 1995.

Les réformes russes ont contribué à augmenter de façon considérable le nombre de paiements passant par le SPR. Les agents ont désormais acquis le droit d'effectuer diverses opérations financières en toute légalité. Les règlements associés aux opérations financières se développaient d'autant plus que la privatisation avait entraîné la transformation des milliers d'entreprises publiques en sociétés par actions. La palette des opérations financières s'est considérablement élargie : les paiements des dividendes, les règlements des titres et d'autres actifs négociables ont connu un essor considérable. D'autre part, la privatisation a entraîné un démembrement de grands réseaux de distribution. Les nouvelles entreprises ont été si nombreuses que les banques se sont montrées incapables d'assurer l'ouverture et la gestion des comptes en 1992.

Il s'ensuivit une explosion quantitative des paiements passant par le système bancaire. Débordés à la fin de 1991, les circuits de règlements ont subi une surcharge qui les a presque paralysés. Les pertes de documents de paiement et les erreurs de routage sont devenues affaire courante au sein du SPR russe. En 1992, les CCR immobilisaient des sommes énormes, le montant du « float » s'élevant à 10% du solde des comptes de correspondance des banques commerciales. Les CCR ne parvenaient pas à corriger en temps utile les nombreuses erreurs de leurs confrères submergés par des piles de documents de paiement à traiter. Une décélération catastrophique des règlements scripturaux s'est ajoutée à une incertitude accrue quant à leur bonne fin. Quoique les délais de règlements ont connu une amélioration progressive depuis 1993, la situation n'a pas changé de manière qualitative à la fin de la période. La Russie est restée l'otage de la crise du SPR. La nouvelle configuration du SPR a perpétué la crise dont les conséquences majeures sont l'allongement des délais de règlements, l'incertitude généralisée quant aux délais de règlements et le fractionnement du SPR sur une base régionale.

1. L'allongement des délais de règlement

L'allongement des délais de règlements résulte des dysfonctionnements des circuits de règlements, « officiel » et « privé » (cf. figure 1). Le circuit « officiel » est celui de la BCR, le circuit « privé » est l'apanage des banques commerciales directement liées par des comptes de correspondance. Le circuit

« privé » en expansion n'a pas supplanté le circuit « officiel » qui continuait à jouer un rôle très important au sein du SPR russe.

La BCR a été pratiquement la seule banque à disposer des filiales dans toutes les régions du pays. La majorité des nouvelles banques russes étaient des banques sans réseau ou avec un réseau régional (banques "3a" et "4b" - cf. figure 1). Les banques cherchant à étendre leur réseau à l'ensemble du territoire russe ont été relativement peu nombreuses. En règle générale, les réseaux sont faibles pour relier les régions russes par des règlements intra-bancaires. Ces derniers restaient sous-développés.

Le circuit « officiel » est incontournable pour régler les soldes résultant des paiements qui passent par les comptes de correspondance directement ouverts par les banques commerciales. Le deuxième volet du circuit « privé » a été ainsi dépendant du circuit « officiel ». La dépendance a été d'autant plus grande que :

- le nombre de banques russes était important. Les petites banques, qui abondent en Russie, ne peuvent, ni techniquement, ni financièrement, se permettre d'ouvrir des comptes de correspondance non seulement auprès de tous les autres membres du système bancaire (éventualité théorique), mais aussi dans les banques qui apparaissent le plus souvent sur leurs listes de banques émettrices ou destinatrices des règlements ;

- le nombre des correspondants « directs » des grandes banques était considérable. L'existence de nombreux correspondants « directs » est à l'origine d'une fragmentation excessive de la contrainte de paiement de la banque concernée. Plus les comptes de correspondance sont nombreux, plus il y a de possibilités qu'une partie des comptes soit débitrice, alors que l'autre est créditrice. Si les découverts sont interdits ou plafonnés, il est nécessaire de redistribuer les fonds entre les comptes pour les équilibrer. Il faut alors passer par le circuit « officiel ».

- les restrictions relatives au découvert sur les comptes de correspondance à la BCR étaient défavorables aux banques commerciales. En effet, le durcissement de la politique monétaire se répercute inévitablement sur les conditions applicables aux découverts sur les comptes de correspondance « privés ». Les correspondants privés sont alors obligés d'immobiliser des sommes considérables sur leurs comptes pour éviter les découverts excessivement onéreux. Par la rigueur croissante de la politique monétaire, la BCR a provoqué une augmentation spectaculaire des fonds « oisifs » (caisse + comptes de correspondance) dans les bilans des banques russes. Les ratios correspondants ont été entre 5,8% et 27,5% en 1992, et ils sont passés à l'intervalle de 18,8% à 70,2% en 1993.

Le circuit de la BCR est vital pour le SPR en Russie. Les performances du circuit « officiel » sont déterminantes pour la rapidité des règlements à l'échelle de l'économie. Cependant, les mouvements des fonds entre les établissements de la BCR ont continué à suivre la logique des MFO (*Mezhfilial'nyje oboroty*), connue pour un schéma de comptabilisation excessivement lourd. D'une part, la BCR a été l'otage d'une technologie obsolète en matière de traitement et de transmission des documents de paiement. Acheminés par la Poste ou par des services de course spécialisés, les paiements ont presque toujours circulé sur support papier. Dans ce contexte, les délais de règlements n'ont eu aucune chance de diminuer au-dessous d'un certain niveau minimum, incompatible avec les exigences de l'économie moderne à l'égard des règlements.

2. L'incertitude quant aux délais de règlement

L'incertitude généralisée relative aux délais de règlement est la deuxième conséquence de la crise du SPR en Russie. D'un point de vue théorique, le délai de paiement (Rt) peut être représenté comme une fonction des trois variables :

Rt = f(Vx, Vy, Vz), où :

Vx est le temps entre le débit du compte du payeur et le crédit du compte du bénéficiaire (temps de comptabilisation et de transmission d'un document de paiement) ;

Vy est le temps nécessaire à la constitution d'une provision sur le compte du payeur (zéro, si approvisionné ou facilités de caisse) ;

Vz est le temps nécessaire à la constitution d'une provision sur le compte de correspondance de la banque du payeur (zéro, si approvisionné ou facilités de découvert).

Les délais de paiements (Rt) ne sont stables et prévisibles qu'aux conditions suivantes : {Vx = const., Vy = 0, Vz = 0}. La crise du SPR a fortement affecté la réalisation de ces conditions en Russie.

Le "Vx" n'est ni constant ni prévisible à cause de la configuration déficiente des circuits de règlements. Si l'on suppose que l'agent "A" paye à l'agent "B" (cf. figure 1), on peut facilement constater que le délai de règlements est en relation avec :

- l'établissement teneur des comptes du payeur et du destinataire. Le "Vx" est généralement d'autant plus grand que le nombre d'étapes de comptabilisation du document de paiement est important ;

- le circuit de règlements. Les paiements canalisés par le circuit privé sont généralement plus rapides que ceux passant par le circuit « officiel » surchargé ;

- le type de document de paiement choisi. Les « ordres de paiement » sont généralement plus faciles à traiter. Ils sont donc plus rapides que les autres documents de paiement.

- le montant du paiement. Dans le cadre du circuit « officiel », seuls les paiements supérieurs à 10 millions de roubles peuvent être envoyés par câble. Les montants inférieurs sont à transmettre par la voie postale.

Le délai de règlement peut donc fluctuer dans une fourchette entre le "Vx" minimum et le "Vx" maximum, ces derniers étant déterminés par les facteurs ci-dessus. Pendant la période étudiée, le "Vx" maximum est indéterminé, même par la voie législative. Plusieurs tentatives de fixer le "Vx" ont échoué dans la mesure où les pénalités de retard sont restées inapplicables ou inappliquées.

Le "Vy" n'est ni constant ni prévisible pour des raisons suivantes :

- les positions individuelles des agents ("Vy") ne sont pas indifférentes à l'instabilité des délais de règlements que génère la configuration donnée du SPR ("Vx"). De surcroît, Vy = f(Vx), de sorte que l'incertitude relative au "Vx" complique énormément la gestion de la trésorerie des agents économiques ;

- le sous-développement des moyens de paiement permettant aux fournisseurs d'initier le règlement (moyens encaissables par les bénéficiaires) rend incertain le délai de paiement des biens livrés, mais encore impayés par les clients concernés ;

- la raréfaction des crédits de paiement (facilités de caisse) accordés par les banques contribue à maintenir constamment le "Vy" au-dessus de zéro.

Par conséquent le "Vy" agit dans le même sens que le facteur "Vx". La synergie amplifie et rend encore plus incertaines les variations des délais de règlements dans l'économie russe.

Le "Vz" est aussi loin d'être neutre au sein du SPR russe. La trésorerie des banques ne peut pas être complètement indépendante de la trésorerie de leurs clients, qui souffre de la crise du SPR. En ce sens, les positions individuelles des banques représentent une fonction de la situation de leurs propres clients : Vz = f(Vy). Elles constituent un facteur potentiellement très puissant de l'incertitude relative aux délais de paiements. Ceci, pour les raisons suivantes :

- le durcissement de la contrainte monétaire par la BCR, qui s'est déroulé dans le contexte d'un marché monétaire sous-développé, a créé d'énormes difficultés pour les banques commerciales qui ne parvenaient pas toujours à approvisionner en temps utile leurs comptes de correspondances. A partir de 1993, la BCR a commencé à bloquer les règlements des banques ayant un découvert durable sur leurs comptes dans les CCR, jusqu'à ce que le découvert soit régularisé. La politique de blocage a contribué à détériorer la fluidité des règlements et la prévisibilité de leurs délais par les clients des banques concernées.

- sous la menace de découvert, les banques ont préféré bloquer les paiements de leurs clients, les paiements n'étant transmis qu'au fur et à mesure de la réapparition d'un solde créditeur sur le compte de correspondance. La pratique perverse des banques a amplifié davantage l'incertitude relative aux délais de règlements (Rt).

3. Le fractionnement du SPR sur une base régionale

Le fractionnement du SPR sur une base régionale est la troisième conséquence de la crise des règlements en Russie. Le fractionnement est en rapport direct avec l'allongement des délais de règlements et avec l'incertitude les concernant. Compte tenu de l'importance du circuit « officiel », les délais de règlements entre les agents économiques, ainsi qu'entre banques, continuent de dépendre des règlements par le circuit de la BCR, ce qui a trois implications (cf. figure 1).

Premièrement, les délais de règlements à l'intérieur d'une région ne sont pas les mêmes qu'en cas de règlements entre deux régions différentes. Les règlements intra-régionaux sont généralement plus rapides que les règlements interrégionaux. Au niveau régional, les documents de paiement passent moins d'étapes de comptabilisation. L'expédition des documents prend moins de temps. Les banques sont plus souvent liées par des comptes de correspondance au niveau régional qu'au niveau interrégional.

Deuxièmement, la majorité des règlements interrégionaux est comptabilisée suivant le schéma « hiérarchisé » et ceci, quel que soit le circuit de règlements initialement choisi. Les règlements entre deux régions « périphériques » (par exemple, la région "A" et la région "B", cf. figure 1) sont ainsi obligés de passer par le « Centre » (Moscou et sa région - "C"). La région "C" est particulièrement surchargée. En 1993, quelques 70 à 80% des règlements russes transitaient par Moscou. D'autre part, les règlements entre la région "C" et toute autre région sont plus rapides que les règlements entre des régions « périphériques » (par exemple, "A" et "B"). La position particulière de Moscou au sein du SPR russe a contribué à en faire un centre financier du pays.

Troisièmement, les délais de règlement ne sont pas homogènes dans les différentes régions de la Russie. Par exemple, à Moscou, les délais de règlements variaient, au début de 1994, de un à sept jours, voire plus. Cependant, ils n'ont pas été les mêmes dans d'autres régions. Au Bachkortostan, le délai moyen des règlements intra-régionaux s'est élevé à 30 jours au début de 1993. De fortes disparités régionales (en matière de bancarisation, de télécommunications, etc.) ont impliqué une extrême diversité des délais moyens des règlements intra-régionaux.

Défavorable aux règlements interrégionaux, le SPR russe a eu tendance à se replier sur une base régionale. En 1988, la part des règlements interrégionaux s'est élevée à 30%, voire à 40% des documents de paiement et à 70% du volume des paiements. En 1994, ces chiffres ont été respectivement de 5,2% et de 8,5% seulement. On est donc en présence de la régionalisation de l'espace monétaire russe. Les déficiences du SPR ont fortement influencé les dynamiques économiques de la Russie en transition.

III. Les effets de la crise du SPR sur l'économie russe

Le SPR représente un facteur structurel qui perturbe le fonctionnement de l'économie nationale et pervertit la politique monétaire en Russie.

Sur le plan macroéconomique, le SPR impose un certain seuil relatif à la vitesse de circulation de la monnaie scripturale en économie. La vitesse de circulation ne peut pas le dépasser. C'est un seuil limite. Il dépend de la capacité purement technique du SPR à assurer la comptabilisation et le routage des documents de paiement. On peut donc décrire la situation normale ou non-inflationniste de la manière suivante :

$Vs^* \geq Vs$

$Vs^* = f(Vx)$ - seuil (vitesse maximum de circulation de la monnaie scripturale) ;

$Vs = f(Rt)$ - vitesse de circulation de la monnaie scripturale.

Il est connu qu'en économie à forte inflation (c'est le cas de la Russie entre 1992 et 1995), la vitesse de circulation de la monnaie n'est pas constante. La demande de monnaie est instable. Il existe par ailleurs une corrélation positive entre l'incertitude induite par l'inflation et la vitesse de circulation de la monnaie : plus l'incertitude est grande, plus la vitesse de circulation est importante. Dans cette situation, le rôle du seuil imposé par le SPR devient crucial pour la vitesse de circulation de la monnaie scripturale. Plus le seuil est bas, plus il y a de chances que la vitesse se heurte à ce seuil. Si c'est le cas, l'économie tombe dans un piège construit de la manière suivante :

1) $Vs^a < Vs^*$, $Vs^a = f(Rt)max.$, où Vs^a est la vitesse de circulation anticipée, qui est une fonction du délai maximum de règlement [(Rt)max] expérimenté par les agents.

2) $Vs^\circ > Vs^*$, $Vs^\circ = f(\pi^a)$ avec Vs, la vitesse de circulation désirée, qui est une fonction du taux d'inflation anticipée (π^a).

L'écart entre Vs^a et Vs° constitue une contrepartie intrinsèquement instable de la demande de monnaie en économie. Sur le plan macroéconomique, cet écart représente un « déstabilisateur structurel » créé par la configuration déficiente du SPR.

1. Les effets du ralentissement de la circulation scripturale

De nombreuses plaintes des agents russes, qu'il s'agisse de la lenteur des règlements ou du manque permanent de monnaie dans l'économie, indiquent qu'ils désirent une vitesse supérieure à celle qui correspond au seuil imposé par le SPR. Dans cette hypothèse, les agents modifient leurs comportements de façon à contourner l'entrave artificielle. Il peut y avoir deux sortes de réactions :

a) Etant donné que la vitesse de circulation de la monnaie fiduciaire (Vf) peut être supérieure à la vitesse de circulation de la monnaie scripturale, qui correspond au seuil (Vf > Vs*), la première réaction des agents sera logiquement de retirer leurs dépôts d'espèces pour pouvoir dépasser le seuil en question. Sans cesse croissante, la part de la monnaie fiduciaire au sein de la masse monétaire russe en fournit la meilleure illustration. La substitution de la monnaie fiduciaire à la monnaie scripturale signifie :

- pour les banques : la fuite des dépôts, qui risque de mettre en cause la liquidité des banques et de provoquer des faillites en chaîne.

- pour l'économie : l'accélération de l'inflation (si les dépôts dans les banques en faillite et la baisse des recettes fiscales à cause de la désintermédiation sont refinancés directement par la BCR) et/ou de la récession (si la désintermédiation n'entraîne pas la création monétaire, mais passe par la contraction du crédit bancaire et des dépenses publiques).

b) Etant donné que les personnes morales russes ne sont pas autorisées à convertir librement la monnaie scripturale en espèces, elles sont contraintes de choisir parmi les solutions suivantes :

- faire appel au troc. En 1992, les entreprises industrielles russes effectuaient de 25 à 58 % des règlements sous forme de troc. En 1995, la part du troc a, certes, diminué. Cependant, les autorités russes n'ont jamais réussi à l'éradiquer.

- pour s'assurer contre le retard des paiements et contre les impayés, les agents peuvent exiger des pré-paiements. Une prolifération des impayés a poussé les agents à développer la pratique des pré-paiements. Au début de 1993, les pré-paiements concernaient déjà presque la moitié des transactions en Russie. Au début de 1994, le chiffre s'est élevé à 80%.

- même si les fournisseurs n'exigent pas de pré-paiements, ils sont tout de même obligés d'incorporer les dommages anticipés qu'ils peuvent subir à cause du SPR déficient dans le prix de vente de leurs produits.

Ces trois réactions des agents économiques signifient :

- pour les banques : un risque de crédit dû à la trésorerie détériorée des agents (fournisseurs : incertitude relative aux ventes ; acheteurs : coûts élevés des intrants) qui sont obligés de s'adapter aux mouvements hystériques et aberrants des prix.

- pour l'économie : une poussée de l'inflation et/ou de la récession ;

Dans ce contexte, aucune stabilisation économique durable n'est envisageable en l'absence de mesures visant à accélérer le passage des paiements par le SPR (il est impératif de faire baisser le Vs*).

2. Les effets de la variabilité des délais de règlements

La véritable particularité du SPR russe est toutefois la suivante : le SPR n'est pas en mesure d'imposer un délai de règlements uniforme. Le seuil relatif à la vitesse de circulation de la monnaie scripturale n'est pas le même pour les différentes distances et les différents établissements. Il fluctue aussi dans le temps pour les mêmes établissements et pour les mêmes distances. La vitesse de circulation scripturale (demande de monnaie scripturale) est ainsi intrinsèquement instable. Dans ce contexte, des effets pervers se manifestent aux niveaux microéconomique et macroéconomique, ainsi qu'au niveau de la politique monétaire.

2.1. Au niveau microéconomique

Incapables d'anticiper correctement les délais de règlements, les agents ont tendance à augmenter soit les retraits d'espèces, soit les prix de leurs produits plus que nécessaire pour couvrir les dommages causés par un retard de règlements que génère le SPR en crise.

2.2. Au niveau macroéconomique

Les différents délais de règlements aux niveaux interrégional et intra-régional découpent l'économie russe en une multitude de marchés régionaux qui se mettent en place autour de sous-systèmes bancaires assurant un seuil plus ou moins homogène au niveau régional. Chaque marché régional a une conjoncture relativement indépendante. L'espace économique russe n'est pas homogène. Le véritable marché national a du mal à se mettre en place et fonctionne, sous l'effet pervers du SPR russe, comme s'il était un marché à terme où justement le terme n'est pas défini.

2.3. Au niveau de la politique monétaire

Etant donné que le SPR impose plusieurs seuils relatifs à la vitesse de circulation de la monnaie scripturale, aucun objectif économique ne peut être atteint à l'aide d'une politique monétaire restrictive. Si l'on reprend, par exemple, la fameuse équation quantitative $MV = PQ$, et si l'on suppose que la vitesse de circulation "V" n'est ni constante ni homogène, le contrôle rigoureux de l'offre de la monnaie, prévu par la politique monétaire restrictive, contribuerait à déstabiliser, à régionaliser et même à démonétiser l'économie. Car la restriction monétaire n'exercerait pas la même pression sur les régions russes dont chacune bénéficie de son propre seuil relatif à la vitesse de circulation scripturale. Dans les différentes régions, les dynamiques économiques commenceraient alors à s'écarter l'une de l'autre. Les dérapages artificiels contribueraient à une régionalisation de la récession exacerbant les tensions inflationnistes ou même conduisant à la mise en circulation de monnaies régionales, et la politique monétaire restrictive échouerait.

La politique monétaire expansionniste n'est pourtant pas plus efficace. Certes, elle permettrait de réduire les divergences artificielles entre les régions que génèrent les seuils géographiquement hétérogènes, sans pour autant les neutraliser complètement. L'effet pervers des seuils hétérogènes réapparaîtrait alors sous forme de différentes pertes causées par l'inflation aux agents résidant dans les différentes régions, et la politique monétaire expansionniste échouerait.

Dans ce contexte, toute modification de la politique monétaire serait à l'origine d'une incertitude supplémentaire qui ne pourrait qu'aggraver la situation. La meilleure politique monétaire est donc stable. En réalité, elle est inopérante. Pour annuler l'effet destructeur du SPR déficient, il existe deux solutions opposées : laisser l'économie russe se démonétiser complètement ou réformer le SPR en crise.

IV. Les premières réformes du SPR en Russie entre 1992 et 1995

En 1992, les règlements scripturaux ont été paralysés, l'économie russe a souffert, à la fois de la pénurie de la monnaie fiduciaire et de la propagation des impayés, en forçant la BCR à agir comme une équipe de pompiers. Par la suite, la situation a commencé à se redresser, sans pour autant avoir touché aux causes profondes de la crise du SPR. Depuis août 1992, la BCR a entrepris des mesures visant à réformer le SPR, qui ont permis à la crise de perdre progressivement de son acuité. De 1992 à la fin 1994, l'intervention de la BCR a eu pour objectif d'augmenter les capacités du circuit « officiel » en matière de traitement et de transmission de l'information concernant les paiements.

Tout d'abord, la BCR a essayé d'améliorer le système existant de la transmission des documents de paiement. La réforme était indispensable, puisque la Poste, organisme externe par rapport à la BCR, ne pouvait plus assurer des délais acceptables pour l'expédition des documents de paiements. Depuis septembre 1992, la BCR a confié l'expédition des documents de paiements entre les différentes régions russes à un service public spécialisé. Conformément au règlement interne de l'organisme public, les envois interrégionaux doivent être remis aux destinataires dans un délai de trois jours. D'autre part, la BCR a autorisé ses Directions Régionales à faire appel aux services d'expédition des fonds ou aux transporteurs spécialisés pour acheminer les documents de paiements à l'échelle régionale.

Ensuite, la BCR s'est fixée pour objectif de moderniser les procédures de traitement des paiements au sein des CCR. Cependant, la modernisation des CCR s'est rapidement avérée impossible en dehors de l'informatisation. La banalisation de l'outil informatique est devenue essentielle pour moderniser leur fonctionnement. Parallèlement, la BCR a entamé une réforme d'anciens sites informatiques hérités de la Gosbank. La réforme a tâché de les remplacer par les Centres Régionaux de l'Informatisation (CRI) qui seraient plus adaptés aux nouvelles exigences à l'égard des règlements en Russie. Cependant, les modifications n'ont été que partielles. Elles n'ont pas pu améliorer qualitativement la performance du circuit « officiel ». Ceci, pour deux raisons évidentes :

Premièrement, le véritable progrès n'a touché qu'à la technologie de traitement de l'information au sein des établissements de la BCR, les technologies de transmission de l'information entre les CCR n'ayant pas subi de changements qualitatifs. La réforme n'a donc pas amélioré les performances du réseau.

Deuxièmement, la BCR s'est occupée uniquement de la réforme du circuit « officiel ». La modernisation n'a été que partielle. Elle n'a pas concerné directement l'ensemble des éléments du SPR en Russie.

Pour l'essentiel, l'intervention de la BCR a porté sur une utilisation plus efficace du réseau existant des télécommunications entre ses propres établissements. Il s'agissait d'introduire les virements électroniques entre les CCR aux niveaux intra-régional et interrégional.

Quant aux règlements interrégionaux, la première expérience date du 9 octobre 1992, quand le premier virement électronique a été envoyé de Ekaterinbourg à Perm'. Au début de 1994, les règlements électroniques reliaient déjà cinq Directions Régionales de la BCR : Ekaterinbourg, Perm', Kourgan, Tcheliabinsk et Volgograd. Un peu plus tard, d'autres établissements territoriaux de la BCR (Tumen', Omsk, Novosibirsk, Nijni Novgorod, Bachkortostan, Tatarstan, Udmourtie et Komi) ont rejoint le système des règlements électroniques au niveau interrégional.

Quant aux règlements intra-régionaux, les paiements électroniques se sont développés dans plusieurs régions russes (Ryazan', Bachkortostan, etc.). Cependant, la BCR a concentré l'essentiel de ses efforts sur les règlements électroniques dans la région de Moscou. Depuis le deuxième trimestre de 1993, la BCR a relié les principaux acteurs du SPR régional par un réseau informatique, en réduisant sensiblement les délais de règlements à Moscou. Dès lors, le système n'a cessé de se développer. Depuis janvier 1994, le système de messagerie électronique s'est vu progressivement élargir aux établissements bancaires de la région de Moscou.

La région du Nord-Ouest de la Russie fournit un autre exemple des règlements interbancaires fondés sur les réseaux modernes de télécommunications. Au début de 1994, la messagerie électronique a relié tous les CCR de la région de Saint-Pétersbourg. Quelque temps après, un système analogue s'est mis en place dans la région de Pskov. Dans les deux cas, il s'agit de systèmes de virements électroniques permettant d'effectuer les règlements interbancaires en l'espace d'une heure et, potentiellement, en temps réel. Ils font partie du réseau de télécommunications qui était censé s'étendre sur l'ensemble du Nord-Ouest russe.

Les réformes de la BCR ont permis d'améliorer, quoique localement, la performance des règlements interbancaires. Par ailleurs, elles ont donné un bon exemple aux banques commerciales qui ont réalisé un effort considérable pour développer les règlements électroniques au sein de leurs réseaux.

La Sberbank qui dispose du réseau bancaire le plus étendu en Russie en fournit le meilleur exemple. Soucieuse de moderniser les règlements intra-régionaux et surtout interrégionaux, la Sberbank a opté pour une technique de compensation intra-bancaire. Depuis 1993, elle a commencé à mettre en place des centres intra-bancaires de compensation à trois niveaux (central - régional - local). Le nouveau circuit a permis de réduire les délais de règlements de huit à dix fois ! En réalité, la Sberbank a repris l'idée déjà ancienne de relier ses établissements par un réseau de télécommunications. En 1993, la Sberbank a entamé une informatisation complète de ses centres de compensation. En 1994, le réseau des centres était déjà composé de 80 établissements. En outre, la Sberbank s'est fixée pour objectif de s'équiper d'un système de règlements adapté à l'utilisation des cartes à puce.

Le réseau de l'*Agroprombank* fournit un autre exemple. L'Agroprombank a décidé de relier ses filiales par un réseau de télécommunications. La portée de la décision a été capitale, puisque la majorité des établissements de la banque se trouvait dans des régions agricoles où le problème des communications a été toujours d'une acuité particulière. L'Agroprombank a toutefois enregistré un progrès remarquable. Au début de 1994, les virements électroniques circulaient déjà entre 41 banques régionales et plus de 700 filiales locales de l'Agroprombank.

La progression de nouvelles technologies favorables à l'accélération des règlements n'a pourtant été ni générale ni équilibrée.

En ce qui concerne le déséquilibre, les nouvelles technologies de transmission et de traitement de l'information se sont développées principalement au sein de grands groupes bancaires et ont généralement porté sur les règlements intra-bancaires. Les règlements interbancaires ont été relativement moins touchés par le progrès technique. Bien sûr, la télécopie et le télex d'abord, la messagerie électronique ensuite, sont entrés dans le quotidien des banques russes pour la gestion des comptes de correspondance. Cependant, l'insécurité des communications privées a poussé les banques, par exemple, à utiliser de façon inappropriée la messagerie SWIFT pour des paiements en roubles plutôt qu'à développer leurs propres moyens de communication. La législation déficiente peut en fournir une explication. Par crainte d'encourager des fraudes, les législateurs russes ont systématiquement repoussé les textes concernant, par exemple, la signature électronique. Dans ce contexte, les règlements électroniques ne pouvaient se développer que là où régnait la confiance entre banques et où les règles internes pouvaient se substituer à une loi sur la signature électronique qui manquait. Avant d'être finalement reconnue par la législation russe en 1994, la signature électronique a subi de nombreux essais en matière de protection et de cryptage des messages électroniques dans le circuit de la BCR. La Russie s'est ainsi dotée d'un cadre juridique indispensable à une progression des règlements électroniques entre les différents établissements bancaires.

Le progrès des nouvelles technologies a été incomplet : de fortes disparités se manifestaient dans la mise en place et dans l'utilisation des systèmes des télécommunications pour les règlements interbancaires. En règle générale, les différents degrés d'informatisation des banques et des régions reproduisaient les disparités en matière de délais de règlement dans l'économie russe.

La composition du système bancaire russe a posé un autre problème important pour le SPR. La majorité des banques russes sont des banques régionales à réseau sous-développé ou inexistant. Elles n'ont ni les moyens nécessaires, ni un intérêt particulier, pour participer activement aux projets d'informatisation des règlements interbancaires. De tels projets sont extrêmement coûteux et rendent indispensable une coordination des efforts des différents membres du système bancaire. Dans ce contexte, le rôle des petites banques s'est logiquement réduit à la consommation des services offerts par les réseaux des télécommunications, alors que la promotion des règlements électroniques est devenue l'affaire des grandes banques et, surtout, de la BCR.

V. Crises et évolutions du SPR entre 1995 et 2000

De 1995 à 2000, le SPR russe a connu deux crises majeures qui l'ont conduit à la paralysie. La première crise a eu lieu en août 1995. La seconde a ravagé le système bancaire russe en août 1998.

En août 1995, la crise a ébranlé le marché interbancaire de Moscou, mettant à nu toutes les déficiences du SPR en Russie. Surprises par le retournement de la situation macroéconomique (retour des taux réels positifs dans le contexte de la stabilisation du change, de la décélération de l'inflation et de la politique monétaire très restrictive), les banques russes qui ont jusqu'alors spéculé sur le change du rouble se sont massivement retrouvées à court de liquidité. Elles sont alors retournées au marché interbancaire dont la conjoncture a commencé à chauffer. En août 1995, la boule spéculative a explosé. Des dizaines des banques moscovites ont cessé leurs paiements. Une centaine des banques a dû faire face à de graves difficultés financières. Pendant la crise bancaire qui s'est progressivement répandue aux autres régions de la Russie, la moitié des banques n'a pas honoré ses engagements. Le marché interbancaire n'a pas été simplement paralysé. En réalité, il a été définitivement ébranlé par la crise. Certes, le marché interbancaire unique n'a jamais existé en Russie. Cependant, à la veille de la crise, les marchés interbancaires relativement indépendants fonctionnaient dans plusieurs centres financiers russes : à Moscou, à Saint-Pétersbourg, à Novosibirsk, etc., chaque marché ayant ses propres niveaux de taux, lignes de crédit et exigences à l'égard des agents. Après août 1995, les marchés régionaux ont cessé d'exister, sans parler de l'espoir de les voir rapidement réintégrés dans un seul et unique marché interbancaire russe. Par exemple, deux ans plus tard, un tiers des banques russes a fonctionné sans avoir jamais réalisé aucune opération sur le marché interbancaire. La crise a donc eu plusieurs conséquences importantes pour le SPR russe.

Tout d'abord, l'illiquidité de banques a généralisé des retards de paiements au sein du SPR russe. La Russie a vu à nouveau revenir les jours les plus sombres de la crise des règlements de 1992. Par l'insuffisance des soldes sur les comptes de correspondance, les banques cherchaient à bloquer les règlements des clients. La banque débitait le compte du payeur, sans avoir enregistré l'opération sur un compte de correspondance. Des paiements arrivant aux destinataires avec un retard de 30 jours sont redevenus affaire courante en Russie. Par ailleurs, de nombreuses entreprises ont constaté une corrélation positive entre le montant du virement et le temps de son passage par le SPR : plus le montant du paiement était élevé, plus le délai de virement était important. Les banques russes ont donc « géré » les paiements de façon sélective. Ainsi, elles ont été en partie responsables d'énormes retards des versements d'impôts et des paiements publics passant par le système bancaire en Russie. En outre, certaines banques agréées se déclaraient en faillite, sans jamais restituer des fonds publics. Les pratiques perverses des banques ont largement alimenté l'incertitude liée aux règlements scripturaux et ont renforcé les préférences des agents russes à l'égard de la monnaie fiduciaire, des devises, du troc ou encore des divers substituts monétaires.

Au sein de la communauté bancaire, la crise a créé un climat de méfiance généralisée, avec deux effets majeurs pour les règlements à travers les comptes de correspondance. D'une part, la raréfaction des crédits interbancaires a fortement détérioré la fluidité des règlements passant par les comptes de correspondance. D'autre part, les banques qui en ont fait les frais à la suite de la crise ont fermé leurs comptes dans d'autres banques russes pour se replier sur le circuit de la BCR en cas de règlements en roubles et sur leurs correspondants étrangers en cas de paiements en devises. Avant août 1995, les comptes de correspondance des banques commerciales assuraient plus de 50% des paiements en Russie. Après la crise, le chiffre a chuté. En 1996, il a été de 15,5% seulement, la part du circuit « officiel » étant au niveau de 56%. Le circuit « privé » s'est décomposé. Il n'en restait pratiquement que des règlements intra-bancaires. En revanche, le circuit « officiel » a souffert de la surcharge. Le bouleversement des circuits de règlement est une conséquence majeure de la crise d'août 1995.

Les autorités, la BCR et les banques commerciales russes ont été contraintes de faire face au SPR bouleversé par la crise. Entre 1995 et 1998, les autorités russes ont fait passer une série de textes importants pour le SPR. Par exemple, la loi fédérale sur la BCR, en vigueur depuis mai 1995, a établi que les délais des règlements scripturaux ne doivent pas dépasser deux jours à l'intérieur d'une région et cinq jours entre les régions. Depuis mars 1996, le nouveau Code civil, Partie II, est entré en vigueur en Russie. Il a stipulé, entre autres, que les banques n'ont pas le droit de contrôler l'utilisation des fonds de leurs clients. Aussi, le Code civil a fixé que les banques sont désormais tenues de porter le montant des virements reçus au crédit des comptes des destinataires au plus tard le jour suivant la réception des documents de paiement. Depuis mars 1997, la loi fédérale sur les effets de commerce (*weksel*) a interdit à l'Etat fédéral, à ses sujets et aux organes de l'auto-administration locale de prendre des engagements en rapport avec ce type de créances. Ainsi, le législateur a essayé de combattre la prolifération des substituts monétaires en Russie. D'autre part, l'Etat a pris une décision importante de créer un système informatisé de gestion du Trésor public. Destiné à moderniser le contrôle des deniers publics, le nouveau système aurait dû permettre d'éliminer de nombreux abus lors du passage des fonds au sein du système bancaire.

Pour sa part, la BCR a émis, de 1995 à 1998, une série de textes très importants pour la destinée du SPR russe dont il sera question dans la section suivante. Parallèlement, elle a multiplié les interventions au sein du système bancaire pour combattre la crise des paiements. Par exemple, la BCR a généralisé le contrôle des impayés bancaires. A cet effet, elle a réglementé les relations de correspondance entre les banques commerciales russes. Aucun règlement n'a existé en ce domaine avant la crise d'août 1995. Depuis novembre 1996, la BCR a considérablement élargi les compétences des CCR. En 1997, le circuit « officiel » a été composé de 1341 établissements de tous niveaux. Les CCR géraient les comptes des 1977 établissements de crédit et des 4780 filiales, ainsi que des 121 618 agents autres que les établissements de crédit. Au premier trimestre 1997, le nombre moyen de paiements passant par le circuit « officiel » s'est élevé à 896 597 documents par jour. En outre, la crise du circuit « privé » a incité la BCR à accélérer l'introduction de nouvelles techniques de règlements au sein de son propre circuit. En 1995, les virements électroniques ont fait l'objet d'essais et ont été exploité dans 37 régions pour les règlements intra-régionaux et dans 22 régions pour les règlements interrégionaux. En 1996, les règlements électroniques se sont étendus sur 45 régions russes aux niveaux intra-régional et interrégional. De 1995 à 1996, la part des virements électroniques a augmenté de 9% (nombre de paiements) et de 5,5% (montant des paiements) au détriment des règlements acheminés par la Poste ou par câble. En janvier 1997, la Direction Régionale de Moscou, qui assure à elle seule une moitié des règlements passant par le circuit « officiel », a été enfin connectée au système des virements électroniques au niveau interrégional. Depuis février 1997, le système automatisé, qui s'est développé à l'échelle de la région de Moscou, a passé en mode de traitement des paiements par séances intra-journalières périodiques. Depuis avril 1998, les CCR ont commencé à échanger des documents de paiement de plein format avec des banques commerciales de la région de Moscou. Les banques n'ayant plus besoin de confirmer les documents électroniques par copies sur support papier, le nouveau format des paiements électroniques a marqué une étape importante de l'évolution du SPR en Russie. Par ailleurs, une véritable révolution en matière de règlements s'est produite du côté du marché des titres d'Etat (GKO). Depuis 1995, les places de Saint-Pétersbourg et de Novosibirsk ont rejoint Moscou quant aux opérations sur titres en temps réel. En 1996, les opérations en temps réel se sont progressivement étendues aux cinq nouvelles places russes (Ekaterinbourg, Rostov-sur-le-Don, N.Novgorod, Samara, Vladivostok). Le marché des titres d'Etat n'a réussi son extension géographique qu'à la suite de la mise en place d'un circuit des règlements interrégionaux rapides. Destinés à régler des opérations sur titres, les nouveaux centres de règlement se sont greffés sur le réseau des CCR. Rapide pour les banques des régions concernées, le nouveau circuit n'a pas amélioré les performances d'autres banques régionales. Pour ces dernières, les opérations sur titres se dénouaient en quatre jours. Cherchant à améliorer la liquidité du marché et la fluidité de règlements, la BCR a commencé à distribuer, depuis septembre 1996, des crédits de règlement aux agents agréés du marché des titres d'Etat. Cependant, les crédits de la BCR n'ont pas réussi à faire revenir la confiance entre les banques commerciales pour reconsolider le circuit « privé ». Afin d'encourager le circuit « privé », la BCR a suspendu, depuis le 1er janvier 1998, la gratuité des règlements par le circuit « officiel ». Les nouveaux tarifs sont censés favoriser les virements électroniques.

La décomposition du circuit « privé » a forcé les banques commerciales à chercher d'autres solutions en matière de règlements. La première solution consistait à privilégier l'extension du réseau des filiales au détriment de la coopération interbancaire fondée sur les relations de correspondance. De 1995 à 1998, plusieurs grandes banques russes ont tenté par tous les moyens d'accélérer le développement de leurs réseaux. La reprise du réseau de l'Agroprombank par la banque SBS en fournit l'exemple le plus spectaculaire. Cette nouvelle stratégie a renforcé la présence des grandes banques moscovites dans les régions russes, sans avoir pour autant résolu les problèmes soulevés par la crise du SPR. De surcroît, l'extension des réseaux bancaires a exacerbé le problème de leur gestion, le SPR déficient rendant impossible la consolidation des bilans au niveau national. D'autre part, l'extension des réseaux n'a pas atténué les fortes disparités régionales en matière de bancarisation, et ceci dans le contexte de la réduction du nombre total des établissements bancaires en Russie. Une deuxième solution a porté sur des systèmes de paiements par carte bancaire. Séduites par un captage des flux de règlements en espèces, les banques russes ont pu choisir parmi les trois options : développer leur propre système ; créer un système commun avec d'autres banques russes ; participer à un système international. En réalité, seule la Sberbank s'est montrée en mesure d'opter pour son propre système de paiements par carte à l'échelle nationale. De 1996 à 1997, le nombre de cartes nationales de la Sberbank a plus que doublé et a atteint 640 000 exemplaires. D'autres banques ont rapidement compris les avantages des stratégies mixtes. Par exemple, des banques commerciales ont créé un groupement régional des cartes bancaires à Ekaterinbourg. En octobre 1995, 34 banques russes ont fondé une association pour se préparer à l'émission de cartes agréées par des systèmes internationaux. En 1996, elles ont émis 480 000 cartes. A l'échelle de la Russie, plus de 100 banques ont déjà participé aux opérations avec des cartes internationales. En 1998, les banques russes ont émis presque 4 millions de cartes ; en outre, elles ont créé 18 centres de traitement des paiements par cartes bancaires nationales et internationales. En juillet 1998, le montant des fonds sur les comptes liés aux cartes bancaires s'est élevé à 3,1 milliards de roubles, soit 2,4% de la monnaie fiduciaire en circulation. Les cartes bancaires ont connu un progrès incontestable en Russie, sans pour autant avoir réglé les problèmes liés, notamment, à l'incompatibilité technique des systèmes, à l'absence d'une véritable interbancarité et à la faiblesse des mécanismes de compensation. Une troisième solution pour ranimer le circuit « privé » affaibli par la crise des banques de compensation s'est trouvée précisément au niveau des organismes non-bancaires chargés de la compensation. En 1996, la BCR a commencé à mettre en place un cadre réglementaire pour les chambres de compensation qui étaient guidées jusqu'alors par des règles purement privées, souvent implicites et peu transparentes. Par la nouvelle réglementation, la BCR a tenté, avec un certain succès, d'encourager la création de tels organismes. En 1997, la BCR a enregistré huit organismes de compensation dans différentes régions de la Russie (trois à Moscou, un à Saint-Pétersbourg, à Arkhangel'sk, à Toula, à Ekaterinbourg et à Vladivostok). De 1996 à 1997, les règlements compensés ont progressé de 97 875 documents, soit 4 529,9 milliards de roubles. Pour les encourager, la BCR a autorisé, depuis novembre 1996, aux agents autres que les établissements de crédit à y participer directement. Cependant, avec 632 781 documents de paiement pour un total de 16 459,8 milliards de roubles en 1997, les organismes de compensation n'ont pas réussi à créer une alternative réelle au circuit de règlements de la BCR.

En août 1998, une nouvelle crise financière a frappé le système bancaire russe. Ses conséquences ont été désastreuses pour le SPR en Russie. La forte dépréciation du rouble conduisant à la suspension de sa convertibilité et au moratoire sur le remboursement de la dette russe qui ont suivi l'éclatement de la bulle spéculative des GKO, dans un contexte de politique monétaire fortement restrictive, ont pris les banques russes au dépourvu. Les banques commerciales qui ont spéculé sur les GKO entre 1995 et 1998 se sont retrouvées, une fois de plus, à court de liquidité. De très nombreuses banques russes ont cessé les paiements. A la veille de la crise, 13% des banques ont montré des signes d'illiquidité. Après août 1998, le chiffre s'est approché de 50%, les banques illiquides totalisant 42% des actifs du système bancaire. Il s'ensuivit une énorme vague de faillites bancaires. En deux ans, le système bancaire russe a perdu presque 40% de ses membres. Des grandes banques à réseau ont particulièrement souffert de la crise. Très impliquées dans les opérations sur GKO et incapables de gérer leurs propres réseaux, elles se sont effondrées, compromettant gravement les règlements intra-bancaires en Russie. Le démembrement du circuit « privé » a été achevé. C'est une conséquence majeure de la crise financière pour le SPR russe. Ses autres conséquences sont toutefois aussi importantes.

Tout d'abord, l'illiquidité des banques, suivie de faillites, a de nouveau paralysé le SPR en Russie. La situation a été critique entre août et octobre. Depuis octobre 1998, des mesures de la BCR (crédits de refinancement, compensation des impayés bancaires, etc.) ont commencé à porter leurs fruits. Les règlements ont progressivement repris entre banques, sans pour autant avoir éliminé les impayés bancaires, ni les retards de paiements au sein du SPR russe. En février 1999, le volume des impayés bancaires s'est élevé à 18 milliards de roubles, soit trois fois leur niveau d'août 1998. D'autre part, les banques en difficulté ont été à l'origine d'importants retards des fonds publics passant par le système bancaire. En novembre 1998, la BCR a inspecté 41% des banques russes et a constaté 366 279 infractions liées au versement d'impôts pour un montant total de 13,4 milliards de roubles. Par ailleurs, la faillite des grandes banques a déclenché une panique parmi les clients qui ont opté pour un transfert de leurs comptes à des banques de taille moyenne (pour des personnes morales) ou à la Sberbank (pour des personnes physiques). Quant aux banques, la méfiance à la fois mutuelle et généralisée s'est traduite par une sur-liquidité des établissements survivants. En 1999, les soldes des comptes de correspondance (notamment, à la BCR) ont été de trois à quatre fois supérieurs à leur niveau d'avant crise. Amplifiant l'incertitude des règlements scripturaux, la crise a donné une nouvelle inspiration aux préférences « anti-scripturales » des agents russes en matière de règlements.

La crise du circuit « privé » a provoqué une surcharge du circuit de la BCR, qui a pourtant réussi à la digérer. Des banques russes se repliant sur le circuit « officiel » ont de nouveau contribué à modifier la configuration du SPR en Russie.

Au 1er janvier 2000, le SPR était composé de 1190 établissements de la BCR, de 1396 établissements de crédit et de 3923 filiales. En 1999, le circuit de la BCR a canalisé 60,8% du volume des règlements passant par le SPR russe. Le circuit « privé » a connu une baisse importante. Les règlements intra-bancaires ont chuté à 29,8 %. Les comptes de correspondance n'ont assuré que 7,3 % des paiements. Les organismes non-bancaires chargés de la compensation ont vu leur part augmenter à 2,1 %. En 1999, l'ordre de paiement est resté le principal moyen de paiement au sein du SPR russe. Sa part a dépassé 95% des paiements scripturaux en Russie. Les autres moyens de paiement n'ont même pas réussi à totaliser 4%. En revanche, les paiements par cartes ont connu une certaine progression. Au 1er janvier 2000, 333 banques russes ont déjà figuré parmi les émetteurs de cartes bancaires. Plus de 120 banques ont participé au circuit du *Visa Int.*, 100 banques ont rejoint *Europay Int*, tandis que *Diners Club* a attiré moins d'une dizaine d'établissements. Les systèmes russes ont poursuivi leur évolution : *Union Card* (170 membres), *Zolotaya Korona* (40 membres), autres (130 membres). Au début de 1999, la Sberbank à elle seule a émis 1,2 millions de cartes.

Prépondérant au sein du SPR, le circuit de la BCR est toujours un système à la fois hiérarchique et décentralisé, fondé sur des règlements bruts. Les performances du circuit « officiel » restent cruciales pour le SPR en Russie. En 1999, les règlements intra-régionaux ont représenté environ 90% des documents et 85% du volume des paiements au sein du circuit « officiel ». Par ailleurs, la BCR a poursuivi la mise en place des virements électroniques qui ont sensiblement modifié la structure des règlements (cf. tableau 2).

Tableau 1
Structure des paiements au sein du circuit de la BCR en 1999
(selon la technologie, en %)

	Technologies électroniques		Technologies traditionnelles	
	de plein format	de format réduit	par la Poste	par câble
Nombre de paiements (%)	50,9%	46,5%	2,2%	0,4%
Volume de paiements (%)	70,4%	25,6%	0,9%	3,1%

Les paiements électroniques de format réduit s'accompagnant de l'expédition de leur copie sur papier, la part des règlements intégralement électroniques s'est élevée à 50,9% des documents et à 70,4% du volume des paiements au sein du circuit « officiel » en 1999. 1115 établissements de la BCR ont participé aux règlements électroniques au niveau intra-régional. 794 établissements de la BCR ont effectué des paiements électroniques au niveau interrégional. Dans 73 régions russes, les CCR ont établi une transmission des paiements électroniques avec 2408 établissements de crédit et leurs filiales. En outre, la BCR a réalisé d'importants travaux visant à connecter des établissements du Trésor au circuit « officiel » par un réseau de télécommunications. Les délais des paiements électroniques sont de moins d'un jour au niveau intra-régional et pas plus tard que le jour suivant au niveau interrégional. Par ailleurs, les agents russes ont enfin pu bénéficier d'un marché des changes véritablement unique à l'échelle nationale. A partir du 29 juin 1999, un système informatique assure le dénouement des opérations de change au niveau interrégional le jour même de la transaction. Les nouvelles réalisations de la BCR s'inscrivent dans le cadre d'une « Stratégie de développement du système de paiement en Russie ».

VI. Les nouvelles stratégies de développement du SPR en Russie

La Banque Centrale de Russie (BCR) a rapidement compris la nécessité de réformer le SPR dans son ensemble plutôt que de corriger quelques éléments isolés. Depuis 1992, la BCR cherchait à définir une stratégie viable de modernisation du SPR en Russie. En 1996, la réflexion a abouti à la mise en place d'une « Stratégie de développement du SPR en Russie », approuvée par le Conseil Directeur de la BCR. La stratégie a eu pour objectif de créer, au début du troisième millénaire, un SPR moderne, fondé sur les règlements bruts en temps réel. En 1997, la BCR a préparé deux textes d'importance capitale pour la destinée du SPR en Russie : « Concept du système des règlements bruts en temps réel » (en juin) et « Concept de développement du circuit de règlement de la BCR » (en juillet).

Conformément au « Concept du système des règlements bruts en temps réel », les paiements seraient électroniques, irrévocables et définitifs. Les paiements s'effectueraient dans la limite du solde créditeur. Tout paiement serait comptabilisé séparément en temps réel. Le délai de règlements ne dépendrait plus de la localisation géographique des membres du Système des règlements bruts en temps réel (SRBTR). Le nouveau système rendrait possible une gestion intra-journalière de la liquidité, un rapprochement comptable des paiements entre la BCR et les banques, ainsi qu'une consolidation de leurs bilans à la fin de la journée.

Le SRBTR est un système centralisé, à un seul niveau. Les comptes des établissements de crédit et des autres clients de la BCR seraient gérés par un Centre Fédéral des Règlements (CFR). Le CFR est une unité spécialisée de la BCR qui aurait pour mission de comptabiliser les règlements en roubles entre les membres du SRBTR, de gérer les comptes de correspondance et de réserves obligatoires et de suivre les mouvements des espèces dans les caisses de la BCR. Les autres établissements de la BCR seraient chargés de l'entrée et de la transmission des données relatives aux paiements émis par les établissements de crédit, qui ne seraient pas électroniquement liés au CFR. Tout CCR (Centre de Caisse et de Règlements) serait alors transformé soit en Centre Fonctionnel de Caisse (CFC), soit en Unité Fonctionnelle (station de travail) du CFR.

Le SRBTR, s'appuyant sur le système existant des règlements électroniques entre banques, représente un nouveau circuit de règlements de la BCR. Le circuit « officiel » est actuellement composé des modules suivants : règlements électroniques intra-régionaux ; règlements électroniques interrégionaux ; règlements interfiliales (MFO) à l'aide des avis ; règlements par compensation entre les CCR reliés au même site informatique ; règlements interrégionaux pour les opérations de change et les opérations sur titres d'Etat ; règlements à l'intérieur d'un établissement de la BCR. Le SRBTR serait mis en place par étapes, en fonctionnant parallèlement aux modules existants du circuit de la BCR. Les terminaux des établissements de crédit et les stations de travail pourraient assurer le passage des règlements par tous les modules du circuit de la BCR. La transition prévoit deux étapes.

Etape I : le SPR devient un système à deux niveaux, composé du CFR et des CCR régionaux. Les établissements de crédit transfèrent leurs comptes aux CCR régionaux. Les règlements intra-régionaux passent par les CCR régionaux.

Les règlements interrégionaux transitent par le CFR. Les régions se connectent progressivement au SRBTR. L'ordre de connexion dépend du volume de règlements et des réseaux de télécommunications dans la région concernée. Le SRBTR se met en place au niveau régional, parallèlement à la création du CFR. Pour faire face aux différents fuseaux horaires, la BCR impose aux banques une journée ouvrable unique qui s'étale de 4.00 h à 20.00 h (heure de Moscou). Tout membre du SRBTR pourrait alors dénouer comptablement les règlements dans le même jour ouvrable.

Etape II : les membres du SPR transfèrent leurs comptes des CCR régionaux au CFR. Les établissements de crédit sont libres d'opter pour l'installation des terminaux électroniques. Les unités fonctionnelles de la BCR assurent l'accès au SRBTR pour les banques en difficulté et celles préférant une technologie traditionnelle. Le réseau de la BCR conserve donc toute son importance au sein du SRBTR.

Le « Concept de développement du circuit de règlement de la BCR » définit le réseau de la BCR en tant qu'ensemble d'établissements autonomes sur le plan comptable, qui assurent les services de règlement et/ou de caisse aux clients de la BCR et effectuent en leur nom propre les opérations au sein du circuit de règlements de la BCR. Le document prévoit une optimisation progressive du réseau de la BCR afin d'éviter des incidents et des retards en matière de règlements. Le réseau doit donc évoluer par étapes. L'évolution dépend de trois facteurs : l'extension des virements électroniques, la consolidation des comptes des banques et du Trésor, l'informatisation des établissements de la BCR. Aux 1ere et 2ème étapes, les CCR assurent les services de règlement et de caisse aux clients de la BCR. A la 3ème étape, les CCR se transforment en Centre Fonctionnel de Caisse (CFC). Les CFC n'assurent plus la tenue des comptes des clients de la BCR, sauf les comptes spéciaux pour enregistrer les mouvements d'espèces. A la première étape, la BCR se propose de fermer 148 CCR. Les clients sont transférés à d'autres CCR locaux et régionaux. A la deuxième étape, la BCR ferme encore 42 CCR. Les clients sont transférés aux CCR régionaux. D'autre part, les CCR en activité transfèrent les comptes de leurs clients aux CCR régionaux. La BCR transforme 933 CCR en CFC. Le Centre Fédéral des Règlements (CFR) est créé à Moscou. Les règlements électroniques se généralisent au sein du circuit de la BCR. Cependant, la BCR se réserve le droit de revenir, le cas échéant, aux technologies de secours (la Poste, le câble). Le réseau de la BCR est composé d'un CFR, de 78 CCR régionaux, de 933 CFC et d'environ 120 CCR. Le CFR n'assure que les règlements interrégionaux. A la troisième étape, les CCR locaux et régionaux transfèrent les comptes des clients au CFR. Les CCR locaux et régionaux se transforment en CFC. Le circuit de la BCR est alors prêt à étendre le SRBTR à tout le territoire de la Russie.

L'avenir du SRBTR est fortement lié à la mise en place des réseaux de télécommunications en Russie. A cet effet, la BCR s'est fixée pour objectif de développer son propre réseau moderne (réseau *Bankir*) qui serait ouvert à toutes les banques intéressées. Au début des années 1990, la BCR a élaboré un cahier des charges pour un système permettant de relier les banques des différentes régions par satellite. Le satellite est actuellement le seul moyen efficace de faire face à la déficience des réseaux de télécommunications au niveau interrégional en Russie.

Depuis juin 1993, la BCR a entamé des travaux visant à créer un réseau capable de relier 40 000 établissements bancaires. A cet effet, la BCR a loué un satellite du Ministère de la Défense, qui assurait la transmission des données entre les établissements de la BCR situées dans les différentes régions du pays (Tver', Toula, Kalouga, Tumen', Krasnojarsk, Yakoutie, Nord-Caucase). En 1994, la BCR a créé en son sein la Direction des télécommunications par satellite et de la transmission des données.

Le réseau *Bankir* est composé de trois satellites *Coupon* en orbite et de deux appareils de réserve. Il est constitué de deux volets : spatial et terrestre. Les satellites, le centre de contrôle des vols, les dispositifs de commande et de transmission radio et le système de gestion des ressources de communication forment le volet spatial. Le volet terrestre est composé des stations de différents niveaux et du système de gestion du réseau. Le satellite *Coupon-1* a été lancé en novembre 1997. La mise en orbite du *Coupon-2* a été prévue pour le IIIe trimestre de 1999. D'autre part, la BCR développe le volet terrestre. En 1997, plus de 330 paraboles ont été implantées dans différentes régions de Russie (Extrême-Orient, Sibérie Orientale, Trans-Volga, Nord-Ouest, etc.). En 1998, la BCR s'est proposée d'implanter de 200 à 250 stations de communication par satellite dans d'autres régions. En fin de compte, toute Direction Régionale (Banque Nationale) de la BCR devrait se doter d'une station terrestre qui servirait d'intermédiaire entre le sous-réseau régional et la station centrale gérant l'ensemble du réseau. Par ailleurs, la BCR est en train de créer ses propres réseaux terrestres, qui devraient à terme doubler les télécommunications par satellite. La mise en place du réseau *Bankir* permettrait les règlements bruts en temps réel à tous les membres du circuit de la BCR. A la mise en exploitation, les besoins propres de la BCR ne seraient pas supérieurs à 45% de la capacité du réseau. Ainsi, la BCR pourrait éliminer une des causes majeures de la crise du SPR en Russie au début des années 1990.

Le bilan des transformations du SPR est assez mitigé. D'une part, les crises de 1995 et surtout de 1998 ont fortement affaibli les circuits privés. D'autre part, le circuit de la BCR a survécu aux chocs. Il est en train de se reconstruire et de se moderniser. Dans ce contexte, l'avenir du SPR russe dépend de trois facteurs. Tout d'abord, il s'agit de l'achèvement du grand chantier du SRBTR. Ensuite, l'avenir du SPR est lié à la capacité des banques commerciales russes de remettre en place et de développer les circuits privés. Enfin, le retour de la confiance dans le système bancaire est indispensable à une rebancarisation des règlements en Russie. Aujourd'hui, seulement de 10 à 30% des paiements passent par le système bancaire.

Graphique 1
Principaux circuits de règlements en Russie(*)

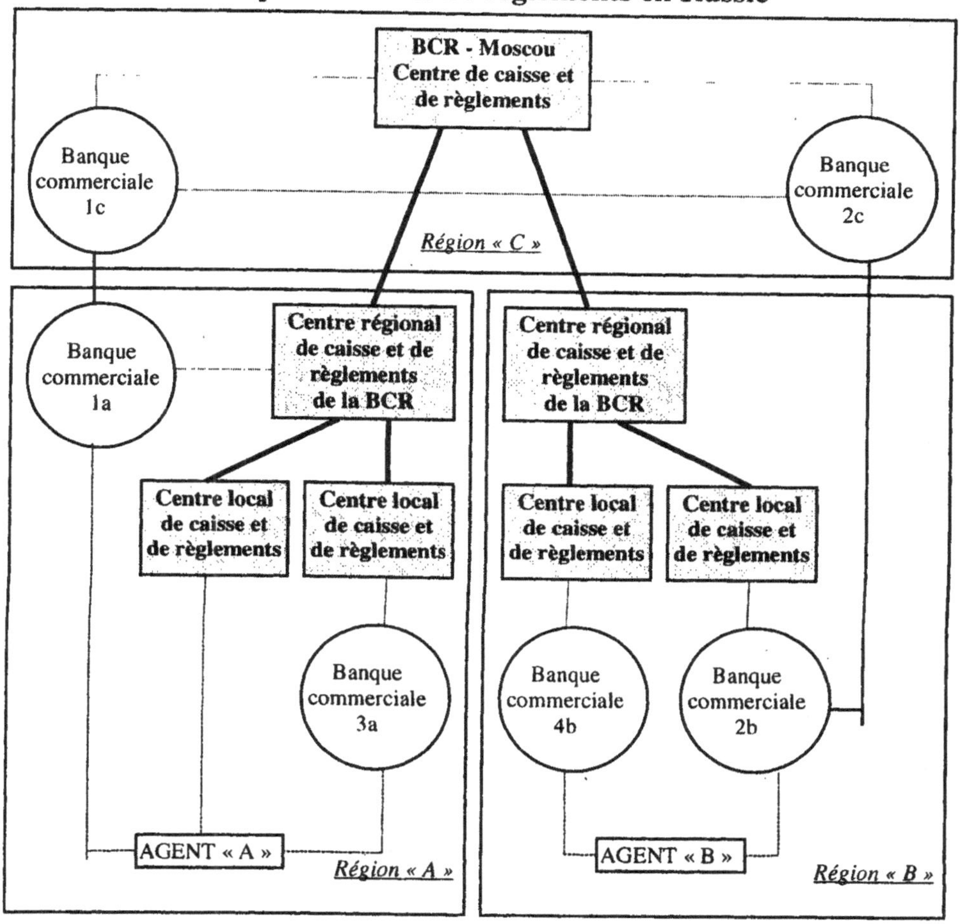

Note : - règlements interfiliales (MFO)

- règlements intra-bancaires

- règlements par les comptes de correspondances

- accès aux comptes de règlements

(*) – Pour la période entre la généralisation du système des comptes de correspondance en 1992 et l'introduction effective du système des règlements bruts en temps réel (SRBTR). Le schéma ne perdra pas complètement son actualité tant que le grand chantier du SRBTR ne sera pas achevé en Russie.

BIBLIOGRAPHIE

BEREZINA M. P., KROUPNOV U. S. (1993), *Mezhbankovskije rastchioty*, Moscou.

BOUKATO V. I., LVOV U. I. (1996), *Banki i bankovskije operatsii v Rossiji*, Moscou.

GAGARINE S. V., NIKOLSKY U. B., CHAMAEV G. A. (1995), *Mezhbankovsky kredit*, Moscou.

LITVIAKOV M. (1995), *Transformations du système financier dans la transition économique de la Russie*. Thèse de Doctorat en sciences économiques (Nouveau régime), Université de Paris X, Paris.

LITVIAKOV M., ZLOTOWSKI Y. (1994), « La transition du système de paiements russe : crise, adaptation, réforme », Université de Paris X, M.IN.I-FORUM, *Document de travail*, octobre.

LITVIAKOV M. (1995), « Mécanismes de règlements entre les pays membres de la CEI : prospectives théoriques », dans *Monnaie et finances dans la transition en Russie. Un dialogue franco-russe*, sous la direction de V. Ivanter et J. Sapir, L'Harmattan, Paris, p. 195-219.

LITVIAKOV M. (1996), « Le système de paiement en Russie : une proposition de réforme », *Revue d'Etudes Comparatives Est-Ouest*, vol. 27, n° 2, juin, p. 109-122.

Bizness i banki, 1992-2000, hebdomadaire, divers numéros ;

Commersant, 1992-1995, hebdomadaire, divers numéros ;

Delovoj mir, 1992-1995, quotidien, divers numéros ;

Den'gi i kredit, 1992-2000, mensuel, divers numéros ;

Ekonomika i zhizn', 1992-2000, hebdomadaire, divers numéros ;

Finansovyje izvestia, 1993-1998, hebdomadaire, divers numéros ;

Publications de la Banque Centrale de Russie, 1992-2000 ;

Textes officiels et réglementaires russes, 1992-2000.

8

Dollarisation et comportement financier des ménages en Russie

Sophie Brana

Les modèles de choix de portefeuille des ménages privilégient une logique financière fondée sur les caractéristiques de rendement et de risque des actifs pour rendre compte des comportements d'arbitrage. Dans ce cadre, la détention d'encaisses multi-devises, telle qu'on l'observe en Russie, s'analyse dans un contexte inflationniste, dans une optique de réserve de valeur. Or, ces études en termes de rendement/ risque peinent à expliquer les comportements des agents non financiers dans les économies financièrement développées, et a fortiori dans les économies en transition, marquées par d'importants changements structurels et une certaine instabilité conjoncturelle. Les études empiriques dans le cadre des économies occidentales font notamment apparaître une certaine inertie du comportement des épargnants, une faible sensibilité au risque de rendement, une préférence marquée pour la liquidité et l'importance du motif de précaution dans la détention d'encaisses, autant de facteurs non pris en compte dans les analyses traditionnelles.

La Russie a la particularité d'être à la fois une économie démonétisée et multi-devises[1]. Le taux de liquidité en roubles fluctue autour de 15% et le stock de dollars, même avant la dévaluation de 1998, était supérieur au stock de roubles. La démonétisation de l'économie russe se traduit par le développement d'échanges non monétaires – le troc et les bons de compensation (offsets) étant très utilisés dans les échanges interentreprises et entre les firmes et l'Etat – ainsi que l'apparition de quasi monnaies privées, généralement émises par les entreprises ou par les banques. La sphère des ménages n'échappe pas à ce

[1] Sutela, 1999.

double phénomène de dollarisation (la moitié de l'épargne annuelle serait placée en dollars) et de démonétisation, via les arriérés de salaires et de prestations, ou leur paiement en nature. La forte baisse des revenus réels (moins 30% entre décembre 1991 et août 1998), la croissance des inégalités (le coefficient de Gini est passé de 0,26 en 1991 à 0,55 en août 1998), la montée du chômage et du temps partiel, ainsi que l'accumulation des impayés de pensions et de salaires, sont autant de facteurs ayant touché la sphère des ménages depuis le début de la transition. Ces facteurs n'ont pu qu'influencer les comportements financiers des ménages, notamment en augmentant leur contrainte de liquidité et le besoin de constituer une épargne de précaution.

Dans ce contexte, et comme le montre l'observation empirique, l'analyse des choix de portefeuille des ménages ne peut être uniquement basée sur des considérations en termes de rendement et de risque de rendement. Dans le cadre russe, le motif de transaction doit être testé au regard de la démonétisation de l'économie. De même, le motif de précaution de l'épargne doit être évalué au regard certes du risque d'inflation et de change, mais également de la perception, par les ménages, de risques plus spécifiques à la transition russe ; risques de revenu, via les impayés ou le taux de chômage, ou risques financiers, via l'inefficience bancaire.

Nous montrerons que la composition de l'épargne des ménages en Russie a évolué au cours de la transition en fonction du contexte économique et financier (I), même si le manque de confiance dans les institutions reste récurrent (II), avant de préciser économétriquement les déterminants des comportements d'encaisse des ménages (III).

I. LES QUATRE PÉRIODES DE L'ÉPARGNE RUSSE

Il est possible de schématiquement mettre en évidence quatre sous-périodes au cours desquelles les comportements d'épargne des ménages ont répondu à des motifs différents. La première correspond à la phase d'inflation extrême et voit les ménages d'abord chercher à reconstituer leur niveau d'encaisses liquides. La deuxième, dans un contexte de maintien d'une forte inflation, favorise le motif de réserve de pouvoir d'achat. La troisième période, qui correspond à la politique de stabilisation, voit se développer un motif de précaution dans la détention d'actifs. Enfin, la dernière période qui commence à la crise d'août 1998 voit une perte de confiance générale des agents, à la fois dans la monnaie nationale et dans les institutions. La détention de dollars et de liquide y est maximale.

L'inflation ouverte dès le début des années quatre-vingt-dix dégénère en inflation extrême en 1992, suite à la libéralisation des prix en janvier. Deux phénomènes caractérisent cette période jusqu'au milieu de l'année 1993 ; la forte chute réelle de l'épargne et l'accroissement de la détention d'encaisses manuelles.

La forte diminution des revenus réels entraîne une importante désépargne en 1992 (cf. graphique 1). En janvier 1992, 92% des ménages déclaraient que la période était favorable à l'épargne, ils n'étaient plus que 23% à la fin de l'année (Enquêtes VCIOM).

Graphique 1
Evolution du taux d'épargne des ménages en Russie
(moyenne mobile sur trois mois, %)

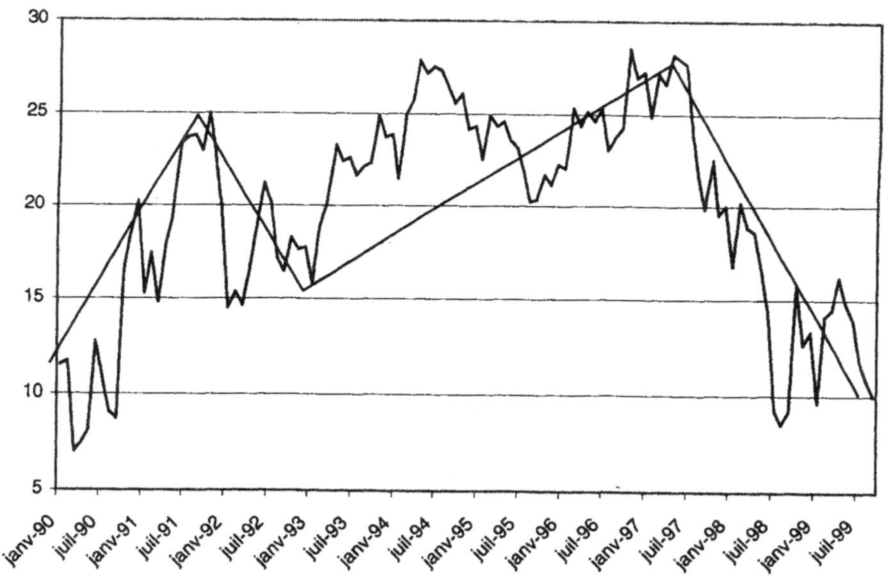

Le taux d'épargne est calculé à partir des données mensuelles de flux de revenus, de consommation et d'impôts des ménages[2].

Source : Calculs à partir des données, mensuelles, de Russian Economic Trend

[2] Le niveau surprenant du taux d'épargne des ménages en Russie (plus de 20% en moyenne) s'explique pour J. Sapir (2001) par le fait qu'une large part de la consommation est obtenue hors des échanges monétaires.

Cette période est également marquée par une forte croissance de la détention de moyens de paiement en roubles, au détriment des dépôts d'épargne (cf. graphique 2). Cette forte détention de monnaie manuelle, surprenante dans un contexte très inflationniste, s'explique dans une optique transactionnelle : les agents cherchent à maintenir constant leur niveau d'encaisses réelles[3]. A niveau de consommation anticipé constant, la détention de monnaie manuelle doit être croissante compte tenu du niveau élevé d'inflation. Les économistes du BEA (1998) ont comparé la détention effective de monnaie fiduciaire de la population à la détention nécessaire au maintien d'un stock de roubles égal à la moitié du revenu mensuel. Ils observent ainsi que si l'on s'en tient au strict motif transactionnel de la préférence pour la liquidité, une détention excessive de monnaie manuelle peut s'observer en 1991 (contexte de pénuries), 1992 (contexte fortement inflationniste) et au début de 1997 (période de forte accumulation des arriérés de salaires). Ces périodes d'instabilité et d'incertitude fortes, notamment quant au montant d'encaisses préalables nécessaires, accentuent le motif de précaution de la détention de liquidités.

Graphique 2
Répartition de l'épargne en roubles entre monnaie manuelle et dépôts (%)

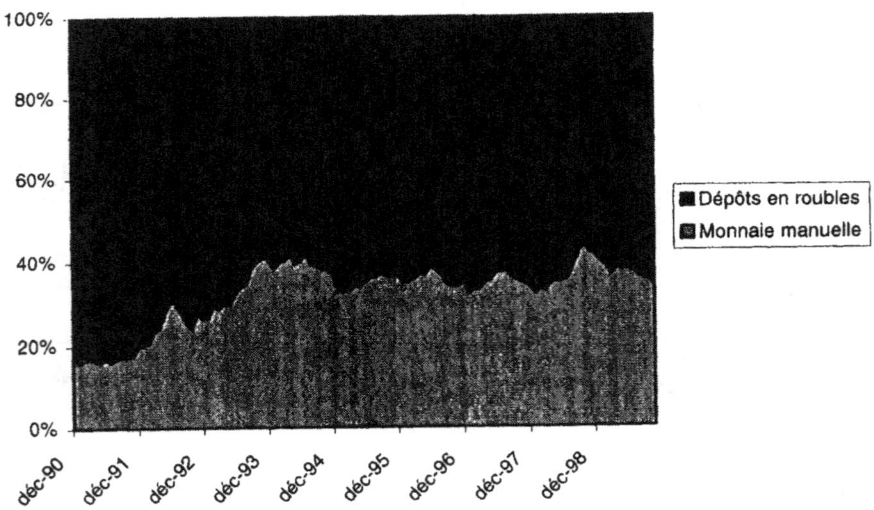

Source : Calculs à partir des données, mensuelles, de la Banque Centrale de Russie et de Russian Economic Trend

[3] Il est également probable que les ménages n'anticipaient pas que l'inflation allait durer, une fois le choc de la libéralisation des prix passé.

L'année 1992 voit également le développement timide de la détention de dollars et l'ouverture de comptes dans les banques commerciales, phénomènes qui s'accentuent fortement au cours de la deuxième période.

La deuxième période va de mi-1993 à mi-1995 : elle est caractérisée par le maintien d'une forte inflation qui pousse les agents à se préoccuper davantage du maintien de leur pouvoir d'achat dans leurs choix d'épargne. Le rendement devient prioritaire, sans que les agents aient toujours bien conscience des risques pris. La détention de monnaie manuelle ainsi que les dépôts à la Sberbank diminuent au profit des dépôts bancaires plus rémunérateurs. Ceux-ci se constituent essentiellement au cours des années 1994-1995. La détention de devises connaît une forte croissance[4] et les ménages commencent même, début 1994, à détenir des titres financiers. La crainte d'une perte sur l'épargne en roubles liée à des anticipations défavorables d'évolution du taux de change ou à des turbulences politiques provoque de soudains transferts d'épargne en roubles vers les dollars au milieu de l'année 1993, en octobre 1994[5] et en 1997.

La troisième période est celle de la stabilisation monétaire. Cette période, qui s'étend de mi-1995 à la crise d'août 1998, provoque un double changement. Tout d'abord, l'économie commence à se re-monétiser lentement, ensuite, les agents recherchent une plus grande sécurité pour leur placements, davantage qu'une rémunération élevée. L'épargne augmente pour la première fois fin 1996 avec l'accroissement réel de la production.

A partir de 1995, et jusqu'à la crise de change d'août 1998, la politique monétaire devient fortement restrictive et s'appuie sur un ancrage du taux de change. En juillet 1995, est fixée une bande de fluctuation pour le taux de change, bande qui sera élargie en janvier 1998, puis le 17 août, avant d'être abandonnée le 02 septembre de la même année. Cette politique provoque une importante décrue de l'inflation : de 215% en 1994, elle tombe à 6,5% en 1998. La stabilisation monétaire favorise d'importantes entrées de capitaux en 1996 et 1997 et une certaine remonétisation de l'économie. De mi-1995 à mi-1998, la masse monétaire en rouble augmente de 23% en termes réels et les dépôts en roubles de 27% (cf. graphique 3). Dans le même temps, le caractère hautement prévisible des variations de change (le taux de dépréciation prévu, comme les interventions, sont pré-annoncés) et la relative stabilisation du rouble entraînent une dé-dollarisation des services bancaires (FMI, 1999). Alors qu'à leur maximum, en mars 1995, les dépôts en devises représentaient 74% des dépôts en roubles, ils n'en représentent plus que 33% en juin 1998. Fin 1997, l'environnement apparaît le plus favorable à l'épargne placée depuis le début

---

[4] Cf. graphique 3.

[5] Une panique sur le marché des changes en octobre 1994 provoque en deux jours une dépréciation du rouble de 25%.

des réformes, du point de vue des ménages. Les taux d'intérêt sont relativement élevés compte tenu de la faible inflation, la re-dénomination du rouble conduite depuis le début de 1998 est un succès. Pour la première fois, l'épargne sous forme de dépôts ou de titres est presque égale à l'épargne détenue en liquide (en roubles ou devises), signe de confiance des agents dans le système financier, même si celle-ci reste relative.

Graphique 3
Taux de monétisation (M2/Y) et de dollarisation ($/Y) de l'économie russe (%).

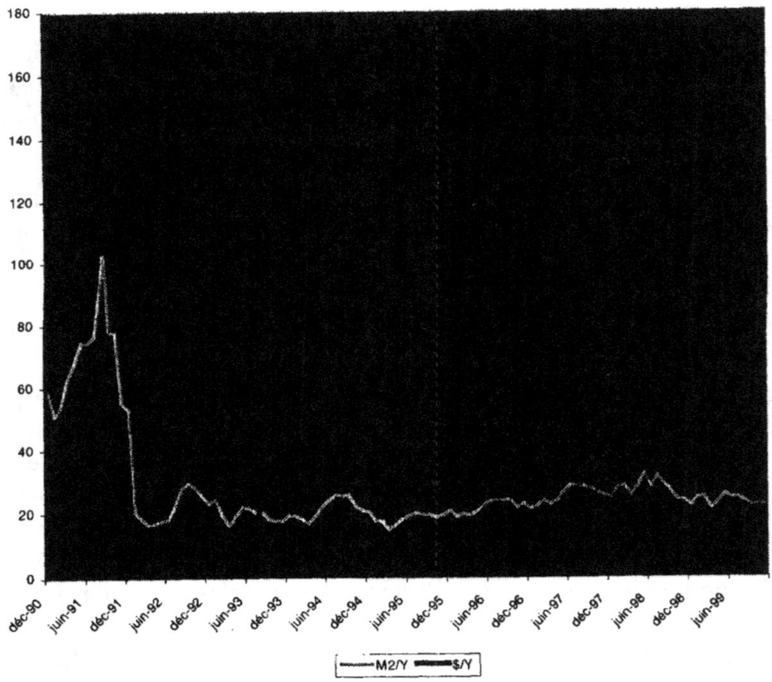

Avec M2, l'agrégat monétaire M2 (pièces, billets et dépôts en roubles), Y la production industrielle (les données concernant le PIB n'étaient disponibles qu'à partir de 1995) et $, la détention de dollars sous forme liquide et de dépôts.

Source : Calculs à partir des données, mensuelles, de Datastream et de Russian Economic Trend

Cette troisième période est en effet caractérisée par une plus grande prudence des ménages dans leurs comportements d'épargne. La stabilisation économique rend moins primordiale la rentabilité du placement, tandis qu'un certain nombre de faillites financières ont fait prendre conscience aux agents des risques de défauts associés aux institutions financières. Les ménages s'intéressent désormais à la sécurité de leurs placements, plus qu'au seul rendement. L'effondrement des pyramides financières à partir de l'été 1994 et surtout la faillite des banques commerciales en août 1995 provoquent une perte de confiance dans les dépôts bancaires privés. Ceux-ci se réduisent au profit des dépôts plus sûrs de la Sberbank. Sur la période, les banques commerciales n'attirent quasiment aucun nouveaux dépôts privés[6].

La quatrième période fait suite à la crise d'août 1998 qui voit le rouble se déprécier de 43% en trois mois (près de 20% en août). En un an, le revenu réel des ménages diminue de près d'un quart, la consommation se maintient relativement (-10%) grâce à la baisse de l'épargne et la réduction du montant des arriérés de salaires. La dévaluation de la part en rouble de l'épargne est en grande partie compensée par la valorisation de l'épargne en devises. La crise est ainsi marquée par un transfert d'épargne vers les détenteurs de devises, tandis que la baisse du rouble combinée à l'inflation font baisser le pouvoir d'achat de l'épargne en roubles de plus de 60% dans les trois premiers mois de la crise (BEA, 1999).

Les ménages ont réagi à la crise en consommant et non en épargnant davantage en dollars. Alors que la moitié des ménages reconnaissent que la détention de dollars liquides est la forme la plus profitable d'épargne fin 1998, ils ne sont que 3,4% à avoir acheté des dollars pour combattre les effets de la crise. En volume, et malgré la forte chute du rouble, le montant de l'épargne en dollars a même chuté, car les ménages ont davantage consommé, particulièrement pour les plus riches d'entre eux, ce qui est rationnel quand la monnaie perd rapidement de sa valeur et que le climat reste incertain. En août 1999, le taux d'épargne privé avait baissé de 5 points par rapport à son niveau de pré-crise et de 10 points par rapport à 1997.

Cette période est marquée par des runs bancaires, le transfert (sous contrôle public) des dépôts des banques commerciales vers la Sberbank, le retour à une dollarisation relative de l'épargne et plus généralement à un manque de confiance des agents dans le système. La crise confirme le rôle des devises comme actif financier le plus sûr et le plus profitable parmi les actifs financiers disponibles (cf. graphique 3).

---

[6] La prudence des ménages a cependant eu tendance à s'émousser sur la période. Ainsi, juste avant la crise, la hausse des taux d'intérêt a entraîné une augmentation des dépôts auprès des banques (premier trimestre 1998).

L'absence de mécanismes d'assurance de dépôts a provoqué une panique de retraits, ce qui a été un des facteurs importants de l'apparition d'une crise bancaire systémique. Les ruées bancaires s'expliquent par le risque de dépréciation de l'épargne en roubles, le risque de liquidité et le risque de défaut. En novembre 1998, 47% des ménages avaient essayé, depuis la crise d'août, de retirer leurs dépôts bancaires. Environ 25% y étaient parvenus, 10% partiellement et 12% pas du tout (Enquêtes VCIOM). Au total, les dépôts ont baissé de 17% entre août et septembre 1998. La baisse est de 40% dans les banques commerciales, de 12% à la Sberbank.

Début septembre 1998, la Banque Centrale a publié une liste de six (puis neuf) banques commerciales insolvables dans lesquelles la majorité des dépôts étaient concentrés et proposé leur transfert à la Sberbank. Les autorités limitaient les transferts au principal pour les dépôts en roubles, tandis que les dépôts en devises étaient convertis en roubles, au taux de change du 1er septembre (9,33 roubles pour 1 dollar).

Matovnikov et al. (1999) ont estimé les pertes subies par les ménages liées à cette opération de transferts de dépôts. Les ménages ont tout d'abord perdu entre 37 et 58% de leurs dépôts (estimation à prix constants) en raison de l'immobilisation forcée de ceux-ci jusqu'en décembre 1998. Cette perte varie entre 49 et 64% si l'on l'estime par rapport aux variations du taux de change. A cela s'ajoutent les pertes d'intérêts, puisque seul le principal a été transféré à la Sberbank. Celles-ci sont estimées entre 2,5 et 16,5% pour les dépôts en devises et entre 51 et 80% pour les dépôts en roubles. Les déposants ont du accepter en outre, dans la plupart des cas, les plans de restructuration des banques. L'endettement des banques participant au plan était deux fois supérieur au montant des passifs effectivement transférés à la Sberbank.

Le transfert des dépôts des banques en faillite à la Sberbank et les limites de retraits imposées expliquent, davantage qu'un retour de la confiance, que début décembre, le volume des dépôts à la Sberbank se maintenait à 95% de son volume d'avant crise. En revanche, les dépôts dans les banques commerciales ont fortement chuté.

II. LE MANQUE STRUCTUREL DE CONFIANCE DANS LE SYSTÈME FINANCIER

Avant même la crise de 1998, l'amélioration des indicateurs macroéconomiques (réduction de l'inflation, stabilisation du taux de change, etc.) ne s'était pas accompagnée d'une hausse significative des dépôts bancaires en roubles (cf. graphique 2). La forte détention de liquidités par la population, alors que le contexte économique est peu stabilisé, s'explique principalement par les faiblesses structurelles des institutions, qui favorisent l'économie parallèle et réduisent l'attrait du système bancaire. Près de dix ans après le début des réformes du système bancaire, l'intermédiation de l'épargne reste faible.

Tableau 1
Composition de l'épargne des ménages avant crise (août 1998, %)

Liquide	51,7			en roubles	20,6
				en dollars	31,5
Actifs	48,3	Dépôts	41,2	en roubles à la Sberbank	25,2
				en roubles dans les banques commerciales	7,7
				en devises	8,3
		Titres	7,1		

Source : Belyanova et Nikolayenko (1999)

La forte détention de monnaie manuelle en Russie s'explique par la faiblesse structurelle du système bancaire. Celui-ci sert d'agent fiscal, mais sans offrir pour autant un service bancaire minimal : le service de liquidité est quasi inexistant, la rémunération des dépôts est faible et souvent négative en termes réels, tandis que les risques subis par les épargnants sont conséquents. Les coûts d'entrée dans le système bancaire (coûts réels et potentiels) dépassent ainsi largement les avantages en termes de rémunération et de service de liquidité.

Un motif fiscal peut tout d'abord expliquer la faible intermédiation de l'épargne. Fin 1998, l'économie parallèle représentait, d'après les estimations, 40% du commerce de détail et 80% des services personnels. Le paiement en liquide permet à l'acheteur de payer un prix plus faible, tandis que le vendeur échappe à l'imposition. Dans le même temps, beaucoup de ménages utilisent les dollars pour régler des transactions qui, dans d'autres pays, s'effectueraient via le système bancaire et non au noir (RET, 1998). La forte part des paiements liquides s'explique cependant surtout par la faiblesse du service de liquidité offert par les banques.

Les services de paiement offerts par les banques pour les paiement de détail restent en effet limités[7]. Dans beaucoup de banques, les fonds ne peuvent être retirés que dans la branche où le dépôt est détenu. Les chèques ne sont que rarement proposés par les établissements bancaires, ne peuvent être utilisés que dans certaines juridictions et seulement dans le commerce haut de gamme. La plupart des paiements ne pouvant s'effectuer qu'en liquide, les agents conservent leur salaire mensuel jusqu'au besoin d'utilisation des fonds. En juin 1998, 32% des ménages possédaient un compte bancaire. Parmi ceux-ci, seuls 3% avaient utilisé les transferts bancaires pour acheter des biens et services : au total, la monnaie scripturale concerne moins de 1% de la population.

Même pour la détention de devises, dont la motivation transactionnelle est nécessairement plus faible que pour les roubles, les ménages sont 80% à préférer détenir du liquide que des dépôts bancaires, pourtant rémunérés. Les agents ayant un compte bancaire le font par commodité à 38% (pour recevoir salaire et pensions). En 1999, ils ne sont que 8% à citer les comptes bancaires comme moyen de placer leur épargne. Les banques offrent un service de liquidité limité, alors que dans le même temps, la rémunération offerte est faible et les risques élevés. Les spreads bancaires sont élevés, en raison des coûts de fonctionnement des banques, de leur faible efficacité et du cadre peu concurrentiel. Ainsi, l'écart entre taux sur titres et taux sur dépôts atteint 12,5% et l'écart entre taux sur crédits et taux sur dépôts 27,5%.

Une enquête VCIOM montre que le deuxième motif de non détention de dépôts (après le manque de confiance dans le système bancaire, voir *infra*) est la faiblesse des taux d'intérêt. Ils sont 47% à citer ce motif pour les dépôts dans les banques commerciales, 52% pour les dépôts à la Sberbank. Les ménages apparaissent ainsi sensibles à la rémunération de leur épargne et, en l'occurrence, celle-ci ne leur apparaît pas suffisante compte tenu des risques attachés à l'épargne bancaire (risques de liquidité et de défaut).

Le manque de confiance des ménages dans le système bancaire est patent. 81% des agents n'ayant pas de compte bancaire déclarent que c'est parce qu'ils n'ont pas confiance dans le système bancaire. Ce manque de confiance n'est pas lié au caractère privé des banques commerciales. 71% donnent la même réponse pour la Sberbank. Ce résultat suggère que la non confiance dans le système bancaire est également lié à la non confiance dans le gouvernement et la politique (Belyanova et al., 1999).

---

[7] Pour une analyse détaillée du fonctionnement du système de paiement russe, voir Litviakov (2001).

La relative remonétisation de l'économie russe au cours de la période de stabilisation ne s'est pas accompagnée d'une plus grande confiance dans le système bancaire. Une étude de l'IET (2000)[8] compare les retraits de dépôts bancaires avant et après le retrait des licences bancaires. Il apparaît que les ménages suivent de près la situation des banques, réagissent avant les retraits de licences, en période de relative stabilité bancaire et pas seulement en période de paniques bancaires. Trois mois avant le retrait de licence, près de la moitié des banques subissent une baisse de leurs dépôts individuels. La crise de 1998 a cependant logiquement accentué la méfiance des agents : sur la période étudiée, le pourcentage de banques ayant connu des retraits est croissant.

Tableau 2
Dynamique des dépôts bancaires en roubles avant et après la crise d'août 1998

	Nombre de retraits de licence	% de banques ayant des dépôts privés	% de banques ayant connu un retrait de dépôts
Un an avant la crise	247	79%	16%
Six mois après la crise	120	83%	20%
Année 1999	81	89%	22%

Source : Mikhailov et al., 2000

En juin 1998, 40% des ménages citaient la Sberbank pour placer leur épargne et 6% les banques commerciales. En décembre 1998, ces chiffres étaient respectivement de 28 et 1%.

III. LES MOTIFS EMPIRIQUES D'ENCAISSES ET D'ÉPARGNE

L'analyse factuelle précédente montre que les modèles de choix de portefeuille traditionnels, en privilégiant une logique financière fondée sur les seules caractéristiques des actifs (rendement, risque), ne peuvent suffire à rendre compte des comportements d'arbitrage en Russie. Cette insuffisance s'observe

[8] Cf. Mikhailov et al. (2000).

dans le double arbitrage que doivent effectuer les ménages : entre liquidités et dépôts d'une part, entre roubles et devises d'autre part.

Outre les rendements relatifs des actifs, un facteur important d'allocation de l'épargne entre actifs est lié à l'existence d'une contrainte de liquidité. La consommation des agents apparaît en effet contrainte par l'existence de ressources mobilisables rapidement et sans coût (Augory, Boutillier, Séjourné, 2000). Cette contrainte de liquidité dépend de l'organisation du système financier (facilité de mobilisation des actifs, possibilités de recours au crédit), mais aussi de l'incertitude quant aux revenus futurs. Pour Augory et Séjourné (1999), les risques pesant sur les revenus des ménages déterminent la répartition du revenu entre épargne et consommation (effet volume), mais également l'allocation de l'épargne entre actifs (effet substitution). Ainsi, une aggravation de l'incertitude quant aux revenus futurs modifiera l'allocation de l'épargne au profit d'actifs peu risqués et ce, même en l'absence de changement des caractéristiques propres aux actifs. Le risque pesant sur le revenu augmente le risque d'illiquidité, ce qui doit inciter les agents à délaisser les actifs peu liquides au profit d'actifs immédiatement disponibles. Le degré d'incertitude quant aux revenus futurs peut être lié à la variabilité des revenus courants, à l'évolution du taux de chômage ou, dans le cas russe, à l'accumulation des impayés de salaires.

Les arriérés de salaires touchaient en Russie en 1998 environ un employé sur huit et représentaient un retard moyen de salaire de six semaines pour chaque employé. Le rôle des arriérés de salaires a été particulièrement important en 1994 et en 1996. Les ménages subissent le non paiement (monétaire) des salaires et de certaines prestations sociales, alors que parallèlement leurs dépenses (paiements de détail, loyers...) restent monétisées. En outre, contrairement aux entreprises, les ménages n'ont pas en leur possession de formes alternatives de paiement (Clarke, 1999).

La contrainte de liquidité dépend également du degré de développement des crédits à la consommation. Or ceux-ci restent encore négligeables en Russie (0,4% du revenu disponible brut des ménages en flux en 1997). Cette quasi absence de crédit bancaire, le faible degré de liquidité des dépôts bancaires et d'épargne, l'accumulation d'arriérés de salaires ou de salaires payés en nature, ainsi que le maintien d'une forte inflation, sont autant de facteurs instaurant une contrainte forte de liquidité et le besoin d'encaisses préalables en Russie.

Le calcul de simples corrélations montre cependant que chômage et arriérés de salaires n'ont pas le même impact sur la composition de l'épargne. Le taux de chômage semble inquiéter les agents dans une perspective de long terme et les incite à placer leur argent (épargne de précaution). Les dépôts ont tendance à augmenter (corrélation de + 0,68) au détriment de la monnaie manuelle[9]. En revanche, la hausse des arriérés de salaires resserre la contrainte de liquidité : les agents privilégient la monnaie manuelle au détriment des dépôts (- 0,699).

D'autres facteurs sont susceptibles d'influencer l'arbitrage liquidités/ dépôts en Russie. Un motif fiscal peut favoriser la première forme de placement aux détriment de la seconde. Il est de même probable que les ménages tiennent compte des crises ayant touché le système bancaire dans leurs décisions de dépôts (risque de confiscation des dépôts). Pour tenir compte du risque de défaut bancaire dans nos estimations économétriques, nous intégrons deux variables muettes correspondant aux crises bancaires d'août 1995 et d'août 1998.

En ce qui concerne l'arbitrage roubles/ devises, de même, des considérations de portefeuille ne peuvent suffire à décrire le comportement des agents. En général, dans les pays fortement inflationnistes, la devise concurrence la monnaie nationale d'abord dans sa fonction de réserve de valeur. Quand l'inflation se maintien, la concurrence peut devenir transactionnelle. Cependant, les devises ne sont généralement utilisées que pour les achats de gros montants, particulièrement les biens durables, la monnaie nationale restant incontournable pour les transactions journalières. Quand la monnaie domestique a un taux de croissance plus élevé que la devise, mais des coûts de transaction plus faibles, elle est utilisée pour effectuer tous les achats au cours des périodes où la consommation est faible. La devise est quant à elle utilisée pour effectuer les achats importants car elle conserve mieux la valeur (Engineer, 2000).

Deux explications concurrentes sont généralement avancées pour analyser le phénomène de dollarisation. La première fait référence à des considérations de portefeuille : la dollarisation évolue en fonction des variations des taux de rendement relatifs attachés aux différentes monnaies (taux d'intérêt national, taux d'intérêt étranger corrigé des variations du taux de change, variations anticipées du taux de change, différentiels d'inflation)[10]. Pour Sahay et Vegh (1995), l'apparition de taux de rendement réels positifs en Europe de l'Est a coïncidé avec la baisse de la détention de devises.

La deuxième explication se base sur l'observation empirique d'un phénomène d'hystérésis. Alors que la dollarisation augmente fortement pendant les périodes d'inflation élevée, elle reste souvent importante quand l'inflation se réduit. Les raisons évoquées sont l'altération durable des préférences des

---

[9] Le résultat est identique quand le pourcentage de population vivant en dessous du seuil de pauvreté augmente.

[10] Pour une analyse des différents motifs de substitution des monnaies et pour une estimation dans le cadre des PECO, cf. Brana et Kauffmann (1999).

individus, le développement des technologies de transaction ou le manque de crédibilité de la stabilisation (Savastano, 1996). Il existerait notamment des coûts associés au processus de dollarisation qui le rendraient en grande partie irréversible. Uribe (1997) insiste sur les effets de réseau. L'économie, pendant les périodes de forte inflation, accumule une expérience vis-à-vis de l'utilisation de devises comme moyens de paiement. Cela agit comme une externalité qui réduit le coût marginal de l'achat de biens en devises. Cette externalité produit des équilibres stationnaires multiples : une hausse temporaire d'inflation peut entraîner l'économie dans un état stationnaire dollarisé, causant une hausse permanente de la vitesse de circulation domestique. Ce phénomène d'hystérésis peut également provenir de l'existence de coûts de transfert, de l'amélioration des techniques de diversification des portefeuille ou des effets d'apprentissage par rapport à l'inflation et aux moyens de couverture.

Ize et Levy-Yeyati (1998) mettent en avant les effets de mémoire. La dollarisation ne baisse pas car les agents gardent en mémoire les perturbations macroéconomiques passées. Cependant, pour ces auteurs, plus que le niveau d'inflation (ou la dépréciation anticipée de la monnaie), c'est leur volatilité qui importe. Ainsi, se produira un phénomène d'hystérésis si la volatilité de l'inflation reste élevée par rapport à celle du taux de change réel. Pour ces auteurs, la stabilisation peut ainsi échouer à réduire la dollarisation si elle est accompagnée de politiques qui ciblent le taux de change réel. Ils en déduisent qu'une politique de change flottant est un moyen de réduire la dollarisation.

Un phénomène d'hystérésis semble se dessiner en Russie (cf. graphique 4). Alors que l'on observe une décroissance de l'inflation entre 1995 et 1997, la dé-dollarisation est bien plus faible, les premiers signes n'étant visibles que fin 1996 pour les billets.

Pour tenir compte de ce phénomène d'hystérésis, nous introduisons dans nos estimations empiriques une variable représentant l'effet de cliquet. Cet effet signifie que la variable dépendante (le taux de dollarisation) réagit de façon asymétrique aux variations de l'inflation (ou du taux de dépréciation de la monnaie) : on l'introduit par la valeur maximale passée du taux de dollarisation (cf. Mongardini et Mueller 2000 pour une application à la République Kirghize).

D'autres facteurs, plus subjectifs, peuvent également influencer l'arbitrage roubles/ devises, tels que la confiance des agents dans le système. Une variable muette est introduite correspondant à la date des élections présidentielles (juin 1996). Nous testons également la crédibilité de la politique de stabilisation des autorités par l'intermédiaire d'une variable muette prenant la valeur un de la mise en place du corridor de change à son élargissement (juillet 1995- janvier 1998).

Graphique 4
Evolutions du taux d'inflation et du taux de dollarisation, %

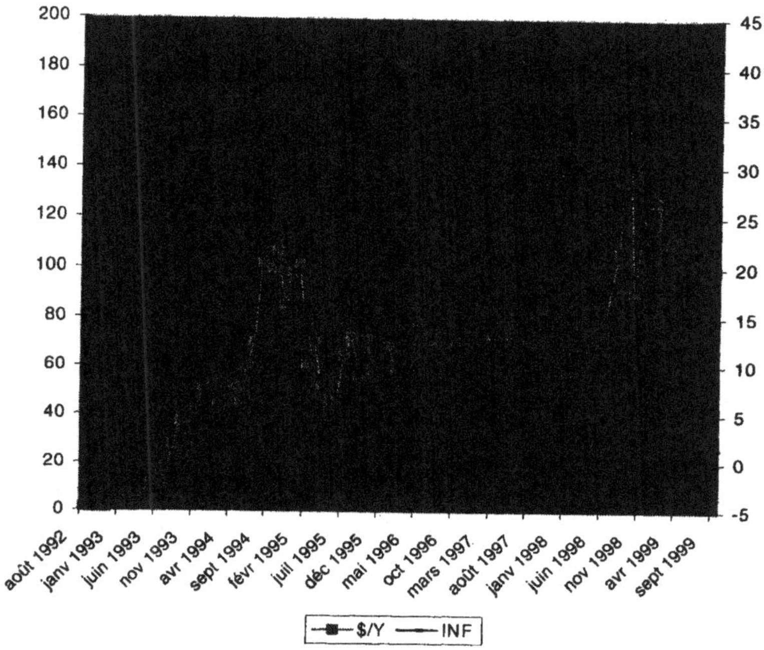

Le taux d'inflation est calculé à partir de l'indice des prix à la consommation, le taux de dollarisation représente la détention de dollars sous forme liquide et de dépôts en pourcentage de la production industrielle.

Source : Datastream et de Russian Economic Trend

Les résultats des estimations économétriques sont présentés page suivante[11].

L'estimation empirique permet d'effectuer un certain nombre de constatations. La première est que les rendements relatifs ont bien une influence sur les comportements d'épargne des agents. Il apparaît notamment que la rémunération des dépôts favorise leur constitution au sein du système bancaire – que ceux-ci soient en monnaie nationale ou en devises – au détriment des liquidités.

[11] Cf. annexe 1 pour le descriptif des variables. Seuls les résultats faisant apparaître des variables significatives sont représentés dans le tableau 3.

De même, dans une logique de portefeuille, les monnaies apparaissent substituables en fonction de leur rendement dans la constitution des dépôts. Les déterminants des dépôts en roubles ou en devises sont semblables, à l'exception du signe attaché au rendement relatif des deux monnaies. Les monnaies sont donc utilisées concurremment dans leur fonction de réserve de valeur, mais apparemment pas dans leur fonction de moyen de paiement[12]. La substituabilité des monnaies est financière – les devises servant de réserve de pouvoir d'achat en l'absence de placements financiers alternatifs – et non transactionnelle. Il y a substitution d'actifs et non substitution des monnaies (Moron, 1997). Par ailleurs le caractère significatif du taux de rendement des avoirs américains suggère l'existence de mouvements de capitaux.

Seule la détention de dollars liquides apparaît peu sensible à l'évolution des rendements relatifs : ni les taux d'intérêt, ni les variables étrangères de taux d'intérêt ou de taux de change, ne semblent influencer cette détention.

La deuxième constatation est que des motifs non strictement financiers interviennent également fortement dans les comportements d'encaisse et d'épargne. Le risque de revenu, via les arriérés de salaires et le taux de chômage, influence fortement le choix du degré de liquidité des placements. L'augmentation du chômage favorise l'épargne de précaution : les ménages placent leur épargne sous forme de dépôts rémunérés, en privilégiant le maintien du pouvoir d'achat de leur épargne dans une perspective de long terme, et ce, au détriment des liquidités, sans distinction des monnaies de constitution. Inversement, l'accroissement des impayés de salaires fait peser un risque de liquidité. Les agents dans ce cas privilégient les liquidités (encaisses immédiatement disponibles) en effectuant des retraits bancaires.

Un motif fiscal est également perceptible. La hausse du taux d'imposition pesant sur les ménages entraîne des retraits de dépôts et favorise les liquidités.

La confiance dans le système a également une influence ponctuelle. Alors que la crise bancaire d'août 1995 ne semble pas influencer significativement les comportements des déposants, celle d'août 1998 provoque des retraits massifs. En ce qui concerne le durcissement de la politique monétaire en 1995, par le biais de l'instauration d'un corridor de change, il est intéressant de noter qu'elle semble renforcer la confiance des agents dans l'épargne, notamment bancaire, sans provoquer pour autant un net mouvement de dé-dollarisation. D'après nos estimations, elle aurait eu un impact négatif sur la détention de dollars liquides, davantage au profit des dépôts en dollars que des placements en roubles. Par

[12] Les variables pouvant appréhender, dans une certaine mesure, les qualités transactionnelles des monnaies, telles que le différentiel d'inflation, ne sont pas apparues significatives (cf. Moron, 1997).

Tableau 3
Estimation empirique des comportements d'encaisses des ménages[13] [1995 (6) – 1999(9), données mensuelles].

Dépôts en roubles

	Cste	Revenus	Taux sur dépôts	$i^* + \Delta e^a$	Taux de chômage	Arriérés de salaires	Impôts	Dummy 1998-8
coefficient	- 1,43	0,09	0,016	- 0,039	0,019	- 0,041	- 0,69	- 0,08
t de Student	(- 5,777)	(4,141)	(3,933)	(- 2,276)	(3,525)	(- 3,862)	(- 2,050)	(- 5,856)
$R^2 = 0,648$		DW = 2,783						

Détention de roubles en liquide

	Cste	Revenus	Taux sur dépôts	$i^* + \Delta e^a$	Taux de chômage	Arriérés de salaires	Impôts
coefficient	6,63	0,41	- 0,034		- 0,049	0,18	0,25
t de Student	(3,751)	(2,202)	(- 2,613)		(- 3,203)	(5,050)	(2,206)
$R^2 = 0,823$		DW = 2,26					

Dépôts en devises

	Cste	Rev.	Tx sur dépôts	$i^*+\Delta e^a$	Taux de chômage	Arriérés salaires	Impôts	Dummy 1995-7	Pic des dépôts
coefficient	- 6,57	2,24	0,219	0,85	0,19	- 0,68	- 1,34	0,51	0,026
t de Student	(- 2,369)	(5,537)	(3,941)	(3,024)	(2,746)	(- 4,746)	(- 4,338)	(3,878)	(1,89)
$R^2 = 0,785$		DW = 2,86							

Détention de devises en liquide

	Cste	Revenus	$i^* + \Delta e^a$	Taux de chômage	Arriérés de salaires	Impôts	Dummy 1995-7
coefficient	- 3,22	0,77		- 0,39	0,64	0,62	- 0,25
t de Student	(- 2,851)	(13,744)		(- 11,236)	(7,234)	(2,214)	(- 1,971)
$R^2 = 0,877$		DW = 2,672					

Source des données : Russian Economic Trend et Banque nationale de Russie

[13] Les dépôts en devises comprennent également ceux des sociétés non financières (les données pour les seuls ménages n'étaient disponibles qu'à partir de janvier 1998).

ailleurs, un certain phénomène inertiel est confirmé dans la structure par devises de l'épargne des ménages. Il apparaît un effet de cliquet dans la constitution des dépôts en devises, la constitution courante de ces dépôts étant fonction du pic précédemment atteint.

CONCLUSION

Le contexte d'instabilité macroéconomique, en augmentant l'incertitude quant aux revenus futurs, l'existence de taux d'imposition élevés, le manque de confiance dans le système bancaire et plus généralement dans les institutions et la politique nationale, comme le manque de garantie des droits de propriété, sont autant de facteurs favorisant la consommation au détriment de l'épargne, les fuites de capitaux, la détention de liquidités au détriment des dépôts et la détention de devises à la place de roubles.

Il apparaît en Russie que les agents non financiers, dans leurs comportements d'épargne, arbitrent entre monnaie nationale et devises en fonction de leurs rendements respectifs. Le maintien du pouvoir d'achat de la monnaie nationale et la constitution d'instruments d'épargne rémunérateurs pourraient ainsi suffire à assurer une dé-dollarisation relative de l'économie.

Un arbitrage plus inquiétant s'effectue entre épargne intermédiée et détention de liquidités. La variabilité et l'incertitude concernant les revenus, le souhait d'évasion fiscale et la faible confiance dans le système bancaire poussent les agents à la fois à consommer au lieu d'épargner et à conserver leurs actifs sous forme liquide, hors du système bancaire. De tels comportements ne vont pas sans poser problème pour la conduite de la politique économique, la stabilité du système bancaire et le financement de la croissance. La ré-intermédiation de l'économie russe passera ainsi par une amélioration durable du contexte économique, d'importantes réformes structurelles et surtout par un retour de la confiance des ménages dans le système bancaire, comme politique. Le problème de la désintermédiation de l'économie a donc peu de chances d'être résolu à court terme.

ANNEXE 1

Données utilisées dans les estimations économétriques :

Dépôts détenus en roubles auprès du système bancaire par les ménages

Dépôts en devises auprès du système bancaire par les agents non financiers

Achats de dollars par les ménages

Détention de billets et pièces par les agents non financiers

Arriérés de salaires

Impôts versés par les ménages

Les données qui précèdent sont toutes exprimées, dans les estimations, en pourcentage des revenus reçus par les ménages. Ainsi, à l'exception du revenu réel, toutes les variables sont exprimées en pourcentage et sont stationnaires. Le revenu réel, exprimé en log, est également I(0).

Revenus reçus par les ménages (exprimés en termes réels et en log)

Taux de chômage (en pourcentage de la population active, données BIT)

Taux créditeur mensuel offert par les banques sur les dépôts

$i^* + \Delta e^a$: taux d'intérêt mensuel sur bons du Trésor américain à trois mois, corrigé du taux de variation du taux de change dollar/ rouble

Taux de variation du taux de change dollar/ rouble

Variable muette correspondant à la date de l'élection présidentielle (1996-6)

Variable muette correspondant à la crise bancaire d'août 1995

Variable muette correspondant au corridor de change étroit (1995-7 : 1998-1)

Variable muette correspondant à la crise d'août 1998.

Les variables réelles, comme le taux d'inflation, sont calculés à partir de l'indice des prix à la consommation.

BIBLIOGRAPHIE

AUGORY C., SEJOURNE B. (1999), « Risques sur le revenu et placements financiers », *La lettre économique de la caisse des dépôts et consignations*, janvier, p. 3-6.

AUGORY C., BOUTILLIER M., SEJOURNE B. (2000), « Le modèle de choix de portefeuille des ménages de Foe », *Document de travail*, Caisse des dépôts et consignations, n° 2000-15/FI, janvier.

BELYANOVA E., NIKOLAYENKO S. (1999), « Mobilization of Household Savings : Background for Policy Recommendations », *mimeo*.

BRANA S., KAUFFMANN P. (1999), « Substitution des monnaies et politique monétaire dans les économies en transition », *Economies et Sociétés*, Série "Monnaie", n° 1-2, vol. 9-10, p. 157-188.

BUREAU OF ECONOMIC ANALYSIS (1998), « Personal Savings », *Information Bulletin*, BEA, n° 7, mai.

BUREAU OF ECONOMIC ANALYSIS (1999), « Russian Households a Year after the August 1998 Crisis : Incomes, Consumption, Savings », *Information Bulletin*, BEA, n° 16, août.

CLARKE S. (1999), « Household Survival in a non-Monetary Market Economy », *mimeo*, Institute of Comparative Labour Relations Research, Moscou.

ENGINEER M. (2000), « Currency Transactions Costs and Competing Fiat Currencies », *Journal of International Economics*, vol. 52, p. 113-136.

FMI (1999), « Russian Federation : Recent Economic Developments », *Staff Country Report*, n° 99/100, septembre.

IZE A., LEVY-YEYATI E. (1998), « Dollarization of Financial Intermediation : Causes and Policy Implications », *Working Paper*, FMI, n° 98/28, mars.

LITVIAKOV M. (2001), « Transformations du système de paiements et de réglements en Russie (1992-2000) », cet ouvrage.

MATOVNIKOV M.Y., MIKHAILOV L.V., SYCHEVA L.I. (1999), « The Role of Sberbank in Compensating Depositors' Losses in 1998 through 1999 », Russian Economy : Trends and Perspectives, *Monthly Bulletin*, Institute for the Economy in Transition, n° 12-99, 1-3.

MIKHAILOV L.V., SYCHEVA L.I., TIMOFEEV E. (2000), « Withdrawal of licenses and dynamics of private individuals' deposits », Russian Economy : Trends and Perspectives, *Monthly Bulletin*, Institute for the Economy in Transition, n° 01-00, p. 1-4.

MONGARDINI J., MUELLER J. (2000), « Ratchet Effects in Currency Substitution : an Application to the Kyrgyz Republic », *Staff Papers,* FMI, vol. 47, n° 2, décembre, p. 218-237.

MORON E.A. (1997), « Currency Substitution and the Moneyness of Monetary Assets », *mimeo.*

SAHAY R., VEGH C.A. (1995), « Dollarization in Transition Economies : Evidence and Policy Implications », *Working Paper*, FMI, n° 95/96, septembre.

SAPIR J. (2001), « Troc, inflation et monnaie en Russie : tentative d'élucidation d'un paradoxe », cet ouvrage.

SAVASTANO (1996), « Dollarization in Latin America, Recent Evidence and Some Policy Issues », *Working Paper*, FMI, n° 96/4, janvier.

SUTELA P. (1999), « Russia : The State and Future of the Economy », *BOFIT Online*, n° 4, Bank of Finland.

URIBE M. (1997), « Hysteresis in a Simple model of Currency Substitution », *Journal of Monetary Economics*, n° 40, p. 185-202.

9

Evolution du marché des actions en Russie

Natalya Orlova

"In Russia, shareholders do not necessarily enjoy the economic benefits of ownership"
Troika Dialog Report

L'ouverture de la Russie à l'économie mondiale a été surtout observée d'un point de vue macroéconomique, avec la libéralisation des prix, la libéralisation du marché des changes, ainsi que la libéralisation des transactions économiques. L'opposition politique lors des premières années de la transition russe a centré la discussion économique sur la capacité du gouvernement à promouvoir les réformes. Dans le but de surmonter ses rigidités politiques et structurelles, on a conseillé à la Russie de libéraliser ses marchés financiers. Les capitaux étrangers ont alors été considérés comme le moyen d'installer une contrainte de crédibilité sur la politique des autorités russes.

Néanmoins, comme le note J. Bhagwatti dans son article « Yes to Free Trade, Maybe to Capital Controls », une instabilité politique combinée à des compétences macroéconomiques faibles en matière de libéralisation des flux de capitaux peuvent faire que l'entrée de capitaux ait un coût élevé dans les pays émergents. La libéralisation financière est ainsi devenue pour la Russie un cadeau empoisonné. Les entrées de capitaux, largement encouragées par l'environnement international favorable et par des anticipations excessivement optimistes en 1996-1997 en Russie, ont même découragé les réformes. L'accès aux emprunts internationaux publics et privés a permis de financer le déficit budgétaire sans ajustement fiscal et sans réformes structurelles, les deux étant trop coûteux politiquement. Le pays n'était de la sorte pas prêt à faire face au détournement des capitaux qu'il a subi à partir d'octobre 1997 qui s'est vite traduit par une détérioration macroéconomique. Malgré les efforts du gouvernement de Sergei Kiriyenko (nommé en avril 1998) pour restaurer la confiance des marchés, il était trop tard : le coût de la dette a brutalement augmenté, tandis que le manque de volonté politique ne permettait pas d'éviter la crise budgétaire.

La crise russe n'est devenue qu'une nouvelle page de l'histoire des crises financières de la dernière décennie. Ce qui distingue la Russie des autres pays victimes est l'incapacité des marchés russes à restaurer leur réputation. Pour le marché des actions mexicain et la plupart des marchés asiatiques, un an a suffit pour restaurer leur valorisation (en dollar) après les crises de 1994 et de 1997. Tel n'est pas le cas en Russie. Deux ans après la crise, l'indice du marché des actions russes reste à un niveau deux fois inférieur à son maximum historique d'octobre 1997, malgré des taux de croissance économique largement supérieurs et une situation politique beaucoup plus transparente qu'avant.

Pourquoi la Russie est-elle tellement pénalisée ? Dans cet article, nous cherchons à expliquer la dynamique du marché russe par le changement du sentiment des investisseurs ou de la *convention* du marché. Après avoir présenté l'importance des anticipations macroéconomiques positives dans les années 1996-1997, nous montrerons comment cette croyance a été brisée en 1998 par l'effondrement du mythe des réformes russes. En dernier lieu, nous présenterons les problèmes majeurs de *corporate governance* qui semblent constituer un blocage essentiel pour le retour des investisseurs étrangers sur le marché des actions qui reste très étroit.

Comme on le note dans la littérature économique récente, la dynamique des marchés financiers et des marchés des actions en particulier résulte des décisions des investisseurs individuels qui cherchent à deviner les anticipations de la majorité des participants du marché. Le consensus sur le choix des critères que tout le monde utilise afin de fonder ses anticipations sur la dynamique du marché forme ce qu'on appelle les *conventions* du marché. Avant la crise russe, le consensus au sein des investisseurs étrangers présents sur le marché des actions russes a été d'observer les paramètres macroéconomiques, en raison d'une part du risque politique élevé et d'autre part du manque d'informations financières microéconomiques. Cette convention qui impliquait une croyance dans l'irréversibilité des réformes russes et qui poussait les prix des actions en 1996-1997 semble avoir été détruite par la déstabilisation financière. La crise de

1998 a attiré l'attention des investisseurs sur les problèmes microéconomiques, et notamment sur les défaillances encore non résolues en matière de *corporate governance*.

L'absence de législation élaborée et de stabilité politique, discutée dans le célèbre article de Joseph Stiglitz « Whither Reform? Ten Years of the Transition », ont fait que la maximisation du profit des entreprises, constituant le but des actionnaires et des dirigeants dans les économies développées, a été remplacée en Russie par la volonté de contrôler les flux financiers des entreprises afin de générer des profits individuels. Par conséquent, le marché des actions russes ne constitue pas un instrument pour lever des financements pour des projets d'investissement, mais un moyen de consolider le contrôle dans les principaux secteurs de la production. Dans la majorité des cas, aucun effort n'est fait pour garantir le droit de propriété des actionnaires minoritaires. Ceux-ci se retrouvent au contraire souvent victimes de la consolidation des actions.

Ainsi, tant que la Russie restera dans une période d'accumulation ou de redistribution de la propriété et que le marché ne sera pas utilisé comme source de financement, le management restera peu transparent et les risques de l'actionnariat trop élevés. Même si certaines compagnies peuvent voir le cours de leurs actions augmenter, une répétition d'une hausse significative du cours de l'ensemble des actions russes semble très peu probable dans un avenir proche. L'absence de transparence au niveau des entreprises est une raison essentielle qui explique l'illiquidité et le faible développement du marché des actions russe.

I. LA CRÉATION ET L'ÉMERGENCE DU MARCHÉ DES ACTIONS RUSSE

L'ouverture des marchés financiers russes a été très rapide. Le retour d'un environnement favorable sur l'ensemble des marchés émergents vers 1996, combiné à la privatisation et la stabilisation politique et économique en Russie, ont augmenté l'attractivité des produits financiers russes pour les non-résidents. L'afflux de fonds étrangers sur les marchés domestiques a ainsi fortement contribué à l'augmentation des prix des actions.

Malheureusement, la libéralisation paraît être une condition nécessaire mais non suffisante pour l'accélération des réformes. En particulier, à défaut d'être suivie par des efforts de la part des autorités politiques, elle n'a pas entraîné d'amélioration du système de gestion des entreprises russes sans laquelle la croissance de long terme reste peu probable. Les incitations des non-résidents, qui déterminaient les grandes tendances sur le marché des actions russes, se sont basées sur des considérations macroéconomiques, tandis que les informations microéconomiques sur les entreprises n'influençaient que dans une faible mesure la performance des actions concernées. Ainsi, la capitalisation des sociétés a augmenté sans rapport avec le comportement de leurs dirigeants et en dépit du fait qu'elles restaient totalement opaques pour les actionnaires minoritaires.

1. Le contexte international

Au moment où la Russie a commencé la privatisation massive de ses entreprises, les marchés financiers émergents étaient en plein boom. La fin des années quatre-vingts a été marquée par un développement rapide des innovations financières qui ont, d'une part, considérablement élargi l'accès des individus aux placements financiers et, d'autre part, affaibli les contraintes d'emprunts pour les pays du tiers monde.

Les canaux traditionnels de financement des pays émergents sous forme de crédits bancaires se sont épuisés : alors que la part des crédits bancaires dans les flux de capitaux privés est passée de 70% en 1980 à 20% en 1990, l'entrée des capitaux sous forme d'investissements de portefeuille a augmenté de façon spectaculaire passant de 40 milliards de dollars en 1990 à 113 milliards de dollars en 1993. Ces capitaux ont été au départ investis sur les marchés obligataires du fait des limites en termes de risque auxquelles ils étaient soumis. Plus tard, suite à la diminution des taux sur les marchés obligataires, ils ont été investis sur les marchés des actions.

Il est important de noter que la globalisation financière n'a pas été mise en doute suite à la crise mexicaine de décembre 1994, qui n'était en réalité que la première dans la chaîne des crises financières des années quatre-vingt-dix. Au contraire, la crise a eu un effet favorable sur les marchés émergents des autres régions du monde, c'est-à-dire sur l'Asie dans un premier temps, puis plus tard sur l'Europe Centrale et Orientale.

Tout d'abord et en premier lieu, l'effet de contagion suite à la crise a été faible. Ceci s'explique notamment, selon Paul Krugman (2000), par des liens étroits existant entre les économies mexicaine et américaine. En effet, en vue de neutraliser les effets de la crise sur leur économie, les autorités américaines ont poussé le Mexique à mettre rapidement en place un programme anti-crise afin de préserver leur secteur bancaire. D'une part, des montants substantiels ont ainsi été déboursés par le biais du FMI calmant de ce fait rapidement « l'hémorragie ». D'autre part, la spécialisation des fonds internationaux selon les zones géographiques a également permis de diminuer l'ampleur de la contagion. Afin de réduire leurs pertes, les fonds ont limité leur exposition sur les marchés financiers régionaux les plus liquides, tels que le marché brésilien. Les autres marchés émergents sont quant à eux restés peu touchés par la crise.

Graphique 1
Flux des capitaux privés vers les marchés émergents

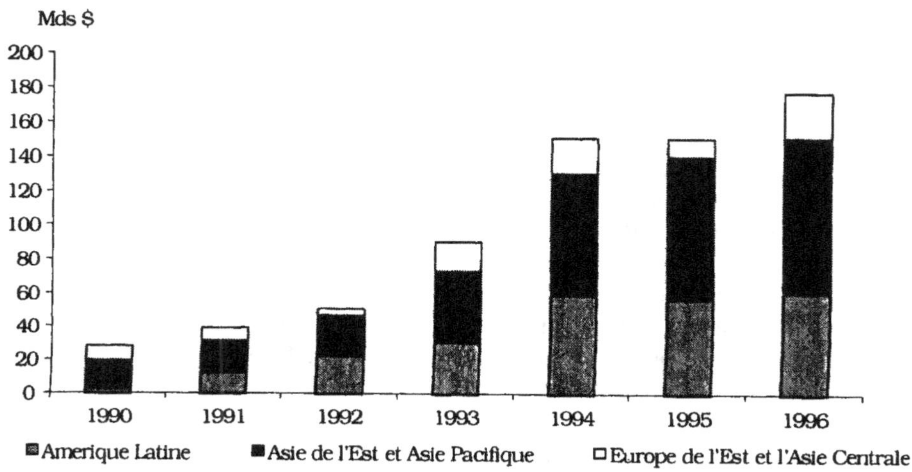

Source : Banque Mondiale

En deuxième lieu, l'origine de la crise mexicaine a été largement attribuée à la fragilité des pays latino-américains, notamment en raison de la surévaluation de leur devise. La dévaluation du réal brésilien en juin 1995 et la récession profonde qu'a connue l'Argentine ont provoqué un détournement des capitaux en 1995 et ont également renforcé la méfiance des investisseurs étrangers envers la région. Ainsi, en 1995, les flux de capitaux privés se sont réorientés vers les pays asiatiques qui paraissaient fondamentalement plus stables.

Finalement, le développement des marchés en Europe de l'Est – où les réformes économiques ont commencé à porter leurs fruits à partir de 1996 – a constitué un autre facteur du boom sur les marchés émergents. Les capitaux sortant des marchés d'Amérique latine ont été graduellement absorbés par les pays en transition. Les réformes économiques dans presque tous les pays d'Europe Centrale et de la CEI, y compris la Russie, permettaient d'anticiper leur entrée rapide dans la communauté financière mondiale afin de financer leurs investissements. L'attachement du FMI à la politique de libéralisation augmentait la probabilité d'ouverture financière des pays en transition.

2. Le contexte russe

L'augmentation du goût pour le risque des investisseurs internationaux a coïncidé avec la période de réduction des risques politiques et macroéconomiques en Russie et avec la fin de la privatisation de masse et l'émergence du marché des actions.

La première étape de la privatisation a débuté en 1992. Elle a consisté en une privatisation non-monétaire permettant aux individus d'échanger leurs vouchers (titres offrant un droit de propriété) en actions d'entreprises. A la clôture des opérations de privatisation individuelle en 1994, les premières compagnies de courtage sont apparues dans les régions russes et principalement à Moscou afin d'acheter les actions des employés et de les vendre aux dirigeants d'entreprises ou à des tiers investisseurs (majoritairement russes) qui voulaient participer à la gestion des entreprises. Entre avril 1994 et juin 1995, la participation des actionnaires significatifs dans le capital des entreprises russes a ainsi doublé, ce qui semblait être propice à la création d'un marché organisé permettant de placer une partie des actions pour lever du capital.

Le deuxième étape a débuté en 1995 car les besoins financiers de l'Etat en période préélectorale ont poussé à des privatisations par enchères monétaires et ont ainsi également favorisé le développement du marché. Afin d'accumuler le maximum de ressources financières, l'Etat a décidé de vendre les meilleurs actifs, à savoir les compagnies pétrolières. En conséquence, le 1er avril 1995, Boris Yeltsin a signé un décret sur la restructuration du secteur pétrolier et la formation de compagnies indépendantes. En août-septembre 1995, le processus s'est achevé par la création, sur décision gouvernementale, de douze compagnies pétrolières. En décembre 1995, cinq d'entre elles ont été privatisées dans le cadre des opérations « prêts-contre-actions ». Suite à ces privatisation, le marché russe, avec son système de cotation RTS lancé à partir du septembre 1995, est devenu beaucoup plus liquide.

Tableau 1
Les changements dans la structure de l'actionnariat (%)

	Avril 1994	Décembre 1994	Juin 1995	Juin 1996
Actionnaires intérieurs :	62	60	56	56
- travailleurs	53	49	43	40
- managers	9	11	13	16
Actionnaires extérieurs :	21	27	33	34
- majoritaires	11	16	22	25
- minoritaires	10	11	11	9
Etat	17	13	11	10
Total	100	100	100	100

Source : « Le développement du marché financier russe et les nouveaux instruments pour attirer les investissements », Institut des problèmes économiques de la transition, Moscou, 1998

Tableau 2
Les termes de la privatisation en 1995

Compagnie	Participation de l'Etat, 1/01/1995	Date d'enchères	Actifs vendus	Prix payé, millions de dollars
Surgutneftegaz	40,10%	Décembre 1995	40,10%	8,9
Lukoil	45%	Décembre 1995	29,5%	
Sidanko	100%	Décembre 1995	51%	130
Yukos	86%	Décembre 1995	78%	159
Sibneft	-*	Décembre 1995	51%	100,3

* la compagnie a été créée par un décret présidentiel à la fin de 1995 sur la privatisation.

Source : International Centre of Oil Business

En même temps, le fait que les premières élections parlementaires aient pu se dérouler en décembre 1995 a été positivement perçu par le monde entier en dépit des 40% au parlement obtenus par le parti communiste et ses alliés. Lors du Forum de Davos en février 1996, les hommes d'affaires russes les plus influents ont affiché leur soutien à Boris Yeltsin face à la victoire politique des communistes. Ce soutien, y compris financier, a largement contribué à sa victoire aux présidentielles de juin 1996 et a amoindri les chances des communistes de revenir au pouvoir. La transition russe est ainsi devenue un processus perçu comme irréversible.

Du point de vue macroéconomique, en dépit des nombreuses critiques faites suite à la crise financière de 1998, les progrès avaient auparavant paru importants : l'introduction du taux de change fixe en juin 1995 a permis de stabiliser l'inflation, rendant ainsi dans le même temps les marchés financiers intérieurs plus prévisibles et attractifs pour les investisseurs étrangers ; les taux élevés sur les bons d'Etat, révélateurs d'une contrainte budgétaire forte à la veille des élections, ont favorisé l'arrivée des capitaux étrangers, ainsi que le retour des capitaux russes sur les marchés financiers domestiques ; la signature de l'article VIII avec le FMI afin de libéraliser les transactions du compte courant a été un autre signe positif pour les marchés ; enfin, l'émission des premières Euro-obligations russes en novembre 1996 a été perçue par les marchés financiers comme un autre signe témoignant de la volonté des autorités russes de faire entrer leur pays dans la communauté mondiale.

Graphique 2
Taux des titres d'Etat à court terme (GKO, % annuel) et taux de change (R/$)

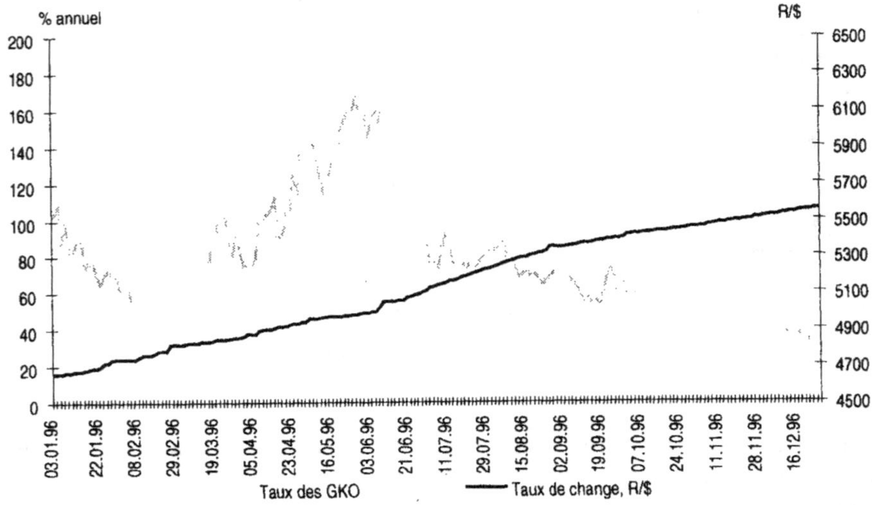

Sources : CBR, Bloomberg

Suite à la diminution des risques politiques et macroéconomiques, les premiers capitaux ont d'abord été investis sur le marché obligataire qui est le moins risqué. Mais cet aflux de capitaux a cessé lorsque les taux proposés aux investisseurs ont baissé. Ainsi les gestionnaires de portefeuilles ont été poussés à chercher d'autres opportunités d'investissements, notamment dans les actions russes.

3. Les performances du marché des actions

La littérature récente sur les marchés financiers considère que les cours des actions ne sont que partiellement déterminés par des considérations fondamentales affectant la valeur du capital productif de l'entreprise. Très peu d'investisseurs sont prêts à attendre longtemps afin de réaliser les profits garantis par les modèles de DCF (*discount cash-flows*). De plus, les changements macroéconomiques peuvent facilement modifier la profitabilité des entreprises. Ainsi, il y a une forte prime de liquidité incluse dans la valeur d'un titre telle qu'elle est déterminée par les marchés financiers. Cette prime récompense la possibilité de vite transformer le portefeuille boursier en monnaie. Le comportement optimal des investisseurs consiste alors à deviner le prochain *consensus* du marché, autrement dit prévoir quelle action bénéficiera de l'afflux des capitaux avant les autres. Les prix du marché sont ainsi déterminés par la recherche d'un équilibre auto référentiel et sont dominés par la formation de consensus qu'on appelle aussi conventions du marché.

L'émergence en 1996-1997 du marché des actions russe a été encouragée par trois conventions – le boom sur les actions pétrolières, les actions des compagnies-télécoms et finalement les compagnies énergétiques – qui, curieusement, se sont toutes les trois basées sur des considérations macroéconomiques plutôt que microéconomiques. Ceci peut expliquer pourquoi la crise de 1998 a eu un effet si dramatique sur le marché des actions.

Initialement, les capitaux étrangers, sous forme d'investissements de portefeuille dans le capital des sociétés russes, ont été collectés par le biais des ADR et des GDR. Ces deux instruments sont des actions de sociétés non américaines (ou bien non européennes) qui peuvent être achetées et vendues sur les bourses américaines (ou européennes) comme les actions des entreprises nationales. L'intérêt de ces produits est clair : étant des titres émis par les dépositaires américains ou européens, ils permettent de mettre de côté le risque institutionnel du pays d'origine. Les deux plus grands risques dans le cas russe étaient la faillite du broker (du fait que la Commission du marché – l'analogue de la SEC américaine – n'effectuait pas le contrôle nécessaire sur l'état des participants du marché, les *market-makers*), ainsi que les délais de transfert des actions aux nouveaux détenteurs. La diminution des risques permettait d'attirer les grands fonds d'investissement internationaux et, par conséquent, d'augmenter les prix des placements.

L'intérêt des investisseurs internationaux pour les actifs risqués des marchés émergents, qui semblait s'être restauré après la crise mexicaine, a largement favorisé le boom des ADR/GDR. En 1996, le volume des ADRs placés sur le NYSE, le NASDAQ et l'AMEX a atteint 345 milliards de dollars, soit 26% de plus qu'en 1995. La Russie (avec 11 entreprises lançant des programmes d'ADR) a occupé la septième place en termes du nombre de sociétés effectuant de tels programmes, après la Grande Bretagne (30 sociétés), Hong Kong (19), le Brésil, le Mexique, l'Afrique du Sud (14 chacun) et l'Inde (13). Pourtant, à la fin de 1996, il y avait seulement 13 entreprises russes ayant émis des ADR/GDR, contre plus de 240 entreprises cotées sur le RTS.

Bien qu'il offrait beaucoup d'avantages pour les investisseurs, le marché des ADR/GDR présentait quand même quelques inconvénients. D'abord, étant donné la demande importante pour les actifs russes et le nombre réduit d'actions proposées pour ce type de placement, le prix paraissait trop élevé. Dans le cas de Gazprom, par exemple, la capitalisation selon les prix des ADR était de 40 milliards de dollars, tandis que selon les prix des actions locales, elle était quatre fois moindre. L'achat des titres sur le marché domestique est ainsi devenu une opportunité intéressante.

L'amélioration économique et politique a ainsi stimulé les premiers investissements directement sur le marché russe. Ce phénomène a été qualifié par les publications de l'époque d'« émergence des actifs russes ». En entrant directement sur le marché russe, les fonds étrangers jouaient la carte de la liquidité car les actions russe avaient une très forte prime de risque. Suite à l'afflux des capitaux pendant une courte période, la valeur des actions a été multipliée, tandis que les volumes augmentaient et la fourchette achat-vente (une mesure directe de la liquidité) des agents de courtage se réduisait. L'augmentation des prix était fréquemment déconnectée des fondamentaux mais reflétait le prix de la liquidité qui avait une valeur en soi. Ainsi, l'action qui montait avait beaucoup plus de chances d'attirer de nouveaux capitaux, ce qu'on appelle « l'effet de la découverte ».

La supériorité des considérations macroéconomiques sur les considérations liées aux entreprises est parfaitement illustrée par la performance des cours des actions par secteur. Le premier consensus ou, autrement dit, la première convention parmi les investisseurs sur le marché des actions russes, a été de lier les risques du marché russe au cours du pétrole. Le secteur pétrolier représentait 12% du PIB, 25% des exportations et 30% des recettes fiscales en 1996. Les actifs pétroliers datant de l'époque soviétique et qui ont été transférés aux compagnies privées au cours de la privatisation paraissaient peu chers comparés à ceux valorisés dans des secteurs identiques dans d'autres pays. De plus, comme la performance des compagnies pétrolières dépendait largement des prix internationaux, leurs résultats financiers ont été relativement transparents et prévisibles. Comme ce raisonnement paraissait très convaincant, il n'est pas étonnant qu'en 1996 les cours des actions des compagnies pétroliers aient été les premiers à subir l'effet de la découverte par les investisseurs étrangers.

Au début 1997, le secteur pétrolier paraissait déjà cher et les investisseurs ont cherché à diversifier leurs portefeuille avec de nouveaux actifs. Le non élargissement de la part allouée aux autres secteurs de la production était lié au manque de progrès en matière de réformes structurelles. Les arriérés qui paralysaient l'économie continuaient notamment à augmenter rapidement en 1996 et remettaient ainsi en question la capacité des entreprises à payer des dividendes ou même à financer leurs dépenses d'investissement. De ce constat est née une deuxième convention sur le marché des actions russes. Celle-ci a consisté à privilégier les secteurs qui n'étaient pas victimes des arriérés de paiements, notamment les compagnies de télécommunications.

Les compagnies de télécommunications étaient dans une situation favorable car elles étaient peu perturbées par de nombreux intermédiaires et elles pouvaient débrancher rapidement les mauvais payeurs. De plus, avec 86 compagnies russes régionales suite à la privatisation, il y a avait une forte possibilité de diversification du portefeuille au sein d'un même secteur industriel, à un niveau de risque identique à celui du risque macroéconomique. Comme les informations disponibles sur ces entreprises étaient peu nombreuses, l'argument essentiel pour choisir d'acheter les actions d'une entreprise plutôt qu'une autre dépendait en fait de la richesse de la zone géographique où elle opérait. Les actions des meilleures entreprises de télécommunications ont ainsi émergé au début de l'année 1997.

Graphique 3
Cours des actions de Lukoil (pétrolier) et NizhnovSvyazinform (télécom) entre 1995 et 1997, $

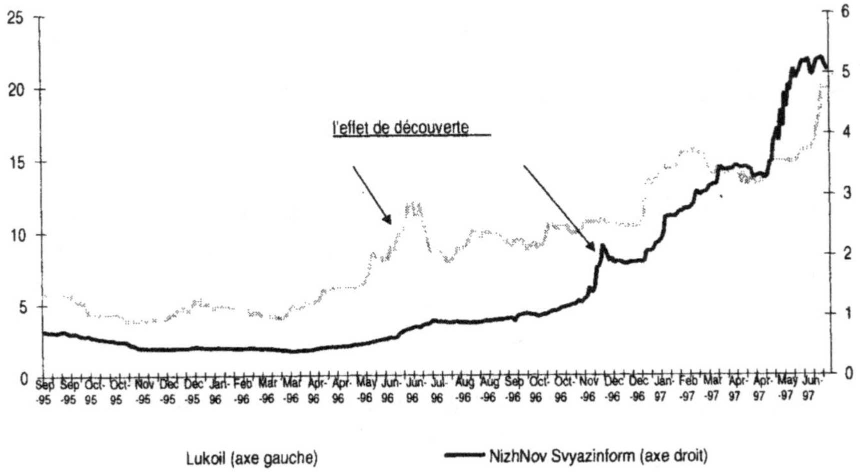

Graphique 4
Cours des actions du NizhNovSvyazinform (télécom) et Lenenergo (énergétique) en 1995-1997, $

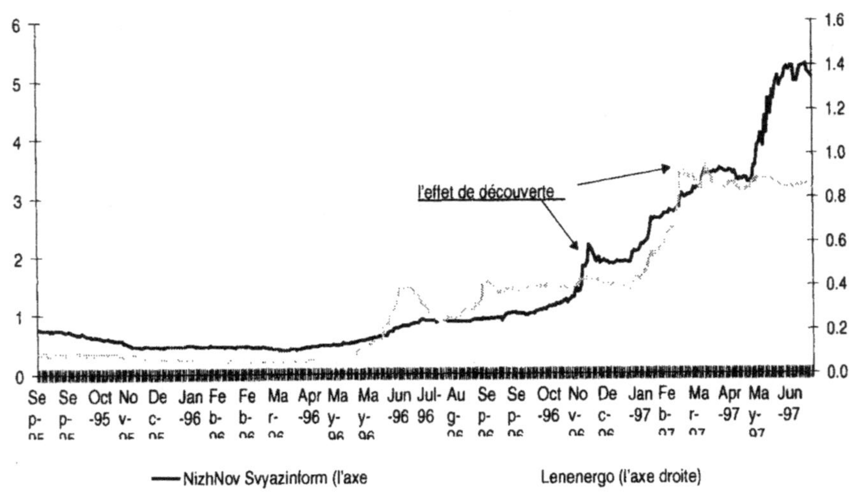

Source : AK&M

Enfin, après la valorisation des compagnies de télécommunications à un niveau de marché comparable à celui d'autres pays émergents, l'intérêt du marché s'est détourné vers les entreprises de la production énergétique. Vers l'été 1997, le gouvernement a élaboré un plan de restructuration du secteur énergétique. Comme la plupart des entreprises du secteur étaient en difficulté en raison des arriérés de paiements générés par les nombreux intermédiaires, le plan proposé par le gouvernement prévoyait que les entreprises aient un accès direct aux consommateurs afin de réduire les arriérés et rétablir l'équilibre financier du secteur. Suite à la publication du programme de réforme du secteur en mars-avril 1997, le marché des actions russes s'est alors concentré sur les actions du secteur énergétique.

Ainsi, comme nous l'avons souligné, les décisions d'entrée sur le marché russe n'ont été dans aucun des cas motivées par l'analyse financière des entreprises. Les annonces de réformes faites par le gouvernement valaient plus aux yeux des investisseurs que les événements concernant les entreprises individuelles puisque les risques politiques paraissaient importants. De plus, l'achat des actions russes par les fonds étrangers suivait automatiquement les recommandations des agences de rating, ou bien l'augmentation de la part du marché russe dans les indices financiers des institutions internationales (comme IFC) ou privées (comme Morgan Stanley). La liquidité d'une action a, dans ce cas, constitué un facteur clé dans la prise de la décision.

II. DE LA CRISE NON FONDAMENTALE A LA CRISE FONDAMENTALE

L'émergence des actifs financiers et l'ouverture du marché financier aux capitaux étrangers ont conduit non seulement à une augmentation brutale des prix, mais également à une amélioration de la liquidité. Les cours des actions « liquides » ont commencé à fluctuer en fonction des événements internes à la Russie mais également en corrélation forte avec les marchés internationaux. Cette plus grande liquidité s'est ainsi traduite par une plus grande vulnérabilité du marché aux fluctuations extérieures et notamment aux effets de contagion.

Les contagions connues dans la littérature sur les crises financières sont souvent qualifiées de fondamentales ou de non fondamentales. En ce qui concerne les crises fondamentales, celles-ci se transmettent, d'une part, via le commerce international (*fundamental-spillover contagion*) et déclenchent des dévaluations compétitives. D'autre part, la crise économique observée dans un pays peut offrir des critères d'estimation permettant de mesurer la vulnérabilité des autres économies (*common-cause contagion*). Dans les deux cas, la sortie des capitaux est motivée par des considérations macroéconomiques. La contagion non fondamentale, au contraire, prend source dans le comportement rationnel des agents financiers qui, agissant de manière à réduire leurs pertes, créent des mouvements de panique pouvant générer une crise financière sans aucune raison fondamentale. Ainsi, même si initialement la situation économique paraissait stable, la sortie brutale et massive de capitaux crée un déséquilibre sur les marchés monétaires qui paralyse toute l'économie.

La crise russe, qui a pris source en octobre 1997 avec la sortie des capitaux asiatiques et a trouvé son apogée en août 1998 avec la dévaluation, montre que la capacité du gouvernement à adopter une politique attendue par les marchés financiers est fondamentale en vue de restaurer la confiance et d'éviter la dégradation des paramètres économiques. La première vague de la crise russe a été provoquée par le « comportement moutonnier » des investisseurs. La détérioration des termes de l'échange ainsi que l'incapacité du gouvernement à mettre en place une politique budgétaire restrictive ont toutefois été largement responsables de la deuxième vague de la crise, liée ainsi à des paramètres fondamentaux.

1. Une résistance à la crise asiatique

Le krach de la devise thaïlandaise le 2 Juillet 1997 a produit une chaîne de dévaluations compétitives en Asie du Sud-Ouest et a entraîné une baisse du marché des actions en Thaïlande, Indonésie et dans les autres pays asiatiques émergents en raison de la liquidation, par les fonds asiatiques, de leurs portefeuilles. Au départ, comme dans le cas de la crise mexicaine en 1994, la crise asiatique a été perçue comme un accident local. Après une correction des cours des actions, le marché russe a continué à monter, poussé par de nouveaux changements qu'ont été l'entrée dans l'indice IFC et les anticipations que les fonds d'investissements augmenteraient leurs positions sur le marché des actions russes.

En 1997, il y avait peu d'arguments permettant d'anticiper la chute du marché russe pour des raisons fondamentales. La Russie n'était pas vulnérable aux mêmes risques que les pays asiatiques. Le commerce extérieur avec les pays de l'Asie Pacifique ne représentait que 10% de la balance commerciale qui était dans une position nettement meilleure que celle des pays asiatiques. Les réserves de changes avaient atteint un maximum historique et étaient largement suffisantes pour couvrir plusieurs mois d'importations comparativement aux autres pays en crise. De plus, la dette externe était dans des limites soutenables.

Tableau 3
Balance commerciale, % PIB

	1995	1996	1997*
Russie	2,5%	3,0%	3,2%
Corée	- 1,2%	- 4,8%	- 3,6%
Indonesie	- 3,1%	- 3,2%	- 3,9%
Philippine	- 2,5%	- 3,4%	- 4,3%
Thaïlande	- 7,3%	- 7,5%	- 3,2%

* Estimé.

Sources: Emerging Markets Investor, Troika Dialog

Tableau 4
Dette externe (% PIB) et réserves de change
(mesurées en mois d'importations)

	Dette externe (% PIB)		Réserves de change (mois d'importations)
	1997*	1998*	1997
Russia	24,4%	24,0%	5,1
Korea	23,5%	25,6%	1,7
Indonesia	42,9%	43,4%	4,2
Philippines	57,9%	58,1%	2,7
Thaïlande	49,5%	49,5%	4,6

* Estimé.

Sources : Troika Dialog, Emerging Markets Investor

Pourtant, le marché n'a pas résisté le 25 octobre 2000 quand les pressions sur la devise à Hong Kong ont été telles que la bourse y a chuté de 15% en un seul jour. La baisse du Dow-Jones de 7% a produit des craintes que la crise asiatique ne dépasse l'échelle locale et a ainsi poussé encore plus bas les marchés asiatiques, puis ensuite le marché russe. Les sorties de capitaux étrangers qui se sont produites juste après a été décisive pour le marché des actions qui a perdu 25% au cours du seul mois de novembre 1997.

La sortie des capitaux a été le début de la crise de liquidité à laquelle la Banque Centrale et le gouvernement n'étaient pas prêts à faire face. La contraction de la masse monétaire a débuté avec la sortie des capitaux étrangers et la chute du marché russe entre octobre et novembre 1997. Les réserves de la Banque Centrale ont chuté de 30% (soit 7 milliards de dollars) entre août et décembre 1997 suite à la diminution des entrées nette de capitaux. La décision de protéger le taux de change par des interventions des autorités ainsi que par l'augmentation des taux intérêt était justifiée sous réserve de la résorption de la crise asiatique. Malheureusement, dans le même temps, la crise asiatique s'élargissait et risquait de toucher les économies de la Corée et du Japon et les capitaux étrangers ont continué à sortir du marché russe.

Graphique 5
Compte de capital et réserves de la Banque Centrale, 1997-1998

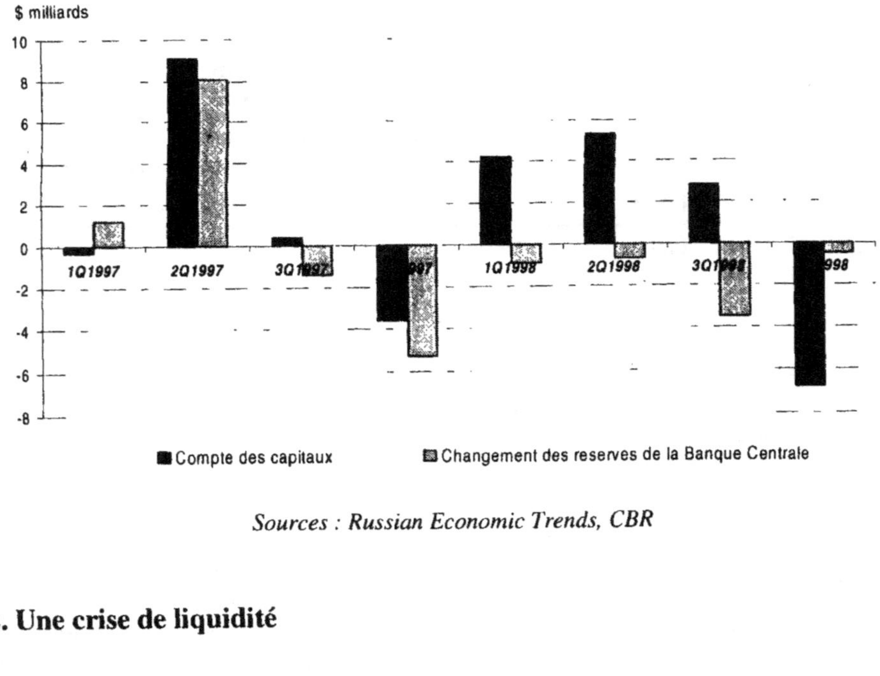

Sources : Russian Economic Trends, CBR

2. Une crise de liquidité

La crise bancaire a joué un rôle prédominant dans la poursuite de la crise russe. Alors que les capitaux étrangers sortaient du marché russe des actions, les banques russes continuaient à garder confiance dans la performance du cours des actions. Une raison qui a sans doute poussé les banques à agir de cette façon a été le bas niveau des taux d'intérêt obligataires. Vers octobre 1997, les taux sur les bons d'Etat ont touché leur minimum historique et ont considérablement réduit les marges bancaires. L'achat d'actions a été souvent vu comme un moyen d'augmenter la profitabilité bancaire.

En octobre 1997, le volume du marché russe était deux fois supérieur à celui des mois précédents : les banques russes ont commencé à augmenter leur exposition sur le marché des actions. Malgré la dégradation de la situation, le marché des actions russes restait ainsi un des plus profitables parmi les marchés émergents et la Russie paraissait peu vulnérable à la contagion fondamentale. Même si une correction sur le marché s'est produite suite à la baisse des marchés développés, les banques l'ont utilisée comme une opportunité d'achat.

La situation s'est fortement aggravée au début de l'année 1998. Le marché des actions a plongé sous l'effet des sorties des capitaux étrangers et même les achats des banques n'ont pas été suffisants pour soutenir le marché. Cette chute a considérablement paralysé les transactions financières car de nombreuses sociétés financières sont devenues insolvables. La baisse de confiance dans la contrepartie russe a ainsi gelé les transactions effectuées par les étrangers, mais aussi par les russes. La fourchette achat-vente des prix qui était de 6-8 % entre juillet 1996 et septembre 1997 est passée à 15-20% à partir d'octobre 1997.

Graphique 6
Taux interbancaires au jour le jour

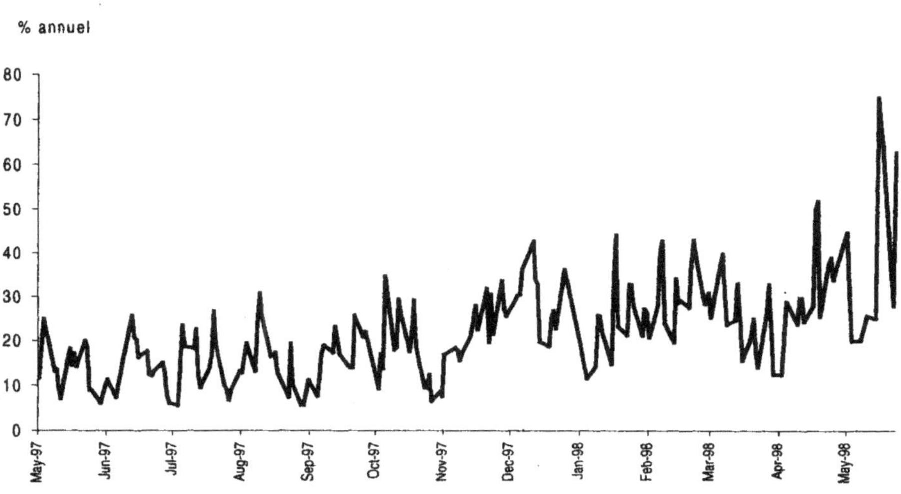

Source : AK&M

Cette illiquidité du marché a gravement nui aux banques russes qui venaient d'entrer sur le marché des actions. Les pertes ne sont pas apparues immédiatement dans les bilans bancaires car la valorisation de portefeuille se fait à partir de prix hors marché et les pertes ne sont montrées officiellement qu'au moment de la vente des titres. L'augmentation des taux interbancaires à partir de décembre 1997 signale cependant l'aggravation des risques de contreparties sur le marché des crédits. Quelques mois avant la dévaluation, un grand nombre de banques étaient déjà devenues insolvables.

3. La détérioration des paramètres fondamentaux

La crise de liquidité a été aggravée par une détérioration des facteurs extérieurs au début de 1998. La crise asiatique, puis la décision de l'OPEP d'augmenter la production, ont fait chuter le prix du pétrole. Le déséquilibre de la balance commerciale conjugué à un solde négatif du compte des capitaux s'est immédiatement traduit par une détérioration plus rapide des réserves de la Banque Centrale. En mars 1998, les réserves de la Banque Centrale ne couvraient plus que trois mois d'importations, comparé à cinq mois en 1997.

Le gouvernement n'a pas su faire face à la détérioration de la situation économique. La décision prise de protéger le taux de change, même au prix d'une augmentation des taux d'intérêt, n'a fait qu'aggraver la crise de liquidité en augmentant le coût du financement du déficit budgétaire : si en 1997, 85 roubles de chaque nouvel emprunt de 100 roubles étaient utilisés pour le service de la dette, ce chiffre est passé à 100 en mars 1998. L'Etat a été forcé d'emprunter de plus en plus. La détérioration de la situation budgétaire qui s'en est suivie a entraîné une crise de confiance des investisseurs qui ont augmenté la part des titres à court terme dans leur portefeuille. Au début de 1998, la part des GKO (les obligations d'Etat à moins d'un an) représentait jusqu'au 70% de la dette interne russe.

L'aggravation des paramètres de solvabilité du pays a coïncidé avec les premières craintes que la Russie ne tombe dans une impasse structurelle, qu'elle ne semblait pas en mesure de pouvoir éviter. La crise politique n'a fait que mettre ceci en évidence. Bien que la nomination de Sergei Kirienko comme premier ministre ait été perçue comme un signe positif pour les investisseurs étrangers, son programme d'austérité s'est heurté à l'opposition du parlement et des lobbies industriels. Le gouvernement réformiste n'a également pas réussi à obliger les très grandes entreprises à payer leurs impôts. De plus, une partie importante des revenus fiscaux n'a pas été payée en liquide.

La nouvelle chute des marchés asiatiques en août 1998, suite à des rumeurs sur la dévaluation possible de la monnaie chinoise et la dépréciation du Yen, a constitué le coup de grâce pour les marchés russes. A partir de la mi-juillet 1998, la Banque Centrale n'a plus réussi à placer ses nouveaux bons, les taux d'intérêt étant devenus excessivement élevés. Le gouvernement a donc été obligé de payer les bons à partir des recettes budgétaires. Vers le mois d'août 1998, le gouvernement n'avait plus d'argent pour payer ses dettes et, sans une dévaluation du rouble, même les crédits du FMI n'étaient plus suffisants pour résoudre les difficultés.

III. LE MARCHÉ RUSSE - UNE CONVENTION DÉTRUITE

La Russie n'a pas été le seul pays à subir les conséquences dramatiques d'une crise financière dans les années quatre-vingt-dix. L'ensemble des causes habituelles, y compris les erreurs des autorités monétaires, les raisons exogènes et la perte de confiance, ne distingue pas la Russie des autres pays asiatiques ou latino-américains. Mais si la majorité des pays a relativement vite retrouvé la confiance des investisseurs, le marché des actions russe est toujours dominé par des anticipations négatives. Même deux ans après la crise financière, les volumes journaliers échangés sur le marché restent trois fois inférieurs à ceux d'avant la crise. L'indice est toujours au niveau de 200, comparé au maximum de 570 atteint en octobre 1997.

1. Les facteurs macroéconomiques perdent de l'importance

Paradoxalement, la situation macroéconomique d'aujourd'hui semble être beaucoup plus favorable qu'avant la crise. La dévaluation du taux de change, ainsi que l'augmentation des prix des matières premières, ont contribué à la croissance économique, ainsi qu'à l'amélioration des indicateurs budgétaires et de la balance des paiements. Même si la croissance semble être basée sur des facteurs exogènes (notamment l'augmentation des revenus d'exportations suite à la hausse des prix pétroliers), plutôt que sur des changements structurels, l'économie russe semble être plus stable. On a assisté à une amélioration des transactions financières qui actuellement s'effectuent à 70% en liquide, tandis qu'il y a un an, cette part ne représentait que 40% ; un Trésor public a été mis en place ; l'augmentation des investissements en capital fixe est financée par une baisse de la fuite des capitaux. Toutefois, depuis la crise, des considérations autres que macroéconomiques encouragent les investisseurs à rester méfiants à l'égard du marché russe.

Graphique 7
Indice et volumes du RTS (*Russian Trading System*)

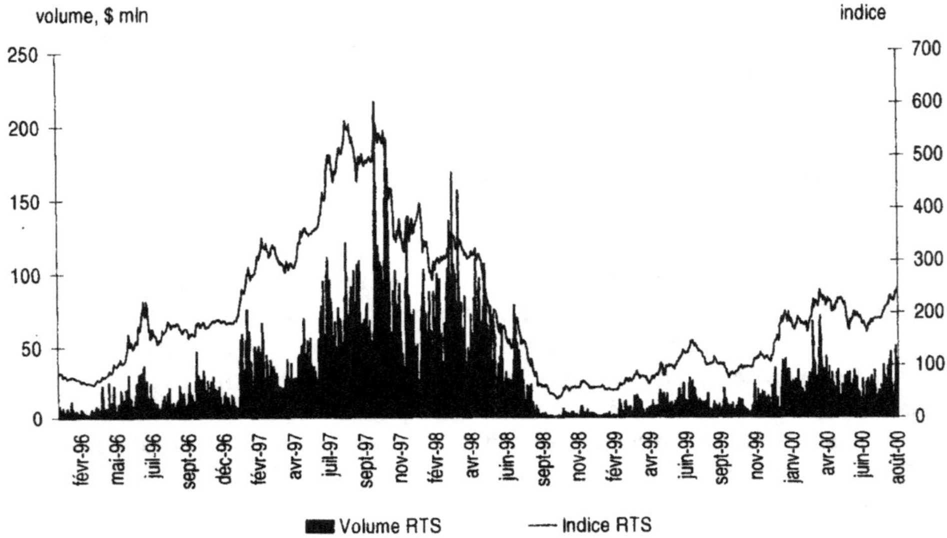

Source : Bloomberg

Tableau 5
Les paramètres macroéconomiques d'avant et d'après crise

	1997	1998	1999	2000
Croissance économique, % annuel	0,80%	- 4,60%	3,20%	8,3%
Inflation, % annuel	11,0%	84,4%	36,5%	20,2%
Déficit budgétaire, % PIB	- 7,0%	- 5,0%	- 1,4%	2,5%
Balance commerciale	17,4	17,1	35,3	60,0
Réserves de change en mois d'importations, fin d'année	2,9	2,0	3,8	7,9

Sources : Reuters, FMI, Alfa-bank

Le premier coup porté au marché est venu de la crise politique qui a suivi la crise financière, démontrant l'absence d'une volonté ferme de mener une politique économique transparente. L'introduction du contrôle des changes a aussi confirmé l'absence de volonté de faire des efforts afin de restaurer la confiance du marché. Ainsi, les hésitations dans le comportement des autorités russes ont détruit l'illusion quant à l'entrée de la Russie dans la communauté financière internationale.

Ensuite, comme le note Joseph Stiglitz (1999) dans son « Whither Reform? Ten Years of the Transition », la politique russe centrée sur des changements macroéconomiques a largement négligé les ajustements microéconomiques. Pourtant, la transition signifiait non seulement la libéralisation des marchés et l'application d'une politique économique transparente, mais également un ajustement structurel au niveau microéconomique. Un but important des réformes était la création de conditions favorables à l'émergence du système transparent de *corporate governance,* ce qui ne s'est pas produit. Au contraire, l'absence de base législative stable et la position privilégiée de certaines entreprises, gérées par des personnes ayant des connections politiques (les oligarques), ont favorisé la stratégie des managers dont le but a été, non pas le développement de la production et la maximisation des profits, mais l'accumulation des droits de propriété ou directement des flux financiers afin de les utiliser pour des intérêts personnels. Lors de la crise russe, la majorité des managers ont essayé de sauver leurs empires financiers, même au prix d'une perte de réputation suite à leur refus de faire face à leurs obligations. La crise a juste confirmé qu'en Russie ce comportement n'était pas une exception, mais en fait la règle.

2. Les droits des actionnaires minoritaires en Russie

Les violations des droits des actionnaires minoritaires étaient très fréquentes dans les sociétés russes même avant la crise. Ces violations reflétaient, soit une simple volonté de contrôler les décisions de gestion, soit le souhait de gérer et contrôler les flux financiers. Si le premier type de violation de la loi a été souvent pratiqué, le second type a plutôt concerné les grandes entreprises et a eu un impact important sur le marché des actions.

La forme la plus simple et aussi la plus largement pratiquée de violation des droits de propriété consistait à exclure les investisseurs minoritaires de la prise de décision en les privant de l'information financière sur l'entreprise en question. Souvent, l'information relative aux Assemblées Générales était communiquée avec retard, voire pas du tout ; les procédures de vote lors de ces

Assemblées n'ont pas été respectées et les modalités d'organisation ont souvent été opaques. De plus, les managers ou les propriétaires contrôlaient souvent les registres des actionnaires. Ainsi, pendant les votes, des manipulations quant à la participation des actionnaires minoritaires permettaient de s'assurer de décisions en faveur des managers. Le fait que les standards comptables russes soient différents des standards internationaux compliquait, d'une part, l'analyse des états financiers et permettait, d'autre part, aux dirigeants d'éviter de fournir certaines informations concrètes.

Les délais dans le paiement des dividendes ont également constitué un moyen de redistribuer une partie du profit en faveur des actionnaires majoritaires ou bien des dirigeants. Compte tenu des risques économiques importants, la mise en paiement des dividendes deux à trois ans après la décision de distribution permettait d'en diminuer la valeur réelle. De plus, selon la loi sur les sociétés russes, le fait de ne pas annoncer des dividendes sur les actions privilégiées oblige les dirigeants à les convertir en actions ordinaires et à les assortir ainsi d'un droit de vote. L'annonce d'une distribution de dividendes, même si la mise en paiement intervenait beaucoup plus tard, était le moyen d'éviter cette contrainte.

La dilution de la part des actionnaires minoritaires a été une mesure plus radicale et un premier pas vers la restauration d'un contrôle total des actionnaires majoritaires sur les finances de l'entreprise. L'émission d'actions, utilisée habituellement pour augmenter le capital, a souvent donné lieu en Russie à un non respect des droits des actionnaires. Soit les investisseurs minoritaires n'étaient pas informés, ou ne l'étaient qu'au dernier moment, soit ils n'étaient pas autorisés à acquérir des actions supplémentaires au prorata de leur part de capital, car ces actions étaient directement distribuées à certains actionnaires dans le but de consolider leur contrôle. Ces opérations de dilution avaient de plus comme conséquence une diminution de la valeur des actifs, résultant en un prix faible des actions.

L'effet le plus pervers du contrôle exercé sur les finances des entreprises est la dégradation des actifs ou des cash-flows de la compagnie. Dans le cas des holdings (notamment dans le secteur pétrolier), des prix de transfert abusifs ont constitué la procédure la plus souvent utilisée. Ceci consistait, par exemple, en une vente de pétrole par les filiales à des prix artificiellement bas. Le but était de séparer les coûts, en les laissant dans les bilans des filiales, et les profits générés, en les laissant dans les bilans de la compagnie centrale. Un autre moyen a été de procéder à des schémas de *tolling* : les matières de base pour la production sont fournies gratuitement à l'entreprise qui en assure le traitement, et la production est ensuite transférée au fournisseur des matières premières. Comme dans le cas précédent, les profits des filiales étaient sous-estimés et leurs actionnaires pénalisés. Enfin, les propriétaires majoritaires pratiquaient le transfert abusif et direct d'actifs d'une société vers d'autres. Ainsi, la propriété des actions ne garantissait pas la propriété sur le capital productif, ni sur les profits.

La crise bancaire est une page éloquente de ce problème de contrôle sur les actifs et les flux financiers en Russie. Comme la faillite dans la plupart des cas semblait être inévitable et la réputation perdue, il y a eu un transfert d'actifs de la part des grandes banques vers des banques filiales. Le principe était simple : les actifs liquides et les réseaux des filiales devaient être sauvés, tandis que les banques à la tête des groupes ont gardé toutes les obligations auprès des déposants individuels et surtout des créditeurs étrangers.

Ces nombreux exemples montrent que les actions en Russie représentaient, non pas un instrument de financement pour les entreprises, mais le moyen de consolider le contrôle sur ces entreprises par un ou quelques actionnaires. Ainsi, l'émission d'actions ne contribuait que rarement à une augmentation de la valeur de l'entreprise. La crise financière, qui a ruiné la réputation de la Russie en général, a également permis le renforcement de l'accumulation du contrôle par les propriétaires majoritaires et rendu le comportement de ces derniers encore moins acceptable qu'auparavant.

3. La Russie en 2000 : corrélation avec le NASDAQ

La performance du marché des actions en 2000, qui a été bien pire que prévu, a confirmé l'importance des problèmes de *corporate governance*. Le début de l'année a été plutôt encourageant. L'augmentation dramatique des prix des actions TMT à partir d'octobre-novembre 1999 a été considérée comme une nouvelle vague d'augmentation du goût pour le risque et ainsi comme un signe que les capitaux étrangers pouvaient revenir sur les marchés émergents. La Russie s'acheminant vers les élections présidentielles paraissait être un des meilleurs candidats, surtout du fait que la situation macroéconomique restait stable. Les anticipations d'un afflux de capitaux étrangers pouvaient être considérées comme une nouvelle convention déterminant la dynamique du marché russe dans la première moitié de 2000.

Malheureusement, cette convention est restée largement non réalisée. Même si la plupart des investisseurs paraissait être tentée d'entrer sur le marché russe au début de 2000, il n'y a pas eu de formation effective d'une opinion homogène quant à l'attractivité de ce marché. L'absence d'une culture de *corporate governance* et particulièrement le manque de transparence des entreprises compliquent la valorisation des entreprises russes. Même si elles paraissent peu chères dans une perspective de comparaison internationale, la participation dans leur capital ne garantit pas de bénéfices pour les actionnaires minoritaires, ce qui pousse les investisseurs étrangers à rester méfiants. Ainsi, même deux ans après la crise financière, la part des étrangers dans les transactions sur titres reste extrêmement faible, aux environs de 10-20%, et les volumes journaliers sont toujours trois fois inférieurs à leurs niveaux d'avant crise. Ceci fait peser par conséquent une contrainte supplémentaire sur les nouvelles entrées de capitaux internationaux : non seulement l'afflux de quelques millions de dollars peut produire une hausse des prix importante, mais un tel investissement serait presque impossible à liquider rapidement. A cause du manque général de liquidité, l'investissement financier dans les actions russes est alors conçu par les étrangers comme un placement devant être gelé pour au moins deux à trois ans.

Graphique 8 : Performance du RTS vs. NASDAQ

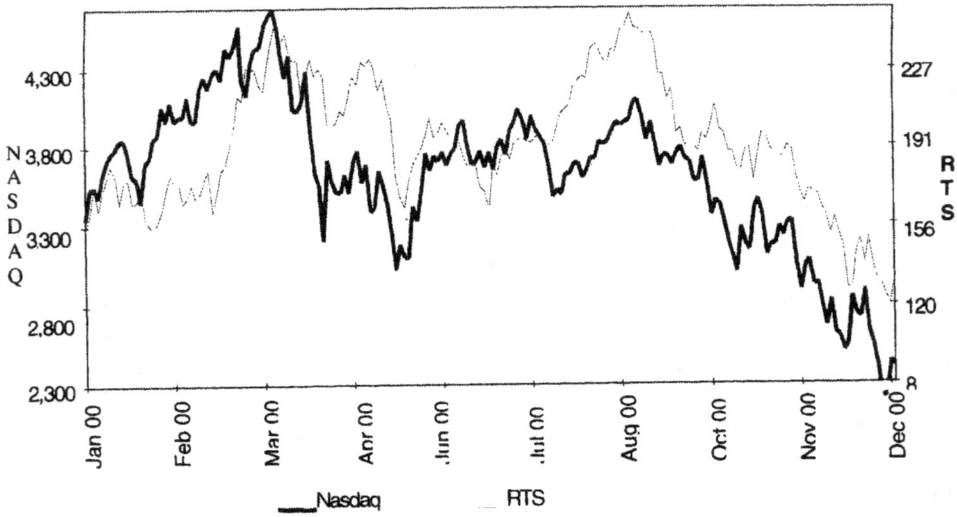

Source : Bloomberg

La faiblesse de la *corporate governance* semble ainsi être une raison essentielle expliquant la relativement faible corrélation du marché russe des actions avec le NASDAQ au début de 2000. La hausse du NASDAQ n'a contribué qu'à la formation d'anticipations positives, mais le marché russe est resté dominé par les capitaux domestiques et sa liquidité n'était alors pas suffisante. L'augmentation des taux d'intérêt en dollar depuis le début de 2000 a réduit la probabilité que de la liquidité puisse être allouée pour les marchés émergents et a brisé les anticipations positives sur le marché russe. Par conséquent, une corrélation très forte à la baisse entre le RTS et le NASDAQ a émergé à partir d'août 2000 et continue à dominer les performances du marché russe des actions.

CONCLUSION

Le problème de *corporate governance* en Russie semble être lié au problème de la redistribution de la propriété donnant lieu à des opérations frauduleuses. L'observation de la dynamique du marché semble confirmer cette hypothèse. En effet, les compagnies pétrolières qui en majorité se sont constituées en holdings ne font plus l'objet de conflits de propriété et semblent obtenir de meilleures performances.

Tant que la redistribution de la propriété est dans l'agenda du gouvernement, on peut s'attendre à ce que les considérations de *corporate governance* continuent à dominer la performance des actions russes et paralysent l'augmentation des prix dans les secteurs de la télécommunication et de l'énergie. Actuellement, la consolidation des 86 compagnies de télécom en 7 compagnies régionales rend incertain le maintien des droits des actionnaires minoritaires lors de l'unification financière. Le plan de réforme du secteur énergétique a également engendré beaucoup de questions, notamment celle du transfert des actifs productifs qui peut ruiner le cours des actions des compagnies régionales.

Non seulement les coûts de la crise financière russe ont été absorbés par les investisseurs et non par les managers, mais des violations des droits de propriété ont toujours de fortes chances de se produire à l'avenir. La raison sous-jacente est que les entreprises russes continuent à opérer sans avoir recours au financement externe et que, de la sorte, la valeur de la réputation reste très faible en Russie.

Ce manque de transparence dans le fonctionnement des entreprises représente un obstacle majeur pour le retour des capitaux étrangers sur le marché des titres russes. Si avant la crise, environ 60% du volume du marché était dû aux transactions effectuées par les investisseurs étrangers, leur part actuelle ne représente plus que 10 à 20% des transactions. La méfiance envers les actifs russes pénalise le marché russe par la faible liquidité qu'elle engendre et représente en soi une contrainte pour l'entrée de nouveaux capitaux internationaux. Malheureusement, ce problème ne peut être résolu que par la volonté des sociétés russes d'améliorer leur réputation dans le but d'avoir accès aux sources de financement pour leurs projets d'investissement. Sans efforts de la part des entreprises russes, le marché des actions peut rester très peu liquide et peu développé dans les prochaines années.

BIBLIOGRAPHIE

DORNBUSCH R., PARK Y.C., CLAESSENS S. (2000), « Contagion: How it Spreads and How it Can Be Stopped ? », *mimeo*, janvier.

HENROTTE P. (1997), « Les pays émergents et les fonds offshore », *Journal de Genève*.

INSTITUT DES PROBLÈMES ÉCONOMIQUES DE LA TRANSITION (1998), *Le développement du marché financier russe et les nouveaux instruments pour attirer les investissements*, Moscou.

KAMINSKY G., LIONS R., SCHMUKLER S. (1999), « Economic Fragility, Liquidity, and Risk: The Behavior of Mutual Funds during Crisis », 29 janvier.

KRUGMAN P. (2000), *Pourquoi les crises reviennent toujours*, Seuil.

MALLERET T., ORLOVA N., ROMANOV V. (1999), « What loaded and triggered the Russian crisis? » *Post-Soviet Affairs*, vol. 15, n° 2, avril-juin, 107-129.

ORLÉAN A. (1999), *Le pouvoir de la finance*, Editions Odile Jacob.

STIGLITZ J. (1999), « Whither Reform? Ten Years of the Transition », *Annual World Bank Conference on Development Economics*, avril.

TROIKA DIALOG REPORT (1999), *Corporate governance in Russia*, mai.

10

La réglementation financière en Russie

Gilles Walter

La finance russe présente, à première vue, un visage proche de ceux rencontrés dans les économies occidentales, avec un système bancaire à deux niveaux où le nombre des banques commerciales privées s'est rapidement développé et un marché boursier largement décentralisé où dominent les acteurs privés, tant du côté des intermédiaires que des émetteurs. Ils sont cependant loin d'atteindre la même envergure, puisque les actifs bancaires sont estimés à 30% du PIB et la capitalisation boursière ne dépasse pas 45 milliards de dollars fin 2000, soit 20% du PIB. Dans ce cadre, le système financier russe ne remplit pas à proprement parler les fonctions qui lui sont traditionnellement assignées dans les économies occidentales, à savoir initier la diversification et le développement des instruments offerts aux entreprises dans le cadre du financement de l'investissement et assurer la collecte d'informations sur leur situation financière.

En outre, son développement a été marqué par des périodes de forte tension, l'éclatement de plusieurs crises localisées et de la crise globale d'août 1998. L'instabilité liée au développement de la finance n'est certes pas un signe distinctif de la Russie. La libéralisation et l'affirmation de la finance internationale au cœur des mécanismes économiques depuis le début des années quatre-vingts a également été marquée par des soubresauts répétés qui ont incité les acteurs à renforcer le cadre législatif et réglementaire. Ce problème se pose cependant avec une acuité particulière dans une économie qui subit de profonds changements systémiques et qui, dans sa voie chaotique vers l'économie de marché, est confrontée au premier chef à la question de l'équilibre entre libéralisation et imposition de règles.

Pour battre en brèche une idée souvent répandue, la finance russe n'est pas une jungle réglementaire. La dernière décennie a vu la mise en place d'institutions de contrôle et de régulation et d'un cadre législatif relativement complet que le régulateur a cherché à faire appliquer de manière plus systématique. Ses évolutions ont été initiées essentiellement par les autorités dans le secteur bancaire et par les acteurs eux-mêmes sur le marché des capitaux. L'incapacité de la réglementation à empêcher l'occurrence des crises et à renforcer significativement l'efficience des marchés financiers est cependant patente. A cet égard, c'est essentiellement sur le plan de sa mise en application que les défaillances apparaissent. Les puissants groupes de pression des milieux d'affaire, relayés par une partie de la classe politique et exploitant un système judiciaire complaisant ont pesé sur la légitimité de la tutelle. Cette faiblesse du régulateur demeure certainement la question la plus urgente à résoudre dans la voie vers la rationalisation de la finance russe.

Pour mieux appréhender ce problème, la description des organismes de tutelle apparaît indispensable dans un premier temps, afin de disposer d'une photographie des grands aspects institutionnels du système financier russe. Outre les institutions traditionnelles qui fixent les grandes orientations réglementaires (Etat, Parlement et instances judiciaires), le système financier russe comprend deux grands organes de surveillance : la Banque Centrale et la Commission fédérale des titres. Leur présentation permettra de rendre compte, dans un deuxième et un troisième temps, de la formation et de l'évolution de la réglementation dans le secteur bancaire d'une part, et sur le marché des capitaux d'autre part. Une analyse séparée des deux grands segments du système financier s'impose en raison de la spécificité de la conception du régulateur dans chacun d'eux, spécificité qui n'est pas exempte de contradictions et de conflits entre les responsables de la tutelle. Cette présentation doit permettre de mettre en évidence, dans un quatrième temps, les principales contradictions actuelles de la réglementation et les défis qui restent à relever pour rationaliser le fonctionnement de la finance russe.

I. LES ORGANISMES DE TUTELLE

1. La Banque Centrale de Russie (BCR)

Les institutions de crédit ont été les premiers acteurs décentralisés du système financier à apparaître. Dès 1988, une loi institue l'autonomisation des branches de la *Gosbank* soviétique spécialisées dans le financement de l'économie et la « loi sur les coopératives » offre une base juridique à la création d'établissements privés. 150 banques sont créées sur le statut coopératif entre 1988 et 1989 et, même si la moitié seulement d'entre elles survivront par la suite, la plupart des futurs grands acteurs du secteur voient le jour pendant cette période. Un second mouvement de décentralisation a lieu par privatisation progressive des branches régionales des banques d'Etat. En 1990, 800 établissements voient ainsi le jour sur l'ensemble du territoire de la Fédération.

Cette porte ouverte à la formation d'un secteur bancaire privé impose la nécessité de clarifier le statut du régulateur, ce qui sera fait dans le cadre de trois grands textes de loi : la Constitution, la loi fédérale « sur la Banque Centrale de la Fédération de Russie » (2 décembre 1990) et la loi fédérale « sur les banques et les activités bancaires » (13 décembre 1991). L'Article 75 de la Constitution préside à la création de la Banque Centrale de Russie (BCR) sur la base de l'ancienne *Gosbank* et lui assigne la tâche de conduire la politique monétaire du pays. L'article 2 de la loi fédérale « sur les banques et les activités bancaires » précise ce dispositif en stipulant que l'activité des banques commerciales est régulée conjointement par la Constitution, les lois fédérales et les actes réglementaires produits par la Banque Centrale. Il fixe donc légalement le statut de la Banque de Russie comme organe de tutelle des établissements de crédit en définissant les grandes modalités de la surveillance bancaire.

La BCR est ainsi chargée de l'octroi et du retrait des licences aux établissements de crédit et de la définition des conditions liées à leur obtention (exigence de capital minimum, liste des informations à fournir et procédures d'enregistrement). Elle a le pouvoir de nommer un administrateur provisoire chargé de mener à bien la liquidation ou la restructuration éventuelle des établissements dont elle a retiré la licence. Elle est également qualifiée pour définir dans le cadre réglementaire les critères de la surveillance bancaire et contrôler leur activité sur le marché des changes et celui des titres.

La question de l'indépendance de la BCR n'est cependant pas résolue par le cadre législatif. La Constitution déclare ainsi qu'elle est chargée de conduire la politique monétaire « indépendamment des autres organes du pouvoir d'Etat ». Outre que cette formulation intrigue quant à la définition de la Banque Centrale en tant « qu'organe de pouvoir », elle n'impose pas suffisamment son indépendance. L'ambiguïté demeure dans la formulation des deux lois fédérales concernant le fonctionnement de l'Institut d'émission, où il est notamment inscrit qu'il fixe les orientations de politique monétaire et de régulation prudentielle des banques « en accord avec le pouvoir exécutif ». Certes, plusieurs dispositions tendent à renforcer cette indépendance, en particulier les critères stricts assortis à la nomination de son président (qui fait l'objet, de même que sa démission, d'un vote à la majorité simple de la Douma). En outre, elle s'est révélée relativement étendue dans la réalité, la BCR s'appuyant sur une structure puissante[1] pour minimiser les conséquences du flou législatif sur la question.

Le débat sur l'indépendance de la BCR est toutefois revenu au premier plan à l'automne 2000 suite aux projets d'amendements de la loi sur la Banque Centrale discutés au Parlement. L'administration présidentielle est intervenue en adressant un projet d'aménagement radical qui consisterait notamment à faire de la BCR un organe fédéral sous l'autorité du gouvernement et à transformer les « réserves de change de la BCR » en « réserves de la Russie ». Ces mesures de caractère extrême ont essuyé un vent de critiques de tous bords, mais leur seule présentation démontre que l'indépendance des autorités monétaires demeure un véritable enjeu de débat. De ce fait, début 2001, les amendements à la loi sur la Banque Centrale devant permettre de clarifier définitivement son statut sont toujours en discussion au sein des groupes de travail de la Douma.

2. La Commission fédérale des titres (CFT) et les organismes d'autorégulation du marché des titres

2.1. Un environnement initialement très peu réglementé

L'institutionnalisation de la réglementation sur le marché des capitaux a été plus progressive que dans le secteur bancaire. Elle est intimement liée à la philosophie et aux modalités de mise en œuvre du programme de privatisation entamé en 1992. L'objectif est clairement annoncé : favoriser une cession massive et rapide des actifs d'Etat[2]. Il prime par conséquent sur la mise en place des institutions d'encadrement et ce, bien que la base législative soit relativement peu développée à ce moment. Elle est composée pour l'essentiel de la « loi sur les entreprises et l'activité entrepreneuriale » (25 décembre 1990), complétée par le décret présidentiel « sur le statut des sociétés par actions » (26 décembre 1990) et la disposition réglementaire du gouvernement « sur l'émission et la circulation des titres et les bourses de valeurs en Fédération de Russie » (décembre 1991). Ces textes ne définissent toutefois que de manière très générale le statut d'une société par actions et les types d'actions pouvant être émises. En outre, en regroupant les participants au marché des titres en trois

[1] La BCR emploie 80 000 personnes et dispose d'un réseau de filiales sur l'ensemble du territoire, alors que, à titre de comparaison, des institutions comme la FED aux Etats-Unis et la Banque d'Angleterre ont des effectifs de 23 000 et 3 000 personnes respectivement.
[2] A. Kokh (1998), J. Blasi (1997).

catégories (« émetteurs », « investisseurs » et « institutions d'émission »), ils n'offrent pas de base juridique solide pour refléter la variété de leurs statuts (courtiers, fonds d'investissement, teneurs de registre, dépositaires, etc.) et préciser ainsi les modalités d'octroi des licences et de définition de la réglementation prudentielle.

La tutelle du secteur est confiée par deux décrets présidentiels de juin et novembre 1992 à deux organismes : le ministère des finances et la Commission fédérale de la propriété d'Etat (GKI). Le premier octroie les licences aux opérateurs du marché des titres et le second contrôle les émissions d'actions et l'organisation du cadre des transactions. Le GKI est parallèlement l'organe responsable de la mise en œuvre concrète du programme de privatisation, ce qui implique qu'il est à la fois juge et partie dans le processus. Or, son objectif est de vendre le plus rapidement possible. L'organisation d'un marché cohérent permettant l'apparition d'un réseau efficace et stable d'intermédiaires passe au second plan. Ainsi, et de façon symptomatique, au moment du lancement officiel de la distribution des chèques de privatisation à la population le 1er octobre 1992, il n'existe aucun texte de loi définissant concrètement ce que pourrait être un marché des actions des entreprises à privatiser. Entre 1991 et 1995, pendant la phase la plus active de distribution de la propriété, les transactions sur les chèques de privatisation et sur les actions des entreprises se déroulent donc dans un environnement très peu réglementé.

2.2. Création et montée en puissance de la Commission fédérale des titres

Les premières évolutions significatives du cadre réglementaire ont lieu en 1994. La Commission fédérale des titres (CFT) est portée sur les fonds baptismaux, suite à l'adoption du décret présidentiel « sur les mesures de régulation étatique du marché des titres » (4 novembre 1994). De simple organe consultatif auprès du président, elle obtient à cette date le rang de ministère. Le cadre législatif n'enregistrera toutefois l'élargissement de ses prérogatives que de manière progressive, par le biais notamment de deux textes fondamentaux. La loi fédérale « sur les sociétés par actions » (26 décembre 1995), tout d'abord, précise un certain nombre de dispositions sur l'émission, la circulation et les droits attachés à la possession des actions des entreprises. La loi fédérale « sur le marché des titres » (22 avril 1996), ensuite, complétée par le décret présidentiel « sur la Commission fédérale des titres » (1er juillet 1996) précisent les attribution de la CFT et les modalités d'organisation du marché.

A la différence de la Banque Centrale, avec laquelle elle est d'ailleurs souvent entrée en conflit, la CFT dispose de structures réduites. Elle rassemble 11 membres (6 avant 1999) nommés par le président de la fédération et son effectif total n'a longtemps pas dépassé une centaine de personnes. Elle dispose de quinze antennes régionales et est assistée dans sa tâche par un certain nombre d'instances consultatives : un Collège composé de représentants des organismes d'Etat, un Conseil d'experts, un Conseil des émetteurs (créé en mars 1997), un Conseil des courtiers et agents de change et un Conseil des bourses de change (créés tous deux en mars 1999). La loi de 1996 fixe sept grandes tâches à la CFT, parmi lesquelles figurent notamment l'octroi des licences aux opérateurs du marché des titres, le contrôle de leur activité, l'enregistrement des émissions et des opérations de compensation sur les titres, la fixation de critères de diffusion de l'information et la participation à l'élaboration de la base normative et des grandes orientations du marché. Les prérogatives de départ de la CFT sont limitées sur deux grands points : elle ne dispose pas d'un pouvoir d'initiative législative et son droit d'infliger des sanctions aux opérateurs est très limité. En outre, son rôle dans l'octroi et le retrait des licences aux opérateurs n'a longtemps pas été exclusif, puisqu'elle a été contrainte d'accorder en décembre 1996 une licence à la Banque de Russie lui confiant la tutelle des activités des établissements de crédit sur le marché des titres. Ce conflit de compétences dans l'exercice de la tutelle est seulement en cours de résolution. L'exécutif est revenu sur la décision de 1996 et a restitué à la CFT le pouvoir de contrôle de l'activité des banques sur les marchés à l'été 2000. Celle-ci a donc entamé en novembre 2000 les procédures de réoctroi des licences aux établissements bancaires.

Malgré la modestie de ses attributions initiales, la CFT est parvenue, grâce à un relatif dynamisme réglementaire, à remplacer assez rapidement le GKI et le ministère des finances dans l'exercice de la tutelle sur le marché des titres. Ses prérogatives sont renforcées suite à l'adoption de la loi fédérale « sur la protection des droits et des intérêts légaux des investisseurs sur le marché des titres » (5 mars 1999). En marge de dispositions sur le renforcement de la transparence des émissions d'actions et la diffusion d'informations par les émetteurs, celle-ci donne le droit à la CFT d'imposer des amendes aux organisations et à leurs dirigeants ne respectant pas les critères réglementaires qu'elle a mis en place et celui de saisir la justice en cas de violation des dispositions de la loi. Le décret présidentiel « sur les attributions de la Commission des titres » (3 avril 2000) élargit la définition des organismes auxquels la CFT octroie des licences, précise ses compétences en matière d'imposition de sanctions et porte le nombre de ses membres de 6 à 11, inscrivant ainsi dans le cadre législatif des évolutions déjà largement anticipées dans la pratique.

La CFT est « assistée » dans sa tâche par deux organismes d'autorégulation qui ont vu le jour sensiblement à la même époque qu'elle à l'initiative des opérateurs du marché : l'Association nationale des participants au marché des titres (NAUFOR) et l'Association professionnelle des teneurs de registres, des agents de transferts et des dépositaires (PARTAD).

2.3. Le rôle des agents dans la formation des règles : organismes d'autorégulation et institutions d'encadrement des activités sur le marché des titres

L'Association professionnelle des participants au marché des titres (PAUFOR) apparaît le 15 mai 1994 afin de fournir un travail d'unification des règles de comportement et de standardisation des opérations. Cet objectif se traduit concrètement par la création à l'été 1995 du Système d'échange russe (*Russian Trading System*), lieu dématérialisé de cotation et d'échange des actions fondé sur le modèle du *Nasdaq* américain et qui constitue le premier marché boursier unifié sur l'essentiel du territoire de la Fédération. Le 30 novembre 1995, la PAUFOR intègre des associations de même type formées dans les régions et devient la NAUFOR. Celle-ci confie la gestion du RTS en mars 1997 à une société partenaire et se concentre sur un travail de renforcement de la discipline des opérateurs et de mise en place de règles de comportement standardisées. Elle obtient une licence d'organisme d'autorégulation de la CFT le 29 août 1997 et la « loi sur la protection des actionnaires minoritaires » de mars 1999 élargit ses prérogatives en matière d'imposition de sanctions. La plupart des opérateurs importants font actuellement partie de la NAUFOR. La PARTAD représente son pendant pour les instances d'enregistrement des opérations. Fondée le 6 juin 1994, elle obtient également une licence d'organisme d'autorégulation en août 1997 et rassemble progressivement en son sein la quasi totalité des dépositaires et teneurs de registres disposant de licences.

Les changements intervenus à la tête de la CFT à partir de la mi-1999 ont cependant entraîné un débat sur le rôle de ces organismes d'autorégulation. Constatant qu'ils avaient contribué à renforcer une certaine monopolisation au sein du système financier en « favorisant » un nombre limité d'organismes, la CFT a décidé, dans un premier temps, de reconsidérer leur statut en suspendant leur licence et en redéfinissant leurs attributions, puis, dans un second temps, de favoriser l'émergence de nouveaux organismes. L'objectif est d'en voir apparaître cinq ou six avant la fin de 2001.

Un autre organisme décentralisé a joué un rôle important dans la formation de la réglementation financière : le marché interbancaire des changes de Moscou (MICEX). Apparu en janvier 1992 sur la base du Centre des transactions interbancaires de changes de la *Gosbank* et avec un statut de compagnie privée, il obtient la première licence délivrée par la BCR pour l'organisation des opérations sur le change et, entre 1991 et 1997, concentre la plus grande part des transactions « officielles » réalisées par les banques. Il joue à cet égard un rôle fondamental à la fois dans la libéralisation progressive du marché des changes et dans sa rationalisation. La BCR est toujours chargée d'accorder les licences aux banques pour les opérations sur devises, mais c'est le MICEX qui leur impose des normes de conduite et de diffusion des informations.

En outre, il obtient en 1993 une licence de la BCR pour effectuer des transactions sur les titres d'Etat en roubles (GKO). Le développement de ces instruments l'incite à mettre en place un système national d'échange, première ébauche de marché unifié sur l'ensemble du territoire, ce qui lui permet de s'imposer comme la première bourse des titres en Russie par le volume des transactions. Le MICEX organise également progressivement les transactions sur l'ensemble des obligations d'Etat en roubles et en devises et, à partir de 1996, met en place des opérations de REPO et de prêts gagés auprès des banques commerciales. Enfin, il s'affirme peu à peu comme la première place boursière pour les échanges d'actions des entreprises. Les premières cotations y débutent en 1996 et, après le coup d'arrêt porté par la crise de 1998, le besoin de rationalisation souhaité par les opérateurs lui permet de dépasser le RTS par le volume des transactions à partir du début de l'année 2000.

3. Les autres institutions entrant dans le cadre de la réglementation financière : Parlement, gouvernement et instances judiciaires

La régulation du marché financier ne se limite pas au secteur bancaire et au marché des actions. Tout d'abord, les grandes évolutions du cadre législatif restent du ressort du Parlement. La hiérarchie des normes qui soumet l'activité réglementaire des organismes de tutelle à l'évolution du cadre législatif a ainsi été abondamment exploitée par les acteurs du système financier pour mettre en œuvre un lobbying efficace. Que ce soit en parvenant à imposer l'adoption de certaines lois, comme celles instituant des barrières à l'entrée des opérateurs étrangers, ou en retardant le vote d'autres, comme la « loi sur les faillites » ou la « loi sur la restructuration du secteur bancaire », ils sont souvent parvenus à influer sur l'évolution du cadre réglementaire à leur profit, parfois à l'encontre des dispositions souhaitées par les organismes de tutelle.

Le gouvernement a également participé à l'évolution du cadre réglementaire et, en particulier, le ministère des finances. Responsable de l'organisation initiale du marché des actions, il a gardé plusieurs prérogatives par la suite, en demeurant maître d'œuvre des procédures d'émission d'un certain nombre de titres : obligations d'Etat en roubles (GKO, OFZ), titres émis par les sociétés d'assurance, obligations municipales et obligations émises par les Sujets de la Fédération. D'autres instances gouvernementales sont également responsables de certains aspects du cadre réglementaire, comme les services fiscaux ou le comité anti-monopole pour les problèmes liés au respect de la concurrence. Parallèlement, la loi fédérale « sur l'assurance » (novembre 1992) prélude à la formation du Service fédéral de surveillance de l'activité d'assurance (*Rosstrakhnadzor*) et lui confie la tutelle du secteur.

Enfin, l'étude du cadre réglementaire ne serait pas complète sans évoquer l'instance chargée de le faire appliquer, à savoir le système judiciaire. Les organismes de tutelle disposent en effet d'un droit limité à appliquer des sanctions, et ce sont les Cours d'arbitrage (équivalent des tribunaux de commerce en France) qui sont chargées de faire respecter la réglementation. On touche ici probablement aux limites les plus flagrantes de la réglementation financière en Russie. Elles se posent sous trois formes : l'indépendance de la justice, l'effectivité des règles et les délais de prise de décision. Si la première est garantie par la Constitution, elle est rendue difficile dans les faits en raison des faibles salaires des juges et du principe qui veut que ce soient les autorités régionales qui en assurent le versement. La deuxième résulte principalement d'une absence de hiérarchie des normes clairement établie. La Russie est un Etat fédéral, mais la plupart des Sujets de la Fédération ont signé des accords bilatéraux avec le Centre dans lesquels la définition de leurs prérogatives en matière législative revêt un caractère souvent très large. Certaines lois adoptées au niveau local ou régional peuvent de ce fait entrer en contradiction avec une loi fédérale et poser des problèmes d'application pour les juridictions locales. Enfin, les agents exploitent à leur profit depuis de nombreuses années la lourdeur et la lenteur des procédures pour retarder l'application de la loi et finir par placer les autorités devant le fait accompli.

Les problèmes de fonctionnement du système judiciaire peuvent être illustrés par un exemple simple. La loi sur les faillites adoptée en mars 1998 a eu pour objectif de lever les entraves à la mise en banqueroute des mauvais débiteurs. Elle définit donc des conditions particulièrement favorables aux créanciers, qui font que 90% des entreprises sont susceptibles d'être mises en faillite en permanence, et ce, même si la majorité d'entre elles sont tout à fait solvables. Dans ces conditions, la justice s'est souvent trouvée instrumentalisée dans le cadre des processus de redistribution de propriété, qui permettent à divers groupes d'influence d'utiliser la loi sur les faillites et des Cours d'arbitrage « condescendantes » pour prendre le contrôle d'entreprises ou de banques tout à fait solvables, créant ainsi un phénomène d'anti-sélection. Les entreprises réellement insolvables ne sont pas mises en faillite car elles n'intéressent personne, alors que les bonnes entreprises peuvent l'être suite à de simples problèmes techniques de délais de paiement.

II. Réglementation et développement des institutions bancaires

La mise en place du cadre réglementaire pour les banques a répondu à une double logique : favoriser dans la phase initiale l'éclosion rapide d'un secteur privé et, une fois celui-ci mis en place, chercher à rationaliser les pratiques et à renforcer le contrôle.

1. Une conception initiale de la réglementation financière marquée par une forte volonté de libéralisation

Le cadre réglementaire mis en place dans le secteur bancaire par la BCR a eu à cœur dans un premier temps de libéraliser les conditions de création des établissements de crédit. Le capital minimum exigé lors de la création d'une banque a ainsi été fixé initialement à 2 millions de roubles, puis à 100 millions de RUR début 1992 (soit l'équivalent de 600 000 $), mais ce montant a été rapidement rogné par l'inflation. Début 1994, il suffisait de 60 000 $ pour créer une banque en Russie. A cette exigence de capital minimal peu contraignante, étaient assorties des procédures d'enregistrement considérablement simplifiées et très rapidement examinées. Ces conditions relativement souples ont entraîné un développement rapide du nombre des acteurs. Entre 1988 et 1995, 2 500 banques commerciales obtiennent ainsi une licence. L'environnement économique (forte inflation et dépréciation du change combinée au maintien de la distribution de crédits centralisés à très faibles taux d'intérêt) permet à l'activité bancaire d'être très profitable.

En outre, le développement rapide du secteur est favorisé par l'adoption de restrictions à l'activité des banques étrangères. Les mesures réglementaires adoptées en novembre 1993, et toujours officiellement en vigueur, précisent que la part des filiales de banques étrangères dans la capitalisation totale du secteur ne doit pas dépasser 12%, fixent les exigences de capital minimum pour les filiales de banques étrangères à 5 millions de dollars et rendent les démarches administratives d'enregistrement contraignantes. Le régulateur est ainsi parvenu à favoriser le développement rapide d'un secteur bancaire privé et décentralisé, mais dont la fragilité est patente. La capitalisation moyenne des banques en 1994 ne dépasse pas quelques dizaines de milliers de dollars.

2. Une tentative de rationalisation par le régulateur qui passe essentiellement par une limitation du nombre des acteurs

Après la période initiale où elles se développent rapidement et réalisent des profits élevés, les banques commencent à rencontrer des difficultés. L'occurrence de plusieurs crises de liquidité et les contraintes imposées aux banques suite aux premiers résultats de la stabilisation macroéconomique démontrent l'apparition d'un risque systémique. Le régulateur est alors incité à développer une véritable stratégie d'amélioration de la surveillance prudentielle des banques. L'axe de son renforcement passe en premier lieu par un relèvement des exigences liées à leur capitalisation. Constatant à l'automne 1993 que moins d'un cinquième des établissements de crédit possède des fonds propres supérieurs au seuil pourtant peu élevé fixé par la réglementation (100 millions de RUR), les autorités monétaires commencent à user de leur droit de retirer les licences. En outre, elles décident d'augmenter significativement le montant du capital minimum exigible pour l'obtention d'une licence (de 100 millions à 2 milliards de RUR en mars 1994, puis 3 milliards de RUR le 1er janvier 1995), ainsi que celui des réserves obligatoires. Le nombre des nouvelles licences accordées chute à une dizaine par an à partir de 1995, alors que celui des retraits explose. Le nombre des banques officiellement en activité passe ainsi de 2 600 début 1995 à 1 600 à la veille de la crise de 1998.

2.1. Un durcissement des normes prudentielles impossible en l'absence d'une clarification des méthodes comptables et d'une volonté politique suffisante

En marge de l'élimination des maillons les plus faibles du secteur, la BCR cherche également à renforcer le contrôle prudentiel en imposant aux banques le calcul d'un arsenal de normes prudentielles censées offrir une vision précise de leur situation financière (capitalisation, liquidité, concentration du capital et des risques). Parallèlement, elle crée en 1996 une division spécialement chargée du contrôle des plus grandes banques, dont la situation peut avoir une influence sur l'ensemble du secteur : OPERU-II. Une observation des mouvements journaliers sur les comptes de correspondants ouverts auprès de la BCR doit renseigner en permanence sur l'évolution de leur liquidité et la mise en place d'équipes d'inspection composées d'experts de la BCR au sein de chaque établissement doit permettre d'apprécier la maîtrise des risques. Enfin, un schéma parallèle de surveillance des grands établissements est mis en place par le biais du « Programme de développement des institutions financières » (FIDP) soutenu conjointement par la Banque Mondiale et la B.E.R.D. Doté d'une enveloppe globale de 300 millions de dollars, son objet est d'accompagner le développement de 31 banques commerciales privées en contribuant au financement de leur automatisation et en leur offrant l'assistance technique d'une banque étrangère. Les établissements russes choisis bénéficient d'une enveloppe de 3 millions de dollars destinée à financer l'assistance technique dispensée par une banque étrangère partenaire.

Le renforcement de la surveillance bancaire se heurte cependant à un obstacle majeur : des principes de comptabilité inadaptés pour permettre d'appréhender l'état financier réel des établissements. Ces carences reposent essentiellement sur la prise en compte de valeurs comptables et non actualisées pour un certain nombre de postes et une définition insuffisamment contraignante de la composition de ces postes. Elles aboutissent à une surestimation des fonds propres, une définition imprécise des montants et de la répartition des prêts qui rend impossible le calcul des provisions et ne permettent pas de mesurer l'ampleur réelle des engagements et de l'endettement. En outre, les banques sont en mesure de maquiller significativement leurs comptes en l'absence de procédures d'inspection suffisantes. Les tentatives de la BCR pour adapter les méthodes comptables se soldent par de maigres résultats. Au total, il est relativement aisé pour les banques de présenter des ratios conformes aux exigences de la réglementation plutôt qu'à la réalité, à un tel point que les bilans agrégés publiés entre 1995 et 1998 ne laissent apparaître aucun problème de capitalisation et semblent révéler un relatif dynamisme du crédit à l'économie.

L'autre grande limite du renforcement de la surveillance bancaire apparaît avec le laxisme des autorités à l'égard des grandes banques. Le régulateur ne parvient en effet pas à imposer sa crédibilité à un certain nombre d'établissements proches du pouvoir politique et qui abusent du principe du *too big to fail*. La mise en place d'OPERU-II se révèle rapidement un échec et, malgré une volonté apparente de restructuration des bilans et de rationalisation de leur activité (présentation de rapports audités aux normes internationales à partir de 1995-96, allongement relatif des maturités des instruments), les grandes banques continuent d'évoluer dans un contexte très peu réglementé. Le rôle qu'aurait pu et dû jouer le FIDP en renforçant la transparence au sein de ces grands établissements s'est également révélé très limité, notamment en raison de la lourdeur du processus. Engagé officiellement en mai 1995 avec le choix de six premières banques, il a finalement été gelé suite à la crise d'août 1998, alors qu'aucun contrat de jumelage n'avait été mené à son terme.

Enfin, la réglementation est incapable de faire face aux nouveaux défis imposés par l'évolution de l'activité bancaire. Suite à la stabilisation progressive du cadre macroéconomique, les banques cherchent en effet à exploiter la lente dérive du rouble au sein du corridor de change en augmentant au maximum leurs engagements en dollars (notamment par l'accès à des financements internationaux) et en les adossant à des actifs en roubles. Cette ouverture de la position de change identifiable au bilan, se double de la formation de la pyramide des contrats à terme. Le vecteur qui établira la transmission rapide de la crise financière et monétaire d'août 1998 au secteur bancaire se met ainsi progressivement en place et la BCR tarde à agir, alors que le risque est identifié dès la fin 1997[3]. Elle impose certes une limitation de l'ouverture de la position de change au bilan, mais cette norme est aisément contournée par les banques, que ce soit par simple maquillage des rapports ou par diverses opérations, comme la mise en REPO de leurs obligations en devises auprès de banques occidentales[4]. En outre, elle ne prend aucune mesure tangible pour limiter le montant des contrats à terme et, de surcroît, n'exige leur déclaration par chaque banque qu'à partir du 1er janvier 1998, alors que les engagements sont déjà estimés à plus de 200 milliards de dollars.

Au contraire, la BCR renforce par le biais de sa politique monétaire l'aléa moral qui affecte l'activité bancaire en affirmant son attachement sans concessions à la défense de la parité du rouble au sein du corridor de change. Une certaine contradiction apparaît ainsi entre les impératifs liés à la conduite de la politique monétaire et ceux de la surveillance bancaire. L'apparition d'un « front commun » du régulateur et des banques commerciales empêche ainsi de procéder aux ajustements qui auraient pu éviter la déflagration financière d'août, ou au moins en minimiser l'ampleur, à savoir la conjugaison d'une légère dévaluation à froid au printemps et l'adoption de sanctions drastiques contre les banques commerciales responsables du développement irraisonné du marché des contrats à terme (Walter, 1999).

---

[3] Si les contrats conclus entre banques russes et investisseurs non-résidents reposaient dans leur essence sur une véritable couverture du risque de change, leur adossement à des contrats conclus avec des opérateurs russes de second rang aurait dû faire l'objet d'un strict encadrement par l'institut de tutelle.

[4] Comptabilisés dans le bilan comme des actifs liquides en devises, ces titres ne sont en fait plus réalisables.

2.2. La gestion de la crise ou le régulateur totalement dépassé

Le cadre réglementaire n'a pas été en mesure de prévenir l'éclatement de la crise. Il se révèle encore plus inadapté pour permettre d'en limiter l'ampleur. Face à la disparition rapide des fonds propres et des liquidités de la plupart des grandes banques au lendemain du 17 août 1998, la BCR est contrainte d'adopter une mesure d'urgence : la mise en place d'un moratoire d'une durée de trois mois sur le paiement de la dette en devises des établissements de crédit. Cette mesure, longuement discutée en raison de son caractère peu conforme aux pratiques internationales en vigueur, aurait pu laisser le temps à l'organisme de tutelle de dresser un bilan de la situation des grandes banques, d'accélérer la liquidation des plus touchées et de recapitaliser celles qui se trouvaient confrontées à de simples problèmes de liquidité.

En réalité, elle a abouti, en l'absence d'une législation appropriée, à la multiplication des transferts d'actifs et au déni du droit des créanciers, en particulier étrangers. Deux dispositions réglementaires se révèlent importantes à cet égard : les actionnaires ne sont pas responsables personnellement des pertes de leur banque et il n'y a pas de mécanisme prévu pour empêcher un établissement en situation d'insolvabilité, mais qui n'est pas encore engagé dans une procédure de liquidation, de conduire des opérations. Les actifs réalisables de plusieurs des plus grandes banques sont ainsi détournés au vu et au su de tous, soit au profit personnel des actionnaires (Inkombank, Imperial), soit pour les transférer vers de nouvelles structures (Oneximbank/Rosbank, Rossiisskii Kredit/Impexbank, Menatep/Menatep Saint-Pétersbourg, SBS-Agro/Société de crédit mutuel).

Dans l'ensemble, le régulateur a certes profité de la crise pour réaliser des ajustements réglementaires, mais avec un temps de réaction trop important. Les aménagements législatifs passent ainsi essentiellement par l'adoption d'une « loi sur les faillites bancaires » en mars 1999 (les banques étaient soumises auparavant à la loi générale sur les faillites qui n'offrait pas de moyens de sanction crédibles à l'encontre des actionnaires) et d'une « loi sur la restructuration du secteur bancaire » en juin 1999, soit près d'un an après le début de la crise. Entre-temps, le secteur s'est essentiellement restructuré par le bas, les avancées du cadre institutionnel se révélant de peu d'effets. L'Agence de restructuration des organisations de crédit (ARCO), créée en novembre 1998, est chargée officiellement de la reconstruction du secteur, mais elle dispose de moyens insuffisants à cet effet et perd rapidement toute crédibilité. En outre, les ajustements réglementaires demeurent limités eu égard à l'ampleur des besoins d'un secteur bancaire toujours en crise.

III. RÉGLEMENTATION ET DÉVELOPPEMENT DU MARCHÉ DES CAPITAUX

1. Développement initial

La construction initiale du marché des titres s'est faite sur une base institutionnelle et réglementaire très peu contraignante et a été essentiellement influencée par les modalités du programme de privatisation mis en œuvre à partir de l'automne 1992. La mise en place des opérateurs et des intermédiaires répond, dans ce cadre, avant tout à un besoin de faciliter la prise de contrôle du capital des entreprises. Le marché n'a aucune liquidité et la quasi totalité des échanges de titres se réalise *over the counter*, les courtiers opérant souvent directement auprès de la population ou des collectifs ouvriers, qui sont à ce moment propriétaires de l'essentiel des coupons de privatisation. Cette décentralisation favorise un développement très rapide de trois types d'opérateurs : les courtiers, les dépositaires et les teneurs de registre, qui se contentent bien souvent de tenir les comptes d'un seul émetteur. Bien qu'aucune statistique officielle ne soit disponible, on estime en général qu'il a existé, à un moment, plus de 3 000 sociétés de courtage et autant de dépositaires et de teneurs de registre. Des fonds d'investissement se développent parallèlement, mais la privatisation russe est avant tout une privatisation d'*insiders*, les dirigeants en place s'appropriant l'essentiel des actions. Même si plus de 300 fonds de gestion des coupons de privatisation ont vu le jour, ils n'ont pas exercé un rôle déterminant dans l'évolution du contrôle des entreprises et sont demeurés des acteurs relativement mineurs du marché.

2. Première phase de consolidation

Une fois la phase de formation achevée, les opérateurs initient un premier mouvement d'unification du marché des titres et de développement de sa liquidité. Leur nombre commence à décroître à partir de 1994 et la création de la PAUFOR et de la PARTAD permet d'accompagner les premières consolidations et de mettre en place le premier lieu d'échanges unifié, le RTS. La Commission fédérale des titres (CFT) aura alors pour mission essentielle d'entériner dans le cadre réglementaire les évolutions voulues par le marché. Elle mène ainsi en 1997 une vaste opération de renouvellement des licences des opérateurs, selon des normes d'enregistrement plus strictes[5]. A la fin de l'année, elle avait accordé des licences d'exercice à 2 204 sociétés de courtage, 176 dépositaires et 201 teneurs de registres. Plus de 90% des organismes en activité ont passé ce test avec succès. Le mouvement de réduction du nombre des opérateurs est plus sensible pour les Bourses de marchandises, puisque onze d'entre elles seulement obtiennent une licence fin 1997, mais elles n'offraient, il est vrai, pratiquement aucun support aux échanges d'actions. En juin 1997, la CFT commence également à octroyer des licences aux émetteurs d'actions, en lieu et place du ministère des finances.

La CFT a donc eu pour fonction essentielle pendant cette période d'inscrire dans le cadre réglementaire une réorganisation que le marché avait lui-même initiée. Elle cherche certes parallèlement à affirmer son autorité par un certain dynamisme réglementaire, mais avec des effets limités, comme l'illustre l'exemple du débat sur le problème des dépositaires. La multiplication de ces organismes au début des années quatre-vingt-dix avait suscité une certaine anarchie et pesé fortement sur la sécurité des opérations, leur objectif étant souvent de défendre les intérêts de dirigeants désireux d'acquérir le contrôle d'une entreprise plutôt que de faciliter les transactions et améliorer la liquidité des titres. La CFT a cherché à lutter contre ce phénomène en annonçant, par une résolution du 5 novembre 1996, son intention de mettre en place un dépositaire unique et sous contrôle étatique. Celui-ci a effectivement été créé, mais la CFT n'a pas véritablement limité l'activité des organismes existants et n'a pu que procéder progressivement au renouvellement de leur licence. En définitive, la refonte radicale de la composition de la CFT à partir de l'automne 2000 a présidé à un changement complet d'orientation. L'idée de la mise en place d'un dépositaire unique a été abandonnée en faveur de la conception libérale et concurrentielle.

3. Développement des nouveaux instruments

Le rôle de la CFT en tant que caisse d'enregistrement des évolutions initiées par le marché est également illustré par la mise en place des bases réglementaires pour les nouveaux instruments. Le marché financier russe s'organise et se sophistique progressivement, avec notamment l'apparition de fonds collectifs d'investissement. Le premier fonds commun de placement voit ainsi le jour en novembre 1996 et leur nombre atteint rapidement la vingtaine. Le cadre réglementaire pour ces instruments est toutefois seulement mis en

[5] La capitalisation minimale est augmentée à 85 000 $ pour les courtiers, 1,1 millions de $ pour les dépositaires et 2,2 millions de $ pour les bourses.

place fin 1997. Il institue une double procédure d'enregistrement : pour la compagnie de gestion des actifs et pour chaque nouveau fonds, qui doit faire approuver et enregistrer son prospectus d'émission et ses règles. Mais plus que le cadre mis en place par le régulateur, c'est l'évolution de la situation du marché qui détermine leur développement, la crise de 1998 y mettant un brusque coup d'arrêt. Début 2000, il n'y a ainsi toujours que 16 compagnies gérant 27 FCP pour un montant de 120 millions de dollars d'actifs.

A la remorque des évolutions du marché, la CFT doit également affronter l'implication d'autres structures gouvernementales dans son rôle de régulateur. Elle ne parvient ainsi à faire modifier par le gouvernement le régime fiscal appliqué aux obligations d'entreprises qu'en juin 1999. L'absence de défiscalisation des intérêts payés sur ces obligations avait en effet considérablement entravé leur développement. Seule une dizaine d'émissions d'obligations était enregistrée chaque année, et elles étaient presque exclusivement le fait de compagnies de télécommunications dans le cadre d'un schéma d'échange d'équipements. Suite à la mise en place du nouveau régime fiscal inspiré par la CFT, plusieurs grandes compagnies ont procédé à des émissions, mais ce marché demeure extrêmement étroit.

Le conflit avec la BCR évoqué précédemment permet également de mettre l'accent sur un problème d'importance dans tous les aspects institutionnels de la réforme en Russie, à savoir les conflits de personnalités. Les démêlés entre la Banque Centrale et la CFT ont rapidement pris la forme de règlements de compte entre les responsables de ces deux instances, chacun cherchant à s'appuyer sur le pouvoir politique pour renforcer ses prérogatives. Si la situation s'est rationalisée récemment, c'est essentiellement suite au départ de plusieurs responsables de la BCR au lendemain de la crise d'août 1998 et à la nomination d'un nouveau président de la CFT fin 1999.

4. La réglementation encadrant l'activité des opérateurs étrangers

Deux types de restrictions à l'activité des investisseurs étrangers ont été mis en place dans la première moitié des années quatre-vingt-dix. La première concernait le marché des titres d'Etat, où le rapatriement des intérêts perçus sur les GKO était interdit aux investisseurs étrangers[6]. Cependant, le maintien de taux très élevés alourdissant le fardeau financier pesant sur l'Etat et la mise en place de schémas gris permettant aux étrangers de contourner la législation ont

[6] Paquier, Rousselet (1996).

conduit le ministère des finances à lever ces mesures administratives à l'été 1996.

La seconde restriction administrative concerne les seuils de participation des étrangers au capital d'un certain nombre d'entreprises jugées stratégiques. Bien que le nombre de ces entreprises soit limité, il rassemble quelques-unes des valeurs les plus importantes de la cote, à savoir Gazprom, UES (monopole énergétique) ou la Sberbank. La volonté d'éviter une prise de contrôle de ces entreprises par des investisseurs étrangers a cependant eu des résultats contradictoires. Elle a considérablement pesé sur la liquidité des titres et, comme pour le cas des GKO, a été largement contournée dans le cas d'UES et de la Sberbank. La part des investisseurs étrangers, qui était sensée être limitée à 25% dans le capital d'UES et à 5% dans celui de la Sberbank est en réalité estimée actuellement à 35 et 15% respectivement. La CFT a cherché à lutter contre ces dispositions, en incitant notamment le gouvernement à lever les mesures administratives de limitation concernant UES en mai 1998. Mais elle n'est pas parvenue à étendre cette libéralisation à l'ensemble des acteurs. Dans le cas de la Sberbank, c'est par une décision du conseil d'administration de la banque en juin 2000 qu'elle a été entérinée. Pour Gazprom, les restrictions sont toujours en place. Elles reposent sur un *ring fence* qui impose une double restriction aux investisseurs étrangers : ils ne sont autorisés à acquérir des titres du groupe que sous forme d'ADR qu'ils ne peuvent techniquement convertir en actions locales et, s'ils sont formellement autorisés à acheter ces actions locales, ils sont contraints de les conserver auprès d'un dépositaire étranger pendant une période minimale de cinq ans. Dans ces conditions, la cotation entre les titres locaux, inaccessibles aux étrangers, et les ADR, varie depuis le lancement de ces derniers du simple au quadruple. Les implications négatives de ce schéma en termes de valorisation du capital du groupe n'ont été soulevées qu'à partir du printemps 2000 et de la nomination au conseil d'administration de plusieurs représentants extérieurs. Là encore, les évolutions sont initiées par les acteurs plus que par le régulateur.

5. Le problème épineux de la protection des actionnaires minoritaires

L'organisation du marché progressant à un rythme régulier, c'est au problème du renforcement de la protection des droits des investisseurs que le régulateur a eu à s'attaquer en priorité ces dernières années. Les droits des actionnaires minoritaires ont en effet été relégués au second plan au cours du programme de privatisation, l'objectif étant de favoriser l'apparition de véritables « propriétaires d'entreprises ». La nécessité de les renforcer s'est cependant progressivement imposée suite à la multiplication des abus et à l'apparition de problèmes de gouvernance de plus en plus aigus. Les principales violations recensées étaient de trois ordres : les opérations de dilution du capital, les transferts d'actifs et le refus de dispenser les informations exigées par la législation. Pour en limiter l'occurrence, la CFT a développé ses interventions dans une double direction : l'amélioration du cadre réglementaire et l'adoption de sanctions contre les émetteurs accusés de bafouer ouvertement le droit de leurs actionnaires minoritaires.

Les évolutions du cadre réglementaire se sont faites essentiellement à partir de 1997 et ont été globalement inscrites dans la loi de mars 1999. Les émetteurs ont d'abord été tenus d'informer leurs actionnaires de tout nouveau projet d'émission au moins un mois avant sa réalisation, leur laissant ainsi le temps d'enregistrer une plainte éventuelle. Les souscriptions fermées, ensuite, ont été conditionnées à un vote de l'assemblée des actionnaires et non plus du Conseil de direction, ainsi qu'à la désignation d'un organisme d'expertise indépendant pour fixer le montant de l'émission, afin de ne pas léser les actionnaires minoritaires. Pour les souscriptions ouvertes, la CFT a octroyé aux actionnaires le droit d'acquitter l'achat de nouvelles actions par le mode de paiement de leur choix. Certains émetteurs parvenaient en effet à empêcher les actionnaires minoritaires de se porter acquéreurs de nouvelles actions en exigeant que celles-ci soient payées par fourniture de marchandises et non par argent liquide. Enfin, la durée minimale ouverte pour la souscription des actions lors de nouvelles émissions a été allongée à un mois, afin d'éviter de rendre celle-ci physiquement impossible lorsque l'émetteur exigeait de remplir les formalités en un temps trop court.

La CFT a également cherché à s'affirmer en s'attaquant à des entreprises réputées pour leur mépris du droit des actionnaires minoritaires. Trois cas sont particulièrement exemplaires car ils concernent trois des plus grands groupes pétroliers du pays et concentrent tous les ingrédients du capitalisme « à la Russe » : un secteur exportateur générant des recettes considérables, une privatisation sous forme de quasi-don de l'Etat à des *insiders*, une collusion étroite entre dirigeants et milieux politiques, un mépris constant des droits et intérêts des acteurs extérieurs ; l'Etat, les actionnaires minoritaires, les investisseurs étrangers. Ces trois exemples sont ceux de Sidanko, Ioukos et Sibneft.

Sidanko, membre du groupe financier et industriel Interros, a procédé en décembre 1997 à une émission d'obligations convertibles qui a abouti à un triplement du capital statutaire et n'a été ouverte qu'à deux compagnies, également affiliées au groupe Interros et sans que les actionnaires minoritaires, et en particulier les étrangers, n'aient eu la possibilité d'y participer. La CFT a réagi en annulant l'émission et en déposant une plainte auprès du Procureur général en février 1998. Dans le cas de Ioukos, la CFT a découvert que le Conseil de direction de deux des principales filiales de la compagnie avait accordé, par un vote à la majorité simple, le droit aux dirigeants du groupe de créer des structures affiliées et d'y transférer 50% de leurs actifs, alors que la loi sur les sociétés par actions stipule que tout transfert impliquant plus de 25% des actifs doit être décidé par un vote à l'unanimité du Conseil de direction. En outre, les dirigeants du groupe ont profité de leur participation majoritaire dans le capital de ces deux filiales (51% en l'occurrence) pour conclure des accords d'achat de pétrole à des prix inférieurs à ceux du marché et le revendre par la suite avec une marge confortable. La CFT a réagi en annulant le transfert des actions et en dénonçant celui des actifs, sans toutefois parvenir à l'assortir d'une sanction exemplaire. Le dernier exemple est celui de Sibneft. Il repose également sur une tentative de prise de contrôle par les dirigeants du groupe à travers une opération de dilution du capital, que la CFT a cherché à empêcher en refusant d'enregistrer l'émission des actions.

Il s'est agi là des premières mesures concrètes contre des opérations de dilution du capital au sein de grands groupes qui s'étaient multipliées dans les années précédentes en l'absence d'un cadre réglementaire approprié. Cette croisade menée contre des organismes symboles de la violation des droits de propriété est assortie d'un recours de plus en plus important à l'imposition d'amendes à l'encontre des émetteurs. Alors que la CFT n'en avait infligé que 17 en 1999, ce chiffre est passé à 1 500 en 2000. En outre, ces amendes ont été infligées non plus seulement aux émetteurs, mais également aux courtiers et agents de change et portent essentiellement sur des fraudes concernant la diffusion des informations.

IV. Les défis actuels de la réglementation

Les lacunes de la réglementation financière ne figurent pas parmi les causes les plus évidentes de la crise financière de 1998. Pourtant, elles ont largement contribué à en accentuer les effets et à retarder les ajustements nécessaires dans le cadre de la reconstruction d'un système financier sinistré par les conséquences de la dévaluation du rouble et de la désaffection des investisseurs étrangers. Les autorités ont présenté les grandes lignes de la restructuration du système financier et de l'amélioration de la réglementation dans le cadre du programme élaboré par le Centre d'analyse stratégique sous l'égide du ministre de l'économie et du commerce, G. Gref, chargé actuellement de la mise en œuvre des réformes. L'encadré ci-contre résume les principaux axes de ces réformes.

Encadré 1 : Les réformes prévues dans le Programme Gref

Le programme de développement économique pour les années 2000-2001, adopté en juillet 2000 par le gouvernement, est une version condensée du document élaboré sous l'égide du ministre du développement économique et du commerce, G. Gref. Il définit un certain nombre de mesures destinées à améliorer le fonctionnement du système bancaire et des marchés financiers :

1/ *Amendements à la loi bancaire portant sur la présentation des états financiers par les banques commerciales, le retrait des licences d'activité et les procédures de mise en faillite.* L'objectif est de favoriser une plus grande transparence dans le fonctionnement du secteur bancaire commercial et de renforcer les prérogatives de la tutelle envers les établissements en difficulté financière ou qui ne respectent pas le contenu de la réglementation. Ce point clé de la réforme fait l'objet de controverses entre la Banque Centrale et le gouvernement, qui ont été partiellement aplanies par le groupe de travail mis en place à la Douma. Plus que les réformes législatives, c'est l'affirmation d'une réelle volonté politique de la tutelle de faire appliquer la réglementation qui se révèle fondamentale.

2/ *Amendements à diverses lois (dont le Code civil) portant sur la collatéralisation des prêts, les syndications de crédit, les obligations bancaires et le retrait des dépôts.* L'objectif de ces mesures est de diversifier et de rationaliser les instruments offerts aux banques dans leur fonction d'intermédiation. De nature plus technique que les précédentes, ces amendements visent à supprimer un certain nombre d'incohérences liées au conflit des règles en vigueur.

3/ *Renforcement de la concurrence pour les dépôts des ménages par la mise en place d'un système d'assurance des dépôts.* Le thème de l'assurance des dépôts fait l'objet de discussions récurrentes depuis 1994. Le statut particulier de la Sberbank, qui dispose d'une garantie implicite de l'Etat et draine de ce fait plus de 80% des dépôts des particuliers dans la période actuelle, déforme effectivement la concurrence. Cependant, la faible confiance des épargnants, le poids que ferait peser un tel schéma sur les finances publiques et les problèmes d'aléa moral qu'il entraîne incitent à adopter une approche très prudente sur la question.

4/ *Renforcement des contrôles sur les structures affiliées, de la protection des actionnaires minoritaires et de la responsabilité personnelle des dirigeants en cas de violation du droit des actionnaires.* Ces mesures visent à donner au régulateur les moyens suffisants pour mener sa croisade en faveur d'une amélioration du climat d'investissement.

5/ *Rationalisation de la législation sur les assurances, de la tutelle du secteur et de la responsabilité des dirigeants et actionnaires de compagnies d'assurance.* Le secteur des assurances, plus encore que le secteur bancaire, souffre d'un cadre réglementaire insuffisant.

6/ *Unification des règles applicables aux fonds d'investissement, aux fonds de pension privés et aux compagnies d'assurance.* Le champ de ces réformes dépasse la seule problématique des marchés financiers, puisqu'il concerne également le financement de la sphère sociale. L'objectif prioritaire est de tenter de limiter les conflits entre les différents régulateurs.

Dans leur contenu, ces réformes s'inspirent fortement des préceptes dispensés par les institutions financières internationales, et en particulier par le Fonds Monétaire International et la Banque Mondiale. Elles ont pour objectif essentiel de combler l'essentiel des lacunes réglementaires qui ont conduit à l'apparition de phénomènes « parasites » tels que le transfert d'actifs, la criminalisation des procédures de faillite ou les violations du droit des actionnaires minoritaires. Si elles peuvent ainsi engendrer certains aménagements législatifs indispensables, elles apparaissent cependant largement insuffisantes pour participer à une rationalisation d'ensemble de la finance russe qui repose, pour ses aspects réglementaires, sur trois socles principaux :

Affirmer l'effectivité de la règle

Le problème de l'application de la réglementation par le système judiciaire a été évoqué précédemment. Tant que les autorités n'affirmeront pas résolument la primauté de la règle et le respect de la hiérarchie des normes, et qu'elles ne se doteront pas des moyens nécessaires à cet effet, la réglementation demeurera soumise à l'influence des groupes de pression.

Asseoir la légitimité du régulateur

L'amélioration du cadre réglementaire de la finance russe passe d'abord par une plus grande affirmation des organismes de tutelle. Le problème se pose cependant en des termes assez différents pour la BCR et pour la CFT. La première, dotée à l'heure actuelle de pouvoirs relativement étendus, doit démontrer qu'elle désire réellement en faire usage. Le cadre légal lui en donne le pouvoir, mais une réorganisation interne et l'adoption d'une stratégie plus volontariste seront indispensables. A l'inverse, la légitimité de la CFT demeure limitée par le cadre législatif. Elle ne dispose pas du droit d'engager des procédures de faillite et ne peut agir contre certaines pratiques discriminantes que dans la mesure où celles-ci imposent la délivrance d'une licence, ce qui situe la plupart des entraves au droit de la concurrence ou les transferts d'actifs hors de son champ de compétence. La CFT ayant fait preuve d'une certaine indépendance dans sa politique réglementaire et d'un attachement sans concessions à la défense des droits de propriété, le législateur devrait lui accorder des droits de sanctions plus étendus.

Accompagner la relance de l'intermédiation

L'objectif ultime de la réglementation est d'améliorer l'efficience du rôle du système financier dans l'allocation des ressources. En plus d'améliorer la solvabilité et la transparence des acteurs, elle doit donc participer à la mise en place des incitations à l'intermédiation.

CONCLUSION

Le secteur financier russe a traversé en dix ans un certain nombre de crises localisées et une déflagration de grande ampleur en 1998, dont l'étendue est unique dans l'histoire puisqu'elle réunit un défaut de l'Etat, une dépréciation de plus de 75% de la devise nationale face à la devise mondiale de référence, une chute de 90% des cotations sur le marché des titres et la mise à genoux du secteur bancaire.

En révélant les lacunes les plus criantes du cadre réglementaire, généralement moins sensibles en période d'expansion, ces chocs auraient dû faciliter les adaptations nécessaires. Or, le lien entre le dynamisme réglementaire et les soubresauts subis par le secteur financier n'apparaît pas suffisant pour permettre de parler de régulation par la crise. Le cadre réglementaire s'est développé sur le marché des titres de façon progressive et à un rythme relativement uniforme. Dans le secteur bancaire, le régulateur n'a globalement pas saisi les occasions qui se présentaient à lui pour modifier sensiblement les règles du jeu, comme il aurait pu le faire sur le marché interbancaire après la crise de liquidité de 1995 ou sur les questions du renforcement des normes prudentielles et de la transparence du secteur après la crise d'août 1998.

L'évolution du cadre réglementaire repose en réalité essentiellement sur une double impulsion : celle des acteurs eux-mêmes et celle du pouvoir politique. A cet égard, les bailleurs de fonds ont également un rôle déterminant à jouer, que ce soient les institutions financières internationales en faisant peser une réelle exigence de rationalisation dans le cadre des programmes d'assistance financière, ou les opérateurs privés, en conditionnant l'octroi de ressources aux établissements russes à un véritable renforcement des droits des investisseurs et des créanciers.

Contrairement à une idée trop souvent répandue, la finance russe n'est toutefois pas une jungle législative. Les dix dernières années ont vu la formation d'un cadre normatif des marchés financiers relativement complet et de plus en plus cohérent. Le véritable défi actuel est d'en renforcer la légitimité auprès de l'ensemble des acteurs et, en particulier, des structures financières et industrielles oligarchiques qui ont développé une culture de relations informelles se substituant à bien des égards au respect de la loi. A cet égard, l'adoption d'un discours sans ambiguïté sur la limitation de l'implication des élites économiques et financières dans la vie politique et de l'influence des responsables politiques sur les entreprises est une priorité absolue. L'effectivité du droit dans son ensemble pose cependant des problèmes spécifiques en Russie[7] qui ne facilitent pas la tâche du régulateur dans la sphère financière. En ce sens, il serait également utile de clarifier le système de sanctions en renforçant l'indépendance et les prérogatives des organismes de tutelle.

Les évolutions institutionnelles de la finance russe, liées pour partie à celles du cadre réglementaire et pour partie à celles de la situation économique d'ensemble, permettent de distinguer les prémices d'un modèle de financement spécifique de l'économie. La logique de décentralisation liée au développement

[7] Kuruneri-Millet, Zlotowski (2000).

du marché des capitaux a été fortement influencée par le modèle américain, notamment dans sa période de formation initiale. L'importance croissante du rôle des banques, en revanche, évoque plus les économies européennes et les évolutions récentes de la législation sont venues rappeler l'appartenance historique de la Russie au modèle du droit romain. En outre, la formation de groupes financiers et industriels relativement intégrés et extrêmement puissants s'apparente à des phénomènes rencontrés en Asie du Sud-Est.

En réalité, aucun de ces modèles ne peut légitimement s'appliquer à la Russie actuelle. La présence de logiques spécifiques (rôle des relations informelles, valeur accordée au droit des contrats, segmentation régionale et sectorielle, valeur institutionnelle de la monnaie) tend à rendre relativement vain le débat sur l'influence respective des modèles, à l'« anglo-saxonne » ou à la « rhénane ». La finance russe est encore dans une période de construction et il est encore trop tôt pour lui appliquer des grilles de lecture préconçues.

BIBLIOGRAPHIE

AGENCE FINANCIERE POUR LA C.E.I., *Courriers financiers*, Direction du Trésor, Ministère de l'Economie des finances et de l'industrie, depuis 1991, 400 numéros.

AGLIETTA M. (1998), *Macroéconomie financière*, Repères, La Découverte.

BANK OF RUSSIA (1997), *Banking regulation*, rapport.

BLASI J., KROUMOVA M., KRUSE D. (1997), *Kremlin capitalism : Privatising the Russian Economy*, ILR Press/ Cornell.

BUTLER W. E., GASHI-BUTLER M. E. (1997), *Korporatsii i tsennie boumagi pa pravou Rossii i SCHA* (Corporations et titres dans le droit russe et américain), Zertsalo, Moscou.

CENTER FOR STRATEGIC RESEARCH (2000), « Strategy of Development of the Russian Federation Through 2010 », projet de programme de réforme économique réalisé sous la coordination de G. Greff, 25 mai 2000.

KOKH A. (1998), *The Selling of the Soviet Empire, Politics and Economics of Russian Privatization – Revelations of the Principal Insider*, Sure Sellers.

KURUNERI-MILLET A., ZLOTOWSKI Y. (2000), « Le droit dans l'économie russe. Une présence ambivalente », *Revue française de Géoéconomie*, printemps, n° 13.

PAQUIER O., ROUSSELET B. (1996), « Le marché des titres d'Etat russe et la stabilisation de l'inflation », *Economie internationale*, n° 66, 2ème trimestre.

SAPIR J. (1999), *Le krach russe*, La Découverte.

WALTER G. (1999), « Le secteur bancaire russe avant et après la crise », *Courrier des Pays de l'Est*, février, n° 437, p. 3-19.

ZLOTOWSKI Y. (1998), « La monnaie en Russie », *thèse de Doctorat*.

Publications des organismes de tutelle :

Banque de Russie : *Vestnik*, rapports financiers annuels.

Commission fédérale des titres : *Vestnik, Regulatory Update*, rapports financiers annuels.

11

Les faillites en Russie : les risques d'une transition formelle[1]

Yves Zlotowski

Depuis la crise d'août 1998, les arriérés de dette des entreprises russes sont très nettement en baisse. Ils représentaient 48%[2] du PIB en 1998, puis 30% en 1999 et sont tombés à 24% en 2000. Parallèlement à cette évolution nouvelle, on observe un recours croissant aux règles de droit et au système judiciaire pour le règlement des conflits économiques, notamment pour le règlement de dettes impayées, comme en témoigne l'explosion du nombre de procédures de faillite.

Ces deux phénomènes sont-ils liés ? L'application plus stricte du droit des créanciers devrait être en effet une priorité si le gouvernement russe souhaitait lutter contre les impayés. La relance observée du droit des créanciers après la crise d'août 1998 mérite une analyse serrée des conditions d'application du cadre juridique des faillites en Russie aujourd'hui. Un tel examen dévoile les difficultés posées par l'application concrète d'une réforme considérée comme essentielle à l'économie de marché.

---

[1] Cette étude a bénéficié du soutien de la Fondation Jean Bastin. Je la remercie ici très chaleureusement.

[2] Ce chiffre comprend l'ensemble des arriérés des entreprises russes (aux fournisseurs, au budget, aux salariés et aux banques).

Ces difficultés peuvent être résumées de la façon suivante : appliquer des règles économiques plus ou moins analogues à celles qui sont en vigueur dans les économies de marché ne se heurte pas à un supposé « vide juridique ». La mise en pratique des règles de l'économie de marché débouche sur un détournement de celles-ci par les acteurs économiques, pour permettre qu'elles soient conformes aux normes informelles en vigueur. Cet ensemble de normes implicites constitue à bien des égards « un socle systémique » qui n'est pas celui de l'économie de marché mais qui n'en a pas moins une relative pérennité. Ce phénomène de subversion des règles est particulièrement saisissant dans le cas des faillites en Russie.

Dans une première partie, nous étudierons les modifications du cadre légal des faillites, datant de 1998, qui ont permis l'augmentation du nombre de procédures en 1998 (I). Nous étudierons les effets pervers de ce renouvellement de la législation : l'effet d'anti-sélection (II) et la difficulté à détecter la nature de l'impayé (illiquidité ou insolvabilité) (III). Le cas de Sidanko illustrera le problème de l'interprétation des faillites en Russie (IV). Cet exemple nous conduira à une réflexion sur le problème de l'émergence des institutions chargées de faire appliquer les règles de l'économie de marché dans le contexte russe (V).

I. UNE RÉNOVATION EN APPARENCE EFFICACE DU CADRE LÉGAL DES FAILLITES

Le droit des faillites est un élément essentiel au sens propre de l'économie de marché : il touche à une règle fondamentale de validation des activités économiques ; insolvable, une entreprise a toutes les chances de disparaître. De ce fait, une menace crédible pèse sur une partie importante des entreprises, qui s'efforceront de régler leurs dettes ou au moins de contractualiser leurs retards de paiement. Ainsi, les faillites font partie du socle institutionnel qui encadre la contrainte budgétaire dure chère à Janos Kornai[3], qui selon lui distingue le comportement des entreprises dans les économies de marché de celui prévalant dans les économies centralement planifiées. Dans l'économie socialiste, la rentabilité n'était pas un critère validant le comportement des entreprises. Cette spécificité microéconomique du système avait de multiples conséquences pour l'économie de pénurie que Janos Kornai a décrite dans toutes ses arcanes. Entre autres, ce comportement financier impliquait que la monnaie soit « passive », l'entreprise ne se préoccupant pas de rembourser les crédits qu'elle prenait pour épuiser sa faim d'investissements.

---

[3] Voir Kornai J. (1980).

Ainsi, l'offre de monnaie centrale est déterminée par la demande de monnaie des entreprises.

Si cette différence apparaît comme la limite « systémique » entre les deux modèles selon Janos Kornai, alors force est de constater qu'à l'aune d'un tel critère, la transition vers le marché est un échec en Russie. Le nombre de faillites y a été étonnamment faible, si on le rapporte à la récession. En 1997, alors que la Russie sortait péniblement d'une réduction du PIB réel de plus de 40% depuis 1990, le nombre des seuls examens de faillite était de 5 800. La même année, la Pologne – qui a renoué avec la croissance dès 1992 et a affiché en 1997 une hausse du PIB record de 6,9% – comptait 15 000 entreprises subissant une procédure de faillite.

Tableau 1
Faillites en Russie

	Examens de procédures	Faillites effectives
1993	100	50
1994	240	NA
1995	1 108	NA
1996	2 618	1 035
1997	5 810	2 600
1998	12 781	4 747

Source : A. Radygin (1999)

La hausse progressive du nombre de faillites est en partie due à une amélioration du cadre légal. A partir de la première loi « relative à l'insolvabilité des entreprises » entrée en vigueur en mars 1993, le cadre réglementaire russe a connu de nombreuses modifications, dans le sens d'une meilleure applicabilité. L'Agence fédérale des faillites, à l'origine chargée de surveiller les procédures à l'encontre d'entreprises dont l'Etat possède plus de 25% du capital, a rénové la loi en 1995, dans le but d'éviter les fuites frauduleuses d'actifs qui avaient lieu une fois le lancement de la procédure. L'agence a également modifié l'ordre de priorité de remboursement des créanciers pour qu'il soit en conformité avec le code civil. Comme la progression indiquée par le tableau 1 le montre, le cadre légal s'est montré inadapté et peu efficace pour véritablement lancer les faillites en Russie et une rénovation en profondeur du cadre législatif des faillites a eu lieu, la nouvelle loi étant entrée en vigueur en mars 1998.

L'objectif de cette nouvelle modification était d'intégrer dans le cadre légal les obstacles rencontrés en Russie à l'application d'une loi sur les faillites. Ainsi, cette offensive législative rompt avec les tentatives précédentes de l'Agence fédérale des faillites (aujourd'hui Service fédéral des Affaires de Faillites), qui avait tendance à vouloir plaquer sur la réalité russe une théorie des droits des créanciers inopérante en Russie, notamment en raison du contexte de laxisme fiscal. Or, les résultats sont conformes aux attentes : durant les premiers mois de la nouvelle loi datant de mars 1998, 800 cas ont été soumis aux cours d'arbitrage. En novembre 1998, le nombre d'examens avait augmenté de 10 fois (8 000 demandes) et la cour d'arbitrage a nommé 3 000 directeurs d'arbitrage. Au total, en 1998, 12 781 examens ont eu lieu : sur 4 753 faillites prononcées dans le secteur industriel, un contrôle (*monitoring*) a été institué dans 1 462 entreprises. Une direction extérieure a été nommée dans 472 cas et une liquidation a été commencée dans 2 006 cas. On relève 60 cas de la procédure « règlements à l'amiable ». En septembre 1999, le nombre d'examens s'élevait à 12 334. De janvier à juin 1999, on relevait 5 117 examens... Ainsi, la progression est sensible et le constat est là : avec la nouvelle loi, la mobilisation des instances judiciaires pour les faillites augmente sensiblement.

Comment la législation a-t-elle permis cette évolution ? La loi sur les faillites a été modifiée dans le sens d'une meilleure applicabilité pour les créanciers privés et c'est bien cette amélioration du cadre législatif qui se traduit dans les chiffres.

La nouvelle loi définit la cessation de paiement, qui est le critère de lancement d'une procédure de faillite, de la façon suivante : est considérée en cessation de paiements, l'entreprise qui ne satisfait pas au paiement de sommes dues en vertu d'un contrat ou de toute autre cause prévue par la législation et / ou des sommes dues aux différents budgets et fonds extrabudgétaires dans les trois mois à compter de la date à laquelle ces paiements auraient dû être effectués. Dès le début de la procédure, après la reconnaissance de la cessation de paiements par le tribunal, la loi se donne pour objectif une étroite association des créanciers avec le destin de l'entreprise débitrice. Est prévue la création d'une assemblée de créanciers devant élire un Comité chargé de défendre leurs intérêts. A la suite de la reconnaissance de la cessation de paiement, une administration provisoire chargée de la période d'observation (*monitoring*) est mise en place. Les créanciers disposent d'un mois après la notification pour déclarer leurs créances. Ils peuvent faire appel des décisions de l'administrateur concernant l'admission ou le rejet de leurs créances et des montants retenus.

Contrairement aux tentatives précédentes en matière de faillites, un des objectifs du législateur est le redressement des entreprises qui ne seraient qu'illiquides. Ainsi, une période moratoire est prévue pour l'entreprise en ce qui concerne le paiement des pénalités. A partir du moment où la procédure commence, une période d'élaboration d'un plan de redressement commence. Le délai du moratoire a été augmenté à un an et celui-ci peut aller jusqu'à 10 ans pour les entreprises « considérées comme essentielles à la ville ». Ce concept soviétique désigne les entreprises qui emploient une majorité des habitants d'une ville (le seuil est fixé à 30%) et autour de laquelle la ville organise sa vie économique et sociale. Mais cette restriction a déjà des effets pervers : un des moyens d'échapper à la procédure pour certaines entreprises implantées dans des petites villes est d'augmenter les effectifs – afin d'atteindre ce seuil des 30% – pour profiter du moratoire de 10 ans.

La loi, conformément au code civil russe, définit l'ordre de règlement des créanciers à l'issu du redressement ou de la liquidation :

1 – Créances relatives aux dommages corporels

2 – Créances salariales et royalties

3 – Créances garanties par gage ou hypothèque

4 – Paiements obligatoires aux budgets et fonds extrabudgétaires

5 – Autres créances

II. UN EFFET D'ANTI-SÉLECTION

La législation nouvelle sur les faillites tient également compte d'un des blocages majeurs de l'application du droit des créanciers en Russie, à savoir le gonflement de la dette fiscale des entreprises. L'Etat, créancier prioritaire mais laxiste, était souvent habilement utilisé par les entreprises endettées.

La structure par types d'impayés[4], telle qu'elle est donnée par les chiffres du Comité d'Etat aux Statistiques (Goskomstat), montre une évolution très significative dans ce sens entre 1994 et 1998 : le poids des impayés aux fournisseurs passe de 69 à 46%, soit une réduction sensible au profit des impayés au budget (qui passent de 16 à 21%) et principalement des « autres

[4] Les données statistiques russes se présentent traditionnellement de la façon suivante : arriérés totaux des entreprises = arriérés aux fournisseurs + arriérés au budget + arriérés de salaires + autres arriérés.

arriérés » (qui passent de 10 à 28%). Cette dernière catégorie recouvre principalement les impayés aux fonds extrabudgétaires (Fonds des pensions, Fonds de l'emploi, Fonds d'assurance sociale). Pour certains chercheurs spécialistes des finances d'entreprises[5], on assiste sur la période à un phénomène de « transferts de l'endettement » vers les structures publiques. La dette fiscale ou parafiscale (que mesurent les impayés aux fonds extrabudgétaires) vient en effet gonfler le passif des entreprises, ce phénomène relevant d'une réelle stratégie financière.

En effet, s'endetter auprès des créanciers publics constitue une parade efficace contre l'exercice du droit par les créanciers privés. Créanciers prioritaires selon le code civil, les organismes étatiques ont eu une attitude laxiste vis à vis des impayés fiscaux ou sociaux. Dans une telle configuration, les créanciers privés n'étaient pas incités à saisir une cour d'arbitrage à l'encontre d'un mauvais payeur, car même dans le cas où une procédure aurait des chances d'aboutir à une liquidation ou à un règlement à l'amiable, les premiers créanciers servis seraient en priorité les organismes publics. Ainsi, le gonflement de l'endettement auprès de l'Etat est un instrument de découragement à l'exercice du droit des créanciers par les acteurs privés.

Le cadre légal a été modifié dans le sens d'un affaiblissement du rôle de l'Etat comme créancier prioritaire. La nouvelle loi de 1998 a en effet sévèrement limité le rôle de l'Etat dans la procédure : les organismes de l'Etat ne peuvent pas avoir leurs représentants dans les Comités de créanciers, ils n'ont le droit de participer qu'à la première réunion de créditeurs et ne peuvent prendre aucune décision dans les formes de règlements (planification de la direction extérieure, vente des actifs). En théorie, cette mesure apparaît comme paradoxale. Le nœud des impayés aurait dû être dénoué par l'Etat qui, par ce biais, aurait pu contribuer à diffuser « par le haut » la discipline de paiement. En fait, cet encadrement de l'Etat répond à l'objectif de pragmatisme du législateur, qui souhaite que la loi corresponde au contexte réel de la Russie, dans lequel l'Etat a été laxiste (il n'a jamais voulu réellement exercer son rôle de contrainte), sa restauration de créancier prioritaire demeurant hypothétique. La loi prend donc en compte l'Etat tel qu'il est et qu'il s'est comporté depuis 1992.

Cette exigence de réalisme a bien conduit à une recrudescence des faillites. Cependant, la nature des faillites effectives ne correspond pas aux objectifs du législateur. On assiste en fait à une prolifération d'opérations en général fictives. Elles sont de deux sortes : la première est la faillite « autoproclamée » : les entreprises se mettent dans la situation de faillite de façon à échapper à leurs créanciers pour une période provisoire qu'elles peuvent

---

[5] Analyse développée dans Afanassiev M. et Kouznetsov M. (1996).

d'ailleurs suspendre ensuite. La seconde sorte de faillite – 70% selon l'hebdomadaire Economie et vie – est le fait de structures financières qui souhaitent s'emparer d'un paquet de contrôle d'actions des entreprises qui sont potentiellement profitables. Les conséquences de la crise financière (la fin du fructueux marché des GKO) incitent les structures financières à se tourner vers les actifs industriels, d'autant plus que la croissance économique récente les rend attractifs. Le nouveau cadre légal, qui rend plus aisée l'initiation des procédures de faillites pour les banques, facilite cette nouvelle forme « légale » de transferts d'actifs.

La procédure de faillite peut s'appliquer en théorie à près de 90% des entreprises russes puisque la plupart d'entre elles ont des arriérés de dette remontant à trois mois (condition d'initiation de la procédure). Mais les entreprises qui subissent cette procédure sont celles qui sont justement solvables et donc attractives aux yeux des « prédateurs » à la recherche d'actifs juteux. Selon une logique d'anti-sélection bien connue dans la littérature financière, la hausse du nombre des faillites – qui a théoriquement pour but d'éliminer les entités en mauvaise situation financière – conduit au résultat inverse : les entreprises réellement insolvables échappent à la faillite car elles ne présentent pas d'intérêt pour les acheteurs.

III. ILLIQUIDITÉ OU INSOLVABILITÉ ?

Une lacune importante de la loi participe à cet effet d'anti-sélection : la cessation de paiement (CDP), on l'a vu, est le point de départ de la procédure de faillite. Selon la loi, la CDP se définit comme le non-paiement des dettes par une entreprise pendant une période supérieure à trois mois après l'échéance du terme de cette dette. Ainsi, l'impossibilité de faire face à ses engagements est-elle déduite du défaut de paiement. Le critère d'insolvabilité tiré du bilan – c'est à dire l'impossibilité de faire face au passif exigible avec l'actif disponible, critère qui est généralement retenu dans le droit étranger – a été exclu de la nouvelle loi russe comme critère validant l'initiation de la procédure.

La signification de la définition des critères doit retenir notre attention : elle relève de la même logique que celle qui a conduit le législateur à minimiser le rôle des organes étatiques dans la procédure de faillite. A partir du moment où l'évaluation de la situation financière d'une entreprise est rendue complexe par une comptabilité dépassée et une triche quasi généralisée sur les comptes, l'estimation par le bilan ne peut être un critère pertinent pour lancer une procédure de faillite. La logique de la législation est donc la suivante : ne peut être opérant que le critère de l'impayé constaté, ce choix visant à décourager systématiquement le non-paiement et ce, quelle que soit la situation financière de l'entreprise qui ne règle pas une dette. Une menace « aveugle » peut avoir pour résultat d'inciter les entreprises liquides à régler leurs transactions et à n'éliminer que les entreprises insolvables.

Là encore, la loi tient compte de la nature complexe et spécifique des impayés[6] en Russie et ceci permet de comprendre la portée du choix du critère de faillite. Les arriérés des entreprises russes ne s'apparentent pas dans leur totalité au crédit commercial tel qu'il se développe dans les économies de marché. Ne pas payer dans une économie de marché est, en général, l'expression d'une contrainte financière. L'entreprise est illiquide ou insolvable et, dans ce dernier cas, il y a de fortes chances qu'elle soit exclue du marché. Le crédit commercial est une pratique très développée en France mais il se différencie fondamentalement de l'impayé russe en ce que le premier s'inscrit dans un contexte où le droit des créanciers est opérant. Le crédit commercial est donc encadré par un système de règles qui permet de connaître la limite entre un crédit et un impayé. Dans certaines limites, il peut n'être qu'un retard de paiement plus ou moins contractualisé. A partir du moment où il est analysé comme un impayé par le créancier, une procédure rodée (et pas forcément systématiquement efficace) peut être enclenchée. L'existence, la crédibilité et la relative efficacité du droit des créanciers différencient donc fondamentalement le cas du crédit commercial français et celui de l'impayé russe.

En Russie, un impayé ne traduit pas systématiquement une contrainte financière. Ceci est le trait caractéristique fondamental des impayés russes : un impayé peut aussi bien être le fruit d'une illiquidité, d'une insolvabilité, que le fait d'une entreprise qui dispose de la liquidité mais qui a le pouvoir de l'utiliser à d'autres fins[7]. Sur la période qui va de 1994 à 1997, les secteurs produisant le plus d'impayés relativement à leur poids dans la production industrielle totale sont l'énergie électrique, les combustibles et la chimie pétrochimie, qui ne sont vraisemblablement pas les secteurs les moins liquides de l'économie russe, relativement à des secteurs laminés par la récession comme la métallurgie non ferreuse ou l'industrie légère, qui produisent relativement moins d'impayés (voir tableau en annexe).

Dans une économie de marché, la contrainte financière joue un rôle de révélateur de la situation financière des entreprises, mais ce mécanisme de socialisation de l'information ne fonctionne pas en Russie. L'application du droit des créanciers y est donc limitée par ce problème fondamental de

---

[6] Pour une analyse détaillée des impayés en Russie, se reporter à Ivanova N. et Wyplosz Ch. (1999) et à la Banque Mondiale (1999).
[7] Ce point est développé dans Złotowski Y. (1998).

l'information. Seuls des mécanismes institutionnels, qui impliquent des institutions qui ne sont pas le jouet de forces privées, peuvent permettre à ces processus de s'épanouir.

Or, les règles en vigueur en Russie alimentent cette déconnexion de la finance avec la notion de solvabilité : la comptabilité russe est en effet fondée sur le principe de liquidité (comparaison des recettes et des dépenses) et non sur celui de solvabilité (comparaison des dettes et des créances). Ainsi, une transaction est enregistrée à partir du moment où elle est payée et non à partir du moment où la transaction est exécutée. La comptabilité permet alors de détecter l'état de liquidité de la firme mais pas son potentiel de solvabilité. Ce choix comptable est le produit du caractère systématique des impayés russes : si l'incertitude est forte quant au règlement monétaire d'une transaction, il est préférable de l'inscrire dans la comptabilité à partir du moment où celle-ci est réglée. Ainsi, dans la même logique, le changement de valeur d'un actif n'est enregistré qu'à partir du moment où celui-ci est vendu. Par exemple, si un actif immobilier voit son prix baisser, sa valeur reste inchangée dans la comptabilité de la firme jusqu'au moment où celui-ci est vendu.

Dans un tel environnement comptable, les autorités fiscales peuvent mieux évaluer le niveau de liquidité de l'entreprise, cette caractéristique permettant une meilleure collecte de l'impôt. « Notre système d'information financière est toujours fondé sur les exigences des autorités fiscales », déclare Tatyana Shishkova, professeur à l'Université d'Etat de Moscou et membre du Groupe de travail du ministère des finances sur la réforme de la comptabilité, « il est normal que le comptable de base se sente plus obligé envers l'inspecteur fiscal qu'envers un investisseur étranger lointain »[8]. Cette obligation semble découler d'une exigence de contrôle de l'Etat et de ses tentatives de prélever l'impôt de façon satisfaisante, c'est-à-dire en quantité mais également en qualité (sous une forme monétaire).

Toutefois, ce choix n'est pas sans conséquences pour les comportements économiques : excluant la notion de solvabilité des critères de validation des activités économiques, la comptabilité peut participer à la non-transparence des droits de propriété : comment un investisseur extérieur peut-il raisonnablement décider d'acheter des parts du capital d'une entreprise s'il n'a connaissance que de l'état de liquidité de la firme à l'instant où il étudie son bilan ? L'information mobilisable dans la comptabilité favorise non seulement l'Etat pour la collecte fiscale, mais également les prédateurs qui ont pour objectif le *cash-stripping*, c'est à dire l'extraction de la liquidité à court terme.

[8] Citée dans Humphreys B. (1999).

Le système de comptabilité en soi n'est pas la cause directe du faible niveau d'investissements (et de la présence rare des investisseurs étrangers) en Russie. Le système d'information comptable sert une certaine logique économique qui tend à socialiser l'information pertinente pour les comportements dominants. Ceux-ci s'apparentent à la prédation, dont l'objectif est « l'extraction de la liquidité »[9] dans une logique de partage de la rente. Les règles comptables sont incohérentes avec une dynamique de restructuration qui exige, elle, un système d'information qui privilégie les critères de solvabilité.

Les liens de causalité entre les règles formelles du droit et les logiques informelles de transferts d'actifs qui commandent l'activité économique russe sont complexes. La dynamique à l'œuvre est plutôt celle de la subversion des règles de droit positif. Ainsi, les normes semblent avoir le même destin qu'elles touchent aux droits des créanciers et aux droits de propriété. Dans les deux cas, l'opacité ou la transparence de l'information microéconomique servent une logique dynamique spécifique des comportements économiques qui deviennent la norme à force de s'étendre et d'être incorporés progressivement dans les règles formelles.

Ces réflexions montrent comment les différents niveaux de règles, les règles formelles, inscrites dans la loi, et les règles informelles, interagissent. La prise en compte et l'incorporation dans le droit des spécificités russes aboutit à des formes de subversion du cadre légal. Le réalisme conduit effectivement à un recours plus important au droit des créanciers par les acteurs économiques, mais le droit concret est une traduction bien particulière des règles. Les législateurs russes ont souvent tendance à justifier ces compromis : « dans notre économie, disent-ils, c'est ainsi que cela fonctionne et il faut être réaliste, et donc on ne peut appliquer telles règles importées qui, dans notre contexte, seraient inefficaces ». Le résultat est qu'en tenant compte de ces « réalités », le droit effectif les légitime et concourt à leur extension. Ainsi transformée, la loi perd son pouvoir potentiel de transformation des comportements économiques, elle est à l'inverse rattrapée par les routines informelles qui la saisissent et du même coup la soumettent à leur logique. Un équilibre doit être trouvé entre le caractère pertinent d'une législation par rapport à un contexte économique identifié et son pouvoir de contrainte sur les comportements économiques. Ces réflexions abstraites peuvent être illustrées par un cas concret.

---

[9] Traduction de l'expression anglo-saxonne *cash-stripping*, pertinente pour caractériser les comportements de prédation des financiers russes.

IV. Le cas « Sidanko » est-il exemplaire quant au renouveau du droit dans l'économie russe ?

Sidanko signifie Compagnie de pétrole d'extrême Orient. Ce holding se compose de trois raffineries (Angarsk, Khabarovsk et Saratov) et de plusieurs unités de production (dont Kondpetroleum, Chernogorneft, Varyeganeftegaz et Novosibirskneftegaz). Ce conglomérat produisait en 1997, 20,2 millions de tonnes et 19,2 en 1998, soit de 6 à 7% de la production totale russe.

En janvier 1996, le groupe financier et industriel Interros-Neft, dirigé par Vladimir Potanine, alors également Directeur de l'Oneximbank, a pris le contrôle de 51% de la firme pétrolière Sidanko en retour d'un prêt de 13 millions de dollars au gouvernement. Cette opération s'est faite dans le cadre des privatisations « prêts contre actions »[10] de 1995. Une seconde privatisation quasi complète du groupe a été lancée en 1997 et Interros a récupéré 96% du stock qu'il aura payé très en dessous de sa valeur estimée.

En 1998, Interros a vendu 10% de Sidanko à la firme British Petroleum pour 571 millions de dollars (alors qu'au total, Interros avait payé Sidanko 400 millions de dollars). BP obtient avec ce paquet d'actions 20% des droits de vote et le droit de nommer quelques membres de la Direction.

Plus de trois ans après le début de ces transferts d'actifs, on estime la dette totale de Sidanko à 600 ou 700 millions de dollars. Les efforts de restructuration des différentes composantes de Sidanko ont été quasi nuls : Angarsk qui travaillait en Sibérie centrale pour le complexe militaro-industriel s'est retrouvée isolée géographiquement après la disparition de ses clients traditionnels. Aucun investissement n'a été apporté pour éviter la déroute. Kondpetroleum est situé sur un sol dont le pétrole est difficile à extraire. Et on constate la même absence d'efforts financiers pour la réhabilitation de ce site. Pourtant, Sidanko n'a pas hésité à contracter des emprunts : avec l'aide de son partenaire BP, elle a pris un crédit syndiqué d'un montant de 100 millions de dollars auprès de créditeurs étrangers qu'elle s'est trouvée dans l'incapacité de rembourser après la crise d'août 1998.

Face à cette situation, les créanciers d'Angarsk et Kondpetroleum ont initié des procédures de faillite contre ces deux unités en mars 1998. En

[10] Lors de cet épisode controversé, l'Etat russe a donné en gage à des banques des paquets d'actions d'entreprises industrielles. En échange, il a obtenu des crédits dont le montant était fixé par enchères. Au dénouement de ces opérations, l'Oneximbank est devenue propriétaire de 38% de l'entreprise Norilsk-Nickel et de 40% de la firme pétrolière Surgutneftegaz. Elle a également pénétré le capital de Sidanko via sa filiale Interos-Oil. La banque Menatep est devenue propriétaire de 45% du géant pétrolier Yukos.

décembre 1998, une gestion extérieure a été imposée par une cour d'arbitrage locale sur Chernogorneft. Enfin, en février 1999, un mystérieux créancier, Beta-Eco, a initié une procédure de faillite contre Sidanko elle-même : le 18 février 1999, le collectif des créanciers a recommandé à la cour d'arbitrage de l'Oblast de Moscou d'initier une procédure. Le Service Fédéral des faillites, jusque-là silencieux sur l'affaire, a pris en main le management provisoire et finalement, en août 1999, G. Tal, Président du Service des Faillites, a déclaré le début de la procédure de faillite à l'encontre de Sidanko contre l'avis des investisseurs étrangers.

En raison de l'opacité qui règne dans le monde des affaires russes, il est très difficile de décrypter les enjeux des différentes procédures de faillites.

Tout d'abord, Interros a-t-il lui-même provoqué la faillite de Sidanko[11] ? L'actuel propriétaire pourrait se cacher derrière le créancier Beta-Eco. En effet, l'objectif d'Interros serait de transférer les actifs liquides de Sidanko dans des structures parallèles et de laisser les dettes dans l'ancienne structure. Cette « méthode » de transfert des actifs liquides a été beaucoup pratiquée dans le milieu bancaire russe à la suite de la débâcle d'août 1998. En effet, les banques commerciales comme la Menatep ou l'Oneximbank se sont retrouvées dans l'incapacité d'honorer leurs dettes en dollars (notamment sous la forme de ventes à termes de dollars) aux créditeurs étrangers à la suite de la dévaluation du rouble. Dès lors, à la fin de l'année 1998, les comptables ont transféré les actifs liquides dans de nouvelles structures – de nouvelles banques ou des holdings – transformant ainsi leurs anciennes banques en coquilles vides. Cette méthode permet donc de ne pas faire face à ses obligations de débiteur et elle semble être une interprétation possible de la procédure de faillite contre Sidanko.

Toutefois, cette lecture de l'affaire Sidanko paraît aujourd'hui peu vraisemblable. En effet, il apparaît de plus en plus avéré que derrière Beta-Eco se cache en fait Alfa-Eco, un holding oligarchique, dont fait partie la banque Alfa qui s'est, elle, plutôt bien sortie de la crise d'août 1998. Alfa-Eco est dirigé par deux célèbres « oligarques », M. Friedman et P. Aven. Cette tentative de récupération de Sidanko serait en fait une « vengeance » d'Alfa-Eco. A la suite des « prêts contre actions » de 1995, Alfa-Eco aurait dû récupérer une partie de Sidanko selon un accord passé avec Interros. Or, ce dernier n'aurait pas respecté

---

[11] C'est la thèse des spécialistes des questions pétrolières du journal *Kommersant'*, développée lors d'un entretien avec P. Sapojnikov à Moscou en novembre 1999. Cette thèse est reprise dans une enquête du Moscow Times sur l'empire de V. Potanine (voir Kenyon J., 1999). Le quotidien Izvestia tend à considérer que c'est plutôt le groupe Alfa qui se cache derrière Beta-Eco, thèse développée dans Tsilin V. (1999a et 1999b).

ses engagements. Aujourd'hui, Alfa-Eco, profitant de l'affaiblissement de l'empire de V. Potanine, tente de récupérer ce qu'il considère comme son dû.

Le Président de TNK avait déclaré qu'il existait d'importantes synergies entre TNK et Chernogorneft, mais a nié dans un premier temps être à l'origine de la procédure de faillite. Il est avéré aujourd'hui que c'est bien Alfa-Eco qui essaie de s'emparer de Chernogorneft. Celle-ci a été vendue à TNK (dont le principal actionnaire est Alfa-Eco) lors d'une enchère qui a eu lieu en novembre 1999 au prix de 176 millions de dollars. L'ultime coup de théâtre de l'affaire Sidanko confirme l'implication de TNK : en décembre 1999, contre toute attente, Sidanko et TNK (Compagnie pétrolière de Tioumen) ont signé un accord de paix dans lequel TNK devait retourner Chernogorneft à Sidanko et recevoir en échange 25% du capital de Sidanko[12].

Ces luttes opaques ont eu pour conséquence une réaction très vive des investisseurs étrangers. Ceux-ci se sont en effet opposés au démembrement programmé de Sidanko. Fin décembre 1999, BP-Amoco et d'autres investisseurs spoliés ont été jusqu'à faire intervenir le Secrétaire d'Etat américain Madeleine Albright. Cette dernière a fait pression pour bloquer un prêt de Useximbank à TNK pour une valeur de 500 millions de dollars. Les investisseurs étrangers ont considéré que TNK avait manipulé la faillite et la vente de Chernogorneft.

En ce qui concerne les procédures contre les filiales de Sidanko, la plupart des spécialistes estime qu'il s'agit d'une alliance entre les autorités locales et d'autres compagnies pétrolières, cette alliance étant une caractéristique de plus en plus observable dans les grandes affaires de transferts d'actifs. Dans les procédures de faillite récentes, les pouvoirs locaux ont eu un rôle de plus en plus déterminant. Dans le cas Sidanko, leur objectif était d'ôter le pouvoir de décision à Moscou et à Interros (associé à l'Etat fédéral). La désinvolture dont les « moscovites » avaient fait preuve dans le traitement des actifs industriels récupérés via les privatisations pouvait s'avérer dangereuse pour la région. Une des principales préoccupations des autorités locales concerne la collecte fiscale : dans le cas où l'entreprise ne rapporterait pas suffisamment d'impôts locaux – en particulier parce que la liquidité est extraite par les intérêts financiers « moscovites » qui ont pris possession des actifs – les procédures de faillite seraient initiées pour que les pouvoirs locaux puissent récupérer le contrôle du « cash ».

[12] « Nous considérons cette transaction comme source de bénéfices à long terme pour les actionnaires de TNK et ceux de Sidanko » a déclaré M. Fridman, Président d'Alfa-Group. Propos rapportés dans Humphreys B. (2000).

Ces différentes hypothèses sur la faillite de Sidanko confirment toutes la thèse selon laquelle *les faillites servent avant tout à donner des formes légales à des transferts d'actifs*, que celles-ci soient le fait d'une reconstruction d'un même groupe (dans le cas d'une faillite auto-réalisée par Interros lui-même) ou d'une concurrence entre groupes (dans le cas où Sidanko serait la proie d'Alfa-Eco).

Cette nouvelle étape qui donne aux faillites un rôle moteur dans les transferts d'actifs s'inscrit dans la continuité de l'histoire de la privatisation russe. En effet, une logique de partage de la rente domine l'évolution russe depuis 1992, comme l'illustre G. Soros (2000, p. 3) dans un article consacré à un bilan de la transition russe. Evoquant les suites de la privatisation de masse lancée en 1992, il écrit : « De ces conditions chaotiques, les rudiments d'un nouveau capitalisme ont commencé à émerger. C'était une forme de capitalisme, mais une forme très particulière et celui-ci a vu le jour selon une séquence différente de celle qui aurait été attendue dans des circonstances normales ».

Ce capitalisme n'est pas fondé sur le mouvement d'accumulation du capital mais sur le partage des actifs : ce n'est donc pas une logique d'accumulation qui est à l'œuvre mais une logique d'attribution, c'est-à-dire de partage des actifs existants. Les changements en termes de droit de propriété deviennent l'objet des luttes, des réformes et suivent un processus de « normalisation » spécifique. On peut distinguer trois étapes de cette évolution depuis 1992[13]. De 1992 à 1996, les transferts d'actifs se sont déroulés à partir de la privatisation de masse qui a donné le pouvoir aux *insiders*, c'est-à-dire à l'équipe dirigeante et aux salariés des entreprises privatisées. Cette période de « transferts d'actifs sauvages » voit l'émergence de groupes industriels et financiers qui s'enrichissent à partir de cette forme de privatisation.

A partir de 1995, les transferts d'actifs sont pilotés par l'Etat fédéral car celui-ci souhaite la pénétration d'*outsiders* (en l'occurrence les banques) dans le capital des grandes entreprises. L'opération « prêts contre actions » en 1995 réalise cet objectif. Les banques deviennent propriétaires des fleurons de l'industrie russe mais après cette opération, elles s'orientent vers le marché financier : les hauts rendements des GKO (titres d'Etat libellés en roubles) font de ces titres la première source de liquidité des banques entre 1996 et 1998. Avec la crise de l'été 1998 – et la disparition des sources de spéculation financière – les banques (endettées en dollars) sont en partie abandonnées par les « oligarques » qui se recentrent sur leur holding et se tournent vers les actifs industriels. Ces derniers sont en effet dopés par la dévaluation du rouble et

---

[13] Pour l'analyse des deux premières étapes, voir Mesnard M. (1999).

deviennent donc des proies attractives pour ces « prédateurs » surtout motivés par le *cash stripping*, c'est à dire l'extraction rapide de la liquidité. Ainsi se déroule la troisième étape de développement du néocapitalisme russe : elle est caractérisée par une légalisation croissante des transferts d'actifs, ceux-ci s'opérant principalement par le biais des procédures de faillites, qui sont utilisées pour mettre la main sur les entreprises à fort potentiel.

Ainsi, loin d'être une règle mettant en place l'économie de marché, le droit des faillites apparaît bien plutôt comme un instrument de développement de l'histoire des droits de propriété spécifique à la Russie. Certes, cette imbrication entre droit des créanciers et droits de propriété n'est pas une spécificité en Russie : en France et aux Etats-Unis, les faillites servent également aux transferts d'actifs. Elles reposent cependant sur une insolvabilité avérée par un impayé – même dans le cas où un créancier a manipulé une entreprise pour la faire tomber dans son giron. Ainsi, l'insolvabilité comme critère d'existence sur le marché est un socle systémique et c'est sur ce fondement que s'inscrivent les batailles issues des droits de propriété. C'est bien l'inverse qui se produit en Russie : la logique des droits de propriété – dont l'instabilité est une caractéristique du développement russe – subvertit celle des droits des créanciers, qui ne peut pas jouer le rôle de socle systémique à partir duquel l'économie de marché peut se développer.

L'autre leçon fondamentale à tirer de l'exemple Sidanko concerne la relation information et marché. L'affaire Sidanko, malgré l'intervention du droit officiel en la personne du juge, est demeurée opaque. Ainsi, les règles du marché ne jouent pas leur rôle, à savoir celui d'instrument d'émergence de l'information microéconomique sur les firmes. L'affaire Sidanko reste sujette à des interprétations multiples et le recours au droit n'a en rien clarifié la situation : il n'a constitué qu'un instrument mobilisé par les acteurs à un moment du jeu, certainement parce qu'il permettait l'exercice du pouvoir des autorités locales. Mais l'arrangement entre les parties s'est fait en dehors du droit officiel. L'émergence du droit comme théâtre du règlement des conflits peut être une illusion extrêmement dangereuse, si la règle n'est pas réellement opérante. L'existence d'une illusion n'est pas dans la mobilisation du droit en tant que telle. C'est un phénomène bien réel et avéré. La question est : que sert exactement ce recours au droit ? Est-il bien l'instrument d'évolutions que nous savons correctement détecter ? C'est tout l'enjeu de la question de l'émergence des institutions dans l'économie russe aujourd'hui.

V. L'ÉMERGENCE DES INSTITUTIONS DANS L'ÉCONOMIE RUSSE

Le recours croissant au droit a donc un caractère illusoire si on y voit les premiers pas de l'économie de marché. Le droit ayant un rôle régulateur croissant, ce phénomène se traduit par une émergence des institutions comme organe de décision dans l'économie russe. Or, le cas du droit des créanciers montre que cette émergence doit être, là encore, interprétée avec prudence. Le débat sur le rôle de l'Etat dans la loi sur les faillites a opposé deux institutions qui ont un rôle clé dans cette procédure : le Service Fédéral pour les Affaires de Faillites (SFAF) et la Cour Suprême d'Arbitrage (CSA). Ces deux institutions sont responsables de la rédaction de la loi de 1998 qui est le résultat d'un compromis. Elles ont chacune une conception différente du rôle des faillites.

Le SFAF défend une vision « néolibérale » de la faillite : celle-ci doit servir au transfert de propriété d'une entreprise dans le sens de la plus grande efficacité économique : les actifs doivent aller d'un propriétaire inefficace vers un propriétaire efficace. Le SFAF a donc pris l'initiative de la procédure de faillite accélérée sous le Gouvernement de S. Kirienko[14] qui repose sur la vente rapide de parts de capital d'une entreprise en situation difficile sur le marché. Cette même institution entend favoriser le rôle des organes étatiques dans la procédure, ce qui peut paraître en contradiction avec son objectif précédent. Le SFAF a critiqué l'affaiblissement du rôle des organes étatiques dans la procédure[15]. Ainsi, il a fait une proposition de loi au Parlement amendant les directives de la nouvelle loi concernant le thème de l'Etat comme créancier prioritaire. Ce nouveau projet prévoit d'étendre les droits des organes fiscaux dans les prises de décision lors des réunions de créanciers et de leur redonner le droit de vote dans toutes les assemblées[16].

La CSA aurait une conception différente du rôle des faillites. Son influence a été décisive quant à la défense des petits actionnaires qui étaient selon elle traités trop inégalement face aux comportements prédateurs de l'Etat. La CSA entend également protéger les populations des conséquences sociales des faillites, notamment pour les entreprises dites « indispensables à la ville ». Elle insiste également pour que, lors de la procédure, les décisions sur l'avenir d'une entreprise en difficulté soient prises par une institution indépendante, non seulement des créanciers privés, mais également de l'Etat, qui est impliqué dans les dettes des entités productives.

---

[14] Premier ministre au moment de la crise financière d'août 1998.

[15] Voir Service Fédéral des Faillites (1999).

[16] Les différences de point de vue sur les institutions sont exposées dans Bachkov B. (1999).

Une telle opposition entre institutions est un trait observé dans d'autres développements légaux et institutionnels en Russie. Par exemple, en 1997 et 1998, une lutte sans merci a opposé la Banque Centrale et la Commission Fédérale des Titres (l'instance chargée de la réglementation des marchés financiers en Russie) pour le contrôle du registre central des actionnaires. Les privatisations se sont en effet développées depuis 1992 sans dépositaire central, ce qui signifie évidemment une absence totale de transparence des droits de propriété. Ce vide permettait des manipulations pour contrecarrer des *outsiders* trop dynamiques. Autre exemple de concurrence entre institutions : depuis la crise d'août 1998, la Banque Centrale a vu le dossier de la réforme bancaire lui échapper en partie puisqu'une agence spécialement chargée de la restructuration du secteur financier (l'ARCO) a été créée par le gouvernement Primakov. Elle essaie depuis d'étouffer cette jeune institution.

La fréquence de ces batailles entre institutions n'est en rien une spécificité russe. Toujours est-il qu'elle permet deux interprétations différentes. La première oppose les institutions en termes d'idéologie. Cette version présentée aux investisseurs occidentaux consiste à identifier des « réformateurs » et des « conservateurs ». Le Service Fédéral des faillites serait l'institution « réformatrice » prompte à accélérer les procédures de faillites à tous les prix. La Cour d'Arbitrage, défendant les entreprises des prédateurs et des déséquilibres sociaux que des faillites massives ne manqueraient pas d'entraîner, ferait figure dans ce schéma d'institution « conservatrice ».

Cependant, ce type d'interprétation a tendance à plaquer dans le contexte russe le rôle des institutions étatiques tel que nous le connaissons dans une économie de marché. Cela conduit une fois de plus à « l'illusion réformiste formaliste » que nous avons évoquée à propos du recours aux procédures de faillites. Les journalistes de *Kommersant'* et d'*Economika i Jizn'* ont jugé étrange le changement de comportement de G. Tal dans la procédure Sidanko. En bref, certains médias l'accusent d'être à la solde des intérêts de ceux – quels qu'ils soient – qui sont derrière la mystérieuse institution Beta-Eco, qui souhaite prendre le contrôle de Sidanko. Ainsi, en favorisant systématiquement le recours aux procédures de faillites, l'institution de G. Tal serait à la solde des lobbies économiques qui poussent à la « légalisation » des transferts d'actifs.

Notre rôle n'est pas de souscrire à ces accusations ; elles doivent être prises pour ce qu'elles sont dans le flot des affaires de « Kompromat »[17] qui sont lancées contre les figures publiques en Russie. Ces accusations sont pour la plupart téléguidées par les intérêts financiers qui contrôlent les organes de

[17] Mot par lequel on désigne les affaires de corruption que l'on soupçonne.

presse qui les lancent. Elles sont toutefois caractéristiques du « soupçon » qui touche toute institution puissante en Russie.

L'essentiel ici n'est pas de savoir si le SFAF est ou non sous le contrôle de certains intérêts financiers. Envers toutes les institutions d'Etat, un soupçon de manipulation est rendu possible dans la mesure *où les transferts de droits de propriété constituent une source de rente inestimable pour qui contrôle le processus.* A chaque bataille de transferts d'actifs, se superpose une bataille pour la rente d'intermédiation dans le processus de décision qui a lui-même une logique rentière. Ainsi, la guerre qui oppose le SFAF à la CSA peut-elle aussi s'interpréter dans la logique de la lutte pour la rente d'intermédiation qui s'aiguise à l'occasion du processus observé de « légalisation » progressive des transferts d'actifs.

CONCLUSION

L'exemple de Sidanko montre les contradictions existantes entre un cadre légal conforme aux lois du marché et les fonctionnements réels de l'économie russe, qui aboutissent à des formes paradoxales de traductions concrètes du droit : *le cadre légal est en quelque sorte happé et subverti par le fonctionnement effectif de l'économie*. Les optimistes peuvent voir dans cette légalisation des fonctionnements économiques les étapes nécessaires à la formation du capitalisme. Doit-on alors se réjouir que, grâce à la loi sur les faillites, les transferts d'actifs se règlent de plus en plus devant une cour d'arbitrage plutôt que par la force ? Un examen attentif du phénomène montre qu'il s'agit moins d'une rupture entre deux modes de règlements des conflits que d'une paradoxale continuité.

Depuis les débuts de la transition, un effort soutenu a été conduit pour améliorer le cadre juridique et le progrès des différentes lois sur les faillites dans le sens d'une meilleure applicabilité de la loi en témoigne. En réalité, l'applicabilité passe par une instrumentalisation du droit qui dénature les normes juridiques mises en place et une logique différente de celle voulue par la loi commande la mobilisation du cadre juridique. Ainsi, la *dynamique la plus prégnante en Russie est bien celle des transferts d'actifs* qui a aujourd'hui saisi le droit positif. Cette nouvelle étape de la transformation de l'économie de transition russe implique finalement que le système économique est de moins en moins caché mais de plus en plus officialisé et normalisé. D'informelles et cachées, les normes sont devenues quasi officielles et opérantes dans le droit effectif. La transition vers un système dans lequel le droit a un rôle régulateur n'aboutit pas au « domptage » des normes informelles. C'est en effet l'inverse qui se produit : les routines, pratiques et normes informelles, s'étendent jusque dans le droit formel et se trouvent ainsi légitimées par lui.

Avec l'exemple des faillites, on saisit mieux le caractère illusoire d'une vision purement légaliste des réformes structurelles. Dans l'accord élargi signé entre la Russie et le FMI en 1996, un volet structurel prévoyait une liste de mesures à prendre en matière de juridiction économique (privatisations, faillites, fiscalité...). Une telle approche s'avère inefficace : la conditionnalité structurelle ne peut être un calendrier interminable de lois à adopter dans les plus brefs délais. Les conditions d'application et la surveillance de la marche concrète des lois et de la façon dont elles « mordent » dans le tissu économico-social sont fondamentales et doivent également faire l'objet d'une attention soutenue des bailleurs de fonds : c'est là que se mesurent les obstacles concrets et réels de la construction de l'économie de marché en Russie et donc les moyens de les éliminer.

ANNEXE : Poids relatifs sectoriels des impayés (coeff).

coeff du secteur i = (arriérés totaux du secteur i/ arriérés industriels totaux)/ (production du secteur i / production industrielle totale)

	1994	**1995**	**1996**	**1997**
Energie électrique	136,6	189,2	299,56	355,26
Combustibles	182,48	122,45	79,38	70,96
Métallurgie ferreuse	96,92	84,45	74,24	72,83
Métallurgie non ferreuse	70,5	52,2	37,5	40,29
Chimie Pétrochimie	137	111,1	111,5	100
Construction mécanique	91,47	83,21	96,1	85,3
Bois - Papier	72,07	69	89	85,2
Industrie légère	45,8	64,8	60,6	54,12
Agroalimentaire	27,4	29	32	19

Source : calculs à partir des données du Goskomstat

BIBLIOGRAPHIE

AFANASSIEV M., KOUZNETSOV P. (1996), « Narachivanie neplatejej stalo neotlemlemym elementom strategii vyzhivanija predpriatij » (*La croissance des impayés est devenue un élément indispensable de la stratégie de survie des entreprises*), *Finnasovye Izvestja*, 5 avril, 2.

AGENCE RUSSE DES STATISTIQUES (1994-1999), « Sotsial'no ekonomitcheskoje polojenje Rossij » (*Situation économique et Sociale de la Russie*), Moscou, publication mensuelle.

BACHKOV B. (1999), « Bankrotstvo. Protsess idjot » (*Faillites : le procesus avance*), *Jourists*, 1.

BERSHIDSKY L. (1999), « Bankruptcy Developments Are on Bright Side of Death », *The Moscow Times*, 19 octobre, p. 11.

BLAZY R., COMBIER J. (1997), *La défaillance d'entreprises, Causes économiques, traitement judiciaire et impact financier*, INSEE Méthodes, Economica, Paris, 180 p.

FEDOROV A. (1999), « Avtovaz gatov k bankrostvou » (*Avtovaz est prêt pour la faillite*), *Kommersant'*, 29 mai.

GLOUCHETSKI A. (1999), « Sobtstvennost' povjazala nas » (*La propriété nous a enchaînés*), *Ekonomika I Jizn'*, novembre, n° 46.

HUMPHREYS B. (1999), « Setting New Standards », *The Moscow Times, Business Review*, novembre, 12-13.

HUMPHREYS B. (2000), « Sidanko Still Mired after Tiumen Deal », *The Moscow Times*, 15 janvier.

IVANOVA N., WYPLOSZ Ch. (1999), « Arrears : the Tide that is Drowning Russia », Russian-European Centre for Economic Policy, *Working Papers Series*, n° 1, janvier, Moscou, 11 p.

KENYON J. (1999), « Potanin's Crumbling Empire », *The Moscow Times*, 2 février, 5-16.

KORNAI J. (1980), « Hard and Soft Budget Constraint », *Acta Oeconomica*, 25 (3-4), 231-246.

KORNAI J. (1984), *Socialisme et économie de la pénurie*, Economica, Paris.

KURUNERI-MILLET A., ZLOTOWSKI Y. (2000), « Le droit dans l'économie russe : une présence ambivalente », Numéro Spécial de la *Revue de Géo-économie*, à paraître.

MESNARD M. (1999), « Emergence des groupes et corporate governance en Russie », *Economie Internationale, la revue du CEPII*, n° 77, premier trimestre.

RADYGIN A. (1999), « Post-Privatization Corporate Governance in Russia : Singular Path or Typical Transition Trajectory », présenté à *The international Conference Eastern Transition Trajectories, Measurement, Typologies, Differentiation, Interpretation*, organisée par GTD – Université Pierre Mendès-France, Grenoble, 10-11 décembre.

RUSSIAN-EUROPEAN CENTRE FOR ECONOMIC POLICY (1995-2000), *Russian Economic Trends*, Monthly Update, Publication Mensuelle.

SERVICE FEDERAL DES AFFAIRES DE FAILLITE (1999), *Au sujet de l'application de la directive du Gouvernement de fédération de Russie du 22 mai 1998*, n° 476 « au sujet de l'augmentation de l'efficacité de l'application de la procédure de faillite », 28 septembre, 13p.

SGARD J. (1997), *Europe de l'Est : la transition économique*, Flammarion, Collection Dominos.

SOROS G. (2000), « Who Lost Russia ? », *The Moscow Times*, 7 mars, 11p.

TSILIN V. (1999a), « Konkourentnoje bankrovstvo » *(Les faillites en concurrence)*, *Finansoje Izvestia*, 22 avril.

TSILIN V. (1999b), « Gossudarstvo doljno Outchitsa bankrotstvou » *(Le Gouvernement doit apprendre ce qu'est la faillite), Finansovoje Izvestja.*

WORLD BANK (1999), « Dismantling Russia's Nonpayments System : Creating Conditions for Growth », *Report*, septembre, 39 p.

ZLOTOWSKI Y. (1998), « La crise des paiements en Russie : expression d'un consensus social ? », *Les études du CERI*, n° 43, août, 43 p.

III.

Stabilisation monétaire et déstabilisation financière

12

La politique monétaire en Russie : une mise en perspective

Christian de Boissieu

Dans l'ancien système de « l'économie de commandement », la monnaie et la politique monétaire étaient les cadets des soucis des autorités. La monnaie était considérée comme totalement passive et « neutre ». Elle fournissait juste un habillage à une économie et à des échanges purement physiques. Quant à la politique monétaire, elle était le prototype du pilotage automatique. Elle s'ajustait totalement aux impératifs du *Gosplan* et autres centres de décision névralgiques.

La transition vers le marché, véritablement amorcée en Russie depuis le début de 1992, a totalement changé la donne monétaire. Désormais, la monnaie et la politique monétaire ne sont plus traitées ni vécues comme « neutres », et leur « non-neutralité » sous-tend la mise en place d'un système bancaire progressivement diversifié, de marchés de capitaux émergents et d'instruments et procédures permettant à la politique monétaire d'être plus ambitieuse et discrétionnaire.

Cet article ne prétend pas décrire toutes les composantes et toutes les étapes de cette transition qui aboutit à modifier radicalement le rôle de la monnaie et de la politique monétaire. Il vise seulement à évoquer trois composantes du nouveau pilotage monétaire en Russie : le contexte macroéconomique de la politique monétaire ; la stratégie et la tactique mises en œuvre par la Banque Centrale de Russie (BCR) ; enfin, une référence aux autres missions de celle-ci, difficilement séparables de son rôle monétaire.

I. LE CONTEXTE DE LA POLITIQUE MONÉTAIRE RUSSE

De façon générale, la relation entre toute politique monétaire et son contexte macroéconomique est complexe. A court terme, ce contexte, formé par l'état de la croissance, de l'investissement, de l'emploi, de la politique budgétaire, du système bancaire et financier, etc. peut être considéré comme une donnée pour la Banque Centrale, en fonction de laquelle elle doit se déterminer. Dès que l'on dépasse un horizon de quelques mois, la politique monétaire, sans exclusivité et avec d'autres leviers de politique économique, peut prétendre modifier cet environnement ou du moins certaines de ses composantes.

1. Le rebond de la croissance

On peut toujours discuter de la signification des chiffres de la comptabilité nationale en général, en Russie en particulier. A s'en tenir aux statistiques officielles, la croissance, après avoir été presque constamment négative depuis le début de la libéralisation en 1992 (je ne reviens pas sur la période antérieure...), est devenue positive depuis 1999. Pour l'année 2000, le PIB devrait progresser d'environ 7% en volume, et la production industrielle de près de 10%.

Compte tenu de plusieurs facteurs structurels et en particulier du manque patent d'investissements productifs, il est clair que la performance de croissance de 2000 constitue en grande partie un phénomène de rattrapage, après des années de recul de la production (officielle). Un rattrapage dopé par la flambée des prix du pétrole, mais qui, en tant que tel, ne fournit aucune indication sur le rythme de la croissance potentielle en Russie. Les débats restent vifs lorsqu'il s'agit d'estimer cette croissance potentielle aux Etats-Unis ou dans la zone euro. La difficulté est décuplée dans le cas de la Russie. Si l'on pense, intuitivement, que la croissance potentielle russe pourrait être aujourd'hui de 1 à 2% par an, on constate l'ampleur du retard de croissance (« output gap ») accumulé depuis près de dix ans. Le rattrapage évoqué plus haut ne fait que commencer, mais son ampleur et sa vitesse vont dépendre de tout un ensemble de facteurs, parmi lesquels l'évolution des prix du pétrole et des autres matières premières produites et exportées par la Russie, ainsi que la nature des politiques économiques (y compris la politique monétaire) suivies, joueront un rôle central.

2. La politique budgétaire et le « policy mix » en Russie

Le déficit public a constitué la donne des années 1990 en Russie. Résultant d'un ensemble de facteurs – le recul de la production, l'incapacité de l'appareil d'Etat de collecter les impôts prévus, la progression de l'économie parallèle dont une partie n'a rien à voir avec la mafia et dont l'autre part lui est directement liée, etc. – les déficits publics ont été eux-mêmes à l'origine d'effets aux multiples ramifications. En particulier, ils ont conduit le Trésor à émettre des montants croissants de titres d'Etat (GKO et OFZ), précipitant la mise en place d'un financement révélé pervers par la crise d'août 1998. Le retour de la croissance s'est accompagné de l'apparition d'un excédent budgétaire depuis le début 2000. Il s'agit ici de l'excédent brut du budget fédéral, le solde primaire (hors charges d'intérêts) étant lui-même, par delà d'inévitables fluctuations d'un mois à l'autre, redevenu positif depuis la fin de 1998 et le début de 1999.

Ce retournement spectaculaire de la situation budgétaire de la Russie tient à la conjonction de plusieurs forces : le rebond de la croissance et le jeu attendu des stabilisateurs automatiques ; l'impact spécialement conséquent, direct et indirect, de la hausse des prix du pétrole sur les rentrées fiscales ; une amélioration sensible des taux de recouvrement des impôts à collecter, indicatrice non pas de la réalisation complète d'un Etat de droit mais plutôt des premiers fruits de la réforme de la fiscalité et de l'administration fiscale. L'évolution récente pourrait être interprétée, sous l'angle de la combinaison monnaie-budget (*policy mix*), comme le signe d'une politique budgétaire plus restrictive. Ceci dit, pour s'en assurer, il faudrait suivre la série du solde budgétaire structurel au sens de l'OCDE. A ma connaissance, une telle série n'est pas actuellement disponible.

3. Les arriérés de paiements domestiques

En plus de la dette extérieure, la dette intérieure. A côté de la dette publique, les dettes privées... Les arriérés domestiques ont dominé la scène russe pendant les années 1990. L'absence d'un droit des affaires digne de ce nom complique toujours le diagnostic : puisqu'il n'existe pas en Russie de règles de paiement contractuellement acceptées par les créanciers et les débiteurs, tout décalage entre la livraison de la marchandise et le règlement devient un arriéré, alors que dans les pays connaissant des crédits interentreprises (délais-clients et délais-fournisseurs) aux règles bien définies, l'arriéré n'apparaît que si le délai contractuel de paiement n'est pas respecté. D'où la difficulté de comparer des statistiques d'arriérés entre la Russie et, par exemple, les pays du G7 car les chiffres ne sont pas directement comparables.

Le phénomène est divers et complexe. Le poids des arriérés domestiques, pas seulement d'ailleurs des dettes interentreprises puisqu'il est également question des arriérés de l'Etat à l'égard de ses fournisseurs, des entreprises vis-à-vis de l'Etat, etc., a débouché sur la constitution d'une liquidité informelle, à côté de celle inscrite dans les agrégats monétaires (liquidité formelle). L'essor du troc (bilatéral, multilatéral...) participe à cette liquidité informelle. Entre ces deux formes de liquidité, il existe des relations qui relèvent tantôt de la complémentarité, tantôt de la substituabilité. Un exemple, parmi d'autres : lorsque l'Etat russe paie ses fournisseurs « grâce à » des arriérés plutôt qu'avec des liquidités obtenues auprès de la Banque Centrale, il y a substitution de liquidité informelle à de la liquidité formelle (les arriérés se gonflent à la place du stock de monnaie). Une conclusion pratique : pour la Banque Centrale, comme pour les analystes en général, la masse monétaire est un piètre indicateur de la situation globale de liquidité et même de la politique monétaire dans une économie où les arriérés domestiques représentent une proportion significative des échanges.

En outre, dans une telle économie, chacun est incité à compenser dans son coin ses créances et ses dettes (« *netting* »). Par exemple, les entreprises ne paient plus leurs dettes fiscales ou sociales, accentuant le déséquilibre des finances publiques et des finances sociales, parce qu'elles ont des créances impayées sur l'Etat. On voit ainsi s'amorcer un jeu non coopératif, destructeur de confiance et d'échanges. Il faut alors tout faire pour endiguer la progression d'une telle matrice d'arriérés croisés de règlements. Deux principales voies sont offertes et la Russie les a, depuis 1992, mises en œuvre alternativement : la titrisation ou la monétisation des arriérés. La monétisation a été employée en 1992, face à la crise systémique des règlements et des échanges, et à certaines occasions depuis. Elle constitue une solution de facilité et remet en cause l'objectif de désinflation. C'est pourquoi, depuis le milieu des années 1990 et sous l'influence des organismes internationaux (FMI, Banque mondiale, Commission européenne, BERD...) et de la BCR, la voie de la titrisation des arriérés domestiques a été privilégiée lorsque les conditions le permettaient. Cette voie, exigeante, bute sur les défis transversaux auxquels est confrontée l'économie russe. Car, pour faciliter l'essor, par exemple, des lettres de change (et d'autres effets de commerce proches) il faut pouvoir compter sur un droit des affaires articulé, sur l'efficacité de l'appareil judiciaire, autrement dit sur les éléments de base d'un Etat de droit.

Le tableau 1 rassemble des informations qui permettent d'évaluer l'importance relative des arriérés domestiques, plus exactement d'une partie d'entre eux (total des arriérés des entreprises : à l'égard des autres entreprises, de leurs salariés, de l'Etat...).

Tableau 1
Poids relatif des arriérés (en fin de période) (en %)

	1995	1996	1997	1998	1999
- par rapport au PIB	15,5	24,0	30,5	46,0	29,8
- par rapport à la masse monétaire M2 (fin de période)	108,2	178,4	202,1	274,5	192,2

N.B. : Le changement de définition de M2 en décembre 1996 limite la portée de certaines comparaisons.

Source : Calculs effectués à partir des données tirées de Russian Economic Trends

Il apparaît que, durant la période 1995-1998, le poids des arriérés en proportion du PIB ou de la masse monétaire a été croissant, et presque multiplié par trois. Le défi posé depuis des années non seulement est loin d'être réglé, mais il s'est accentué au cours des années quatre-vingt-dix. Le recul (relatif) observé en 1999 demandera à être confirmé, d'autant plus que les séries analysées présentent une assez forte volatilité. Une chose est cependant certaine : pas de recul marqué des arriérés domestiques (de toutes sortes) sans croissance forte et durable. Il y a là une condition nécessaire, mais pas suffisante.

4. L'état et la dynamique du système bancaire

Toute politique monétaire est dépendante de l'état du système bancaire et rétroagit sur lui. Car le caractère expansif ou restrictif de l'action de la Banque Centrale a forcément un impact sur la situation des banques, qui, à son tour, détermine, avec d'autres influences, la politique monétaire mise en œuvre.

La fragilité des banques russes est devenue manifeste lors de la crise du marché monétaire interbancaire de l'été 1995, mais surtout après la déflagration d'août 1998. Elle a entraîné une restructuration du système bancaire, avec, selon les cas, une intervention plus ou moins poussée de la BCR. Comme l'indique le tableau 2, le nombre d'établissements de crédit a été significativement réduit, signe de la rationalisation amorcée depuis quelques années. Mais le processus est plus lent que prévu, laissant présager de nouvelles faillites bancaires et de nouvelles opérations de restructuration.

Tableau 2
Evolution du nombre d'établissements de crédit

31/12/95	31/12/96	31/12/97	31/12/98	31/12/99	30/06/00
2295	2029	1697	1476	1349	1331

Sources : BCR

Le ralentissement de la consolidation bancaire est particulièrement net depuis 1998. L'ARKO, l'agence spécialisée dans cette consolidation, doit redoubler d'efforts et de moyens pour accélérer les changements inévitables.

II. Stratégie et tactique de la BCR

1. Les objectifs de la BCR

Comme toute Banque Centrale, la BCR se préoccupe, à titre principal, de la stabilité des prix. La définition concrète de cet objectif varie d'un pays à l'autre, compte tenu des différences dans le fonctionnement et les structures de l'économie. On peut comprendre ainsi pourquoi la Banque Centrale européenne (BCE) a fixé, pour la zone euro, un plafond d'inflation de 2% en rythme annuel (un plafond d'ailleurs dépassé en 2000 sous l'effet de la flambée pétrolière).

Dans le contexte de la Russie, la libéralisation a, à partir de 1992, progressivement rendu son rôle au système de prix. D'où d'énormes ajustements tant sur les prix absolus (il fallait bien « purger » le système de son retard d'inflation après des années de prix complètement administrés) que sur les prix relatifs. On comprend donc que le seuil de tolérance pour la hausse des prix ne peut pas être tout à fait le même, même près de dix ans après le démarrage de la libéralisation, pour la BCR et pour la BCE.

Dans le cas russe, l'expérience récente conduit à distinguer deux périodes : 1/ celles durant lesquelles l'inflation a été de 20 à 25% par mois, un rythme proche de l'hyperinflation sans pour autant partager tous les traits de celle-ci (exemple : l'essentiel des années 1993-1994) ; 2/ celles où l'inflation est demeurée stable (c'est-à-dire non cumulative) à des rythmes proches de 1% par mois (l'année 2000 sera, en principe, légèrement au-dessus de ce chiffre, mais elle relève quand même de cette catégorie).

Au fur et à mesure du développement russe et du retour de la croissance, la BCR devra se fixer des objectifs plus ambitieux, qui convergeront un jour (dans cinq ans ? dans dix ans ?) vers des objectifs de stabilité des prix proches de ceux affichés par les Banques Centrales du G7.

Pour réguler la hausse des prix, la BCR surveille la progression de l'agrégat monétaire le plus large actuellement disponible en Russie, à savoir (M2). Cet agrégat, qui intègre les billets et pièces en circulation, les dépôts à vue et les dépôts à terme des établissements de crédit ayant reçu l'agrément des autorités (une précision apportée en décembre 1996...), est en relation plus ou moins stable avec l'inflation. Sous cet angle là, la demande de monnaie (au sens de M2) n'est pas plus stable en Russie que dans les grands pays industrialisés, même si le rythme de l'innovation financière y est moins intense. Les multiples changements de palier d'inflation dans les années 1990 ont nourri une assez grande instabilité dans les comportements de demande de monnaie. Les équations monétaristes simples, permettant de prévoir l'inflation future à partir de la progression présente et passée du stock de monnaie, ont à peu près fonctionné au début de la libéralisation, durant la période 1992-1995 où la Russie a flirté avec l'hyperinflation. Elles se sont révélées moins solides, et donc moins utiles, par la suite.

L'agrégat (M2) n'est pas le seul objectif intermédiaire de la BCR. Entre 1995 et la crise d'août 1998, la Banque Centrale russe a pratiqué l'ancrage du rouble au dollar (politique du « corridor ») afin de conforter la réduction de l'inflation importée (et donc de l'inflation en général) et de stabiliser les anticipations de prix. Dans ce contexte, le taux de change était à la fois une cible et une contrainte pour la politique monétaire, en même temps que son pilotage partiel par la Banque Centrale (elle fixait le taux pivot du « corridor », mais le point d'équilibre effectif était déterminé par le marché) le rapprochait d'un instrument. La politique du « corridor » a volé en éclat depuis le choc de 1998, et le statut du taux de change dans la conduite de la politique monétaire s'est donc modifié depuis.

2. Les instruments de la BCR

La libéralisation du système devait logiquement s'accompagner d'une libéralisation des politiques mises en œuvre. Pour la politique monétaire, le virage a été pris au milieu des années 1990, avec le passage progressif d'une politique monétaire totalement administrative (dans l'ancienne économie de commandement) à une politique monétaire indirecte reposant sur la régulation par les taux d'intérêt, en passant par l'étape intermédiaire de la politique monétaire directe (encadrement du crédit ou équivalent) pratiquée vers le milieu des années 1990.

La politique monétaire de la Russie est donc de plus en plus immergée dans la culture et les phénomènes de marché. Mais elle conserve du passé une tradition interventionniste et une culture de la sélectivité (utiliser la monnaie et les banques pour promouvoir certains secteurs). Ceci s'illustre par l'initiative récente visant à créer deux banques publiques spécialisées, l'une chargée du développement économique en général, l'autre versée dans le financement de l'agriculture. C'est comme si l'on cherchait à revenir vers les banques spécialisées de l'ancien système et du début de la transition. L'expérience de nombreuses banques de développement dans les pays émergents rend un peu sceptique sur l'intérêt social d'un tel projet.

La BCR cherche à agir sur la masse monétaire et sur l'inflation grâce à trois leviers principaux :

son taux de refinancement,

les réserves obligatoires,

la politique de change (en particulier les dispositifs concernant le contrôle des changes).

Le taux de refinancement de la BCR conditionne largement toute la gamme des taux, pour les crédits comme du côté des dépôts. L'échéance des opérations se concentre sur le court terme, faisant de la courbe des taux (*yield curve*) russe une courbe encore très incomplète. Le graphique 1 rapproche l'évolution du taux de refinancement et l'inflation depuis 1991, montrant le profil voisin de ces deux séries mais aussi le creusement notable des taux réels à court terme à certaines périodes (par exemple, 1994-1997).

Le tableau 3 donne des indications sur l'utilisation des divers instruments tout au long de la période et, par là même, sur le degré de réactivité de la BCR.

Sur les 48 changements de son taux de refinancement par la BCR intervenus entre le 1er janvier 1991 et le 10 juillet 2000, 17 correspondent à des hausses (resserrement monétaire) et 31 à des baisses (politique monétaire plus accommodante). Certains mouvements ont été brutaux (exemple : fin mai-début juin 1998, la BCR abaisse son taux de refinancement d'un seul coup de 150 à 60%). D'autres relèvent plutôt du gradualisme monétaire (exemple de la décrue du taux directeur de la BCR au cours du premier semestre de 1994).

Graphique 1
Taux de refinancement et prix à la consommation

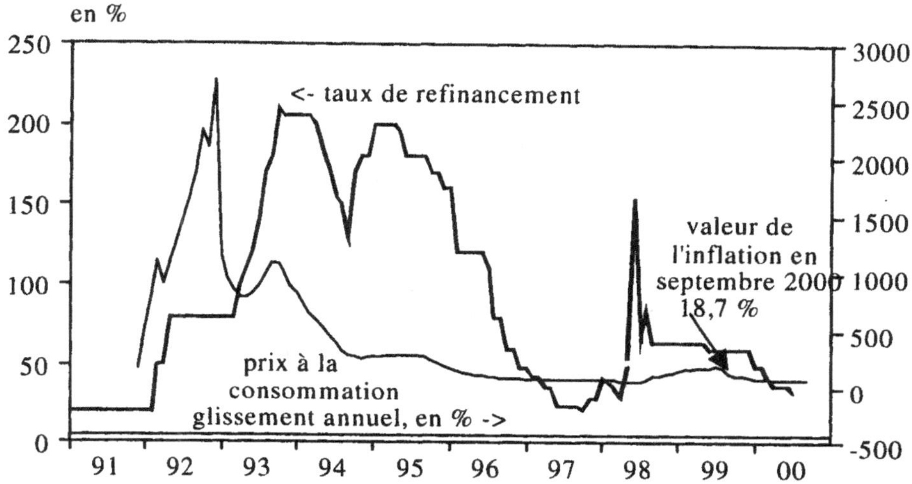

Sources : BCR

Tableau 3
Emploi des différents instruments monétaires (1991-2000)

	1991	1992	1993	1994	1995	1996	1997	1998	1999	2000*
- taux de refinancement	1(0)	2(2)	7(7)	9(2)	5(1)	5(0)	5(1)	9(4)	1(0)	4(0)
- réserves obligatoires (assiette et/ou niveau)	1	3	0	0	2	4	2	4	2	1
- politique de change	2	1	0	0	3	2	1	3	0	0

N.B. : Les chiffres entre parenthèses sur la 1ère ligne représentent le nombre de modifications à la *hausse* pour le taux de refinancement auprès de la BCR

* Jusqu'à la date du 10 juillet 2000.

Sources : BCR

Quoi qu'il en soit, le tableau 3 dégage l'impression d'une Banque Centrale de plus en plus réactive face aux chocs intérieurs ou extérieurs. L'année 1998, avant et après la crise d'août, l'illustre bien. Du point de vue de la BCR, les leviers à sa disposition sont, selon les circonstances, complémentaires ou substituables. A certains moments, le relèvement des réserves obligatoires a pu

« économiser » un peu de relèvement du taux directeur, à d'autres moments, il a fallu pour la BCR compter sur la synergie (la complémentarité) entre eux.

3. Que penser de la politique monétaire russe ?

La politique monétaire est partout confrontée à des défis et à des limites. Dans le cas de la Russie, les traits sont accentués, comme le montre l'exemple des canaux de transmission de la politique monétaire vers l'activité et les prix. Même dans les pays les plus industrialisés, ils sont délicats à identifier, à quantifier et à pondérer. C'est encore plus vrai en Russie : le poids de l'intermédiation financière, par rapport aux financements de marché, ne simplifie pas l'analyse car les crédits servent beaucoup plus à financer des activités et des pratiques spéculatives qu'à développer l'investissement productif. Par ailleurs, le poids spécial de la Sberbank (caisse d'épargne), banque publique qui collecte 70 à 80% des dépôts des particuliers et qui intervient aussi du côté du financement, fait que le canal des taux et le canal du crédit ne jouent pas tout à fait comme dans les pays du G7.

Pour le reste, la politique monétaire a dû prendre en charge presque toute seule la lutte contre l'inflation, face à une politique budgétaire caractérisée jusqu'à une période récente par son laxisme et son inefficacité, et à des politiques structurelles largement défaillantes. D'où, pour le *policy mix*, la combinaison d'une politique monétaire restrictive et d'une politique budgétaire trop accommodante, et d'où des taux réels (calculés, pour simplifier, comme l'écart entre les taux nominaux et l'inflation effective, alors qu'il faudrait partir de l'inflation anticipée, en fait indéterminée) trop élevés à certains moments. Je pense tout spécialement à la période de désinflation (relative !) au milieu des années quatre-vingt-dix, pendant laquelle la BCR a mis du temps à répercuter dans son taux directeur la chute de l'inflation effective, provoquant une flambée des taux réels à des niveaux rarement connus dans le monde. L'investissement productif, déjà mal en point pour de multiples raisons, n'avait pas besoin de cette « louche » supplémentaire. La volonté de lutter contre la « répression financière » (au sens de Mc Kinnon et Shaw) justifie des taux réels positifs, mais pas prohibitifs vis-à-vis de l'investissement, de la croissance et de l'emploi, comme ils ont pu l'être à certains moments en Russie.

Le passage d'un *policy mix* à l'autre devrait faciliter la tâche de la politique monétaire. Car l'amélioration de la situation budgétaire redonne à la BCR quelques marges de manœuvre, et elle a permis et devrait continuer à permettre d'obtenir des taux réels, certes positifs, mais à des niveaux plus compatibles avec la nécessité de combler le retard d'investissement et de croissance.

III. Les autres missions de la BCR

1. La BCR et le système de paiements

A côté des arriérés domestiques, difficiles à endiguer et à résorber, la BCR a su assez vite après 1992 améliorer les mécanismes de paiement et de compensation interbancaire. En 1992, il fallait plus de six semaines pour effectuer un règlement de Moscou à Vladivostok (ou réciproquement). Assez vite lors de la transition vers le marché, ce délai est tombé à deux-trois semaines, et même moins. La BCR a pris des dispositions techniques (meilleur fonctionnement des centres régionaux de compensation,...) et réglementaires pour réduire les délais de règlement et le « float » (jours de valeur) pratiqué par les banques en Russie. On imagine les intérêts et les résistances que la Banque Centrale a dû surmonter et on ne peut que saluer le courage des dirigeants de la BCR directement concernés, en particulier Madame Paramonova, en charge du dossier à différents moments depuis 1992.

2. La BCR, la supervision bancaire et le contrôle prudentiel

La politique monétaire et le contrôle prudentiel ont des objectifs et des moyens distincts. Mais il ne faut pas nier une certaine interdépendance entre l'une et l'autre. Cette interdépendance est à la fois institutionnelle (la même autorité est souvent chargée des deux missions, comme c'est le cas de la BCR) et fonctionnelle (la politique monétaire a un impact sur la situation des banques, et inversement).

Depuis le crise du marché monétaire interbancaire de 1995, la BCR a resserré les exigences prudentielles. Les normes internationales (de solvabilité, de division des risques...) ont progressivement été incorporées au droit positif russe, et l'entrée récente de la Russie à la BRI (Banque des règlements internationaux) devrait accélérer la convergence réglementaire et l'alignement sur les standards internationaux. Mais il ne suffit pas de faire l'*aggiornamento* de sa réglementation bancaire et financière. Encore faut-il en assurer l'effectivité. Il y a encore, en Russie, trop d'exceptions tolérées aux réglementations, trop d'écart entre celles-ci et la réalité sur le terrain. Une des leçons à tirer du choc de 1998 et de la détresse bancaire qui en a découlé est qu'il est indispensable, pour des raisons d'efficience économique, de stabilité financière et de crédibilité globale, d'appliquer avec rigueur l'ensemble des réglementations adoptées.

3. La BCR et la fonction de « prêteur en dernier ressort »

La BCR a déjà eu l'occasion, surtout lors des crises d'août 1995 et d'août 1998, d'intervenir comme prêteur en dernier ressort afin de contenir le risque systémique. Les autorités russes ont d'ailleurs eu raison de séparer la fonction de prêteur en dernier ressort exercée à titre principal par la Banque Centrale, de celle d' «investisseur de dernier ressort » remplie par l'ARKO, l'agence de restructuration bancaire, c'est-à-dire en définitive l'Etat. Comme l'avaient fait avant elle les agences équivalentes créées aux Etats-Unis (la RTC du début des années 1990), au Japon, etc., l'ARKO a pour mission d'effectuer le « toilettage » d'établissements en difficulté, avant de les rendre au marché.

Cette distinction entre prêteur et investisseur de dernier ressort étant faite, la BCE a-t-elle aujourd'hui les moyens d'exercer correctement le rôle de prêteur en dernier ressort ? Face à des risques potentiellement ou effectivement systémiques, elle doit et devra encore plus surmonter les défis habituels : ne pas donner de certitude sur le principe même de son intervention (afin de limiter l'aléa moral) ; savoir au contraire manier avec doigté « l'ambiguïté constructive » ; appliquer avec discernement le principe « too big to fail » qui crée inévitablement des distorsions de concurrence entre les petites et les grandes banques. En outre, pour éviter des conflits aigus entre l'objectif de stabilité monétaire et la nécessaire stabilité financière, la BCR devra moduler et diversifier ses instruments d'intervention pour « stériliser », en cas de besoin, les conséquences monétaires de ses initiatives comme prêteur en dernier ressort.

La politique monétaire russe a, comme l'économie russe, parcouru un chemin impressionnant depuis dix ans. Il lui reste, en liaison avec l'essor incontournable des marchés de capitaux et l'ouverture sur le monde, à ancrer dans ce pays une « culture de stabilité » et à renforcer les moyens de la faire prévaloir.

13

Dix ans de stabilisation en Russie

François Benaroya

> « *L'Etat soviétique baisse les prix à la mesure de la baisse du coût résultant du gain de productivité... Les capitalistes utilisent la dépréciation de la monnaie (l'inflation) pour piller les masses populaires* »
> (A. V. Batchourine, 1953, p.15)

Lorsque le 28 octobre 1991, Boris Eltsine annonce son programme économique, deux mois avant que Mikhail Gorbatchev n'entérine la dissolution de l'Union Soviétique, la stabilisation[1] figure déjà parmi les priorités de la Russie.

L'inflation n'est plus en effet l'apanage des seuls pays capitalistes que décrivait l'idéologie soviétique. L'URSS a, depuis deux ans, perdu presque tout contrôle sur la politique monétaire et budgétaire. La sécession fiscale des autres Républiques a creusé le déficit public de l'URSS à plus de 20% du PIB. Entre le financement de ce déficit, les crédits effectués de façon automatique aux autres Républiques, le développement anarchique des crédits des premières banques commerciales et, déjà, les crédits consentis pour couvrir les dettes qui se sont multipliées entre entreprises, la masse monétaire a plus que doublé en un an. La hausse administrative des prix à la consommation, décidée quelques mois plus tôt afin de suivre la création monétaire, n'a pas réussi à mettre un terme aux pénuries qui se généralisent, tout en portant l'inflation à plus de 200% (de

[1] La stabilisation est habituellement définie comme le passage durable d'une économie d'un régime de forte inflation à une inflation modérée (inférieure à 20-30% par an par exemple).

décembre 1990 à décembre 1991) – alors que les prix ne sont pas encore libéralisés. La Russie est déjà confrontée à des déséquilibres macroéconomiques majeurs, plus graves que ceux enregistrés dans d'autres pays en début de transition, avant même d'entamer un processus de réforme qui ne peut, à court terme, que les accentuer. Une stabilisation rapide est escomptée ; elle mettra en fait, de faux espoirs en rechutes, près d'une décennie.

Le parcours chaotique de la stabilisation en Russie est au cœur du désenchantement de ce pays dans son parcours vers l'économie de marché. Pourquoi ce parcours a-t-il été si long ? C'est que nous essaierons de cerner, en esquissant quelques enseignements, après avoir rappelé brièvement les jalons principaux de cette décennie.

I. CHRONOLOGIE DE LA STABILISATION

Le profil de l'inflation en Russie depuis 1992 peut apparaître comme particulièrement heurté (cf. graphique 1). Il peut être divisé par commodité en quatre périodes principales :

- Le choc de la libéralisation des prix provoque début 1992 un pic d'inflation (245% pour le seul mois de janvier), suivi d'une décroissance de l'inflation mensuelle à près de 10% dans un contexte de rigueur monétaire.

- Dans un contexte de forte croissance des crédits de la Banque Centrale et de tentatives longtemps infructueuses de maîtrise de ses trois canaux (les crédits à la zone rouble[2] ; les crédits à l'économie ; et ceux au gouvernement), l'inflation reste forte et extrêmement volatile de mi-1992 à fin 1994.

- La période suivante (1995 - août 1998) est celle de la première stabilisation, mais une stabilisation déséquilibrée, obtenue par la substitution de la dette au financement monétaire du déficit, sans réduction significative de celui-ci (cf. tableau 1), et par l'ancrage nominal du change, qui permet de dompter les anticipations inflationnistes. Cette combinaison précaire aboutit notamment à la brutale dévaluation du rouble.

- La dernière période (août 1998 - 2000) s'ouvre alors avec un ressaut d'inflation, rapidement jugulé grâce à une politique monétaire et budgétaire relativement restrictive.

Chacune de ces périodes peut être sommairement développée.

---

[2] c'est-à-dire aux Etats issus de l'ex-URSS qui ont utilisé les roubles jusqu'à la création de leurs propres monnaies.

Graphique 1
Inflation (prix à la consommation) en % par mois

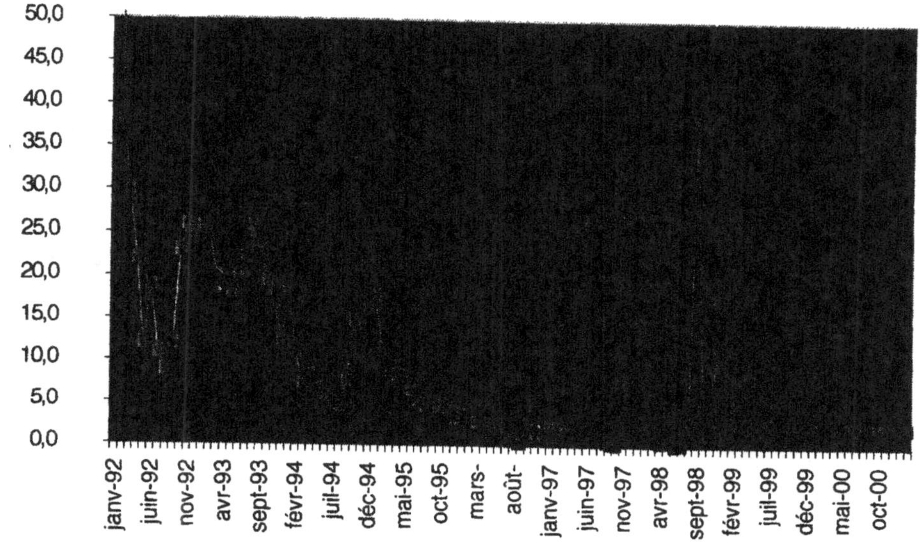

Tableau 1
Le budget fédéral russe, selon la définition du FMI (% PIB)

	Solde	Recettes	Dépenses
1992	- 29,4	17,7	47,2
1993	- 15,6	15,9	31,5
1994	- 10,6	15,2	25,8
1995	- 5,4	12,7	18,1
1996	- 7,9	11,5	19,4
1997	- 7,0	12,0	19,0
1998	- 5,0	10,2	15,2
1999	- 1,6	13,2	14,8
2000	2,5	16,2	13,7

Sources : IET (1997), BEA, RET[3]

[3] Les données pour 1992 sont sujettes à de grandes variations suivant les auteurs, en raison de l'inclusion dans le déficit du quasi déficit considérable de la Banque Centrale et des crédits

1. La stabilisation avortée (janvier - juin 1992)

Les espoirs d'une stabilisation rapide en Russie n'ont pas duré un semestre. La libéralisation (partielle) des prix opérée le 2 janvier 1992 permet certes de regarnir, pour l'essentiel, les étals et de dégonfler le surplomb monétaire (accumulation d'épargne résultant de l'impossibilité d'acheter). Après le pic du premier mois, l'inflation mensuelle revient en outre à des niveaux plus raisonnables, tandis que le taux de change du rouble est bientôt unifié.

Tableau 2
Les crédits de la Banque Centrale en 1992, par bénéficiaire (% PIB)

Total	40
Budget	8
Entreprises	22
Via le secteur bancaire	16
Via le Ministère des Finances	6
Autres républiques de la CEI	10

Source : Fischer (1994)

Mais le gouvernement d'Egor Gaïdar a sans doute sous-estimé les difficultés de la transition : la mise en place de la TVA s'avère laborieuse ; les entreprises publiques – en dépit de la surtaxe sur les hauts salaires mise en place sur le modèle polonais – augmentent les salaires et multiplient les arriérés de paiement, au lieu de se plier à la contrainte financière ; devant l'irréalisme des objectifs budgétaires et monétaires, les demandes de crédit des lobbies industriels et agricoles, ainsi que celles des autres Etats de la zone rouble, s'accumulent. Le soutien international tarde à se matérialiser autrement que par des crédits d'aide alimentaire fort coûteux, représentant plus de 12% du PIB (Fischer, 1994). La politique monétaire est progressivement relâchée, en particulier après la nomination à la tête de la Banque Centrale d'un nouveau gouverneur, Viktor Guerachenko, par le Soviet Suprême. L'institut d'émission accorde finalement plus de 6000 milliards de roubles, soit 40% du PIB, de

alimentaires occidentaux non budgétés dans la comptabilité russe. Il s'agit ainsi du budget de la seule Fédération ; le budget consolidé (y.c. régions et fonds extra budgétaires) a connu des recettes environ deux fois supérieures et un déficit similaire.

crédits divers avec des taux de refinancement réels très négatifs (tableau 2). L'inflation mensuelle dépasse 25% en décembre de cette même année.

2. Le tâtonnement vers la stabilisation : juillet 1992 - 1994

Les deux années suivantes connaissent une politique budgétaire et monétaire inconstante, où l'économie russe côtoie l'hyperinflation sans jamais y sombrer. La saisonnalité de l'inflation – déclin au premier semestre et reprise au second – est très marquée pendant cette période, pour des raisons objectives (nécessité de fournir des crédits au printemps pour financer les récoltes et l'approvisionnement des territoires de l'extrême nord), mais surtout des motifs de cycle politique infra annuel (IET, 1998, p. 181), alternant fermes résolutions de début d'année et relâchement ultérieur. L'arrivée de V. Tchernomyrdine à la tête du gouvernement en décembre 1992 s'accompagne ainsi d'une annonce de resserrement de la politique macroéconomique et d'un arrêt des crédits à la zone rouble, qui font espérer une stabilisation prochaine (Fischer, 1994). Mais les cadeaux consentis par le nouveau premier ministre au lobby énergétique dont il est issu, et surtout le conflit entre les branches exécutives et législatives (référendum sur la politique économique d'avril 1993, coup de force présidentiel d'août 1993, référendum sur la nouvelle constitution de décembre 1993) ne sont guère propices à la rigueur. L'inflation rejoint à nouveau 25% par mois en août 1993 après quelques mois de décrue.

Les nouvelles institutions qui émergent fin 1993 (Constitution renforçant l'exécutif et l'indépendance de la Banque Centrale) paraissent plus nettement favorables à la stabilisation. Le taux de refinancement devient positif en termes réels (cf. graphique 2). L'inflation passe, pour la première fois, pendant plusieurs mois, sous la barre des 10% mensuels et la dépréciation du rouble se ralentit. La politique de « rigueur modérée » de V. Tchernomyrdine montre toutefois bientôt ses limites : l'émission monétaire effectuée dans le courant de l'année 1994 pour financer le déficit budgétaire conduit à une intensification des pressions sur la parité ; les réserves presque épuisées, le rouble perd 27% de sa valeur le « mardi noir » 11 octobre 1994. Les têtes tombent aussitôt à la Banque Centrale et au Ministère des Finances. Mais le tournant de la stabilisation, qui se préparait depuis quelques mois dans les coulisses du Ministère des Finances (Alexachenko, 1999), trouve enfin un appui politique.

Graphique 2
Hausse des prix à la consommation et taux de refinancement (% par mois)

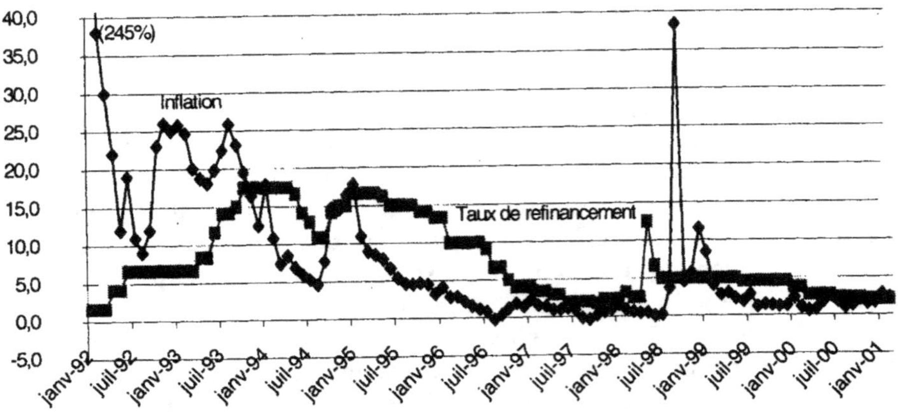

3. La stabilisation déséquilibrée : 1995 - août 1998

La politique de stabilisation menée à partir de cette date comprend trois éléments :

- l'arrêt des crédits Banque Centrale au gouvernement et leur substitution par de la dette, interne (GKO notamment), puis externe (crédits FMI ; euro-obligations) ;

- la restriction du crédit au secteur privé par des taux de refinancement durablement positifs en termes réels et l'alternative offerte par les titres publics (Barbé et Zlotowski, 1995) ;

- et enfin, à partir de l'été 1995, l'ancrage nominal du taux de change (cf. graphique 3). Le resserrement monétaire a entraîné en effet une amorce de dé-dollarisation, qui restaure les réserves à partir de janvier et provoque même une appréciation nominale du rouble. Devant le risque de surévaluation est instaurée le 5 juillet une bande de fluctuation du rouble, qui sera par la suite reconduite, puis aménagée (corridor incliné, bande plus large, ...)[4].

---

[4] De 4 300 à 4 900 roubles pour un dollar jusqu'à fin 95, puis de 4 550 à 5 150 roubles pour un dollar jusqu'à mi-96. Le « corridor » est ensuite incliné, pour accompagner la dépréciation de la monnaie, jusqu'au 1er janvier 1998, où à l'occasion de la re-dénomination du rouble (un nouveau

Graphique 3
Taux de change nominal en roubles par dollar (échelle log.)

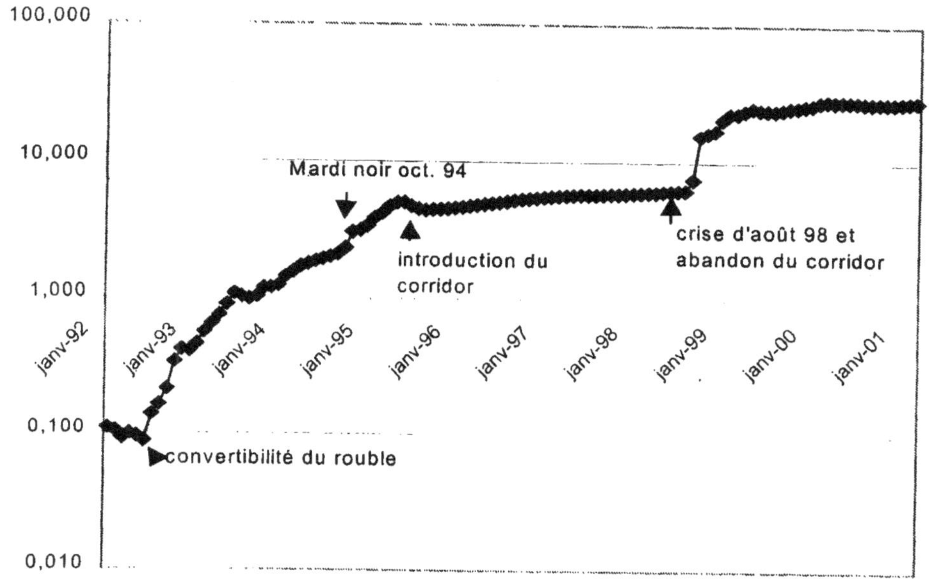

Les autorités russes sont désormais appuyées par le FMI, sous la forme d'un crédit stand-by, puis d'une facilité élargie.

La stabilisation porte ses fruits, mais n'est pas accompagnée de l'assainissement budgétaire nécessaire pour la rendre durable. La dette interne n'est en effet pas soutenable, sauf à réunir trois conditions, qui ne pourront pas l'être durablement : une croissance positive, des taux d'intérêt bas, et un équilibre du solde budgétaire primaire. L'espoir d'une croissance qui réapparaîtrait mécaniquement après deux ans de stabilisation, comme cela a été observé dans d'autres pays en transition (Fischer, Sahay et Vegh, 1996), est déçu en 1996 et 1997[5]. Les taux d'intérêt atteignent des niveaux critiques, d'abord en 1996, en raison des incertitudes sur l'issue du scrutin présidentiel, puis après la contagion de la crise asiatique en octobre 1997. L'érosion continue des recettes publiques (cf. tableau 1) et les privatisations de grandes entreprises

rouble pour 1 000 anciens), une bande à nouveau horizontale mais très large est instaurée : 6,2 roubles pour un dollar ± 15%.

[5] Les prévisions de croissance (prévisions russes ou internationales) ont été systématiquement surestimées jusqu'en 1998 (Meunier, 1998). Elles ont été par la suite systématiquement sous-estimées… quand la Russie n'était plus sous programme FMI (Benaroya, 2000).

opérées dans des conditions opaques ne permettent pas de réduire significativement le déficit.

Graphique 4
Taux de change réel et réserves (or inclus)

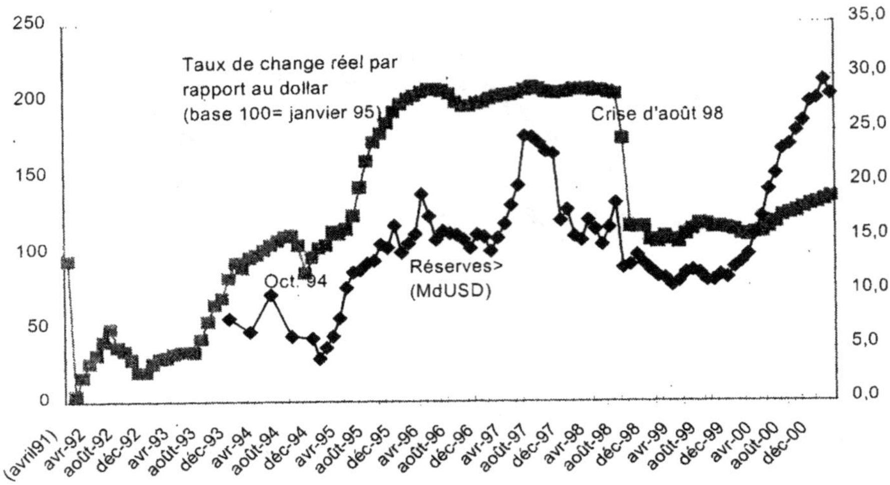

Deux autres facteurs de fragilité aggravent la vulnérabilité budgétaire :

- l'ancrage nominal a conduit probablement, du fait de l'inertie de l'inflation, à une certaine surévaluation du taux de change réel (cf. graphique 4) ; le régime de change est alors menacé dans un contexte de chocs externes multiples (retraits des capitaux volatils, baisse du prix du pétrole).

- le secteur bancaire a connu une première crise en août 1995, rapidement maîtrisée par la Banque Centrale, avec la fin des profits faciles de l'inflation ; il est bien plus profondément affecté, début 1998, par la fin des profits faciles sur le marché des titres et des changes.

Sur fond de tensions politiques, ce sont en fait trois crises financières simultanées – crise de la dette, crise de change et crise bancaire – qui se renforcent (Benaroya, 2000), mettent en échec, de par leur caractère inextricable, l'aide internationale apportée en juillet et conduisent, le 17 août 1998, à l'annonce de trois mesures exceptionnelles : un moratoire sur les paiements extérieurs privés, le défaut sur les GKO et la dévaluation du rouble, qui n'est plus maîtrisée au bout de quelques jours.

4. La stabilisation inespérée : septembre 1998 - 2000

La dévaluation brutale du rouble provoque aussitôt un regain d'inflation. Les craintes d'un basculement dans l'hyperinflation et d'un effondrement de l'économie, suscitées par les nouvelles équipes au gouvernement (E. Primakov) et à la Banque Centrale (retour de V. Guerachenko) sont toutefois démenties. La politique macroéconomique reste relativement rigoureuse : le gouverneur de la Banque Centrale hésite mais – tirant sans doute les leçons de la période 1992-1994 – ne procède pas à de fortes émissions monétaires ; l'impossibilité de tout emprunt contraint le budget à une rigueur sans précédent. La dévaluation n'est, dès lors, pas suivie d'une inflation de même ampleur. Le gain de compétitivité ainsi permis et le rebond des prix du pétrole favorisent la reprise de l'économie en 1999 et en 2000, ainsi que l'accroissement de la ressource fiscale.

Une nouvelle phase de stabilisation s'ouvre ainsi, mais une phase qui peut paraître plus durable, car elle s'appuie sur un meilleur équilibre budgétaire et sur un horizon politique plus dégagé, avec l'arrivée au pouvoir de Vladimir Poutine.

II. Les enseignements de la stabilisation russe

Pourquoi la stabilisation a-t-elle été si laborieuse en Russie ? La réponse peut tenir en deux phrases : essentiellement parce que l'émission monétaire n'a pas pu être contrôlée jusqu'en 1994 ; et parce que de 1995 à 1998, la politique budgétaire est restée incohérente avec une politique monétaire devenue stricte. Mais au-delà des faits, comment expliquer que de telles politiques aient été menées ? Les politiques de stabilisation menées n'ont pas toujours eu un caractère tranché, ce qui autorise de multiples interprétations. Sept enseignements, reprenant sept débats qui ont marqué la stabilisation russe, peuvent toutefois être dégagés : trois concernent le cadre général des réformes ; trois autres, les trois principaux bénéficiaires de la création monétaire sur la période ; le dernier porte sur le bien-fondé des programmes de stabilisation sous l'égide du FMI.

1. Vitesse et séquence des réformes

« What makes reform so hard is that the macro mess cannot be separated from the micro mess », The Economist, Perestroika Survey, 28 avril 1990

La première interprétation de l'échec d'une éventuelle stabilisation précoce, qui serait intervenue dès 1992, a trait à la question de la vitesse et de la séquence des réformes.

Cette question a occupé une place majeure, peut-être même excessive, dans la réflexion économique sur la transition (Wyplosz, 1999). Au moment de l'éclatement de l'URSS, la recommandation dominante (Fischer et Gelb, 1991 ; Lipton et Sachs, 1990) était de progresser simultanément, et le plus vite possible, sur cinq fronts : la stabilisation macroéconomique, avec un budget proche de l'équilibre et un contrôle étroit du crédit ; la libéralisation du prix de la plupart des biens ; la convertibilité des opérations de la balance courante ; les privatisations et la création d'un « filet social ». Cette thérapie de choc était préférable, du fait de la complémentarité des réformes et de la fenêtre d'opportunité politique qu'il convenait d'exploiter pour rendre la transition irréversible. S'il était recommandé de tout faire conjointement, des séquences se dégageaient cependant pour des raisons pratiques ; il pouvait notamment apparaître souhaitable de procéder à une stabilisation macroéconomique juste *avant* de libéraliser les prix, afin de ne pas risquer de sombrer dans l'hyperinflation.

Les partisans d'une approche gradualiste, par contraste, mettaient davantage l'accent sur l'ordre avec lequel les réformes devaient être opérées ; ils soulignaient l'existence de coûts d'ajustement, qui conduiraient à l'échec toute tentative de changement trop abrupt, en sapant la crédibilité des réformes (Dewatripont et Roland, 1992).

L'expérience des pays en transition a montré le caractère quelque peu artificiel de ce débat (Wyplosz, 1999). De fait, avec un gouvernement qui a longtemps été partagé entre les deux approches, le cas russe combine des éléments de thérapie de choc (libéralisation de prix et convertibilité en 1992) et de gradualisme (réformes entamées bien avant 1992 ; stabilisation macroéconomique et privatisations s'étalant sur plusieurs années), ce qui permet aux partisans des deux écoles d'en tirer des arguments à leur avantage.

L'exemple de la stabilisation avortée de 1992 témoigne en outre de la difficulté d'appliquer les recommandations théoriques. Les dernières années du régime soviétique perdues en tergiversations sur la bonne stratégie, un choix singulièrement réduit revenait, fin 1991, aux autorités russes. Entre le risque d'une libéralisation des prix non maîtrisée et le maintien du contrôle des prix qui, du fait de l'inflation cachée, perpétuerait les pénuries, les autorités russes optaient pour le premier choix : libéraliser les prix avant de stabiliser (Fischer, 1992). On a vu combien la maîtrise des prix s'est avérée difficile en fin de compte.

2. Stabilisation et contexte politique

Une explication plus immédiate de l'opiniâtreté de l'inflation est que le climat politique n'a pas permis, pendant de longues années, d'entreprendre la stabilisation. Il est bien connu (Cukierman et alii, 1996) que l'instabilité politique est un facteur qui tend à retarder les réformes fiscales et à privilégier la planche à billets pour financer le déficit public.

A la différence de nombreux pays d'Europe centrale et orientale, il n'y a pas eu de période longue pendant laquelle l'exécutif russe a pu s'appuyer sur les organes législatifs pour mettre en œuvre rapidement des réformes. Le conflit entre le Président Eltsine et un Parlement à majorité communiste (Soviet Suprême jusqu'en 1993, Douma ensuite) a été quasi permanent, en se durcissant avant chaque échéance électorale[6]. Il a abouti à un compromis autour d'un déficit public fort, financé par la Banque Centrale d'abord, puis par la dette.

Les échéances électorales ont également été source de tensions, notamment l'élection présidentielle de 1996 : alors que le candidat communiste, qui a longtemps fait figure de vainqueur potentiel, appelait à boycotter l'impôt, un défaut de l'Etat sur le marché naissant des GKO a failli se produire, en raison des taux d'intérêt astronomiques alors atteints (Alexachenko, 1999).

L'instabilité ministérielle a enfin été constante (cf. tableau 3), ce qui a contribué à paralyser l'action de l'Etat, notamment avant la crise de 1998 (Alexachenko, 1999). Ainsi, aucun individu n'a pu mener à bien la stabilisation au point de l'incarner à lui seul, comme Salinas au Mexique ou Balcerowicz en Pologne (Sachs, 1993).

Il n'y a eu, de fait, que deux « fenêtres d'opportunité » politique jusqu'en 1999 : la première , de fin 1991 à mi-1992 ; la seconde, de fin 1996 à mi-1997 (IET, 1998). Ces périodes n'ont pas pu être mises à profit pour ancrer la stabilisation.

---

[6] Le Soviet Suprême adopte ainsi en juillet 1993 un budget au déficit de 22,6% du PIB !

Tableau 3
L'instabilité des postes-clés de la stabilisation
(titulaires avec leurs dates de nomination)

Année	Premier Ministre	Ministre des Finances	Gouverneur de la Banque Centrale
1992	E. Gaïdar (p.i)	19/2 E. Gaïdar	G. Matioukhine
	14/12 V. Tchernomyrdine	2/4 V. Bartchouk	6/92 V. Guerachenko
1993		25/3. B. Fiodorov	V. Guerachenko
1994		26/1 - 12/10 S. Doubinine (p.i)	
		4/11/94 V. Panskov	13/10/94 T. Paramonova (p.i)
	V. Tchernomyrdine		
1995			11/95 S. Doubinine
1996		14/8/96 A. Livshits	
1997		17/3 A. Tchoubaïs	
		20/11 M. Zadornov	
1998	24/3 S. Kirienko		
	11/9 E. Primakov		9/98 V. Guerachenko
1999	V. Stepachine		
	V. Poutine	5/99 M. Kassianov	
2000	17/5 M. Kassianov	A. Koudrine	

p.i = par intérim

3. Stabilisation et cadre institutionnel

Au-delà des rivalités politiques, les institutions russes elles-mêmes étaient-elles capables de servir de cadre approprié à une politique de stabilisation dès 1992 ? On peut en douter, à en juger par le fonctionnement des institutions essentielles de toute stabilisation que sont la Banque Centrale et le Ministère des Finances.

Le fonctionnement du Ministère des Finances était, en 1992, largement imprégné de l'Union soviétique : ses structures, rompues à un travail de pure comptabilité et avant tout destinées à financer l'économie[7], paraissaient peu adaptées pour réduire de façon efficace les dépenses budgétaires et ont commencé, dès le premier trimestre 1992, à les réguler par des reports de dépenses ; les procédures budgétaires étaient défaillantes, tant au sein des administrations qu'au Soviet Suprême, qui contournait la récente obligation légale de gager de nouvelles dépenses par de nouvelles recettes, en ayant recours à des recettes fictives. L'absence de Trésor public était enfin dénoncée dès l'origine comme un handicap majeur : les banques commerciales géraient à leur plus grand profit les comptes des administrations et retardaient à dessein les versements d'impôts qui transitaient par leurs réseaux (Benaroya et Skreikes, 1992). A partir de fin 1992, les comptes de l'Etat ont été centralisés à la Banque Centrale, mais la collecte fiscale a continué de pouvoir transiter par les banques commerciales : aussi, peu avant la crise d'août 1998, les détournements opérés par certains établissements proches de la faillite sont devenus une des causes de l'exacerbation de la crise budgétaire (Benaroya, 2000).

Pour ce qui est de la Banque Centrale, son assujettissement à des règles, et en particulier son indépendance, sont souvent reconnus comme un facteur déterminant de maîtrise de l'inflation (Cukierman, 1992). La Banque de Russie est demeurée, de 1990 jusqu'à la constitution de fin 1993 et la nouvelle loi sur la Banque Centrale, indépendante de l'exécutif mais soumise au Soviet Suprême. Il serait caricatural toutefois de voir dans l'injection massive de liquidités par la Banque Centrale la résultante de la seule pression du Parlement communiste. Les crédits à l'économie étaient, à partir d'avril 1992, déterminés par une commission interdépartementale, formée de représentants de la Banque comme des plus importants Ministères ; et le Président venait lui-même parfois exiger l'allocation de certains crédits à certains secteurs, comme l'énergie (Benaroya et Skreikes, 1992). Par le biais des crédits à l'économie de la Banque Centrale, le gouvernement a trouvé, à bon compte, une façon de satisfaire les demandes des entreprises, tout en n'aggravant pas optiquement le déficit budgétaire dans la comptabilité russe.

La Banque Centrale a gagné grandement en indépendance avec la nouvelle constitution de 1993[8], puis l'arrêt officiel des crédits au gouvernement

---

[7] En 1992, le Ministère des Finances était presque entièrement féminisé dans les niveaux de responsabilité inférieurs, du fait de la prédominance des métiers de comptabilité et de l'image particulière de ces métiers en Union Soviétique. Cette même année, 7 des 17 départements du Ministère étaient destinés à financer des secteurs particuliers de l'économie (Benaroya et Skreikes, 1992), alors qu'en 2000, un seul des 21 départements était dévolu au financement de secteurs.

[8] Article 75. La Douma nomme en particulier le gouverneur de la Banque Centrale, sur proposition du Président. En pratique, seule une coalition des pouvoirs législatif et exécutif peut forcer la main de la Banque.

et la nomination de S. Doubinine à sa tête en 1995. L'institut est resté certes influençable dans les moments critiques : à deux occasions au moins, en juin 1996 (avant les élections présidentielles) et en juin-juillet 1998 (avant la crise), le Ministère des Finances a contraint la Banque Centrale à lui octroyer d'importants financements, la première fois par un vote éclair de la Douma aussitôt ratifié par le Président, et la seconde, après d'épiques joutes souterraines (Alexachenko, 1999). Mais après août 1998, la Douma n'a pas osé, en dépit de ses récriminations et des difficultés aiguës provoquées par la crise, voter une loi qui contraindrait la Banque Centrale à pratiquer des émissions massives, afin de ne pas prendre la responsabilité d'un nouveau basculement dans l'inflation.

4. La zone rouble : stabilisation et coordination internationale

Mais pourquoi la Banque Centrale a-t-elle fait l'objet de sollicitations ? Après avoir examiné les soubassements politiques et institutionnels généraux de l'échec de la stabilisation, il est nécessaire de passer en revue les bénéficiaires de la forte émission monétaire des premières années de la transition et, tout d'abord, le cas de la zone rouble.

L'acte fondateur de la Communauté des Etats indépendants fin 1991 prévoyait le maintien du rouble comme monnaie unique des Etats successeurs de l'URSS. Il a fallu quelques mois pour percevoir les limites évidentes du système (Sachs, 1993 ; Benaroya et Skreikes, 1992) : quinze Banques Centrales émettant de façon non coordonnée des roubles pour leurs Etats et leurs banques commerciales ; quatorze trouvant ainsi le moyen de financer gratuitement leurs importations en provenance de Russie ; et une seule, la Banque de Russie, ayant un quelconque intérêt à maintenir une certaine discipline. Les crédits à la zone rouble ont représenté 10% du PIB russe en 1992 et auraient été ainsi à l'origine de près d'un quart de l'inflation en Russie.

Soucieux d'éviter un effondrement des échanges inter-républiques, qui serait dommageable tout particulièrement aux partenaires de la Russie, la Communauté Européenne et le FMI ont longtemps demandé le maintien de la zone rouble. Le FMI a ainsi, en 1992, lié explicitement un accord *stand-by* à la mise en place d'une politique monétaire coordonnée au sein de la CEI.

Les autorités russes elles-mêmes, et tout particulièrement V. Tchernomyrdine et V. Guerachenko, ont plaidé jusqu'en 1994 pour le maintien de crédits à la zone rouble, parce qu'elles y voyaient un moyen de soutenir les exportations russes et un moyen de pression à l'égard des autres Républiques[9]. Mais tout durcissement des conditions d'octroi des crédits ne faisait qu'inciter les autres Etats à prendre leur souveraineté monétaire.

Dans ce contexte, la mort de la zone rouble a été lente et désordonnée. Les Républiques de la CEI ont progressivement institué leur propre monnaie (en parallèle ou en lieu et place du rouble soviétique), Ukraine et Pays Baltes en tête, Belarus et pays d'Asie centrale en derniers. La Russie a cherché progressivement à mieux contrôler ses émissions[10] jusqu'à les réduire à néant. De 10% du PIB en 1992, le montant des crédits à la zone rouble est tombé à 0,3% du PIB en 1993 et à 0,1% du PIB en 1994 (RET, 1999)[11].

5. Les crédits à l'économie : stabilisation et restructuration microéconomique

« A la différence de la circulation monétaire chaotique du capitalisme, la circulation monétaire en URSS est planifiée et régulée par l'Etat soviétique. La régulation planifiée de la circulation monétaire stimule l'accélération de la circulation des biens, facilite leur apport au consommateur » (A. Batchourine, 1953, p. 13)

Les crédits aux entreprises ont représenté plus de la moitié des émissions monétaires en 1992 et ont fait l'objet d'un débat – tant académique que politique – bien plus complexe.

Si la contrainte financière a toujours été secondaire pour les entreprises soviétiques, celle-ci s'était encore relâchée avec la perestroika, avec le développement de l'emprunt auprès des banques (publiques puis privées) et le recours aux dettes entre entreprises, que la banque d'Etat, la Gosbank, avait été obligée à plusieurs reprises d'apurer.

---

[9] Cf. par exemple le Courrier financier de Moscou, n° 99, 3 novembre 1993.

[10] 1er juillet 1992, fin du refinancement automatique de la zone rouble, par la mise en place d'un système d'avances, dits crédits techniques ; annonce en mai 1993 du transit de tous les crédits par le budget fédéral ; en juillet 1993, séparation monétaire de facto par le retrait des roubles de l'époque soviétique ; accord multilatéral de septembre 1993 avec les 6 pays restant alors dans la zone rouble, qui se révèle bientôt caduc.

[11] La Russie a continué par la suite à subventionner certains Etats de la CEI, mais par des moyens budgétaires indirects (partage inégal des recettes de l'union douanière, impayés sur livraisons énergétiques) et plus limités.

C'est dans ce contexte que la libéralisation des prix est intervenue en 1992. L'inflation a laminé le fonds de roulement des entreprises : on estime le prélèvement sur les entreprises résultant de la taxe inflationniste à près de 10% du PIB en 1992 (Sachs, 1993). La Banque Centrale a tout d'abord escompté plafonner sévèrement les refinancements des banques, par un objectif de hausse de 15% au 1er trimestre. Mais à défaut de contrainte externe[12], la réaction naturelle des entreprises a été de multiplier les impayés à l'égard de leurs fournisseurs[13], ainsi qu'à l'égard de l'Etat, vu le faible niveau des pénalités encourues ; et, comme par le passé, de demander des crédits aux autorités.

La Banque Centrale s'est ainsi vu obligée, à partir de mi-février, d'accorder au cas par cas des crédits de plus en plus importants aux banques et aux différents secteurs d'activité (agriculture, industrie, énergie), puis, à partir de mai, à la couverture des dettes interentreprises (Benaroya et Skreikes, 1992). La nomination à la tête de la Banque de Russie de V. Guerachenko consacre enfin l'accroissement des volumes de crédit, que le nouveau gouverneur et certains membres du gouvernement justifient de la sorte : la masse monétaire doit suivre l'inflation ; l'absence de crédit est à l'origine de l'arrêt des investissements, de la chute de la production et des impayés ; l'inflation est provoquée par la faiblesse de la production et non par l'émission monétaire ; ou, du moins, la stabilisation doit être plus graduelle, afin de permettre une restructuration de l'appareil industriel.

Sur l'ensemble de l'année, l'émission monétaire destinée aux entreprises a fait finalement plus que compenser la taxe inflationniste, mais avec une redistribution arbitraire, qui a favorisée les lobbies les plus influents et « l'ancienne économie », au détriment des entreprises privées de création récente, … sans stimuler pour autant les investissements (Sachs, 1993).

Surtout, l'émission de monnaie est venue valider *ex post* les comportements « déviants » des entreprises qui, selon la logique de l'aléa moral, ont été ainsi encouragées à réclamer des crédits publics, à recourir aux impayés entre entreprises, à ne pas se restructurer… et à ne pas craindre les autorités quand elles ont annoncé ensuite vouloir mettre un terme à ces mécanismes.

Deux ans ont été nécessaires pour que les autorités russes prennent conscience du lien entre les fortes émissions monétaires et la persistance d'une forte inflation. Avec un décalage de trois mois environ, la hausse des prix a

---

[12] Comme une loi sur les faillites, longtemps débattue en 1992 et mal appliquée par la suite (cf. Y. Zlotowki dans cet ouvrage).

[13] La dette interentreprises est passée de 43 à plus de 1900 milliards de roubles – soit près de 20% du PIB – au 1er semestre 1992, alors que la masse monétaire M2 s'est accrue de 1000 à 2000 milliards de roubles sur la même période.

suivi en effet de façon fidèle la progression de la masse monétaire M2[14] (cf. graphique 5) sur la période 1992-1995, jusqu'à l'ancrage de la parité et le basculement dans un régime de plus faible inflation. A la différence du Belarus, qui a persisté dans une politique industrielle fondée sur la planche à billets et s'est enfoncé dans une inflation chronique, la Russie a durci à partir de 1994 l'attribution de crédits à l'économie, en fixant aux banques des taux de refinancement réels positifs.

Graphique 5
Hausse des prix à la consommation et croissance de la masse monétaire (% mensuel)

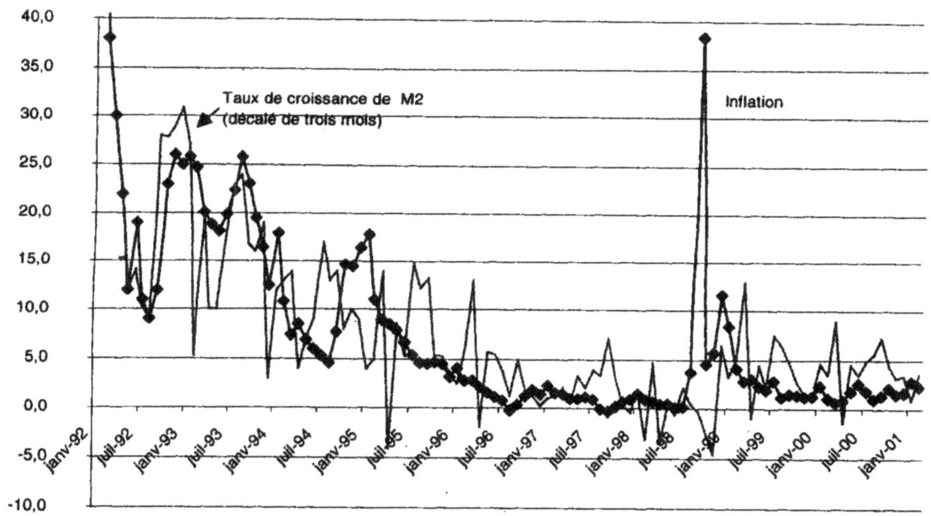

Si cette politique a permis de réduire l'inflation, elle n'a pas eu le résultat escompté sur les restructurations industrielles et sur la contrainte budgétaire des entreprises. Le secteur bancaire a rationné son crédit en prêtant essentiellement aux entreprises affiliées exportatrices de matières premières. Et à défaut de crédits publics ou bancaires à bon marché, les entreprises ont continué à multiplier les créances entre elles et à l'égard du budget. Les impayés, apparus à l'origine comme un mécanisme d'adaptation à l'inflation, sont alors devenus un

[14] Relation suggérée par Sachs (1993). IET (1998, p. 1054) trouve une relation empirique entre inflation et moyenne de la croissance de la masse monétaire M2 du dernier semestre, sur la période 1992-1997.

moyen de s'adapter à une politique monétaire restrictive (Afanassiev, 2000, p. 181). En minant la croissance et les recettes publiques, ce mécanisme a été une des origines structurelles de la crise d'août 1998.

6. Déficit public et stabilisation par le change

« Il ne peut y avoir d'économie stable avec un Etat qui essaye de compenser la mollesse de sa politique budgétaire par la fermeté de sa politique monétaire » (Alexachenko, 1999, p. 236)

La troisième source d'émission monétaire est bien sûr le déficit public. Les avances de la Banque Centrale ont été la principale source de financement du budget de 1992 à 1994. Les concours internationaux sont restés pendant cette période fort limités ; l'endettement intérieur – malgré l'émission des premiers GKO en mai 1993 – a été contraint par la persistance d'une forte inflation ; les privatisations sont demeurées une source de revenus négligeable, en raison des modes opératoires adoptés (privatisation par coupons, puis, en 1995-1996, « prêts contre actions » controversés).

Comme mentionné plus haut, les autorités ont décidé fin 1994 d'arrêter le financement du déficit par la Banque Centrale et de le substituer par de l'endettement ; puis mi-1995, de compléter le programme de stabilisation par un ancrage nominal du change. Bien que cette politique de change n'ait pas été explicitement recommandée par le FMI, celui-ci reconnaissait qu'aucune stabilisation – hors le cas de la Bolivie – n'avait été couronnée de succès sans un ancrage de la parité (Fischer, 1993).

La littérature (Calvo et Vegh, 1999) souligne les avantages et les inconvénients des stabilisations par le change, par rapport aux stabilisations fondées sur le seul resserrement de la politique monétaire : des résultats plus rapides en termes de baisse de l'inflation ; mais, de ce fait, une moindre incitation à la réduction du déficit public et une plus grande vulnérabilité aux mouvements de capitaux, qui finissent par mettre en danger la stabilisation elle-même.

Cet enchaînement a bien été observé en Russie. Par rapport au programme défini par le FMI en 1995 et 1996, les objectifs d'inflation ont été largement tenus ; pas ceux de réduction du déficit public, comme le montre le tableau 4.

Tableau 4
Inflation et déficit – engagements et réalisations

Année	Inflation (glissement annuel en %)		Déficit public consolidé en % PIB		
	Programme	Réalisé	Programme	Réalisé	dont intérêts
1995 (SBA)	63	131	6,0	5,7	3,6
1996 (EFF96)	25	25	4,2	8,4	5,9
1997 (EFF97)	9	11	3,2	7,0	4,6
1998 (EFF98)	6	84 (près de 6% avant août)	2,2	5,9 (hors arriérés)	4,6

Source : Kharas et al., 2001

Le déficit primaire est resté stable à près de 2% du PIB, tandis que le service de la dette n'a pas décru, représentant selon les années entre un tiers et la moitié des recettes budgétaires : l'ouverture du marché des GKO aux non-résidents n'a pas eu l'effet escompté sur les taux d'intérêt, qui n'ont baissé que ponctuellement en 1997. La Russie a, dans ces conditions, accumulé de la dette à un rythme insoutenable, comme le soulignaient plusieurs études (cf. Paquier et Rousselet, 1996 ; Budina et van Wijnbergen, 1997). De la sorte, la Russie n'éliminait pas l'inflation : elle repoussait le problème. D'une manière ou d'une autre, la monétisation de cette dette ou la dévaluation devaient faire ressurgir l'inflation.

On peut, de manière générale, considérer la période 1995 - août 1998, comme une période de stabilisation macroéconomique, symbolisée par la stabilité des prix et de la parité, sur fond de multiples déséquilibres microéconomiques, plus ou moins apparents : extension des impayés entre entreprises ; persistance du déficit budgétaire ; dégradation de la situation du secteur bancaire (mi-1995 et en 1997-1998). La convergence de ces déséquilibres a contraint la politique monétaire à se relâcher (injection de liquidités dans le secteur bancaire, rachats de GKO par la Banque Centrale en juin-juillet 1998) et, in fine, a conduit à l'abandon de l'ancrage du change.

Le krach de 1998 ne signifie pas pour autant que la politique de stabilisation menée auparavant ait été un échec total. La rapidité avec laquelle l'inflation a été maîtrisée, après son pic de l'automne 1998, et sans ancrage nominal du change, en est la démonstration. Elle résulte de trois acquis des années précédentes : le refus d'une émission monétaire incontrôlée, désormais mieux enraciné dans l'esprit des autorités ; les modifications des anticipations des agents, qui ont réduit l'inertie de l'inflation ; et les évolutions microéconomiques qui ont permis aux entreprises de bénéficier du surcroît de compétitivité de la dévaluation, alors qu'elles n'avaient pas pu en profiter en 1992.

7. Le FMI au pays du Gosplan

If targets work, then the Soviet Union would have worked

The Economist, 28 avril 2001, p. 36.

Il n'est pas possible d'évoquer la stabilisation russe sans évoquer en dernier lieu le rôle joué par les institutions de Bretton Woods. Les institutions financières internationales ont été des acteurs majeurs de la stabilisation, tout particulièrement associés à celle de 1995 à 1998. La crise d'août 1998 représente un traumatisme pour la Russie, mais aussi pour le FMI qui l'avait soutenue jusqu'au mois précédent. Inversement, le redressement de l'économie russe post-1999 ne peut être porté au crédit des institutions internationales. Dans quelle mesure le rôle du FMI a-t-il pu être contre-productif pour la stabilisation russe ?

Le problème d'aléa moral est le plus fréquemment souligné (cf. par exemple Aglietta et Moatti, 2000) : la certitude que le FMI interviendrait en cas de crise financière majeure en Russie – certitude partagée par les autorités russes et les investisseurs étrangers –, a contribué à aggraver cette crise. Mais au-delà, c'est la logique même des programmes de stabilisation qui peut être remise en question au vu de l'expérience russe :

- La logique économique d'une intervention internationale catalysant le retour de la confiance, et donc la baisse des taux d'intérêt, n'a pas véritablement marché. La baisse des taux d'intérêt et l'afflux de capitaux n'ont été que provisoires, malgré le soutien financier international.

- La logique institutionnelle de la conditionnalité est aussi remise en cause. Le FMI avait assorti son programme EFF d'un *monitoring* sans précédent, avec revue mensuelle d'une liste de critères de performance fiscaux, monétaires et structurels. Ces critères de performances se veulent un moyen objectif d'apprécier les efforts du pays. De fait, ce sont les critères les plus simples qui ont été tenus : les objectifs monétaires plutôt que les objectifs fiscaux ; les réformes structurelles les plus aisées – comme l'ouverture du marché des GKO aux non-résidents – plutôt que les plus importantes – comme la réalisation d'un véritable audit de Gazprom[15]. Et quand les objectifs ont été tenus, ils ont été souvent dénaturés : ainsi, les objectifs budgétaires, atteints grâce à la « séquestration » des dépenses. Ces demi-succès ont permis en général, parfois après quelques résistances, de débloquer les tranches mensuelles de prêts du FMI, de donner l'illusion de progrès dans les réformes, et donc de conforter la stabilisation « déséquilibrée » que nous avons décrite.

Un parallèle audacieux peut être établi entre les déconvenues du FMI en Russie et celles de la planification soviétique. On connaît les difficultés que le Gosplan éprouvait à contrôler les directeurs d'usines de l'URSS , qui réalisaient et dépassaient les objectifs de production du plan quinquennal, tout en les pervertissant (défauts de fabrication, production irrégulière dans le temps, ...). Les mêmes causes engendrant les mêmes effets, le FMI a, en quelque sorte, été confronté aux limites évidentes d'un tel monitoring, en se frottant à des individus qui, dans le passé, avaient excellé dans le détournement des objectifs du Plan !

Il n'y a, de fait, pas de recettes simples pour piloter un organisme ou une économie, si ce n'est qu'on ne peut se contenter d'apprécier les politiques à l'aune de « critères de performance », aussi objectifs et régulièrement contrôlés soient-ils.

III. LEÇONS GÉNÉRALES ET PERSPECTIVES

Dépourvues des institutions financières et du soutien politique adéquats, en prise à de forts déséquilibres macroéconomiques avant même de libéraliser les prix, écartelées entre le souci de maîtrise de l'inflation et celui du maintien de la zone rouble et de l'activité industrielle, les autorités russes ont mis près d'une décennie pour atteindre la stabilisation.

On peut se demander si ce parcours tortueux n'était pas, au vu des conditions initiales, inévitable, comme un *lent parcours d'initiation* : il a fallu deux années pour comprendre les méfaits d'une émission monétaire incontrôlée, mais ces années ont habitué les agents à une inflation chronique ; puis trois années pour réduire l'inflation et en convaincre les agents, mais au prix de nombreux déséquilibres microéconomiques ; la crise d'août 1998 réduit ces déséquilibres par une relance transitoire de l'inflation ; mais l'inflation est cette fois rapidement maîtrisée, grâce à l'apprentissage des périodes précédentes

[15] Alexachenko (1999) souligne, p. 105, que la libéralisation du marché des GKO a été volontiers acceptée par le gouvernement russe en échange d'objectifs moins ambitieux de collecte fiscale.

(maîtrise de l'émission monétaire et des anticipations des agents) et aux évolutions de l'appareil de production, plus à même de bénéficier de la dévaluation. Comme le montre le cas du Mexique des années 1990, dans un contexte très différent, les stabilisations en plusieurs périodes ne sont pas rares ; une trajectoire non linéaire était d'autant plus probable, dans une économie en transition comme la Russie, où la stabilisation macroéconomique était inséparable de la restructuration microéconomique, par nature progressive. Fischer (1992) relevait déjà que si huit années avaient été nécessaires pour passer de l'économie de marché à l'économie socialiste, il en faudrait peut-être autant dans l'autre sens.

Si ce parcours sinueux était en quelque sorte inévitable, il a toutefois été rendu plus long et douloureux que nécessaire par plusieurs erreurs manifestes de politique économique. On peut, en généralisant, en retenir trois principales :

- Les progrès vers la stabilisation requièrent avant tout des *responsabilités* bien établies dans la conduite de la politique macroéconomique. Les dérives inflationnistes ont été facilitées par une déresponsabilisation des acteurs : les entreprises comptant sur l'Etat pour survivre, le gouvernement se défaussant sur la Banque Centrale pour financer l'économie, les pays de la CEI jouant les passagers clandestins de la zone rouble, le Parlement et le gouvernement se renvoyant la responsabilité des difficultés économiques, le Président changeant pour le moindre motif les membres de l'équipe gouvernementale, les autorités russes accusant le FMI, etc. En dépit de sa conditionnalité, l'intervention des institutions financières internationales a pu être parfois déresponsabilisante. La souveraineté monétaire des Etats de la CEI et l'indépendance relative de la Banque Centrale ont, au contraire, été déterminants pour la maîtrise de l'inflation en Russie.

- Bien que la stabilisation se soit échelonnée *in fine* sur une décennie, elle a toujours été vécue dans *l'urgence*, comme un tunnel[16] dont la fin est proche et dont la sortie exige des mesures temporaires d'exception. L'urgence s'est nourrie de l'instabilité gouvernementale et de la mauvaise appréciation des risques. Au nom de l'urgence à sortir de l'inflation, l'Etat a accepté d'entrer dans le jeu des impayés, au prix d'arriérés de salaires et de dépenses. Puis, l'Etat a accepté de s'endetter de façon inconsidérée, parce qu'il était largement anticipé que la croissance reprendrait dès 1996, comme un résultat mécanique de la réduction de l'inflation. Quand les espoirs sont finalement déçus, comme cela a été le cas d'abord avec l'inflation, puis avec la croissance, les mesures d'exception apparaissent non seulement comme de vains sacrifices, qui réduisent un peu plus la crédibilité des autorités, mais comme des mécanismes

[16] Pour reprendre l'image d'A. Hirschmann, développée dans Santiso (2000).

pervers qui éloignent un peu plus la véritable stabilisation. Il n'y a rien de plus redoutable que les expédients qui durent.

- Alors que la plupart des difficultés de la transition avaient été entrevues dès l'origine, *certains écueils* ont été *sur pondérés* par rapport à d'autres, parfois volontairement, parfois comme effet indésirable de la conditionnalité du FMI. L'éclatement de la zone rouble a été considéré plus traumatisant que son maintien ; le maintien de contrôles plus pernicieux que l'ouverture rapide du marché des GKO aux non-résidents. La réduction de l'inflation, même quand celle-ci était tombée à moins de 2% par mois, a été jugée plus importante que la surévaluation du rouble. Surtout, le risque de l'hyperinflation, en 1992-1994 et en 1998, a fait l'objet de beaucoup plus d'attention que le développement des impayés : on a combattu vigoureusement les mécanismes d'indexation qui risquaient de perpétuer une forte inflation ; mais on prenait des mesures qui confortaient la pratique des dettes interentreprises. De fait, si l'économie monétaire russe était susceptible d'adopter trois états d'un équilibre multiple – l'hyperinflation, la stabilisation, l'économie non monétaire des impayés – seuls les deux premiers états ont été clairement vus, sans percevoir que l'économie russe pouvait tomber dans le dernier et s'y enliser ; sans percevoir, jusqu'à la crise de 1998, qu'il n'y avait pas de véritable stabilisation sans contrainte budgétaire opérante pour les entreprises.

CONCLUSION

Avec une inflation proche de 20% et un budget à l'équilibre, la stabilisation paraît aujourd'hui plus solidement ancrée que jamais en Russie. Elle connaît désormais des problèmes qui ne sont plus de stabilisation à proprement parler, mais de préservation de sa compétitivité dans un contexte de forts excédents de la balance des paiements. Ces excédents provoquent en effet, soit une appréciation du taux de change, soit une accumulation rapide de réserves associée à une création monétaire qu'il n'est pas toujours possible de stériliser, et donc de l'inflation.

Ce phénomène, général aux pays émergents, est souvent relevé en phase finale d'une stabilisation réussie : l'entrée de capitaux, sur-finançant le déficit courant, peut contrarier le passage d'une inflation modérée (10-40%) à une inflation basse (moins de 10%) et provoquer, comme dans le cas du Mexique en 1994, une crise de change.

La Russie a connu une telle situation une première fois, de façon fugace, au premier semestre 1997 : l'éclaircissement de l'horizon politique et économique en Russie avait entraîné un afflux massif de capitaux sur le marché des GKO – un facteur qui a très certainement renforcé la surévaluation du rouble et l'ampleur de la crise de 1998. Depuis l'année 2000, la Russie connaît de nouveau une situation similaire, avec un excédent de la balance des paiements provenant, pour l'essentiel, des recettes d'exportation d'hydrocarbures.

Les séquelles des déséquilibres microéconomiques passés n'ont toutefois pas totalement disparu à en juger par le comportement des banques, des entreprises ou encore des ménages. L'année 1996 avait déjà été jugée un peu hâtivement par les experts comme une année qui devait être consacrée, avec la fin de la stabilisation, à l'intensification des réformes structurelles. La même priorité est affichée pour 2001 avec, cinq ans plus tard, l'expérience d'une crise en plus.

BIBLIOGRAPHIE

AFANASSIEV M. (2000), *Le gouvernement d'entreprise des entreprises russes* (en russe), Interexpert, Moscou.

AGLIETTA M., MOATTI S. (2000), *Le FMI, De l'ordre monétaire aux désordres financiers*, Economica.

ALEXACHENKO S. (1999), *La bataille pour le rouble* (en russe), Alma Mater, Moscou.

ASLUND A. (1994), *Economic Transformation in Russia*, ouvrage collectif, Pinter Publishers, Londres.

BARBÉ S., ZLOTOWSKI Y. (1996), « La stabilisation russe de 1995 : le pari de l'ancrage par le change », *Revue d'Etudes Comparatives Est-Ouest*, n° 2, juin.

BATCHOURINE A.V. (1953), *Finances et crédit de l'URSS*, Gosfinizdat, Moscou (en russe).

BENAROYA F., SKREIKES L. (1992), *La politique budgétaire et monétaire de la Fédération de Russie en 1992*, Agence Financière pour les pays de l'ex-URSS, Ambassade de France à Moscou.

BENAROYA F. (2000), « La dernière grande crise russe (août 1998) : autopsie et séquelles », *Revue française de Géoéconomie*, Numéro Spécial.

BUDINA N., van WIJNBERGEN S. (1997), « Fiscal Policies in Eastern Europe », *Oxford Economic Review*, vol.13, n° 2.

CALVO G., VEGH C. (1999), « Inflation Stabilization and BOP Crises in Developing Countries », *NBER Working paper*, n° 6925.

CUKIERMAN A. (1992), *Central Bank Strategy, Credibility and Independence*, MIT Press.

CUKIERMAN A., EDWARDS S., TABELLINI G. (1992), « Seignoriage and Political Instability », *The American Economic Review*, vol. 82, p. 537-555.

DEWATRIPONT M., ROLAND G. (1992), « Economic Reform and Dynamic Political Constraints », *Review of Economic Studies*.

FISCHER S., GELB A. (1991), « The Process of Socialist Economic Transformation », *Journal of Economic Perspectives*, Fall, 5.

FISCHER S. (1992), « Russia and the Soviet Union then and now », *NBER working paper*, n° 4077.

FISCHER S. (1994), « Prospects for Stabilization in the Summer of 1993 », in Aslund (1994), p. 8-25.

FISCHER S., SAHAY R., VEGH C. (1996), « Stabilization and Growth in Transition Economies: The Early Experience », *Journal of Economic Perspectives*, vol. 10, n° 2, p. 45-66.

IET (1998), *Economie de la Transition*, 1991-1997, Moscou (en russe).

KHARAS H., PINTO B., ULATOV S. (2001), « An Analysis of Russia's 1998 Meltdown, Fundamentals and Market Signals », *Mimeo*, Banque Mondiale.

LIPTON D., SACHS J. (1990), « Creating a Market Economy in Eastern Europe: The case of Poland », *Brookings Papers on Economic Activity*, 1.

MEUNIER N. (1998), « Europe de l'Est : biais systématique des prévisions de croissance », *Etudes Marchés émergents*, n° 9801, CDC, mai.

PAQUIER O., ROUSSELET B. (1996), « Le marché des titres d'Etat et la stabilisation en Russie », *Economie Internationale*, 2ème trimestre.

SACHS J. (1994), « The Prospects for Monetary Stabilization in Russia », in Aslund (1994), p. 34-59.

SANTISO J. (2000), « The Art of Trespassing and Self-Subversion : Hirschman's View of Development », *ECLAC Review*, n° 70, avril, p. 91-107.

WYPLOSZ Ch. (1999), « Ten Years of Transition: Macroeconomic Lessons », papier présenté à la conférence ABCDE Banque Mondiale, Washington, avril.

14

Le roman de la dette : la Russie face à la communauté financière internationale

Nicolas Meunier

Sur les marchés financiers internationaux, la Russie n'a été présente que huit mois de manière normale : les négociations menées avec les bailleurs occidentaux suite à la dissolution de l'URSS ont été achevées en décembre 1997 et, en août 1998, le krach s'est traduit par un défaut sur une partie de la dette souveraine et la nécessité de nouvelles discussions. Un événement de crédit est très rare dans le cas des emprunteurs souverains, et reste exceptionnel pour un pays émetteur d'obligations internationales. Comment ce pays a-t-il ainsi pu, en quelques mois, se présenter deux fois devant ses créanciers ?

La complexité du dossier a certainement joué : une première partie retracera l'historique de l'endettement russe et présentera les nombreux outils utilisés par la Russie pour s'endetter, principalement sur les marchés financiers. La dette accumulée ne paraissait pas, au jour du krach, d'un montant extravagant : une deuxième partie évoquera pourquoi il était pourtant possible de se méfier de la montée de l'endettement russe (faibles recettes budgétaires, situation délicate de l'économie, et surtout schéma atypique d'endettement). Dans une troisième partie, il s'agira d'apporter des éléments de réponse à la question : ces avertissements ont-ils été véritablement perçus ? Indulgences des autorités internationales, des agences de rating, surestimation de la croissance, sont autant de facteurs qui ont transformé le marché de la dette russe en un véritable « marché bull », où toute nouvelle était perçue comme positive, alors que le glissement a été continu jusqu'à l'effondrement de 1998.

Le dossier « dette russe » reste, plus de deux ans après le krach, particulièrement embrouillé. Il en ressort malgré tout que la Russie a obtenu et conservé une place spécifique sur les marchés financiers. Se posant en héritière de l'Union Soviétique, mais jouant également sur la taille de son territoire, le pays en a profité pour tester les limites du jeu financier international. Les négociations toujours en cours témoignent de ce que ce test se poursuit, avec l'assentiment, parfois involontaire, des autres acteurs. Plus généralement, cette place est peut-être méritée : effet direct autant que symbole, la crise russe marque le début d'une évolution profonde du système financier international.

I. HISTOIRES DE DETTES

La dette extérieure souveraine de la Russie[1] est un complexe montage d'héritage de la dette soviétique et d'une multitude de sources d'endettement de la Russie. Les outils ont proliféré, rendant particulièrement délicate l'appréciation des besoins réels en financement international.

1. La dette soviétique échoit à la Russie

L'Union soviétique était considérée comme un « bon risque » par les milieux financiers occidentaux[2]. Tout au long des années 1980 et malgré les difficultés économiques du « socialisme réel » chaque année plus visibles, banques et gouvernements se sont de plus en plus engagés, multipliant les crédits au gouvernement soviétique. La disparition du pays s'est accompagnée de la refonte de la dette : le Club de Paris (créanciers bilatéraux souverains), puis le Club de Londres (créanciers privés), vont mettre une demi douzaine d'années à régler le problème de la dette soviétique.

---

[1] La dette due au reste du monde par des entités privées est loin d'être négligeable en Russie. Mais l'objet de la présente étude, la place de la Russie dans le monde financier international, a conduit au choix de ne s'intéresser dans le développement qui suit qu'à la dette souveraine, dette due par l'Etat russe.

[2] Ainsi la « lettre de l'Europe de l'Est » du 4 novembre 1991 cite un classement qui place l'URSS au 111ème rang des pays les plus risqués, en venant du dix-septième en 1988.

Le 5 décembre 1991, quelques jours avant la brutale et inattendue disparition du pays, le paiement du principal n'était déjà plus assuré. La dette alors reconnue par l'URSS entrait dans un vide inquiétant. Il était hors de question d'oublier les quelques 70 milliards de dollars dus par Moscou à des gouvernements (30 milliards) et à des créanciers privés (40 milliards)[3]. Mais la disparition du centre allait donner naissance à quinze pays souverains, ayant une relation complexe à l'héritage soviétique (politique, économique ou financier). La solution trouvée, après d'âpres négociations, est celle dite « option zéro » : l'ensemble des pays issus de l'URSS et l'ensemble des créanciers reconnaissaient la Russie comme unique héritière de la dette soviétique.

Cette seule décision, sous l'égide du Club de Paris, a pris de longs mois. L'option zéro comportait pourtant a priori des avantages pour chacun des protagonistes. Les créanciers y gagnaient à concentrer les négociations avec la Russie : ils n'auraient qu'un seul interlocuteur, qui serait en outre le plus connu – ou plutôt le moins méconnu – des nouveaux pays. Quatorze pays (les pays baltes et ceux de CEI hors Russie) y gagnaient une virginité de dette. La Russie y gagnait également, mais de manière plus subtile.

Etre endetté peut paradoxalement être un avantage : en restant débitrice de titres de dettes traités sur l'ensemble de la planète, la Russie continuait à être intégrée dans le jeu financier international, s'assurant en restant endettée d'une présence permanente dans les préoccupations des prêteurs.

En outre, l'URSS n'avait pas que des dettes, elle avait aussi des actifs, un peu partout dans le monde. Il s'agissait aussi bien d'immobilier que de créances, souvent sur d'anciens alliés, devenus mal en point. Ces créances, difficiles à récupérer[4], mais que l'on peut mettre en balance avec le passif, seront finalement un allié précieux de la Russie : le pays sera admis en 1998 au Club de Paris en tant que pays créditeur. Au total, la dette allait jouer un rôle au delà de son importance strictement financière, d'abord par ce lien géopolitique de l'endettement, et surtout en permettant à la Russie de s'imposer comme l'Etat continuateur de l'URSS[5], ce qui sera l'élément constitutif de l'extraordinaire traitement de faveur dont le pays va bénéficier.

[3] La dette extérieure ne peut qu'exceptionnellement être chiffrée avec certitude. Les montants dus au FMI par exemple sont connus dans les moindres détails. Mais ceux empruntés auprès d'autres Etats souverains sont souvent entourés d'un « flou diplomatique » qui empêche leur estimation précise. Les dettes auprès d'entités privées sont plus dures encore à connaître. Enfin, de manière générale, l'estimation d'une dette est délicate pour des raisons techniques (le fait qu'elles soit libellées en devises différentes, que l'amortissement soit parfois complexe...). Il s'ensuit que les montants donnés ne sont jamais plus que des ordres de grandeur.

[4] 18% étaient dus par Cuba, 11% par la Mongolie, 11% par le Vietnam,... (OCDE, 1997).

[5] L'expression est employée par exemple dès le préambule au Traité entre la France et la Russie, signé le 7 février 1992, le premier paragraphe de l'exposé des motifs du *projet de Loi autorisant*

Encadré 1 : La procédure classique de restructuration

Un pays qui ne peut payer sa dette entre dans un long parcours de restructuration. Le FMI est d'abord mis à contribution. Ses experts étudient le pays et proposent une politique économique adaptée qui doit permettre de remédier aux problèmes de « solvabilité » à moyen terme. Un prêt est en général consenti pour faire face aux difficultés de « liquidité ». Le rôle du FMI est incontournable. Sa position multilatérale est censée le dégager de préoccupations géopolitiques (même si les Etats-Unis et les autres pays développés en sont les principaux contributeurs).

Une fois l'accord conclu avec le FMI, le Club de Paris[6] est alors contacté par le pays. Le Club de Paris regroupe les principaux pays créanciers (dix huit pays de l'OCDE plus, depuis 1998, la Russie). L'instance, informelle, souple, réactive, existe depuis un demi siècle. Elle a pour objectif de régler le sort de la dette bilatérale publique, dette due par le pays aux autres Etats. Une proposition de restructuration (délais de paiements, rééchelonnement..) est étudiée avec le pays demandeur. Le Club de Paris, qui, grâce au FMI, peut espérer que le pays sera solvable dans le futur, permet ainsi au pays débiteur de trouver de nouvelles liquidités.

Dans la foulée du Club de Paris se réunit le Club de Londres qui regroupe les banques internationales détentrices de créances du pays (dans le cas de la dette soviétique, 600 banques ont participé aux discussions...). L'accord est conclu sur les bases de celui obtenu avec le Club de Paris. En effet, le FMI et les gouvernements tiennent à la « comparabilité de traitement ». En d'autres termes, il est implicitement exigé par le Club de Paris que l'effort consenti par les créanciers privés ne soit pas inférieur à celui des créanciers publics, concrètement que banques et gouvernements abandonnent une même proportion de créances.

Ayant vaincu les réticences des autres Républiques, en particulier de l'Ukraine (qui reconnaissait initialement 16% des dettes soviétiques et ne cèdera qu'en 1993), les dix-huit pays créanciers de la Russie réunis au sein du Club de Paris ont pu enfin commencer à discuter avec la Russie. L'accord, qui

la ratification du Traité citant encore le mot « continuateur », voir note 511, quatrième session extraordinaire de 1991-1992 du Sénat français.

[6] Pour une vision détaillée du fonctionnement du Club de Paris, voir Béranger-Lachand et Eugène (2000).

ne sera finalisé qu'en 1996, portait sur plus de 38 milliards de dollars, et étalait sur vingt ans les sommes dues, les premiers remboursements du principal commençant en 2002.

Suivant la voie du Club de Paris, les 600 banques regroupées au sein du Club de Londres commençaient également leurs négociations, qui seront plus longues encore : elles ne seront véritablement achevées qu'en décembre 1997. La dette due par l'Union soviétique à des banques étrangères était titrisée (les créances sont reprises par l'emprunteur, qui offre en échange des titres obligataires). Deux souches étaient alors créées : les « Prins » (pour « Principal », regroupant le principal de la dette) et les IANs (« Interest Arrears Notes », constitués par les arriérés d'intérêt non payés).

2. La dette russe

Avant même que ne soient signés les accords sur la dette soviétique, la Russie a, dès sa naissance, fait appel aux créanciers internationaux, officiels (pays ou multilatéraux), puis privés (à travers les banques et les marchés financiers)[7].

2.1. Des créanciers publics se précipitent « au chevet de la Russie »

Au début de 1992, l'Allemagne à peine réunifiée est une des premières à prêter : une aide financière peut permettre d'accélérer le rapatriement des soldats soviétiques encore stationnés sur le territoire de l'ex Allemagne de l'Est. Mais rapidement, les organisations multilatérales vont être mises à contribution. B. Eltsine, qui vient de se retrouver à la tête d'un Etat indépendant, met en place une série de réformes destinées à assurer la « transition vers une économie de marché ». L'inflation qui suit la libération des prix au 1er janvier 1992 lamine le pouvoir d'achat des russes et le rouble s'effondre, tandis que l'érection de frontières désorganise la production. Les moyens manquent, au regard de la crise économique qui sévit, et l'équipe au pouvoir a fort à faire pour vaincre les résistances politiques à ce choix douloureux de politique économique. Le

[7] Les capitaux provenant de l'étranger peuvent avoir une origine locale. Des titres russes ont ainsi été achetés par des investisseurs russes, délocalisés – pour diverses raisons – sur les places internationales. Cette origine peut entraîner des comportements spécifiques (différents de ceux des investisseurs purement non-résidents). Il reste que l'enthousiasme des capitaux occidentaux a été réel entre 1995 et le krach : c'est ce comportement que cette étude tente de défricher.

premier pan de l'endettement russe peut, dans ces conditions, être interprété comme un soutien à la politique de volonté réformatrice mise en place par le gouvernement.

Le FMI est en première ligne : dès 1992, on évoque à Moscou une aide de 24 milliards de dollars qui viendrait soulager le passage difficile que promet la transition. Cette somme, énorme, est d'autant plus étonnante que la Russie n'est pas encore membre du FMI (l'adhésion n'aura lieu que le 1er juin). Elle est pourtant officielle[8].

Il s'agit en réalité d'une – première – grossière erreur de communication. Les fameux 24 milliards de dollars (qui reviendront de longues années dans les conversations moscovites comme une promesse non tenue par l'occident) ne sont pas une aide supplémentaire mais correspondent à une série de mesures décidées sur la période. En particulier, le rééchelonnement de la dette soviétique – dont la Russie est à l'époque presque déjà officiellement légataire[9] – représente techniquement une aide financière : on évoque alors jusqu'à 18 milliards de dollars pour cette seule mesure. A quoi il convient d'ajouter 6 milliards consacrés à un « fond de stabilisation du rouble »... qui ne sera jamais mis en place. L'action directe du FMI consiste en fait en un premier prêt de 1,1 milliard de dollars, annoncé en avril, déboursé en août en échange d'une politique de stabilisation traditionnelle.

Parallèlement, se multiplient les visites en provenance de capitales occidentales, chancelleries et grandes entreprises. C'est l'époque où l'on parle de l'aide à la Russie comme un étrange mélange d'aide humanitaire pour un pays en crise, de revanche face à l'ancien ennemi[10] et d'opportunité dans ce pays de 150 millions d'acheteurs potentiels.

---

[8] La déclaration des Ministres du G7 à l'issue d'une réunion avec les représentants russes, en avril 1992, précise même « les ministres et gouverneurs ont réaffirmé leur engagement de soutenir le processus de réforme en Russie en fournissant l'assistance financière multilatérale récemment annoncée, d'un montant global de 24 milliards de dollars, dans le cadre d'un accord sur un programme FMI » (*Bulletin du FMI,* 18 mai 1992).

[9] La décision sera pourtant prise bien plus tard, ce qui met en évidence que la Russie a dès le début eu une position spéciale au sein des Etats de l'ex-URSS.

[10] Le 6 mars 1993, de retour de Moscou, l'ancien président américain Richard Nixon déclare « la Russie est la seule nation qui ait la capacité de détruire les Etats-Unis » (*Libération* du 17 mars 1993).

2.2. L'entrée des premiers prêteurs privés

Dans le sillage des entrepreneurs, les banques internationales, bien que suspicieuses sur les réformes en cours[11], montent des bureaux de représentation. Venues sur place pour aider les entreprises, elles vont bientôt se montrer intéressées par les rémunérations offertes par les titres de dette interne.

Car, dès 1993, la Russie met en place un système de financement obligataire de son budget. Les fameux GKO (Obligations d'Etat à court terme) sont d'abord réservés aux banques locales, avant de s'ouvrir progressivement aux banques étrangères (toutes les restrictions seront levées au début de 1998). Le secteur bancaire russe, qui a alors moins de quatre ans d'existence, y trouve un moyen de se développer. En 1995, le montant des GKO en circulation dépasse 11 milliards de dollars.

En 1996, en pleine campagne pour la présidentielle, les taux d'intérêt offerts par le gouvernement montent de manière brutale, dépassant 200% au printemps, quand l'inflation est à moins de 30%. L'objectif est bien évidemment d'éviter des sorties massives de capitaux au moment où la situation politique est incertaine. Boris Eltsine n'est alors pas assuré d'emporter les élections de juin. Aidées par ces rendements mirobolants, les banques russes n'en ont que plus envie de soutenir l'équipe sortante.

2.3. La détention de GKO par les étrangers : tout le monde y gagne

La réélection de Boris Eltsine en 1996 assoit définitivement la Russie dans le club des démocraties, quelles que soient les spécificités de la démocratie russe. Les rendements des GKO décroissent rapidement. Les banques russes sont désormais entrées au gouvernement, représentées par le président-fondateur de la principale banque privée russe, l'Oneximbank, devenu premier vice Premier ministre en charge de l'économie. Elles s'attellent à un objectif autrement plus ambitieux : faire fructifier leur soutien à l'équipe élue au moyen de la privatisation des plus grandes entreprises russes. Mais pour les investisseurs occidentaux, le souvenir demeure de cette période dorée de

---

[11] L'Association Française des Banques, par exemple, prévient en avril 1993 dans un communiqué qu'il n'est « pas raisonnable d'accorder des rééchelonnements de dette généreux sans le rétablissement en Russie d'un ordre administratif pour éviter les détournements de capitaux » (*Le Monde* du 17 avril 1993). L'avis prémonitoire sera bien vite oublié devant les rendements proposés.

Encadré 2 : Outils de dette obligataire soviétique et russe[12]

Dette locale : les titres en monnaie nationale

Les GKO (Obligations d'Etat à Court terme) sont de maturité très courte (en général de un à neuf mois). Les OFZ (Obligations Fédérales d'endettement) sont de maturité légèrement plus longue.

Ces titres en roubles, apparus en 1993, se sont développés jusqu'à représenter un encours de plus de 65 milliards de dollars (en valeur faciale) à l'été 1998. Les non-résidents, admis peu à peu à participer à ce marché, en ont détenu jusqu'au tiers. Le 17 août 1998, la Banque Centrale, en même temps qu'elle élargissait le couloir de fluctuation du rouble, déclarait le gel des GKO (interdiction des échanges) et leur non remboursement pour les titres arrivant à échéance avant décembre 1999 : cela concernait plus de 80% de l'encours. Les négociations qui ont suivi cette décision ont permis aux banques détentrices de ces titres de récupérer en échange de nouveaux titres, bien moins intéressants en termes de rendement puisque la décote a pu atteindre 90% de la valeur faciale. Dès 2000, la Russie a émis de nouveaux GKO.

Bradys : titres en dollars issus d'une restructuration de dette souveraine

Les Bradys sont des titres-paquets issus de la restructuration, par titrisation, de dettes bancaires non payées, ainsi nommés parce que mis en place par le Secrétaire au Trésor américain de l'époque, Nicholas Brady. Les titres comprennent souvent, avec la dette restructurée, un « collatéral » jugé infaillible (souvent un titre américain de même échéance), destiné à rassurer l'acheteur.

Dans le cas russe, il n'y avait pas de collatéral. En montant nominal, les « Bradys » russes sont particulièrement importants (28 milliards de dollars), mais sont à très long terme (2015 et 2020). La restructuration a séparé les coupons non payés (devenus des IAN) du principal (devenus des PRIN). Définitivement formalisés en 1997, ces titres ont longtemps été, de par leur montant, mais aussi parce qu'ils étaient classés dans les « Bradys », les plus traités de la dette obligataire en devise de la Russie. Leur marché, particulièrement liquide, en faisait une référence (un « benchmark ») de la confiance en la capacité de paiement de l'Etat russe. La Russie a cessé de payer l'intégralité des échéances après la crise de 1998. Face à cette situation, la quasi totalité des créanciers a accepté en 2000 une restructuration de ces titres, transformés en eurobonds russes, en dollars, à 30 ans pour une souche de 18,2 milliards de dollars (pour les titres) et à 10 ans pour une souche de 2,8 milliards (représentant les arriérés de paiements), assortis de taux d'intérêt progressant de 2% à 7,5%.

[12] Pour une liste détaillée des différentes souches, voir Laurent et Meunier (1999).

Eurobonds : titres en devises fortes

Un eurobond, ou euro-obligation, est une obligation émise par une entité dans une devise autre que la sienne. Ces titres suivent une série de règles internationales qui sécurise les investisseurs internationaux. La Russie a placé son premier en novembre 1996. Huit ont suivi en dix-huit mois.

Une euro émission est un moment important dans la vie d'un émetteur émergent, en particulier parce qu'elle témoigne de la maturité financière d'un pays (ne place pas des « eurobonds » qui veut). L'émission s'entoure d'un cérémonial qui la rend plus solennelle encore. Le placement est précédé de rumeurs, sur les montants proposés et la rémunération. L'opération est montée dans ses détails par une banque internationale (« arrangeur » ou « lead »), qui a la charge de trouver, parmi les investisseurs – banques, assurances,... – des acheteurs prêts à prendre ces titres en portefeuille : plus un pays est estimé par la communauté financière internationale, plus nombreux seront les investisseurs intéressés, et plus le taux d'intérêt proposé par le pays pourra être, en fonction de son risque, bas.

On peut rappeler que les eurobonds auraient été inventé par l'URSS au début des années 1960. Le terme découlerait de « Eurobank », la première banque à l'avoir utilisé, banque soviétique installée à Paris. Toujours active au moment de la crise, elle a été mise en grande difficulté suite au krach d'août 1998.

Les « MinFin » bonds, parfois appelés « Taïga Bonds », ont été émis par le Ministère des Finances en mai 1993. Ils sont une titrisation des avoirs en devises d'entreprises soviétiques déposés à la Vneshekonombank (banque soviétique du commerce extérieur) et gelés en 1991. Ces titres sont assortis d'un taux particulièrement bas, 3% du nominal étant dû chaque année à l'anniversaire de l'émission. Principalement détenus par des investisseurs russes, ils ont servi longtemps de référence ("benchmark") pour la dette en devise. Originalement, les MinFins comptaient cinq tranches (notées souvent en chiffres romains) selon la date d'échéance. Les deux premières ont été remboursées en 1994 et 1996. En 1996, deux autres tranches ont été émises (MinFin VI, 2006, et MinFin VII, 2011), et une petite somme rajoutée sur les MinFins encore en vie.

rendements incroyables. Les banques russes serviront d'intermédiaires à ces investisseurs, sur des papiers dont les taux, bien qu'en baisse, restent attractifs : à l'automne 1996, les GKO offrent des taux de 35 à 50% en rouble, alors que le rouble est stabilisé face au dollar par la politique de change de la Banque Centrale (mise en place en 1995 et qui encadre strictement la dépréciation quotidienne de la devise).

Graphiques 1 et 2 :
Rendement réel des GKO
(par rapport à l'inflation et par rapport au change)

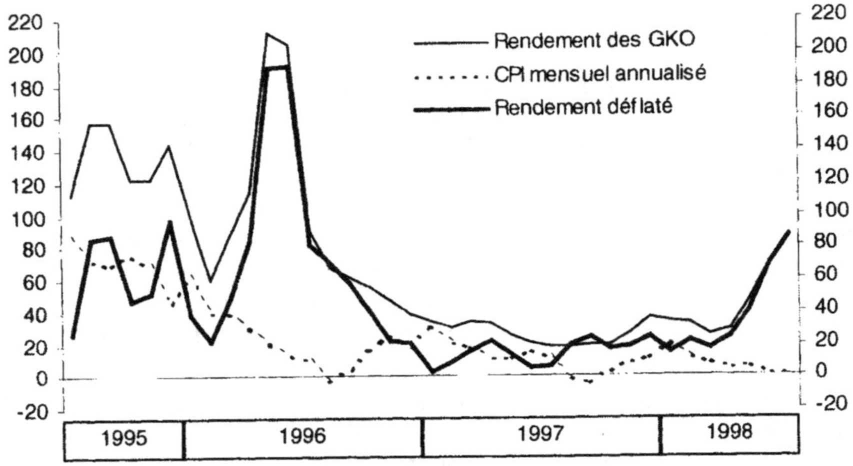

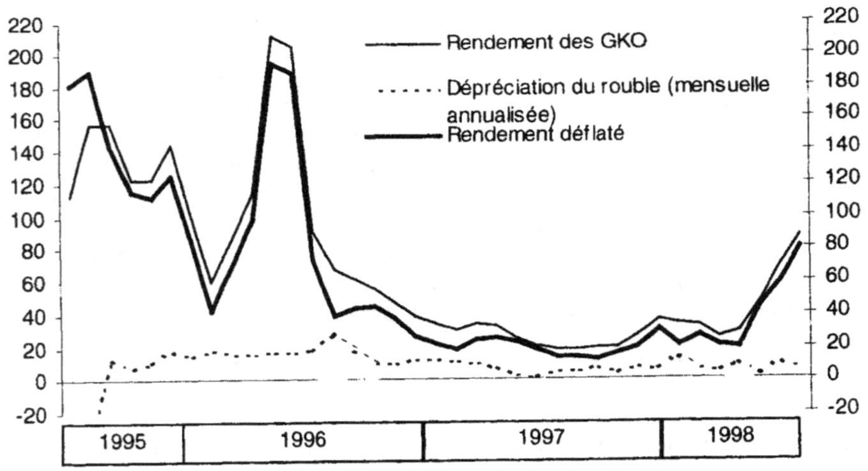

Sources : Banque Centrale de Russie et Laurent et Meunier (2000)

Avantage pour le gouvernement, la dette en rouble est une dette dite « interne » ou dette locale. En cela, elle est plus difficile à surveiller que la partie « externe », libellée en devises et les ratios de dette traditionnels n'incorporent pas la dette locale. Les conditions juridiques d'émission de titres en roubles dépendent de la loi russe, tandis que la dette en devise est le plus souvent soumise à des règles internationales. En d'autres termes, l'entrée massive de non-résidents sur les titres de dettes en roubles a amoindri l'impact à première vue de l'endettement du pays.

Il y a donc conjonction d'intérêt entre le gouvernement, toujours à la recherche de moyens pendant que la récession persiste, les banques russes qui peuvent ainsi se procurer des dollars, et les banques occidentales.

Le sommet de l'enthousiasme international est atteint au premier semestre 1997 (quinze milliards de dollars viennent de l'étranger se placer sur les GKO). Dès l'été cependant, les premières difficultés du schéma de financement se font sentir avec la chute de la bourse de Moscou, qui précède de quelques mois le mini-krach boursier ressenti à l'automne sur toutes les places internationales. Mais cette première alerte ne va pas refroidir l'enthousiasme. Au contraire, les banques russes sont contraintes dès lors à multiplier l'appel aux capitaux pour effacer les pertes en bourse et vont chercher de nouveaux partenaires, aidant à l'internationalisation de la dette locale.

2.4. Les « euros », une normalisation

Parallèlement à ce marché en roubles, les autorités russes vont développer avec succès le recours aux euro-obligations. Il s'agit avant tout de trouver des ressources supplémentaires. Nombre d'investisseurs internationaux n'ont pas le droit, pour des raisons prudentielles internes, de posséder en portefeuille des titres en devises locales : un titre en dollar ou en yen, plus sécurisé en termes légaux, permet aux autorités russes de toucher un nouveau segment de marché. Autre avantage, les autorités financières russes complètent ainsi leur attirail de séduction, et contribuent à « normaliser » le pays aux yeux des investisseurs potentiels[13].

---

[13] Le Premier Ministre V. Tchernomyrdine expliquait, juste après le lancement : « l'émission d'un Eurobond est un signe que la Russie est crédible, (...) que les investisseurs votent avec leur argent pour la politique entreprise et que (...) nous sommes dans les standards les plus rigoureux des marchés financiers internationaux » (Tass. 21/10/96).

A l'automne 1996, après un long « road show[14] », la première euroémission de la Russie moderne est proposée aux investisseurs. Ce retour sur la scène financière d'un pays particulier (outre sa position géopolitique, le pays reste rattaché au refus de paiement des emprunts russes pré-révolutionnaires) est techniquement un succès. Moscou réussit à placer 1 milliard de dollars, à cinq ans. Sur-souscrit deux fois pour un montant pourtant deux fois supérieur à ce qu'anticipait le marché, l'emprunt est fait avec un écart de 3,45 points de pourcentage par rapport à l'emprunt américain de même maturité, c'est à dire 345 « points de base ».

Ce premier eurobond sera suivi de neuf autres en moins de dix-huit mois, dont l'un à 30 ans (assorti d'une option de vente à 10 ans) placé en pleine tourmente (24 juin 1998), et deux autres, à 7 et 20 ans, montés en juillet 1998 (entre l'annonce du plan du FMI et la crise du 17 août), proposés aux porteurs de GKO sur la base du volontariat en échange de titres en roubles, portant sur plus de 6 milliards de dollars.

2.5. De manière plus discrète...

Derrière ces outils traditionnels de dette, la Russie a parfois trouvé de manière inattendue un soutien financier. L'opération la plus spectaculaire en la matière est le « prêt relais secret » de George Soros à la Russie. En juin 1997, le financier aurait consenti un prêt destiné à couvrir une difficulté de trésorerie de quelques jours de l'Etat russe qui avait promis le remboursement des arriérés de retraites au 1er juillet. Quelques mois plus tard, en décembre 1997, à l'occasion d'une nouvelle alerte quant aux capacités de trésorerie de l'Etat russe (initiée par des retraits de capitaux non-résidents placés sur les obligations à court terme), il a été question d'un prêt de 2 milliards de dollars d'un consortium de banques étrangères, bien qu'il soit aujourd'hui difficile de savoir ce qui a finalement été réalisé. Juste avant la crise d'août 1998 encore, a été évoqué un prêt en urgence consenti par des banques étrangères.

Dans tous les cas, il est très difficile d'avoir le détail de ces opérations. Prêtés sur très courte période, les montants n'apparaissent même pas dans des séries statistiques semestrielles. C'est la presse internationale par exemple qui avait largement fait écho du prêt Soros, en février 1998, donc plus de six mois après. Une indiscrétion de l'investisseur en personne avait suscité l'interrogation et il avait fini par confirmer qu'il avait prêté « plusieurs

[14] tournée des capitales par des responsables politiques et financiers, qui précèdent les émissions internationales afin de vérifier et de ranimer l'intérêt des éventuels investisseurs.

centaines de millions de dollars ». L'importance réelle de ces opérations est finalement secondaire : leur seule existence tend à confirmer le funambulisme récurrent des finances russes.

3. Une nouvelle donne

La crise qui couvait depuis l'hiver éclate le 17 août 1998 au matin. La Banque Centrale de Russie et le gouvernement sont contraints d'annoncer, entre autres, l'impossibilité pour l'Etat fédéral à honorer sa dette. Six mois après la normalisation de la dette russe, les créanciers recommençaient le bal des restructurations.

3.1. La crise d'août 1998

Au début du mois d'août, malgré les moyens mobilisés par la communauté internationale deux semaines plus tôt, la Banque Centrale voyait fondre ses réserves. Les banques russes devant rembourser des prêts à l'étranger et dans l'impossibilité de trouver de nouveaux crédits cherchaient massivement des dollars. Incapable d'assurer la défense de sa monnaie, le gouvernement russe annonçait le 17 au matin une brusque modification de la politique de change. Cette dévaluation de fait était accompagnée de deux décisions bouleversant le cours normal des titres de dette obligataire russe.

Après le flou des premiers jours, alors qu'il était impossible de déterminer avec exactitude les mesures prises – et donc leurs conséquences –, les créanciers ont pu prendre la mesure de l'étendue des répercussions de la décision du 17.

Les GKO étaient gelés. Tous les titres en roubles arrivant à échéance avant décembre 1999 étaient déclarés nuls. Les banques russes étaient appelées à profiter des trois mois de suspension de paiement pour renégocier les emprunts antérieurs. Dans l'intervalle considéré (17 août - 17 novembre), la Russie en tant qu'Etat souverain n'avait pas d'échéance importante à honorer. Mais la pagaille financière et le brutal assèchement des liquidités de cet automne l'ont conduite à revoir ses engagements. Les Bradys, dont une échéance tombait quelques jours après la fin du moratoire unilatéral, ont été les premières victimes. L'arrangement initial prévoyait qu'une partie des échéances était payée en cash, tandis que l'autre moitié était réglée sous forme de nouveaux titres qui venaient se rajouter aux IAN existants. A compter de l'automne, les paiements ont été faits uniquement en nouveaux titres. De fait, et sans tenir compte de la définition juridique, la Russie se retrouvait en défaut sur ses Bradys. Ses euroémissions n'ont en revanche pas été concernées : les paiements ont scrupuleusement été honorés.

3.2. Echelonnements, rééchelonnements et re-rééchelonnements

Les négociations vont être dures. Les banques occidentales étaient particulièrement démunies dans le cas des GKO, titres en roubles donc de loi russe. En outre, la brutale dévaluation du rouble (qui a perdu 60% de sa valeur entre août et décembre) a vite fait perdre tout espoir de recouvrement conséquent : même si les titres étaient remboursés à leur valeur faciale, les dollars rétrocédés contre les roubles obtenus auraient entraîné de fortes pertes dans les portefeuilles d'investissement. Jouant avec force sur le facteur psychologique face à des banques étrangères profondément déstabilisées, les autorités russes ont d'ailleurs eu beau jeu de souligner l'appétit, au moins jusqu'au printemps, des investisseurs non-résidents pour ces titres particulièrement rémunérateurs. Les négociations se sont conclues de manière très dommageables pour les investisseurs : la décote a atteint jusqu'à 90% des valeurs faciales.

Du côté du Club de Paris, à l'automne 1998, on consentait une suspension des paiements des échéances dues jusqu'à la fin 2000. A l'époque, l'élection présidentielle russe était prévue pour juillet 2000 : le délai choisi permettait implicitement à la Russie de se trouver un nouveau président et la seule certitude – relative – en la matière à l'époque était que ce ne serait pas Boris Eltsine. Personne ne pouvait anticiper la famille politique du pouvoir à venir, et cela laissait le temps à la nouvelle équipe de se roder avant d'entamer les négociations à l'automne. En l'occurrence, la démission surprise de Boris Eltsine le 31 décembre 1999 et l'élection quelques semaines plus tard d'un président complètement inconnu avant l'été 1999 ont une fois encore renforcé psychologiquement la Russie en déstabilisant ses partenaires.

Les Bradys vont être restructurés. Dans le cadre du Club de Londres, pour une fois conclusif avant le Club de Paris, les négociateurs russes vont obtenir pendant l'intérim de V. Poutine une concession d'importance. Les autorités russes vont en effet, dès l'automne 1998, suggérer une solution qui sera finalement acceptée – sans enthousiasme – par les prêteurs : séparer la dette issue de l'URSS de celle contractée par la Russie depuis 1991[15]. Très concrètement, la restructuration obtenue par la Russie sur ses Bradys (et finalisée à l'été 2000) se traduisait par l'abandon de plus d'un tiers des sommes dues et la transformation des Bradys en nouveaux euro russes, à très long terme (voir encadré 2). Il faut ici souligner que ces nouveaux euros sont les premiers directement signés par la Fédération de Russie : jusqu'alors, et peu y avaient porté attention avant la crise, l'émetteur était la Vnesheconombank, agent payeur de la Fédération. Ce point technique et, plus généralement, le fait que la Russie ait osé et obtenu la restructuration des Bradys, a fait craindre pour le paiement des euros russes. Mais, déjouant une fois encore les pronostics et prenant en compte le facteur psychologique (en l'occurrence l'importante spécificité des euros parmi les types de dettes), la Russie a décidé d'honorer sur ce segment de dette.

II. Quelques signaux d'alarme ignorés

L'héritage imposant de l'Union soviétique n'est pas la seule spécificité de la Russie en matière de dette. Face à des besoins de capitaux atypiques, le pays s'est considérablement endetté entre sa renaissance en 1991 et la crise de 1998. Pourtant, au regard des ratios traditionnels, les données étaient restées raisonnables. Mais l'économie de la Russie était dans une phase de déliquescence et le service de la dette était sans commune mesure avec les capacités de paiements de l'Etat.

1. Un schéma original d'endettement

Un des éléments qui a pu rassurer les prêteurs est la présence en Russie d'un excédent courant systématique (au moins jusqu'à la fin de 1997). Or, les pays émergents ont traditionnellement besoin de capitaux pour espérer rattraper le niveau de vie des pays les plus riches. Mais en Russie, la dette est venue non pas permettre une accumulation d'investissement, mais autoriser des sorties de capitaux.

---

[15] Dans le communiqué du Club de Paris issu de la première renégociation en avril 1993, le vice Premier Ministre russe en charge du dossier reconnaissait « la validité de la dette extérieure de l'ex-Union Soviétique » et « la responsabilité du gouvernement de la Fédération à son égard », cité dans l'AGEFI du 5 avril.

1.1. L'inévitable dépendance des pays émergents aux capitaux internationaux

La plupart des pays émergents, y compris ceux en transition, affichent des comptes extérieurs négatifs, résultat de l'inévitable déséquilibre entre capacité d'épargne et besoin d'investissement. Il en ressort un déficit courant récurrent, qui demande alors à être couvert par les entrées de capitaux.

Lorsque ces flux surfinancent le déficit courant, le pays voit s'accroître ses réserves en devises. Sa dette peut certes augmenter (achats de titres ou prêts), mais la hausse des réserves vient rassurer les prêteurs et l'augmentation du PIB peut lui permettre de dégager de nouvelles possibilités d'endettement. Il peut arriver qu'au contraire les capitaux ne suffisent plus, en particulier lorsque les investissements de portefeuille (en bourse ou sur des titres de dette) ou les prêts à l'économie (souvent aux banques, parfois aux entreprises) se tarissent à cause de l'inquiétude des investisseurs : c'est alors qu'intervient le FMI (dans un premier temps) qui vient financer cette baisse des réserves en devises.

1.2. Spécificités de la Russie

Dans le cas de la Russie, la situation était toute autre. Pendant des années, la Russie a affiché un excédent courant : l'excédent des biens et services était largement supérieur aux sorties nettes liées aux revenus des investissements antérieurs. Les pays pétroliers sont les seuls pays émergents à afficher des excédents réguliers. Or la Russie, bien qu'absente de l'OPEP, et malgré la chute importante des volumes extraits, est toujours le troisième producteur mondial de pétrole. Cette bonne tenue des exportations s'ajoutait à la faiblesse des importations. L'investissement diminuait chaque année et la consommation restait faible pour l'ensemble du pays. Les importations n'ont donc pas commencé à augmenter sensiblement avant la fin de 1997. En 1996 par exemple, la Russie affichait un solde courant positif de plus de 12 milliards de dollars, soit le huitième excédent courant du monde.

Mais un excédent courant ne permet pas de conclure systématiquement à la bonne santé de la balance des paiements. En effet, les sorties de capitaux (non rapatriement des recettes d'exportations, placement des banques et des entreprises à l'étranger, ...) représentaient en Russie près de 20 milliards de dollars chaque année (il s'agit là de sorties « officielles » de devises, qui n'ont rien à voir avec la « fuite illégale » de capitaux). Malgré les entrées qui se multipliaient (investissements sur les GKO, sur les eurobonds, prêts de toutes sortes), la Russie affichait chaque année une balance des paiements déficitaire. Les sorties (poste « autres investissements de russes à l'étranger ») dépassaient de loin la somme de l'excédent courant et des entrées de capitaux : depuis 1994 (date des premières statistiques en la matière) jusqu'à 1998, les autorités n'ont pu financer leur déficit de balance globale que grâce à des retards de paiements et à des financements spéciaux, prêts du FMI ou de gouvernements occidentaux (voir tableau 1).

Ainsi, au contraire d'un schéma traditionnel émergent qui montre des étrangers venant financer le besoin d'investissement du pays, les entrées de capitaux en Russie venaient compenser les sorties de capitaux (qui illustrent le manque de confiance des acteurs russes dans leur propre économie). Le compte courant positif a trop souvent été interprété comme un signe de dynamisme des finances du pays.

Tableau 1 : Balance des paiements de la Russie en présentation analytique (résumé, en milliards de dollars)

	1994	1995	1996	1997	1998	1999
Solde courant	**9,3**	**8,0**	**12,5**	**3,5**	**1,0**	**25,0**
Solde commercial	17,8	20,7	22,9	17,4	17,1	35,3
Exportations	*67,8*	*82,9*	*90,6*	*89,0*	*74,9*	*74,7*
Importations	*-50,0*	*-62,2*	*-67,6*	*-71,6*	*-57,8*	*-39,4*
Solde des services	-6,7	-9,4	-5,1	-4,8	-3,8	-3,3
Solde des revenus	-1,8	-3,4	-5,4	-8,7	-11,8	-7,5
Solde financier	**-29,9**	**-7,2**	**-23,4**	**-0,3**	**-13,0**	**-19,3**
IDE (nets)	0,5	1,7	1,7	4,0	1,7	0,7
Investissement de portefeuille (nets)	0,1	-2,4	4,4	17,6	6,0	-0,6
Autres inv. de russes à l'étranger	-19,5	6,3	-30,5	-26,6	-16,2	-15,1
Autres inv. de non-résidents en Russie	-11,0	-12,7	0,9	4,7	-4,6	-4,4
Erreurs et omissions	**-0,4**	**-8,8**	**-5,7**	**-9,0**	**-9,0**	**-7,1**
Balance globale	**-19,0**	**-8,3**	**-17,2**	**-6,6**	**-21,3**	**-1,8**
Variation de réserves	1,9	-10,4	2,8	-1,9	5,3	-1,8
Crédits du FMI	1,5	5,5	3,2	1,5	5,2	-3,6
Financements exceptionnels (dont arriérés)	15,5	13,2	11,1	7,0	10,8	7,2

Source : FMI

2. Un total ni trop important, ni inquiétant

Entre reconnaissance officielle de la dette soviétique (pour près de 80 milliards de dollars) et nouvelle dette sous toutes ses formes (80 milliards de dette extérieure et 65 milliards de GKO dont un tiers détenu directement par des étrangers), la Russie possède en 1998 la dette la plus importante de l'ensemble des pays émergents au regard de la dette publique. Mais, remis en perspective avec la taille du pays, et grâce à un calendrier de paiements conciliant suite aux négociations de 1993-1997, les chiffres ont pu entretenir un certain optimisme quand à la viabilité du schéma d'endettement.

La dette extérieure représentait en 1997 37% du PIB en dollars de l'année. En rajoutant les GKO, la dette totale de l'Etat russe représentait un peu plus de la moitié de son PIB. Le service de la dette atteignait 13 milliards de dollars en 1997 (fin de la période de grâce consentie lors des rééchelonnements de la dette soviétique), puis devait passer à 18 ou 20 milliards par an les années suivantes. En face de ces sorties nécessaires, le pays, troisième producteur mondial de pétrole, disposant de plus du tiers des réserves mondiales de gaz naturel, exportait chaque année l'équivalent de 80 milliards de dollars. Ainsi, le très suivi ratio « service de la dette rapporté aux recettes en devises » était en Russie à peine supérieur à 15%. Ce niveau, bien qu'important, est loin d'être inhabituel dans un pays émergent. En se fiant strictement aux ratios d'endettement, la situation russe était sous contrôle.

Tableau 2 : Ratios d'endettement extérieur en 1997, %

	Russie	Hongrie	Argentine	Brésil	Philippines	Corée du Sud
Dette / PIB	37,0	52,9	43,1	28,1	66,2	33,4
Service / exportations	16,1	34,7	43,4	63,2	13,1	7,1

Source : IFI

3. Un coût budgétaire disproportionné

Le tableau ressortait pourtant très différemment en comparant le service de la dette aux capacités de paiement de l'Etat fédéral, et non plus aux recettes d'exportation. La Russie se caractérise en effet par un très faible poids du budget fédéral par rapport au PIB (voir tableau 3). La contraction des dépenses de l'Etat central, pendant de la baisse des recettes et d'une certaine volonté de désétatisation, est continue depuis le début de la décennie. La part des dépenses consacrée au remboursement de la dette s'est vite avérée disproportionnée. Les excès de 1996 sur les GKO vont dégrader durablement le ratio service de la dette sur dépenses.

Tableau 3 : Budget fédéral et service de la dette

	1997-Prévu	1997-Voté	1997-Révisé	1998-Voté
En % du PIB				
Recettes	15,9	13,0	12,5	12,9
Dépenses	19,4	18,4	15,7	17,6
En mds. RUB				
Recettes	434	331	342	368
Dépenses	530	468	428	500
dont service de la dette fédérale	81	113	127	122
(en % des dépenses)	*15,5*	*20,3*	*27,2*	*25,1*

Source : calculs de l'auteur sur données nationales

Le problème n'est pas ici un quelconque effet d'éviction du crédit : dans cette économie, très mal bancarisée, les banques ne prêtent que peu à l'économie. Mais la hausse des taux a pesé sur le financement du gouvernement fédéral, qui a eu de plus en plus recours aux GKO : alors que les impôts ne rentraient toujours pas, le service de la dette augmentait encore. En 1997, la part des dépenses consacrées au remboursement de la dette atteignait 15% dans le projet de budget, et 20% dans le budget voté : en fin d'année, 27% des dépenses auront finalement servi à payer le service de la dette, ce qui aura représenté plus de 38% des recettes fiscales.

En 1998, le budget prévoit que 25% de ses dépenses seront consacrées au service de la dette. Le projet de budget tablait sur des taux de GKO à 12-14% en moyenne sur l'année. Les premières difficultés des banques russes fin 1997 ont contraint le gouvernement à relever ses taux : ils dépassent 30% pendant le premier trimestre 1998. Dès lors, le poids des remboursements ne pouvait qu'augmenter. Comme, en parallèle, les recettes diminuent, le gouvernement prélève sur les dépenses hors dette, pourtant votées, entretenant ainsi la spirale récessionniste : le service de la dette aurait vraisemblablement dépassé 30 ou 35% des dépenses, ou la moitié des recettes, si la crise n'avait pas éclaté.

Plus généralement, la situation macroéconomique russe n'a cessé de se détériorer entre 1991 et 1998[16]. En sept ans, le PIB a reculé de 40%, l'investissement de 80%, la production industrielle de 53%. Fleuron de l'industrie russe, le secteur pétrolier lui même a souffert : la production est passée de 515 millions de tonnes en 1990 à 300 en 1998. La désinstitutionalisation du pays, la montée de la corruption, le recul de la discipline fiscale ont très vite gêné les politiques macroéconomiques mises en place[17].

Face à cette dévitalisation du pays, la dynamique de la dette aurait pu inquiéter : la dette nette s'est accrue de plus de 20 milliards de dollars en 1996 et de 27 milliards en 1997. A titre de comparaison, le total des flux de dettes (nets) en provenance des pays industrialisés et à destination de l'ensemble des pays émergents a représenté un peu plus de 100 milliards de dollars chacune de ces années. Ces chiffres ne sont pas directement comparables, dans la mesure où ils ne recouvrent pas les mêmes opérations. Mais pendant cette période dorée, la Russie s'est incontestablement octroyée une part importante de l'attention des investisseurs internationaux.

III. Les indulgences : un singulier traitement de faveur

Malgré des difficultés macroéconomiques et politiques évidentes, malgré un environnement législatif et financier hautement instable, malgré un schéma atypique d'endettement, les investisseurs publics et privés ont prêté à la Russie, doublant sa dette en à peine cinq ans.

Le paradoxe initial (« pourquoi les investisseurs se sont-ils rués en Russie ? ») est aisément explicable par l'aléa moral « too big to fail ». En revanche, il reste à comprendre pourquoi cet enthousiasme alors que le prix des titres de dette se dégradait sans cesse. La baisse d'un titre signifie qu'il y a plus de vendeurs que d'acheteurs. Les opérateurs ont donc finalement été plus réticents qu'une première lecture le laisserait entrevoir. Pourtant, l'ensemble des acteurs, étant entré dans une spirale d'optimisme, a fait du marché de la dette russe un « marché bull ». Cela a joué sur l'estimation du risque par les prêteurs privés, qui doivent tenir compte d'un nombre important de facteurs dont la

---

[16] Pour une vision de l'économie russe au moment de sa première euro-émission, voir Ricoeur-Nicolaï (1997).

[17] Voir en particulier Zlotowski (1998).

perception internationale du pays, surtout dans le cadre d'un emprunt obligataire[18].

1. Les prêteurs publics en première ligne

1.1. Les gouvernements

Au premier rang des indulgents, les gouvernements occidentaux ont, dès le début, donné une caution rapide à l'équipe au pouvoir. Entre 1992 et 1993, l'aide promise à la Russie a atteint 58 milliards de dollars[19] : deux facteurs au moins ont justifié ce soutien sans faille de l'Occident.

Le premier facteur explicatif réside bien sûr dans le rôle international incontournable du pays. Les buts et les moyens ont parfois changé, mais la diplomatie russe a rapidement pris le relais de la diplomatie soviétique, ainsi que son siège au conseil de sécurité de l'ONU. Le Kremlin reste, dans toutes les crises, un acteur que l'on respecte à défaut de l'écouter. La puissance militaire a également été une explication à un soutien de l'Occident. L'armée russe a depuis longtemps cessé d'inquiéter directement les occidentaux, et même sa capacité nucléaire a été mise en doute. Mais la Russie demeure la deuxième puissance nucléaire du monde, même si de plus en plus de pays appartiennent à ce club. Les gouvernements ne pouvaient pas ne pas tenir compte de ces facteurs. L'ambassadeur des Etats-Unis à Moscou a un jour résumé : « la seule différence entre la Russie et le Brésil est l'arme atomique. C'est une différence importante »[20].

Un autre facteur a joué en Russie : la série de gouvernements de l'ère Eltsine était, pour beaucoup, le symbole de la fin des Soviets. L'indulgence des chancelleries occidentales envers certaines actions des équipes qui se sont succédées au Kremlin s'explique par la volonté de ne pas fragiliser celui qui avait mis à bas l'URSS[21]. Ainsi, dans une étrange analyse, les mêmes qui voyaient en B. Eltsine le garant de la démocratie le soutenaient face à un Parlement, systématiquement opposé aux réformes décidées par le gouvernement, mais élu au suffrage universel. De même, le parfum de

---

[18] pour une analyse détaillée de ces facteurs, voir Ricoeur-Nicolaï (1999).

[19] Ces chiffres cités par exemple dans l'AGEFI du 2 février 1994 intègrent la remise de dette, l'aide du FMI et les aides bilatérales, et ne correspondent pas aux montants effectivement versés.

[20] cité par Dobbs et Blustein (1999).

[21] « L'aide américaine à la Russie vise à renforcer M. Eltsine » titre ainsi en première page le journal « Le Monde » le 6 avril 1993 pour résumer la première rencontre Eltsine – Clinton.

corruption de l'entourage du président a été longtemps ignoré pour ne prendre en compte que la capacité de dialogue de certains individus, la probité et la vision de long terme passant curieusement au second rang des préoccupations des occidentaux.

1.2. Les institutions

La Russie a obtenu en 1995 de participer à certaines discussions du G7. Pourtant, son PIB de 1997 (400 milliards de dollars) la place seulement au treizième rang mondial (et bien plus loin après la dévaluation qui a divisé par deux son PIB en dollars). Un autre groupe très important a également accepté la Russie en son sein : le prestigieux Club de Paris, qui en 1996, avait consenti à la Russie le rééchelonnement le plus important de tous les temps, a intégré le pays dans ses travaux dès que la restructuration a été achevée. Cette décision est moins contestable : la Russie est un grand créancier mondial auprès de pays en général en difficultés. Mais l'impression de malaise qui a suivi cette annonce s'est concrétisée lorsque la Russie a dû revenir en 1998 devant le Club en tant que pays demandeur.

Le FMI lui-même, gendarme du système monétaire international, a eu de coupables indulgences. En particulier, il a affaibli dans ses atermoiements avec la Russie le principe de « conditionnalité »[22] en vertu duquel un pays ne reçoit des prêts que lorsque la politique décidée par le Fonds est effectivement appliquée : jamais ce ne fut le cas en Russie moderne. Des mots bien vagues (« réforme » étant le plus couru) ont recouvert des réalités bien différentes de ce que proposait la lettre de la philosophie du FMI. C'est l'esprit de cette philosophie qui a prévalu lorsque les critères ont été assoupli : Michel Camdessus déclarait en 1993 que les pressions sont « à l'institution ce que la pression atmosphérique est au genre humain ». En l'occurrence, l'anticyclone de l'optimisme des chancelleries occidentales allait jouer son rôle.

2. Une ambiance optimiste

Ainsi, du point de vue du symbole, la Russie ne devait pas chuter : « too big to fail » disent les analystes. L'indulgence effective des autorités publiques a pesé sur l'analyse des investisseurs privés : jusqu'au début du mois d'août

[22] Voir Sapir (2000).

1998, des protagonistes répétaient à l'envie que l'Occident ne laisserait jamais tomber le pays. Cette vision avait encore été renforcée par le plan de sauvetage décidé en juillet : alors que le gouvernement ne parvenait plus à placer suffisamment de GKO pour rembourser ceux arrivés à échéance, malgré un rendement dépassant 80%, au moment où les réserves de change avaient atteint un point bas compromettant la parité du rouble, jusqu'alors défendue avec obstination – et réussite – depuis 1994, le FMI et les gouvernements occidentaux proposaient en urgence un plan de plus de 22 milliards de dollars, dont 14 à débourser en 1998.

Cette situation a créé un cas exemplaire d'aléa moral, selon lequel les investisseurs sont incités à prêter malgré une perception de risque important dans la mesure où ils anticipent que, grâce à l'intervention inéluctable des puissances financières, un problème de paiement sera résolu sans trop de pertes. Le danger de l'aléa moral en l'occurrence est le dérèglement du couple rendement / risque : le risque anticipé est alors bien moindre que le risque initial (aléa moral exclu) et les investisseurs sont tentés d'accepter un rendement en correspondance avec le risque diminué.

2.1. Des agences de rating favorables

La diminution du risque absolu a été, de longue date, entretenu par la notation des agences de rating. Lors de la première notation du pays, en octobre 1996, quelques mois avant l'émission du premier euro russe, la bonne note reçue par la Russie[23] avait surpris aussi bien le gouvernement que les opérateurs de marché. La Russie se retrouvait presque au niveau du Mexique ou de la Hongrie, ce qui permettait d'espérer un placement bien plus favorable qu'espéré.

La première conséquence de cette bonne note a été immédiate : l'euro-obligation put avoir une échéance de cinq ans au lieu des trois initialement prévus, et le montant proposé fut deux fois plus élevé. Mais les agences avaient été indiscutablement optimistes. Elles rectifieront ensuite, en dégradant rapidement au printemps 1998, puis plus encore après la crise. Mais la surprise initiale de 1996 aura vite été oubliée et, jusqu'en janvier 1998, la bonne note de la Russie sera intégrée par les investisseurs, qui argueront de ce bon niveau de note pour justifier de leur bonne perception du risque. A l'automne 1997, alors

---

[23] Dans l'évaluation des émetteurs souverains par les agences de rating, l'endettement du pays tient une part importante. Or en 1996, cela a été souligné plus haut, l'endettement de la Russie n'était pas effrayant.

que les premiers craquements se faisaient nettement entendre, la question sur le sujet lors d'une visite d'une agence à Moscou fut explicitement « est ce que l'agence va augmenter la note tout de suite ou attendre un peu au vu de la conjoncture un peu troublée de ces jours-ci ? ».

Encadré 3 : Agences de rating : un acteur crucial des marchés financiers

Les agences de ratings jouent un rôle crucial dans l'endettement international. Selon leur notation en effet, un pays peut prétendre à tel ou tel *spread* lors d'un emprunt. Lorsqu'une entité (entreprise, Etat souverain,...) émet un emprunt, elle fait appel aux agences de rating. Celles-ci étudient le pays, obtenant grâce à leur statut devenu incontournable des renseignements parfois difficiles à obtenir. Elles classent alors l'émetteur selon leur propre échelle de correspondance. Les deux principales agences ont chacune leur échelle, de fait équivalentes : un pays sera noté, en risque croissant, AAA, AA, A, BBB, BB, B, CCC pour Standard and Poor's, et Aaa, Aa, A, Baa, Ba, B, Caa pour Moody's. Cette note n'est pas définitive, elle est censée varier avec l'état du pays. Les notes sont donc revues, souvent à la demande des pays eux-mêmes, et peuvent être augmentées (« upgrade ») ou diminuées (« downgrade »). Entre AAA / Aaa et BBB / Baa, le pays est appelé « *investment grade* ». Au dessous, l'investissement est dit « spéculatif ». Certains fonds d'investissement n'ont pas le droit, de manière statutaire, d'investir au dessous d'une certaine note. De manière générale, les « lignes » des investisseurs (montant maximum autorisé pour un placement) dépendent du niveau de rating des pays. Les agences de rating ont ainsi un rôle fondamental dans les marchés financiers modernes.

Les investisseurs ont préféré confier à l'extérieur l'estimation a priori du risque, quitte à la corriger ensuite par des moyens internes. Cette externalisation répond à un objectif sain. Des équipes compétentes, spécialisées et indépendantes ont *a priori* les moyens d'observer plus objectivement les fondamentaux d'un pays que les investisseurs qui peuvent avoir le regard brouillé par les rendements promis. Le constat n'est pourtant pas aussi simple. En particulier, pour être reconnue, une agence doit être indiscutable. Les trois plus grandes agences (Moody's, S&P et Fitch-IBCA loin derrière) le sont. Mais cette prééminence les a transformé en facteurs de risque. La dégradation d'un pays par exemple a un effet direct (des investisseurs sont obligés de se désengager), un effet indirect (les investisseurs font confiance aux agences et estiment qu'il est temps de se désengager) et un effet d'entraînement (tout le monde anticipe une baisse avec la dégradation et se désengage dès que possible). En conséquence, un pays qui est dégradé voit immédiatement les titres de sa dette se déprécier.

2.2. L'application d'outils d'analyse traditionnels quant à la situation de l'économie russe

Un autre facteur a entretenu l'enthousiasme des prêteurs : la situation de l'économie russe a systématiquement été surestimée. Le délitement de l'économie a déjà été évoqué ici, et abondamment commenté depuis la crise de 1998. Pourtant, dès 1992, les avis ont été optimistes. « On peut s'attendre à ce que le paysage juridique de la Russie s'éclaircisse un peu au cours des six à huit mois qui viennent », expliquait ainsi un banquier américain cité par le bulletin du FMI de juillet 1992. Les mots les plus entendus ont peut être été, jusqu'en 1998, « cette année marquera le début du redémarrage de la Russie ». Organismes multilatéraux, gouvernements occidentaux, officiels russes, tous les types d'acteurs des marchés financiers ainsi que la plupart des observateurs ont répété à l'envi cette phrase.

Même quand le discours a commencé à s'assombrir, les précautions ont été telles qu'il est difficile, après coup, de se souvenir des mises en garde. Le FMI par exemple a très tôt signalé le problème du manque de discipline fiscale. Mais à force de parler de reprise probable ou de bonne santé de l'économie et d'évolution positive des institutions[24], le message des économistes de l'institution a été considérablement brouillé.

Le phénomène le plus visible de cet aveuglement, en tout cas quantifiable, est celui de la prévision de croissance. En effet, pour parler d'un pays, il s'agit souvent d'aller vite : l'important n'est pas « l'information », ni même « l'information disponible », mais « l'information assimilable ». Pour un article de journal, pour un tableau récapitulant l'ensemble des pays du monde, pour un investisseur qui doit parfois décider très vite, cette information assimilable est souvent limitée à un seul chiffre. Le chiffre le plus large concernant l'économie d'un pays est la croissance en volume de son PIB.

Ce raccourci se fait sur la base de présupposés souvent oubliés[25]. Il n'en demeure pas moins incontournable. Or, en l'occurrence, la croissance de la

[24] Ainsi le FMI, en même temps qu'il déplorait la démonétarisation, pouvait dire : « la composante structurelle du programme de réforme en Russie a avancé en 1997 comme il était prévu avec le FMI, et même un peu plus vite » (Fischer, 1998).

[25] Liste non exhaustive des sous-entendus discutables en jeu : il est possible de réduire la description de l'économie d'un pays à des chiffres ; un seul chiffre peut suffire pour comparer des pays ; le PIB est la meilleure mesure de l'activité d'un pays ; les appareils statistiques sont suffisamment performants pour qu'une variation d'un dixième de pourcentage corresponde effectivement à la réalité (et la croissance du PIB est souvent exprimée en pourcentage avec un chiffre après la virgule) ; l'expression du PIB en volume a un sens ; sa variation sur une seule année peut signifier quelque chose... voir sur ce sujet Klatzman (1996).

Russie a systématique été surestimée jusqu'en 1998. Plus exactement, alors que le PIB russe a reculé chaque année, la croissance de l'année suivante, et souvent celle de l'année en cours, a toujours été prévue positive, voir forte, entre 3 et 5% pour la plupart des prévisionnistes[26].

2.3. Le « potentiel » russe

De manière plus générale, la superficie de la Russie et son potentiel en termes de matières premières ont également constitué un élément de cette mauvaise appréciation du risque pays, constitutive de l'aléa moral. La Russie possède effectivement un sous-sol en proportion de sa superficie : le pays représente le huitième des terres émergées et ses richesses en matières premières sont donc en comparaison. Malgré l'impuissance des autorités à faire payer les entreprises exportatrices, malgré même la possibilité d'un « dutch disease », l'argument a été utilisé jusqu'au bout, conjointement avec le « too big to fail », pour justifier les prises de risque sur une économie en difficulté.

Les autorités russes elles–mêmes ne mettaient pas ce facteur en avant. Au contraire, pendant les négociations de restructurations, le discours allait à l'opposé : le représentant russe auprès du FMI expliquait en 1993 qu'il « existait un véritable mythe de la Russie, celui d'un pays aux ressources multiples, qui n'avait rien à voir avec la réalité »[27]. Cette modestie se comprend dans le cadre de négociations internationales. Il n'en demeure pas moins que la pertinence du facteur pétrolier aurait pu être relativisée si les opérateurs avaient souhaité se poser des questions.

3. Un marché bull

Les investisseurs avaient donc toutes les raisons d'acquérir des titres russes et avaient en même temps autant de raisons de s'en méfier. L'aléa moral les a incité à investir malgré les risques qu'il y ont décelé.

---

[26] Voir pour plus de précision les rapports annuels de la BERD qui reprennent chaque année les prévisions de plusieurs instituts, et l'analyse faite à ce sujet (Meunier, 1998).
[27] AGEFI, 9 août 1993.

3.1. Un risque paradoxalement estimé plus élevé par les opérateurs

Si l'on compare à la moyenne des emprunteurs souverains émergents, la Russie a toujours été correctement évaluée par les investisseurs. Plus exactement, les rendements demandés ont toujours été en correspondance avec le risque perçu, supérieur en l'occurrence à celui des agences (ce qui se voit en comparant un titre russe avec un titre brésilien et un titre mexicain d'échéance comparable, graphique 3).

Graphique 3 : Spread comparé de trois euro-obligations d'échéance 2001 (novembre 1996 - juin 1998)

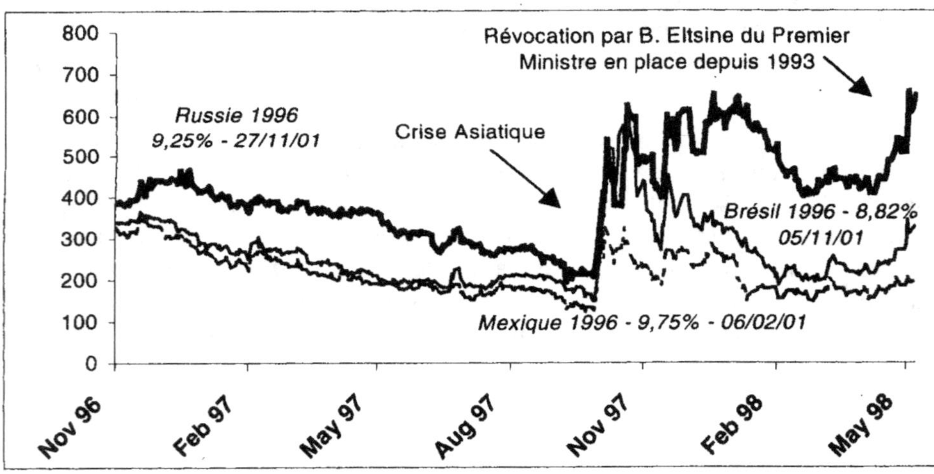

Source : CDC

Le titre russe n'a, pour résumer, pas profité autant que les autres de la baisse générale sur les *spreads* émergents qui a précédé la crise asiatique, a souffert plus que les autres juste après, puis a vu se dégrader peu à peu sa valeur jusqu'au répit de juillet, de courte durée, avant d'atteindre des niveaux extrêmes. Seul le compromis sur la renégociation de la dette due au club de Londres qui interviendra en février 2000 lui permettra de repasser sous les 1000 points de base (graphique 4).

Graphique 4 :
Evolution du spread du titre russe d'échéance 2001 de 1996 à 1999

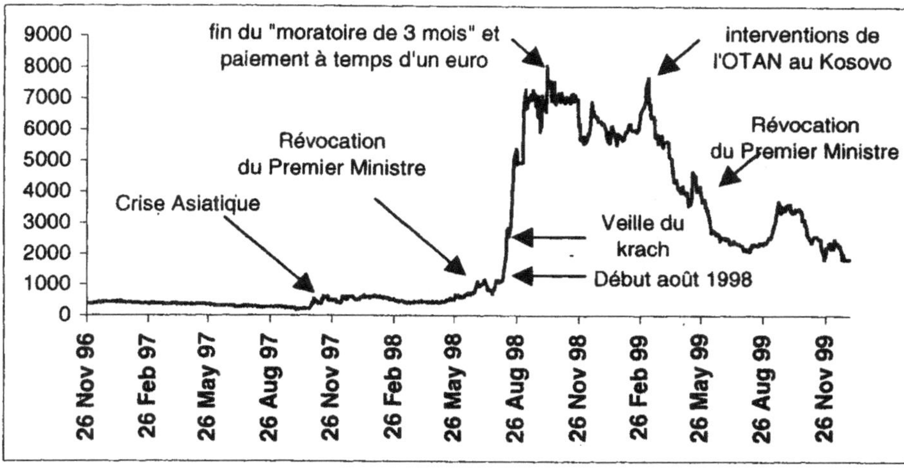

Source : CDC

Ainsi, le risque russe a très rapidement cessé de correspondre aux rendements proposés. En termes relatifs, et nonobstant l'état effectif du pays, il était incontestablement intéressant de se porter acquéreur de titres qui rapportaient plus que ceux d'autres pays considérés comme de risque équivalent.

3.2. Bull ? buy !

Mettant paradoxalement en avant cette relative sous performance, les propos pouvaient être optimistes : le marché de la dette russe, au moins jusqu'au printemps 1998, a donc été « bull », terme employé par les opérateurs de marchés pour qualifier un segment de marché que tout le monde anticipe en hausse, quels qu'en soient les fondamentaux. Un marché « bull » possède une caractéristique qui résume les difficultés de l'analyse des marchés financiers : il se peut très bien que le marché soit « bullish » alors que tous les opérateurs pensent que les fondamentaux justifient plutôt une baisse.

Dans les salles de marché reliées à des bases de données modernes, plusieurs dizaines d'informations « tombent » chaque heure sur les écrans. Les analystes ont pour rôle d'en tirer les plus importantes et dévaluer leurs conséquences sur la valeur des titres. Les opérateurs, en fonction de cette analyse et de leur propre perception de la dynamique du marché, font leur choix d'investissement. Sur un marché « bull », les bonnes nouvelles font monter les prix, tandis que les mauvaises nouvelles sont, soit inaperçues, soit analysées selon leur bonne facette, soit mises de côté jusqu'à ce qu'une bonne nouvelle prenne le relais.

Dans le cas de la Russie, la baisse des titres ne remet pas en cause cette caractéristique. Certes, les titres ont baissé. Mais l'offre a été immense et en croissance perpétuelle entre 1996 et mi-1998. De nouveaux entrants sont sans cesse allés rejoindre les investisseurs, au moins jusqu'à l'hiver 1997. Ce n'est qu'à compter de la première crise de liquidité évitée de justesse en décembre, qu'il y a eu ceux qui n'y croyaient plus et les autres[28],. et à partir de la crise d'août que les derniers optimistes, ou aveugles, ont hurlé avec les autres : le marché était devenu « bear » (terme exactement négatif de « bull »), faisant entrer en turbulence l'ensemble des marchés financiers de la planète.

EPILOGUE : APRÈS LA CRISE...

La Russie a incontestablement bénéficié d'une position très à part au sein des pays émergents. Le fait de s'être imposé comme Etat continuateur de l'Union soviétique y a bien sûr contribué, s'ajoutant à la taille du pays pour constituer un cas exemplaire d'aléa moral. Du simple point de vue financier, dès le milieu de la décennie, une vision moins optimiste des chiffres aurait en effet pu amener à plus de réticences. La Russie de B. Eltsine n'aurait pas dû, au vu des chiffres, trouver des financements privés avec une telle facilité.

Cette place originale, le pays l'a conservée une fois la crise advenue, et tout au long des procédures de re-restructuration entamées dès 1998. Les agences de rating ont fait preuve d'imagination, en inventant avec à propos la note « SD » (« Selected default ») pour signaler que le pays n'était juridiquement en défaut que sur certains titres. Les créanciers ont également du innover. Déstabilisé par la crise russe, le FMI lui-même, qui a consenti en 1999 un prêt à la Russie pour lui permettre de rembourser les sommes dues, a montré son inquiétude : les quatre milliards de dollars consentis en 1999 pour permettre

---

[28] Le site bradynet est un moyen pour les opérateurs financiers spécialisés sur la dette émergente d'échanger idées et opinions. La lecture de leurs messages est particulièrement instructive pour comprendre la manière de penser de ces acteurs incontournables (lire les forums de www.bradynet.com).

à la Russie de rembourser n'ont pas quitté le territoire des Etats-Unis, afin de ne pas risquer de mésaventures (il existait alors des interrogations quant à l'utilisation des fonds antérieurs). Plus évident encore, le fait d'accepter, par exemple, le concept d'une renaissance de l'Union Soviétique, pour éviter de mettre en défaut la Russie, témoigne d'une certaine indulgence de la communauté internationale. En effet, la mise en défaut est une sanction très dure : le pays est assuré, pour de longues années, de ne plus pouvoir emprunter sur les marchés organisés. Deux ans après la crise, le Club de Paris constate la meilleure santé financière de la Russie et s'interroge sur la validité de cette séparation dette russe / dette soviétique, pourtant reconnue par les prêteurs privés.

Ainsi, la Russie aide paradoxalement le système financier international à se remodeler. Le circuit FMI-Club de Paris-Club de Londres commençait à poser problèmes. En particulier, le compartiment des euro-obligations, épargné jusqu'alors par les restructurations, était de plus en plus important au sein des emprunts émergents. A chaque crise, les prêteurs publics payaient donc de plus en plus en proportion, les prêteurs privés ne renégociant qu'au sein du Club de Londres (prêts bancaires). La Russie a servi de détonateur et le FMI et les Etats créanciers sont partisans désormais affichés du « burden sharing », partage équitable du coût des restructurations entre tous les prêteurs. Cela signifie qu'un pays aura de plus en plus de mal à négocier avec le FMI et le Club de Paris s'il ne trouve pas un accord sur les euro en cours.

Pour l'instant, la Russie a évité, grâce à la pirouette soviétique, de devoir se mettre en défaut sur ses euros. C'est pourtant pour elle que fut soulevé le concept de « comparabilité de traitement », sérieusement repensé par des prêteurs publics agacés de voir les banques perdre sur les créances bancaires, mais pas sur les titres obligataires. Depuis l'été 1998, la faillibilité des euros est une réalité, même si la Russie n'y a pas eu recours.

D'autres pays n'ont pas eu cette porte de sortie : Pakistan et Equateur ont ainsi du renégocier leur dette privée avant leur dette publique. On peut voir les décisions prises pour ces pays moins forts politiquement comme autant de tentatives pour mettre en place peu à peu un nouvel ordre financier mondial, décisions qui ont ensuite été appliquées « grandeur nature » au premier grand créancier en difficulté, la Russie[29]. On peut également penser que les règles du jeu ont évolué grâce à l'imagination des russes et aux efforts des créanciers dès que la Russie est en question. On doit alors souligner que les violentes

---

[29] Dans le cas des crises argentine et turque de l'automne 2000, les bailleurs sont toutefois revenus à des schémas plus classiques de plan de sauvetage d'urgence : même si les banques sont de plus en plus intégrées au processus de répartition des pertes, la nouvelle architecture financière internationale n'est pas encore en place.

perturbations sur les marchés financiers à l'automne 1998 sont directement liées à la crise russe, et certainement sans commune mesure avec le poids réel de la Russie dans l'économie mondiale. On peut donc penser que la Russie a permis le début d'une véritable remise en cause du « consensus de Washington ». Et que, finalement, Moscou a peut-être mérité, ex post, la spécificité du traitement qui lui a été accordé depuis son retour sur les marchés financiers.

BIBLIOGRAPHIE

Ambassade de France à Moscou, agence Financière puis Mission Economique et Financière : le Courrier de la CEI, hebdomadaire depuis 1991.

BÉRANGER-LACHAND S., EUGÈNE C. (2000), « Le club de Paris : instrument stratégique au sein de la communauté financière internationale », *Bulletin de la Banque de France,* n° 81.

BRADYNET (site internet spécialisé sur les marchés financiers) : www.bradynet.com.

BUCHS T. (1999), « Financial Crisis in the Russian Federation. Are the Russians Learning to Tango », *The Economics of Transition*, vol. 7-3.

DOBBS M., BLUSTEIN P. (1999), « Lost Illusions About Russia: U.S. Backers of Ill-Fated Reforms Now Portrayed as Naive », *Washington Post*, 12 Septembre 1999.

FISCHER S. (1998), « The Russian Economy at the Start of 1998 », FMI, (8 p.).

FMI (1999), « Russian Federation : Recent Economic Developpement », IMF *staff country report*, septembre (141 p.).

GACHKEL S. (1946), *Le mécanisme des finances soviétiques*, Payot (186 p.).

GADDY C., ICKES B. (1998), « Russia's Virtual Economy », *Foreign Affairs*, septembre (10 p.).

GORBATCHEV M.S. (1995), *Mémoires*, Editions du Rocher, 1997 pour la traduction française.

GORDON M., SANGER D. (1998), « Bailout of the Kremlin : How US Pressed the IMF », *New York Times*, 17 juillet.

KAPUR I., VAN DER MENSBRUGGHE E. (1997), « External Borrowing by the Baltics, Russia and Other Countries of the Former Soviet Union: Developments and Policy Issues », *Working Paper*, WP/97/72, FMI, 1er juin.

KLATZMAN J. (1996), *Attention, statistiques !*, La Découverte/Poche, Paris.

LAURENT P., MEUNIER N. (1999), « Emprunts russes, emprunts soviétiques », *Flash marchés émergents* 9906, Caisse des Dépôts et Consignations, mai 1999, p. 1-10.

LAURENT P., MEUNIER N. (2000), « Chroniques des restructurations de la dette souveraine de la Russie », *Flash marchés émergents* 2000-10, Caisse des Dépôts et Consignations, octobre, p. 1-16.

LOUNGANI P., MAURO P. (2000), « Capital Flight from Russia », *Policy Discussion Papers*, PDP/00/6, FMI, p. 1-26.

MEUNIER N. (1998), « Europe de l'Est : biais systématiques des prévisions de croissance », *Etudes Marchés Emergents* 9801, Caisse des Dépôts et Consignations, mai.

OCDE (1997 et 2000), *Etudes économiques : la Fédération de Russie.*

RICOEUR-NICOLAÏ N. (1997), « Les arbres qui cachent la forêt », Revue *Zone Emergente* n° 2, Caisse des Dépôts et Consignations, janvier, p. 41-48.

RICOEUR-NICOLAÏ N. (1998), « Crises des économies émergentes : du bon usage des analyses de risque pays », Revue *Zone Emergente* n° 5, Caisse des Dépôts et Consignations, décembre, p. 5-16.

SAPIR J. (2000), « Le FMI et la Russie : conditionnalité sous influence », *Critique internationale,* n° 6, hiver, p. 12-19.

STERN N. (1998), « The Future of the Economic Transition », *BERD Working Paper*, n° 30, août.

ZLOTOWSKI Y. (1998), « La Crise des paiements en Russie, expression d'un consensus social? » *Les études du Ceri*, n° 43, août.

LES AUTEURS

- BENAROYA François, ancien conseiller économique pour la CEI au poste d'expansion économique de l'ambassade de France à Moscou et actuellement conseiller économique du Directeur, Direction des Relations Economiques Extérieures (DREE), Ministère de l'Economie, des Finances et de l'Industrie.
  francois.benaroya@dree.org

- BRANA Sophie, Maître de conférences à l'Université Montesquieu - Bordeaux IV, chercheur au LARE-EFI.
  brana@montesquieu.u-bordeaux.fr

- DE BOISSIEU Christian, Professeur à l'Université de Paris I (Panthéon-Sorbonne).
  Vsine@ccip.fr

- LITVIAKOV Michel, Docteur ès sciences économiques, chercheur au MINI-FORUM (Université Paris X-Nanterre), CEMI (EHESS).
  oslml@club-internet.fr.

- MESNARD Mathilde, OCDE, Corporate Affairs Division.
  mathilde.mesnard@oecd.org

- MESTRE Guilhem, chercheur au GASI, Université de Marne-la-Vallée.
  guilhem.mestre@free.fr

- MEUNIER Nicolas, Economiste de banque, spécialiste des pays de l'Est, équipe de recherche « Risque pays - marchés émergents ».
  n.meunier@cdcixis.com

- ORLOVA Natalya, Senior Economist, Alfa-bank (Moscou).
  mila@wdcb.ru

- SAPIR Jacques, Directeur d'Études à l'Ecole des Hautes Études en Sciences Sociales, Directeur du CEMI-EHESS.
  sapir@msh-paris.fr

- SCIALOM Laurence, Professeur à l'Université de Lille II, FORUM, Université Paris X Nanterre.
  Laurence.Scialom@u-paris10.fr

- VAHABI Mehrdad, Maître de conférences, EPEH-LED, Université Paris 8-Vincennes, Saint-Denis.
  Mvahabi@compuserve.com

- WALTER Gilles, économiste à la Mission Economique et Financière de l'Ambassade de France à Moscou.
  gilles.walter@tresor-dree.org

- WOODRUFF David, Professeur associé de Sciences Politiques, Massachusetts Institute of Technology (MIT).
  Woodruff@MIT.EDU

- ZLOTOWSKI Yves, économiste, spécialiste des économies en transition.
  Yzlotowski@aol.com

www.ingramcontent.com/pod-product-compliance
Lightning Source LLC
LaVergne TN
LVHW012046041026
849558LV00038B/509
9782747525930